本系列专著由中国清洁发展机制基金赠款项目
——应对气候变化立法研究资助出版

本书同时获中央高校基本科研业务费专项资金“我国区域碳排放权交易政府监管法律制度研究”（项目编号：14CX04054B），山东省高等学校人文社会科学研究研究计划项目“我国区域碳排放权交易政府监管法律制度研究”（项目编号：J14WB51）以及青岛市社会科学规划研究项目“青岛市碳排放权交易管理体制机制及其政策选择”（项目编号：QDSKL1401012）资助。

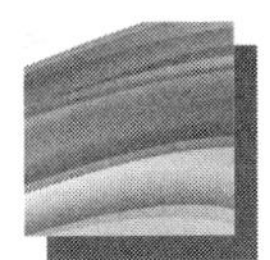

应对气候变化立法研究系列

总主编 | 王灿发

国家应对气候变化立法研究

——以立法目的多元论为视角

董岩 著

中国政法大学出版社

2015·北京

图书在版编目（CIP）数据

国家应对气候变化立法研究：以立法目的多元论为视角/董岩著.—北京：中国政法大学出版社，2015.7

ISBN 978-7-5620-5991-2

Ⅰ.①国… Ⅱ.①董… Ⅲ.①气候变化－立法－研究－中国 Ⅳ.①D922.680.4

中国版本图书馆CIP数据核字(2015)第152813号

出版者　中国政法大学出版社

地　址　北京市海淀区西土城路25号

邮寄地址　北京100088信箱8034分箱　邮编100088

网　址　http://www.cuplpress.com（网络实名：中国政法大学出版社）

电　话　010-58908289(编辑部)　58908334(邮购部)

承　印　固安华明印业有限公司

开　本　880mm×1230mm　1/32

印　张　12.375

字　数　320千字

版　次　2015年9月第1版

印　次　2015年9月第1次印刷

定　价　46.00元

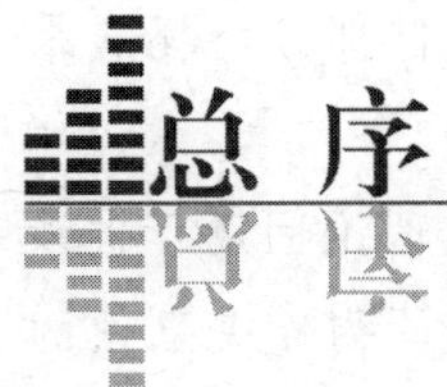

总 序

自2009年12月参加了哥本哈根世界气候大会以来，本人和我们中国政法大学的环境法团队一直关注气候变化及其立法问题。2011年8月~2012年4月，我们在国家发改委应对气候变化司的支持下申请成功并顺利完成了英国外交与联邦事务部全球繁荣基金之中国繁荣战略项目基金项目——“启动中国气候变化立法 — 信息分享和国际经验借鉴”，举办了大型的应对气候变化立法国际研讨会，编写了10期中英文版的《应对气候变化立法通讯》，考察了英国和欧盟的气候变化立法及其实施情况。我的同事曹明德教授、林灿铃教授也先后完成了美国能源基金会资助的国内和国外及国际应对气候变化立法调研项目。2012年7月，我们中国政法大学的环境法团队成功中标了中国清洁发展机制基金赠款项目——“应对气候变化立法研究”，将与国家发改委应对气候变化司和国家应对气候变化战略研究和国际合作中心一起，连续用三年的时间研究和起草中国的《应对气候变化法》。在这些项目的实施过程中，我们进行了大量的国内和国外调研，对一些专门问题进行了深入研究，取得了许多阶段性成果。这次出版的系列专著，就是我们部分研究成果的展示。

应对气候变化立法，既涉及多学科的基础理论问题，也涉及具体的制度设计和立法模式问题；既涉及与国内相关立法的协调和融合，也涉及与气候变化国际法的接轨。这次选择出版的几本研究专著，在理论层面涉及了应对气候变化的正义问题、立法目的问题；在制度层面涉及了温室气体排放总量控制问题、二氧化碳捕获和封存的法律规制问题；在气候变化适应和能源利用方面涉及生态修复问题、石油天然气产业的法律规制问题；在国际法方面涉及国际温室气体减排责任分担问题。

陈贻健博士的《气候正义论》，从价值论、方法论和实践论的综合角度，分析了气候正义所包含的自由、平等、公平、效率、安全、秩序等多重价值，并从实体正义和程序正义两方面提出了气候正义实现的原则、途径和方法。气候正义虽然是基础理论问题，但其对分配正义、交换正义和矫正正义的分析都涉及了具体法律制度的设计与构建。

董岩博士的《国家应对气候变化立法研究——以立法目的多元论为视角》从立法目的的视角，分析了应对气候变化立法应坚持的基本原则、管理制度的选择与构建、中国应对气候变化法的立法模式和框架构建设计、内容组成，并提出了如何处理发展权与应对气候变化立法关系的思路。

李兴锋博士的《温室气体排放总量控制立法研究》，在调研、分析国际和外国温室气体排放总量控制立法的基础上，提出了我国温室气体排放总量控制立法的目标选择和应遵循的原则，立法的形式，排放总量的确定、分配、交易的管理措施与方法、监管体制等，并对温室气体排放总量控制立法的理论基础进行了解析。

赵鑫鑫博士的《二氧化碳捕获和封存的法律规制研究》，从国外的二氧化碳捕获和封存及其法律规制的实践出发，考察了捕获和封存二氧化碳面临的技术和环境风险及其法律规制的经验和教训，提出了在我国进行相关立法的设想和建议。

吴鹏博士的《以自然应对自然——应对气候变化视野下的生态修复法律制度研究》，从适应气候变化的角度，分析了生态修复与应对气候变化的紧密相关性，提出了通过恢复或重建生态系统平衡来实现生态环境的改善并进而实现以自然因素帮助人们抵御气候变化不利影响的法律机制及其理论根据。

于文轩博士的《石油天然气法研究——以应对气候变化为背景》从能源法的角度探讨了能源开发利用与应对气候变化的关系，分析了在应对气候变化背景下石油天然气产业规制的原则、制度和措施，提出了我国石油天然气立法体系的框架和内容设计。

黄婧博士的《国际温室气体减排责任分担机制研究》，从国际环境法的角度，比较全面地探讨了国际温室气体减排责任的在各责任主体间的分担问题。在对现有相关国际法律文件进行分析的基础上，论述了国际温室气体减排责任分担所应坚持的基本原则，构划了温室气体减排责任分担的机制，包括减排责任的主体、温室气体减排的目标、排放信息的收集和核查、减排指标的分配方法等，研究设计了新型指标分配模型，并提出了将新型指标分配模型法律化的路径选择，同时还分析了新模型对中国的有利和不利影响，在此基础上提出了全球减排目标下中国的应对策略。

田丹宇博士的《国际应对气候变化资金机制研究》，从国际气候资金机制的筹资、管理和运行的角度入手，对我国应如何利用好国际气候资金资源，构建国内气候资金机制提出了建议。

以上几项专题研究报告，可以为我国的应对气候变化立法及其制度设计提供基本的理论根据和实践调研资料。随着研究的深入，我希望我们的环境法团队将有更多和更好的研究成果产出，为我国应对气候变化立法的健全和完善做出应有的贡献，同时也期望这些研究成果能将应对气候变化立法的学术研究进一步引向深入。

这套系列专著的成功出版，应当特别感谢国家发改委应对气候变化司和中国清洁发展机制基金管理中心的大力支持，同时也对中国政法大学出版社李传敢社长和彭江先生对该系列专著出版的热情支持和积极推动表示衷心的感谢。

中国清洁发展机制基金赠款项目
应对气候变化立法研究项目负责人 王灿发
2014 年 1 月 18 日

内容摘要

气候变化所具有的高度不确定性、不可逆性以及影响范围的大尺度，使之成为当前人类面临的最具挑战性的全球性问题之一。为了应对气候变化的挑战，有必要从价值理念基础到原则和制度构建，对应对气候变化立法进行系统的研究。目前有关气候变化立法的研究成果主要涉及能源效率法、可再生能源法、碳排放权交易立法、碳税等减缓气候变化的法制领域。然而，现有研究成果无力为气候变化立法的整体理论构建提供更具解释力的理论架构。应对气候变化的法理建构离不开应对气候变化立法目的的规范性逻辑和实质合理性的目的追求。有关立法目的的研究缺少法学方法论意义的理论分析框架，在立法目的的体系结构、立法目的的判别标准、立法目的与基本原则及基本制度之间的理论逻辑关联方面缺少深入细致的学理分析。由于立法目的和具体法律制度在立法体系、立法技术表达、立法实施、法律解释等方面所蕴含的逻辑关系没有得到厘清，使得现有关于立法目的的研究成果重视价值性分析，忽视对立法目的的规范性和系统性研究，甚至出现立法目的虚置的误区。

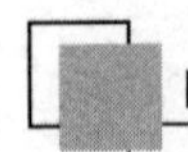

气候变化立法目的论直接影响气候变化立法的方向选择，为气候变化立法的必要性和可行性提供法理论证依据，设定法律解释的标准，规范气候变化利益相关者的行为模式，进而实现气候变化立法与气候变化政策之间的互动融合。为此，需要对应对气候变化立法目的论的理论脉络、应对气候变化立法目的论的内容、应对气候变化立法目的论下的基本原则确立、应对气候变化立法目的论下的基本制度构建、气候变化立法目的论下的区域气候变化利益权衡以及中国应对气候变化立法目的的生成与展开六个方面进行全面的研究。

关于应对气候变化立法目的论的理论脉络。气候变化立法目的一元论和多元论反映了对气候变化立法目的结构层次的不同法理范式。作为国家对气候变化应对技术、措施、政策的回应和归纳提炼，气候变化立法需要全面灵活考虑特定国家、特定区域、特定行业、特定群体在不同阶段的气候风险识别和评估下所作出的动态的气候风险管理应对，需要与特定的有关气候的战略、规划、政策相协调，一元论的目的观无法回应由技术革新和管理措施更新所带来的气候变化风险管理需求。应对气候变化立法多元目的论为应对气候变化搭建了气候变化风险管理的长效机制，根据立法在实施过程中的制度绩效，持续改进地调整有关气候变化应对措施实施所形成的利益关系，平衡和协调环境政策、能源政策、气候政策的冲突，对现行有关气候变化应对领域实施的诸多法律制度工具进行绩效诊断，对其进行立改废，使之成为多种政策平衡协调的载体。融合减缓气候变化和适应气候变化，实现减缓与适应的协同增效，降低社会发展的碳依赖和减少生态稀缺性，这是气候变化立法的直接目的或初级目的。谋求区域气候变化善治的利益平衡，实现以多中心、社会利益为本位的区域气候变化公共治理，这是体现气候变化立法本质特征的中级目的。通过对利益相关者义务的应然设定和风险责任社会化配置的机制构建，以保障应对气候变化的法益和法律权利，气候变化立法的根本目的在于保障应对气候变化的基本权益，维系生态系统和社会秩序的稳定。应对气候变化立法目的的多元性说明了气候变化立法目的具有层次性并且相互联系，构成了一个统一的目的体系。此外，立法目的的判别标准在于以法律关系主体的权利和义务为内容，并通过一定的立法价值选择来评估权利和义务分配的合目的性。换言之，应对气候变化立法目的是对气候变化法益的规范性表达。

关于应对气候变化立法目的论的内容。应对气候变化立法目的论分为两个层面：一是实证法秩序建构的立法目的论。该理论以应对气候变化的法律义务为本位，重视规则的系统性和内在合理性。二是旨在谋求多元利益平衡的立法目的论。该理论强调实现应对气候变化立法的过程性正义，凸显公共利益为本位的价值衡量，重视规则运行的外在社会功能合理性。应对气候变化立法目的的价值理念在于气候正义，目的论对于气候正义的规范性表达和价值性表达是通过气候变化法益展开的。气候变化法益不仅包括气候变化法所确认保护的权利与利益，而且还体现为气候变化法义务本位的秩序建构逻辑。为此，应对气候变化立法目的论的要义在于确立气候变化法律义务，作为气候安全法律秩序目的的规范表达，同时以气候变化法律权利作为度量气候变化法律义务的标准，进而构筑目的—原则—

制度环环相扣的气候变化法技术规范体系。适应气候变化才是气候变化法独立存在的根本。减缓和适应是相互融合的，减缓的目的是适应。气候变化法的基本范式是对人类社会和生态系统的适应性风险管理。

关于应对气候变化立法目的论下的基本原则确立。鉴于以往研究成果出现的对应对气候变化立法的基本原则理解认知误区，需要以高度抽象性、适用普遍性和特色性作为应对气候变化立法基本原则的判别标准，从而确立应对气候变化立法基本原则的体系。风险预防原则、排放者付费原则、协同合作原则和适应性管理原则构成了应对气候变化立法的基本原则体系，是应对气候变化立法目的层次在法原则技术层面的实证逻辑展开。其中，风险预防原则是原则体系中最为核心的目标方法性原则。气候变化法的风险预防原则实质上是在有关气候变化损害存在科学不确定性的情况下，为气候变化法律关系主体设定的预防损害发生的法律义务。适应性管理原则是最能体现应对气候变化法反身性特色的程序性原则。从风险不确定性的不均衡中实现适应性的动态均衡成为适应性管理运用到气候变化法律治理的关键要义。适应在这一利益调控中具有极大的包容性和灵活性，可以开放地吸纳不同气候情景模型下的管理制度和措施。排放者付费原则是公平协调应对气候变化中经济利益和环境利益冲突的损益补偿性原则。协同合作原则是风险预防原则和适应性管理原则在实施机制上的保障性原则。

关于应对气候变化立法目的论下的基本制度构建。应对气候变化立法目的和应对气候变化立法的基本原则共同构成了应对气候变化立法的目的性理念基础，应对气候变化基本法律制度是实现目的性理念基础的具体路径。应对气候变化基本法律制度可以概括为气候变化风险预防制度、气候变化安全规制制度、气候变化法律权利保护制度和气候变化损害填补责任制度。气候变化风险的评估与风险因应的综合决策体制和机制，构成了气候变化风险预防制度的基本内容。应对气候变化信息交流制度、应对气候变化技术开发与转让制度、应对气候变化资金支持保障制度、资源可持续管理制度构成了气候变化安全规制制度的内容。气候安全权、碳排放权和生态环境权构成了作为集体性权利集合的气候变化法律权利保护制度的内容。气候变化损害赔偿责任机制、气候变化损害责任保险制度、气候变化损害补偿基金制度构成了气候变化损害填补责任制度的核心内容。

关于气候变化立法目的论下的区域气候变化利益权衡。应对气候变化实证法律规则系统在风险社会的复杂利益纠葛中，发挥利益调整的社会功能，平衡各方利益诉求，实现气候正义。而气候变化影响的区域性特征，加剧了气候变化应对的区域利益冲突，需要通过区域气候变化规划行政治理进行利益权衡，以协调利益冲突。由此，需要在地方政府公共管理中引入市场的激励机制和私人部门的管理模式，约束地方政府在城市规划和建设方面的自由裁量权，地方政府有义务向公众提供参与规划的机会，包括数据收集、方案制定、审查与评估及后期的执行与调整。应对气候变化规划行政治理将减缓气候变化与适应气候变化融合起来，根据比例原则和利益平衡原则，将应对气候变化的政策工具制度化，以实现区域气候变化利益的过程性动态平衡，从而体现价值论意义上的以公益保护为本位的应对

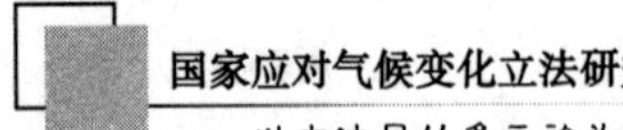

气候变化立法目的论。

关于多元目的论下我国应对气候变化立法的健全和完善。尽管气候变化的应对需要各国通过国际合作共同努力，但气候变化应对的技术、政治、经济、社会因素需要科技创新和制度创新来整合。虽然在气候变化国际法中已确立了共同但有区别的责任原则，但是不同国家利益及立场的差异使得对这一原则的解释各不相同，短期内达成全球温室气体减排分担协议阻力重重。这需要各国通过低碳经济社会发展转型来变压力为动力，从控制温室气体排放到适应性地管理本国不同区域不同行业的气候风险的综合系统性措施和政策制度工具的实施中，谋求新的气候经济模式的建立和发展，创造低碳技术、低碳产业、低碳金融、低碳社会的新机遇。换言之，各国的气候变化立法担负起实现本国发展低碳经济，实现国家新气候经济转型的历史重任。而各国相继出现的气候变化立法受到本国遭受气候变化影响的程度、所处的经济发展阶段、资源环境的承载能力、主要产业的发展定位、能源利用效率、能源利用结构等诸多影响因素的制约，在立法模式、立法体系、监管方式、利益协调机制方面呈现出各自的差异。不少国家采取各自的气候战略和气候政策，没有通过专门的国家层面的气候立法来应对气候变化。因此，研究气候变化立法目的需要根据本国在国际气候谈判中所面临的机遇和挑战以及自身经济社会低碳发展的模式来进行界定。柔性的气候变化立法和刚性的气候变化立法虽然在应对气候变化的重点领域和管理模式上存在差异，但均是将应对气候变化作为经济发展方式转型的机遇，将实现减排、适应与经济效益协同作为价值目标。气候风险管理成为构筑气候变化立法目的体系的依托，意味着地方层面的立法和中央层面的立法相辅相成，地方政府在一定程度上将成为气候风险管理法律规制的主导，不同层级领域的立法目的通过气候风险管理框架得以展开。在确立气候风险管理框架结构的基础上，以原则、体制和制度为主要内容形成立法规则体系。基于对碳排放现状的分析和未来碳排放情景的预测，建立区域低碳发展的指标体系，有针对性地从交通、建筑、能源、产业等层面提出细化准则，并以量化指标作为未来政府管理绩效的参考标准。我国气候变化立法方向，应着眼于对以城镇化为依托的生态、环境、产业、能源、农林、废弃物利用等方面进行低碳管理，通过完善法律法规体系、建立管理组织架构、培育市场力量、关注利益相关者的利益，在气候风险管理法治化的过程中，实现发展低碳经济的风险最小化和效益最大化，最大限度地利用全球减缓和适应气候变化所带来的机遇。为了克服现有的路径依赖，应当制定应对气候变化基本法，内容应包括总则、应对气候变化工作体制、政府应对气候变化义务与责任、能力建设与保障、法律责任与奖励、附则等方面。明确减排的时间表，根据不同区域不同行业的未来碳排放情景分析，确立温室气体排放总量控制的“生态红线”，在局部重点区域形成倒逼机制，深化经济发展模式的变革，重点整合现有的能源法制度和环境法制度规则，完善相关领域的立法，建立应对气候变化的约束机制和市场激励机制，形成规划制定与执行的政绩考核体系与问责机制、产业结构调整的约束机制，确保有关应对气候变化的制度措施能够在气候风险管理的目标过程性控制下具有长效的规范效力。

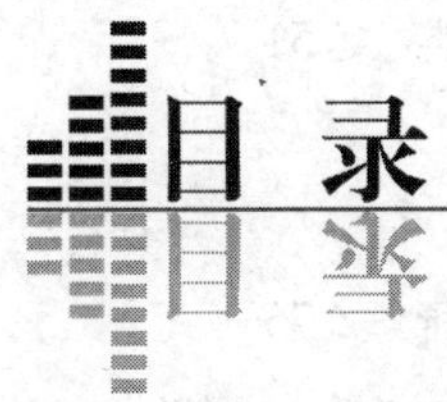

目 录

导论

问题的关键不仅在于人类是否会生存，更重要的问题在于人类能否避免在陷入毫无价值的状态中生存。

——摘自《增长的极限——罗马俱乐部关于人类困境的报告》

一、研究背景

气候变化问题已经成为当今人类所面临的最为严重的全球性问题之一。尽管人类社会已经发展到现代工业文明的阶段，资源的利用与技术的创新在促进经济发展与社会进步方面发挥了巨大的效用，但近年来气候变暖所致的洪水及干旱等自然灾害的频发、极端天气的频繁袭扰、粮食减产、生态失衡导致的生物物种灭绝等局面的出现表明，人类社会的福祉离不开稳定、温和的气候条件。气候变化的科学研究在逐步揭示全球气候暖化的客观事实。气候变化影响的广泛性和不确定性，使得人类不得不重塑价值观念，改变原有的价值判断，在未来气候变化的风险应对中调整自身的生产和生活行为。技术、经济、政治、社会在气候变化问题的应对中，相互之间形成密切的关联。在国际社会的共同努力下，1992 年在巴西里约热内卢召开的联合国环境与发展大会上，一百五十多个国家共同签署了《联合国气候变化框架公约》（以下简称《公约》），为应对气候变化构建了基本的国际法律框架机制。该公约的签署是在《21

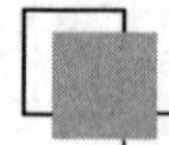

世纪议程》所确立的可持续发展理念原则的背景下实现的历史性跃进。这一跃进的实现，在很大程度上得益于1988年由世界气象组织（WMO）和联合国环境规划署（UNEP）所建立的政府间气候变化专门委员会（IPCC）的权威科学评估结论。IPCC在全面、客观、公开和透明的基础上，对全球气候变化从科学、技术和社会经济信息上进行评估。这些评估吸收了世界上所有地区数百位专家的工作成果。IPCC的报告力求确保平衡地反映现有各种观点，该报告具有政策相关性，但不具有政策指示性。IPCC设有三个工作组：第一工作组评估气候系统和气候变化的科学问题；第二工作组针对气候变化导致的社会经济和自然系统的脆弱性、气候变化的正负两方面后果及其适应方案进行评估；第三工作组评估限制温室气体排放和减缓气候变化的方案。多年来尽管有关气候变暖的争议一直存在，但IPCC凭借其权威的实证科学性和政府官方背景掌握了国际社会讨论气候变化议题的核心话语权并凝聚成科学共识，实质上已成为气候正义运动的“发动机”。[1] 从此，气候变化问题真正从科学领域的实证研究进入到经济社会可持续发展的社会规范性建构的领域。从《京都议定书》的艰难破茧到《巴厘岛路线图》的共识达成，从《哥本哈根协议》的减排责任分担搁置到《坎昆协议》的适应性问题重视，从《德班决议》的风云骤变到“里约+20峰会”的《我们憧憬的未来》的绿色发展曙光，这一国际气候谈判

〔1〕 到目前为止，IPCC先后发布了四次气候变化评估报告。《第一次评估报告》于1990年发表，报告确认了有关气候变化问题的科学基础。它促使联合国大会作出制定《公约》（UNFCCC）的决定。该公约于1994年3月生效。《第二次评估报告》“气候变化1995”提交给了《公约》第二次缔约方大会，并为《公约》的《京都议定书》会议谈判作出了贡献。《第三次评估报告》（IPCC TRA）“气候变化2001”包括三个工作组的有关“科学基础”、“影响、适应性和脆弱性”和“减缓”的报告，以及侧重于各种与政策有关的科学与技术问题的综合报告。该报告已成为国际社会认识和了解气候变化问题的主要科学依据，对气候变化国际谈判产生了重要影响。《第四次评估报告》阐述了当前对气候变化主要原因、气候变化观测事实、气候的多种过程和归因以及一系列未来气候变化预估结果的科学认识水平。

的进程折射出事实与规范之间围绕着求真的知识增量和向善的伦理关怀之间的逻辑进路而展开气候变化的社会性建构格局。

如果没有气候变化的社会性建构所形成的政治博弈与社会利益分化、重组与整合，即使科学家们取得了令人信服的科学结论，也难以引发社会的理念更新和行动改变。在风险社会背景下，食品安全、恐怖主义、生物安全、臭氧层破坏等多种风险引起了世人的普遍关注，而气候变化在短期内难以表现其危害的滞后效应，使得人们从心理上宁愿关心当下所真正感受到的种种风险，特别是发展中国家的民众面临着的摆脱贫困的现实发展问题，加之"气候变化是伪命题"的怀疑论所形成的主体背景观念，往往将人们引入气候变化风险认知的误区，形成了所谓的"吉登斯悖论"[1]。所以，气候变化的社会性建构便承担了破解"吉登斯悖论"的重任，通过伦理、技术、经济、政治、社会等综合回应，实现价值的重塑与制度的更新，使全社会认识到气候变化是当今人类所面临的最大风险，并从国家、集体、个人三重维度展开，重新调整行为活动，以适应未来利益格局的社会变迁。不同的群体行动、社会结构和功能运行的变迁、技术、意识形态、竞争、冲突、政治与经济等因素的相互关联，促进社会变迁。法律作为气候变化社会性建构中最重要的社会控制方式，不仅需要从制度层面与政策联手规制气候变化所带来的巨大风险，更需要在全球化治道下，从主体的人文价值层面实现从工业文明向生态文明转型的哲学回应，不同族群需要将其生活境遇置于普适性的人文关怀和自身特殊的地方性文化融合之中。

可持续发展观的形成与发展正是这一价值诉求的核心体现。从1972年在瑞典斯德哥尔摩召开的人类环境会议到1992年巴西里约热内卢的联合国环境与发展大会，从2002年南非约翰内斯堡召开

---

〔1〕英国哲学家安东尼·吉登斯在其所著的《气候变化的政治》一书中指出，由于气候变化的非直接性，大多数人们在日常生活中很少将其纳入到短期考虑的范围。但是一旦当气候变化的后果变得严重、具体，再行动就为时已晚了。参见安东尼·吉登斯：《气候变化的政治》，曹荣湘译，社会科学文献出版社2009年版。

的世界可持续发展首脑会议到2012年巴西"里约+20"可持续发展峰会，可持续发展经历了从理念到实践的不断探索和深化。可持续发展观在气候变化的风险应对中需要借助更为技术量化的分析工具，方能够发挥其在经济、政治、社会各个层面的现实功能。《公约》和《京都议定书》所构筑的全球气候治理机制由于遵约机制的执行力较弱和气候谈判中各国政治博弈的弹性空间过大，各国在气候变化问题上的立场分歧较大〔1〕，缺少构建全球统一的气候协定所应发挥的各国根据求同存异的利益妥协共识来统一行动的约束力，反映了共同但有区别的责任原则的可持续发展观在国际气候变化法中所面临的巨大挑战。2006年10月，英国经济学家尼古拉斯·斯特恩发表了《斯特恩回顾：气候变化经济学》（以下简称《斯特恩报告》）。这份长达700页的《斯特恩报告》指出，不断加剧的温室效应将会严重影响全球经济发展，其严重程度不亚于世界大战和经济大萧条。《斯特恩报告》对全球气候变化可能造成的经济损失进行了评估，认为全球气候变化可能是未来可预见的最致命、影响最广的威胁。如果各国政府在未来10年内不采取有效行动遏制温室效应，那么全球将为此付出高达3.68万亿英镑的经济代价。到本世纪末和下个世纪，经济和社会活动会因我们今后几十年的行为面临遭受重大破坏的危险。〔2〕

正是《斯特恩报告》所激发的千层浪，使得各国开始重视思考如何运用风险经济学和公共政策理论的分析工具来审视气候变化所涉及的政策逻辑和伦理问题。由专家精心设计、政府高度组织化的气候政策包括以减排、增汇和建库为内容的减缓气候变化政策体系和以影响、适应性和脆弱性评估为中心的适应气候变化政策体系。

〔1〕欧盟和小岛屿国家的表现最为积极，主张世界各国应共同应对气候变化问题，而美国、日本、俄罗斯等"伞形国家"，不仅积极逃避应承担的减排责任，而且还主张把减排责任扩展至发展中国家。

〔2〕"气候经济学之父结缘中国"，http：//news. hexun. com/2011－01－24/126991159. html，最后访问日期：2012年11月6日。

法律在回应气候变化的危机面前，不可能是超凡脱俗的自在规则系统，需要与气候公共政策共同形成规则体系和治理模式。从公共政策到法的转变与融合，需要以法政策研究的视角综合考量法律、政策与社会现实的互动关联，运用法律的体系化思维逻辑，从政策目标、规制工具、规制模式、评价基准等关键环节，将气候法律与政策有机整合起来。全球国际（Global International）在2011年4月发布的《全球气候立法研究》（*Global Climate Legislation Study*）中对气候变化法定义如下："有关减少能源需求、促进低碳能源供应、应对森林退化、推进土地的可持续利用和可持续交通以及适应气候变化、影响气候变化的法律、法规、政策和法令的总称"。[1] 这表明气候立法的法律渊源是丰富多元的。审视某个国家的气候立法不能仅仅关注是不是出台了专门的气候立法，以白皮书、国家战略和规划等形式表现的气候政策往往与该国的气候立法共享目标取向。由于气候立法的形成与发展包含了诸多复杂的政治、经济、社会因素，气候立法的模式既可以表现为分散型的立法模式，广泛涉及能源效率法、可再生能源法、碳排放权交易法等诸多领域，比如欧盟、德国、意大利，也可以表现为整合型的立法模式，比如美国联邦层面的气候立法就是在综合性的能源立法中作出规定。而专门的气候立法是伴随着国际气候法律实践而形成的。

2000年，日本出台了世界上首部关于气候变化的基本法——《全球气候变暖对策推进法》。2008年11月，英国发布了《气候变化法》。紧随其后，菲律宾、墨西哥等国也相继出台了专门的气候立法。目前中国、巴西、南非等国家也正在抓紧时间起草制定专门的气候立法。

2008年10月29日，国务院发布《中国应对气候变化的政策与行动》（白皮书）。2009年8月27日，第十一届全国人民代表大会

---

〔1〕 *Globe Climate Legislation Study*, available at http://www.greenbiz.com/sites/default/files/GLOBE - CLIMATE - LEGISLATION - STUDY.pdf, last visited on 2012 - 11 - 07.

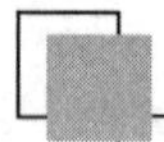

常务委员会第十次会议通过《全国人民代表大会常务委员会关于积极应对气候变化的决议》。2011 年 3 月 14 日，根据《中共中央关于制定国民经济和社会发展第十二个五年规划的建议》，第十一届全国人民代表大会四次会议表决通过了《中华人民共和国国民经济和社会发展第十二个五年（2011～2015 年）规划纲要》（以下简称《纲要》）。《纲要》第六篇第二十一章“积极应对全球气候变化”提出了应对气候变化的主要任务和政策。2006 年 12 月，中国发布了《气候变化国家评估报告》。2007 年 6 月 4 日，发布《应对气候变化国家方案》，对过去一些应对方式和政策进行了系统的整合、总结和陈述，这是中国第一部应对气候变化的政策性文件。2011 年 11 月，科学技术部、中国气象局和中国科学院联合发布《第二次气候变化国家评估报告》。与第一次《气候变化国家评估报告》相比，增加了气候变化有关评估方法等内容。报告将评估结论建立在坚实的科学研究基础之上，可供国家和地方各级应对气候变化管理部门决策参考以及应对气候变化专家学者开展科研参考使用。2011 年 11 月 22 日，国务院发布《中国应对气候变化的政策与行动（2011）》（白皮书）。

目前，我国政府以实际行动表明了应对气候变化的决心。2006 年中国政府公布的《应对气候变化国家方案》，成为发展中国家阵营中第一个公布国家级应对气候变化方案的国家。2009 年 11 月 26 日，国务院常务会议决定，到 2020 年中国单位 GDP 的 CO_2 排放量要比 2005 年的水平下降 40%～45%。中国政府所规定的这一较高的减排目标，充分表明了国家应对气候变化的态度。2011 年颁布的《纲要》专章规定了应对气候变化内容，把温室气体减排工作上升到国家规划层面。与此同时，我国还设置了“国家应对气候变化领导小组”这一专门性的气候变化应对机构，并制定了发展低碳产业、推广低碳能源、提倡低碳经济、鼓励低碳消费、增加碳汇储备等应对气候变化的宏观政策，以及节能目标责任考核、温室气体排放标准、温室气体排放申报、能效标识及限额和税费等具体应对措施。

二、研究现状

（一）国外研究现状

在国外，有关气候变化立法目的的研究一般都在气候立法研究的著作中有所涉及。而气候立法研究的成果主要集中于2005年之后，同《公约》及《京都议定书》的谈判进程紧密关联。在权威的SSCI期刊数据库进行检索，以“climate change legislation”为检索关键词，搜索1990～2012年出版的相关著作及其生成的引文分析图表如下：

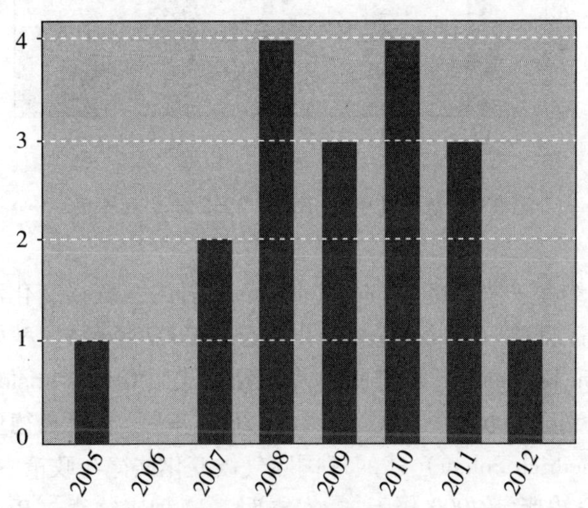

图表1　每年出版的文献（截至2012年6月4日）

国外有价值的研究成果大致可以划定为如下类型：一是国际组织的研究报告。其中，IPCC所发布的四次《气候变化评估报告》、全球国际在2011年发布的两部《全球气候立法研究》报告、经济合作发展组织（OECD）发布的《将适应气候变化融入合作发展中的政策指南》、联合国环境规划署2011年发布的《迈向绿色经济——可持续发展和消除贫困的路径目标》在气候变化立法研究方面所取得的成就最为突出。二是专著。国外有关气候变化法的专著

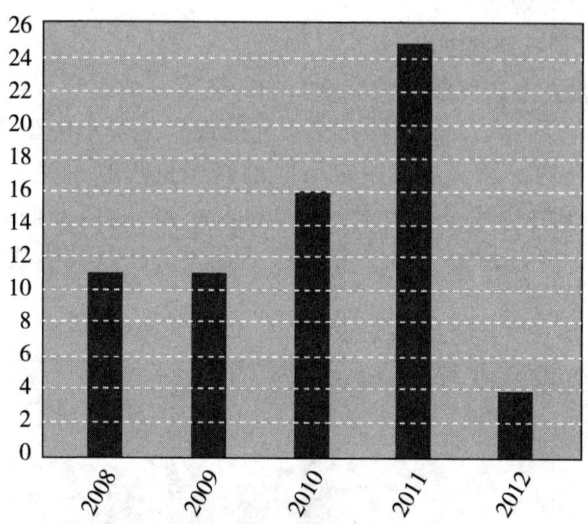

图表2　每年的引文（截至2012年6月4日）

主要有：约翰·罗宾逊（John Robinson）著的《气候变化法：欧盟和英国的碳排放》(Cameron May出版公司2007年版)、蒂姆·博尼哈迪（Tim Bonyhady）和彼得·克里斯托夫（Peter Christoff）主编的《澳大利亚气候法》（联邦出版社2007年版)、弗莱德里希·索尔陶（Friedrich Soltau）著的《国际气候变化法律与政策中的公平》(剑桥大学出版社2009年版)、本杰明·J. 理查德森（Benjamin J. Richardson）主编的《气候法与发展中国家》（Edward Elgar出版公司2009年版)、西蒙·P. 卡尔森（Cinnamon P. Carlarne）著的《气候变化法律与政策：欧盟和美国的路径》（牛津大学出版社2010年版)、尼古拉斯·斯特恩（Nicholas Stern）主持编写的《斯特恩评论：气候变化经济学》、爱德华·A. 佩奇（Edward A. Page）著的《气候变化正义与未来世代》［爱德华·埃尔加公司(Edward Elgar Publishing Limited）2006年版]、安东尼·吉登斯(Anthony Giddens）著的《气候变化的政治》（社会科学文献出版社2009年版)、埃里克·波斯纳(Eric A. Posner)和戴维·韦斯巴赫(David Weisbach)著的《气候变化的正义》(社会科学文献出版社2011年版)。三是学术论文。理查德·拉撒路斯(Richard J. Lazarus)著的《气候变化法的现状和进展》、维克托·弗莱特(Victor Flatt)著的《环境领域的州政府行动历史:替代气候变化法的预测》、莱斯利·麦卡利斯特(Lesley K. McAllister)著的《区域气候治理:州际竞争到州际合作》、斯科特(Scott Schang)和特里萨(Teresa Chan)著的《从行政规制视角审视联邦温室气体的管制选择》、威廉·布比(William W. Buzbee)著的《州层面的温室气体规制、联邦气候变化立法和替代之争》、德温·帕特里克·麦克道尔(Devin Patrick McDougall)著的《美国气候政策中的诉讼定位》、齐尔斯腾·毕晓普(Kirsten Bishop)著的《国际环境法的公平原则:对发展中国家在气候变化领域的适用》、约翰·罗宾逊等著的《气候变化与可持续发展:发现机遇》、弗莱德里希·索尔陶著的《气候变化公平和衡平》、丽莎·因策林(Lisa Heinzerling)著的《环境法新动向:气候变化的应对》、罗宾·克雷格(Robin Kundis Craig)著的《稳定消逝、转变长存:适应性气候变化法的五个原则》、约翰·代恩巴赫(John C. Dernbach)和西马·卡卡德(Seema Kakade)著的《气候变化法:导论》、理查德·拉撒路斯著的《气候变化和超级滑稽的问题:为了未来可持续而抑制当代发展》、戈兰·莱特(Glen Wright)著的《气候变化法设计:欧盟与美国的比较分析》等。另外,关于碳排放权交易、碳税的学术论文成果也十分丰富,篇幅所限就不再一一列出了。根据研究视角的差异性,这些论文可以被划分为基础理论型、制度构建型、国别比较型、国际研究型四种。

关于气候变化法的研究,国际组织和国外学者作出了较大的学术贡献。其特点如下:一是研究视野开阔,注重实证研究方法的运用,综合运用经济学、政治学、社会学、伦理学、管理学等学科知识进行系统研究。二是重视区域气候变化领域的研究。来自美国学者的研究成果，大多将研究重心放在各州应对气候变化的法律实践以及州和联邦层面气候立法的互动关系上，使得气候变化法的区域性特色得到彰显。三是将气候变化法作为一门新兴的相对独立的学科来研究，从气候变化与人权、气候变化与可持续发展、气候变化领域的环境法原则适用、气候变化的行政法规制等方面，展开对气候变化法的学科理论基础研究。四是重视从国际法与国内法互动的视角，将履行应对气候变化的国际法律义务与国内气候变化立法实践密切结合起来。但是这些成果也存在着不足：有关气候变化法的国外研究成果大多是由来自美国、英国、澳大利亚等伞形国家阵营的学者所完成的，不可避免地带有西方中心主义的研究偏见，难以全面认识气候变化法的价值和制度实践在广大发展中国家适用的实际情况，即使有学者意识到气候正义的利益分配在发达国家和发展中国家之间的复杂性，但由于资料所限以及国际气候变化领域国家博弈的不断变化，部分研究成果已经无法有力解释新的实践所带来的问题，比如重视减缓气候变化领域中的可持续能源法研究，而对适应领域的资金机制、技术转让等问题的研究重视得不够。

（二）国内研究现状

国内有价值的研究成果如下：一是关于气候变化立法研究的项目成果，气候变化立法方面的课题研究已经成为近年来国内研究的热点。比较有影响力的项目有中国人民大学李艳芳教授主持的2010年国家社科基金重点项目“《气候变化应对法》立法研究”的有关阶段性成果；中国政法大学王灿发教授主持的2011年中国法学会部级法学研究重点课题“应对气候变化国际法律制度中的公平性问题与发展权研究”所形成的研究成果；由美国能源基金会资助，中国政法大学曹明德教授所牵头的“中国已有相关法律与应对气候变化内容分析”课题组的研究成果；中国政法大学林灿铃教授所牵头的“国外应对气候变化法所涉重点问题识别和研究”课题组的研究成果；由美国能源基金会资助，中国政法大学曹明德教授主持的《省级气候变化立法研究——以江苏省为例》的项目研究成果；由世界自然基金会资助，清华大学法学院课题组承担的“气候变化立法研究”所形成的成果；由瑞士驻华大使馆资助，中国社会科学院法学研究所承担的“气候变化立法研究”项目所形成的关于《中华人民共和国气候变化法》（中国社会科学院研究项目组征求意见稿）及其说明。[1] 在以上的立法项目研究中，无论是从国际法层面还是从国内法层面展开研究，应对气候变化法的立法目的都是项目研究中的首要问题。这些研究成果从比较法学、法哲学、法社会学等方面，对立法目的及其相关立法价值、立法原则和立法模式进行了相应的研究。二是著作，主要有：龚向前著的《气候变化背景下能源法的变革》（中国民主法制出版社 2008 年版）、杨兴著的《〈气候变化框架公约〉研究：国际法与比较法的视角》（中国法制出版社 2007 年版）、唐颖侠著的《国际气候变化条约的遵守机制研究》（人民出版社 2009 年版）、郭冬梅著的《应对气候变化法律制度研究》（法律出版社 2010 年版）、韩良著的《国际温室气体排放权交易法律问题研究》（中国法制出版社 2009 年版）、张建伟等著的《气候变化应对法律问题研究》（中国环境科学出版社 2010 年版）和廖建凯著的《我国气候变化立法研究——以减缓、适应及其综合为路径》（中国检察出版社 2012 年版）。三是学术论文。由于气候变化立法目的所涉及的研究题域较为广泛，笔者主要以中国国家图书馆联机公共目录查询系统和中国知网数字图书馆作为论文期刊文献检索的数据库，选用“气候变化法”、“气候政策”、“气候治理”、“适应气候变化”、“低碳发展”等关键词进行全库精确检索。

---

〔1〕 http：//news. china. com. cn/txt/2012 －03/18/content_ 24923504. htm，http：//news. china. com. cn/txt/2012 －03/18/content_ 24923468. htm，最后访问日期：2012 年 11 月 29 日。

图表3 既有中文研究成果数据库检索结果
(截至2012年6月4日)

中文研究成果	气候变化法	气候政策	气候治理	适应气候变化	低碳发展
国家图书馆跨库检索合计	16	14	11	9	26
博士学位论文	1	2	0	3	0
硕士学位论文	1	9	10	1	0
专著	14	3	1	5	26
中国知网跨库检索合计	19	59	31	11	217
期刊	13	50	21	10	204
博士学位论文	2	3	1	1	2
硕士学位论文	4	6	9	0	11

根据中国知网的检索结果可知，国内关于气候变化法研究的论文只有19篇，现就主要观点作简要综述：

1. 关于应对气候变化立法的制度性研究

李艳芳的《各国应对气候变化立法比较及其对中国的启示》，介绍了各国通过国内立法来履行《公约》和《京都议定书》所确定的“共同但有区别的责任原则”，指出是否制定专门的气候变化法与一国所处的阵营、现有立法状况等没有直接的关系，而主要与其承担的国际义务、受气候变化影响的大小、应对气候变化的态度有关。各国承担的国际义务不同，决定了各国应对气候变化的不同立法进程、不同立法形式和立法内容，详细阐述了英国是以《气候变化法》为核心的专门立法模式、欧盟其他成员国是分散立法模式、美国是以《清洁能源与安全法》为核心的综合立法模式、日本是以《全球气候变暖对策推进法》为核心的政策型立法模式、韩国是以《绿色经济增长法》为核心的综合型立法模式。曹明德在《气候变化的法律应对》中分析了气候变化的定义、影响和成因，以《公约》和《京都议定书》作为国际气候变化法的依据，重点阐述了国际社会在如何确保气候保护以及温室气体减排的公正性并确定温室气体排放份额方面所提出的几项代表性法律原则，提出共同但有区别的责任原则是当今气候保护领域的主要原则。张乾红博士在所撰写的2010年武汉大学博士学位论文《论应对气候变化的适应制度选择——受害者视角》中，以受害者视角考察了应对气候变化适应制度的选择问题。文章从人权视角论述了适应气候变化隐含的权利依据问题，并指出气候变化对公认的各项人权存在普遍影响，并可能构成严重威胁，而最脆弱者、气候变化主要受害者的境遇尤其值得关注。文章在论述适应制度的价值基础与价值选择时指出，安全与公平是适应制度应予遵循的基本价值依据。

周珂在《论水循环与气候变化应对机制》一文中指出，近年来发达国家更多地强调减排机制，而增汇机制有减弱的趋势。人类既要通过减排温室气体以避免气候变化的加剧，也要重视自然力碳循环和水循环对气候变化的影响。“泛温室气体成因”的趋势对气候变化问题的认知和对策路径提出了挑战。气候变化利益格局取决于直接经济损益、国际经济格局和治理多向性受益格局。当今气候变化国际合作呈现出“同而不和”的非良性态势，这是造成应对机制争议和困境的主要原因。理想状态应当是“和而不同”，即在承认各国在气候变化成因、利益、作用等方面存在差异的前提下加强国际分工与合作，实现的路径是以《公约》为主导，在重视减排的同时，加强增汇机制的作用，并且应增加水循环改善这一新的机制要素，形成减排—增汇—治水的三元应对机制。减排的主要对象依然是发达国家，对于中国等碳汇潜力巨大、水循环影响力巨大的国家，则要通过生态保护建设增加碳汇，并加强水利建设改善水循环，加强和培育自然力碳循环和水循环对温室效应的修复功能。罗

丽在《日本应对气候变化立法研究》和《日本〈全球气候变暖对策基本法〉（法案）立法与启示》中详细考察了日本应对气候变化的法律体系。高翔在《美国气候变化立法进展及启示》中梳理回顾了美国气候变化立法的进程。另外，还有些成果从宏观制度建构和对策分析方面，对中国气候变化立法进行了整体性研究。如张梓太的《中国气候变化应对法框架体系初探》、《论气候变化立法之演进——适应性立法之视角》及其与张乾红的《论中国应对气候变化之适应性立法》、王慧和曹明德的《气候变化的应对：排污权交易抑或碳税》、曾文革和毛媛媛的《中国适应气候变化的法律对策》、晋海的《我国农业适应气候变化立法初探》、陶蕾的《应对气候变化的水资源适应性立法初探》、颜士鹏的《论应对气候变化的适应性森林立法》。

2. 关于应对气候变化立法的基础理论研究

法学界对基础理论的研究主要在碳排放权的权利属性、气候正义、气候变化法的基本原则三个方面展开。王明远在《论碳排放权的准物权和发展权属性》中指出，碳排放权是在以《公约》和《京都议定书》为核心的国际法律体系下产生的新型权利。碳排放权的准物权属性强调其私权色彩和经济性，凸显其可转让性；而发展权属性则强调其基本人权色彩和一定的不可转让性。二者是辩证统一的关系，需要结合碳排放权各个方面的具体情境来解读。在碳排放权的法律化过程中，发展权属性决定了制度建构的目的，而准物权属性则提供了制度建构的手段。杨泽伟在《碳排放权：一种新的发展权》中指出，后京都时代碳排放权的分配应考虑发展需要、人口数量、历史责任以及公平正义原则等因素。作为温室气体排放大国，中国在坚守“共同但有区别的责任原则”的前提下，应逐步实现从“差别原则”到“共同责任”的转变。陈贻健在2011年中国政法大学博士学位论文《气候正义论——国际气候法律制度中的正义问题研究》中提出气候正义的背景信念和主体情境是研究气候正义的前提条件，前者强调在气候变化的科学性和社会建构性上同时存在，在认知上存在不确定性的背景信念，后者是主体范围决定哪些主体可以进入正义共同体，哪些主体的利益和负担可以在实体正义和程序正义中得到考虑。

柯坚、何香柏在《环境法原则在气候变化适应领域的适用——以欧盟的政策与法律实践为分析视角》中分别对气候变化适应的目标性原则——可持续发展原则与高水平保护原则的适用、气候变化适应的正当性原则——风险防范原则的适用、气候变化适应的机制性原则——公众参与原则的适用、气候变化适应的方法性原则——污染者付费原则、预防原则和一体化原则的适用进行了体系化的梳理，指出政策与法律创新是增强气候变化适应性的社会基础，环境法原则为气候变化适应性政策与法律创新提供目标、正当性、机制和方法，使得欧盟气候变化适应政策与法律的生长获得了根基、方向和动力。彭峰在《论我国气候变化应对法中谨慎原则之适用及其限制》中指出，我国环境立法中普遍适用预防原则，并未对谨慎原则进行规定。谨慎原则主要是针对政府的公共决策而言的，与预防原则的区别在于以不确定性为前提。国家的基本职能是保障安全，针对气候变化可能引起的巨大风险，以谨慎原则为基础进行风险管理、科学决策是以欧盟为代表的西方各国的发展趋势之一。然而，西方国家在谨慎原则的具体适用层面也面临一些困境。基于我国现阶段的经济和社会条件，并考虑成本效益，在气候变化应对法中适用以比例原则为基础的弱谨慎原则具有一定的合理性和现实性。谷德近在《共同但有区别责任的重塑——京都模式的困境与蒙特利尔模式的回归》中通过比较《京都议定书》和同样体现共同但有区别责任的保护臭氧层的《蒙特利尔议定书》，并分析气候变化谈判截至 2010 年底的最新进展，认为共同但有区别责任的合法性基础应当重塑为自然资源主权和无害国外环境原则，以及全球环境治理利益的公平分享。吕江在《“共同但有区别的责任”原则的制度性设计》中指出国际社会就重构“共同但有区别的责任”原则提出的三种主要的制度性设计，即人均排放理论、单位 GDP 排放理论

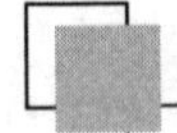

以及创建附件三国家，均存在不足之处，单独适用无法满足当前气候政治的现实要求。从国际关系的理论视角，提出权力势必主导这一建构过程，国家也将在软硬法的相互博弈下作出选择。

3. 研究特点

以上梳理还只是粗线条的，并未涵盖所有的理论取向和主题，有很多问题还有待进一步的研究。从中不难看出国内研究呈现三个基本特征：一是基础研究中的权利本位观。注重对碳排放权这一新型权利进行法理上的新阐释。碳排放权作为人权的属性已经形成共识，围绕着国际气候变化法的制度实现，运用制度经济学的方法灵活解释发展权和作为交换正义的交易客体之间的逻辑关系。气候资源的产权分析成为新的热点。特别是气候作为公共物品，从法律上提出公用物的概念，并进行权利法理论证已经形成一种新的研究视角。二是环境法原则在气候变化法中的重新解释。共同但有区别的责任原则和谨慎原则成为学者们重点关注的研究题域，直接关系到气候变化法制度设计的成败。三是侧重于对策性研究。无论是从国际气候变化法的遵约机制完善，还是气候变化的减缓领域和适应领域的法律问题探究，都具有鲜明的对策法学倾向。

4. 研究不足

目前国内研究的不足主要表现在以下几个方面：一是研究范围不够开阔。现有的成果存在重减缓气候变化、轻适应气候变化的倾向。减缓气候变化重视研究能源法的可持续发展问题，对森林碳汇研究明显不足。适应气候变化法的研究成果尤其匮乏，更不用说研究减缓气候变化与适应气候变化之间的内在关系问题了。这在一定程度上反映出研究者对于气候变化科学背景知识掌握不足，难以形成跨学科的知识对话和沟通，形成自说自话的局面。二是气候变化立法的理论基础研究薄弱。有关立法目的、立法价值、立法原则、立法模式的选择等国内气候变化立法的理论问题研究不够系统深入。气候变化的法律定义与科学定义之间的关系是什么？气候变化立法与环境法、能源法、气象法等立法之间的关系是怎样的？是否存在独特的气候立法价值理念诉求？气候变化与可持续发展的关系如何认识？这些基础理论问题对于国内气候变化法的构建来说至关重要。现有成果却对此没有系统研究。三是气候变化国内法的研究缺少针对性，没有有效结合国际气候变化法的内容，缺少从国内法与国际法互动的视角进行国内法研究。研究成果多数集中在对有关国际公约、气候谈判方面的研究，即使有国别比较的研究成果，也没有从各国政治、经济、社会、文化等整体的场域展开系统研究，多是就立法文本进行单一的实证研究。

三、研究方法

在研究过程中，本书主要使用了下列研究方法：

第一，语言分析法。气候变化立法的概念是通过对科学意义上气候变化概念的引申、扩展来进行论证的，从语言学角度对其使用的各种关键概念加以分析，确认其到底说了些什么，才能真正了解其内容，明确其价值。特别是对立法目的、立法价值、立法原则进行细致的学理辨析。

第二，经济分析方法。气候变化经济学成为当前研究气候变化问题的关键方法论，尽管其理论方法存在一定的缺陷，但对于气候政策的制定者来说，成本效益的分析将贯穿政策制定与实施的全过程。经济学所研究的规则秩序实质上就是法律制度的逻辑载体。制度经济学为法律的经济分析提供了有力的工具支持，使得气候变化立法的成本评价能够和执法的效果挂钩，实现动态的制度规制绩效评估，以适应不确定所带来的风险管理需求。

第三，价值分析方法。道德问题主要就是价值问题，法在根本上也离不开对价值问题的思考。无论对气候伦理学还是以其为基础的“环境伦理法学”的评价，都离不开价值分析这一根本方法。气候变化立法的既有研究主要停留在制度层面，鲜有学者从价值层面，尤其从法学价值层面对之进行探讨。本书尝试在气候正义理念的国内法表达方面，对气候安全、气候公平和永续发展所确立的气候变化立法的价值构造进行梳理，找寻协调不同立法价值冲突的价值基准。

第四，社会学分析方法。以气候变化立法应对气候变化问题，必然需要考察立法目的生成的风险社会背景因素。个人、社会、国家三个维度的利益诉求，在不同时空背景下，形成复杂的利益网络格局。另外，社会心理态势、舆情导向、偶然性的事件等多重因素的制约影响使得气候公共治理的利益整合显得更为关键，需要从社会变迁的社会学角度加以分析，本书运用社会学原理分析了气候变化立法的社会结构功能机理。

第五，历史分析方法。以历史分析的方法对各国气候变化立法进行纵向分析，有助于了解气候变化立法的发展过程和规律。对气候变化立法发展轨迹的解读，可以明晰立法的历史脉络和发展规律，掌握未来全球气候变化立法的发展趋势，对我国气候变化立法的实践具有借鉴意义。

第六，比较分析方法。比较分析以空间为基点，对某一问题进行空间视角的横向比较，有助于明确问题的空间差异性。本书采用比较分析方法，对国外气候变化立法进行了有选择性的研究，并从中选取比较成熟的经验，供我国气候变化立法实践参考。

四、主要创新

与现有的研究成果相比，本书的创新之处主要体现在下述几个方面：

第一，对气候变化立法目的所包含的法学方法论进行了阐释，根据对以义务为本位的实证法秩序和以功利结果主义为核心的自然法价值观的法学理论辨析，主张气候变化立法目的论的要义在于由气候变化法益的保护而确立的以气候变化法律义务作为气候安全法律秩序目的的规范表达，以气候变化法律权利作为度量气候变化法律义务的标准，进而构筑目的—原则—制度环环相扣的气候变化法技术规范体系。学界现有对气候变化法立法目的和环境法立法目的的基础性研究薄弱，需要进行整体性的反思，为中国气候变化立法的方向和制度设计提供现实的理论指导。

第二，厘清了气候变化的法律定义，澄清理论界对气候变化法存在的认识误区，分析法学视野中气候变化应对的社会建构意义，围绕科学与民主的自然辩证法逻辑形成气候变化法的认识论和实践论，揭示气候变化法的基本范式是对人类社会和生态系统的适应性风险管理，从而界定了气候变化法与环境法之间的内在关系和区别，从理论上论证了气候变化立法的必要性。

第三，从法理上明确了立法目的的判别标准在于对法益的特色性、原则性和价值性的规范性表达。立法目的条款中的政策宣示性语言及其所反映的法政策目标与政策法目的的契合，并不能揭示立法目的的法规范特征。笔者分层次系统地梳理了气候变化立法目的的体系，为气候变化立法目的的范围和结构确立了目标模式。气候变化法的立法目的在于融合减缓气候变化和适应气候变化，实现减缓与适应的协同增效，降低社会发展的碳依赖和减少生态稀缺性，这是气候变化立法作为综合实体规则和程序规则的法律制度体系的直接目的或初级目的。作为实现区域气候变化善治的利益平衡机制，气候变化的立法目的在于实现以多中心、社会利益为本位的区域气候变化公共治理。这是体现气候变化立法本质特征的中级目的。作为通过对利益相关者义务的应然设定和风险责任社会化配置的机制构建，以保障应对气候变化的法益和社会权利，气候变化立法的根本目的在于保障应对气候变化的基本权益，维系生态系统和社会秩序的稳定。应对气候变化立法目的的多元性说明了气候变化立法目的具有层次性并且相互联系，构成一个统一的目的体系。

第四，提出适应性管理原则是反映应对气候变化立法最有特色的基本原则。为了提高人类社会和自然生态系统适应气候变化的恢复力，降低脆弱性，管理者和利益相关者在识别问题、方案设计、方案实施中共同确定基于不同气候情景模拟的管理措施，并对其进行持续监控和评估，综合考虑经济、社会、自然的需要和价值，运用行政、市场和社会的综合调整机制，以达到气候变化治理的多元利益共进。风险无悔应对的战略规划、能力建设、持续性的监控评估、资源管理的可持续利用成为气候变化法适应性管理原则的最有特色的内容。

第五，提出制定应对气候变化基本法是健全中国气候变化法律体系的重要立法选择。该法以政府激励为目标导向和主线，内容应包括总则、应对气候变化工作体制、政府应对气候变化义务与责任、能力建设与保障、法律责任与奖励、附则等方面。中国应对气候变化措施的实施方式大致包括三种模式，即政府责任模式、法律强制模式、绩效管理模式。这三种模式是应对气候变化措施得以通过政府的法治行政予以实施的表现形式。其主要区别包括以下三点：一是在规范依据上，是根据法律明确规定，还是借助于战略、政策、命令、规划等规范性文件加以明确；二是在法律效力上，是仅仅针对政府具有约束力，还是针对包括政府、企业、公众在内的所有社会主体；三是在实施方式上，是根据法律规定予以强制实施，还是需要根据总体目标进行分解并进行问责或考核。低碳发展立法是建立低碳发展制度体系的重要内容，应从生态文明建设的高度审视我国低碳发展相关的法律法规，进行战略性立法和整合，发挥法律在低碳发展中的引领、规范、促进、保障作用。通过低碳发展综合性立法，构建低碳发展的制度体系。

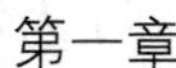

第一章

应对气候变化立法目的概论

应对气候变化立法目的是应对气候变化立法中的首要条款，不仅反映气候变化立法旨在谋求的价值取向，而且体现以义务为本位的实证法律技术规范对气候变化法益的保护。立法目的作为立法中的元规则，以纲举目张的规范逻辑统合基本原则和基本制度，使得立法形成体系严整、一脉相承的规则体系。研究立法目的，必然要在梳理哲学目的论与法学目的论思想脉络的基础上，探究立法目的论所蕴含的方法论，并将立法目的论运用到应对气候变化的法律意义阐释中，从风险社会的制度法理因应中，确证气候变化法的立法必要性和可行性，进而为揭示气候变化立法的精神旨趣和实证规则设计提供一种新的研究路径。

第一节　目的论的思想探源

一、目的论的哲理脉络

目的论是一种关于解释世界的哲学传统，它经历了宇宙目的论、神学目的论、本体目的论、认识目的论到实践目的论的历史演化，在高扬人性的主体价值中，实现了科学精神与人文精神的融合。正如休谟在《人性论》中所言，“显然，一切科学对于人性总是或多或少地有些关系，任何学科不论似乎与人性离得多远，它们总是会通过这样或那样的途径回到人性”。[1] 掌握了求善的人学意蕴，就能够深刻理解目的论的精髓所在。

（一）本体目的论

苏格拉底的“知识就是美德”，昭示着古希腊先哲在宇宙自然的至善追求中，认为自然界的一切东西都是为人类而创造出来的，比如创造植物是为了供人营养，创造躯体是为了供堕落的灵魂寓居之用。亚里士多德将目的作为一个原因，而且是带有根本性的原因。在他看来，存在万物趋向最高的目的纯形式。他从不同方面探讨了目的性概念的丰富内容，建立起古代目的论的概念框架。[2]

目的论在神学理性之光的映照下，认为自然界的万物都是上帝或神有目的的创造出来的。尽管在神学的禁锢下，目的论走向了极端，形成对人的宰制，但宗教信仰对人价值终极诉求的观照，得以在神学目的论中传承后世。

（二）认识目的论

以寻求终极目的为宗旨的本体目的论在近代机械自然观的确立过程中受到了批判。“目的在时间上是超越现在的，认为这个未来的存在对现实已经起着作用，这被认为与因果性是相互排斥的，被认为违背了科学的根本精神。”[3] “然而，目的论并未死去，替代本体目的论的认识目的论在科学舞台上已变得日益活跃起来。”[4]

康德在对唯理论和经验论两大哲学流派所代表的传统形而上学

---

〔1〕［英］休谟：《人性论》（上册），关文运译，商务印书馆1997年版，第6页。

〔2〕姜琬：“论因果、目的和必然”，载《江苏社会科学》2002年第4期，第33页。

〔3〕姜琬：“论因果、目的和必然”，载《江苏社会科学》2002年第4期，第33页。

〔4〕李东：“目的论的三个层次”，载《自然辩证法通讯》1997年第1期，第22页。

二律背反的批判中，完成了科学知识何以可能的认识论问题。康德哲学本质上是人类学，所关注的终极问题是人性的问题，他不认为认识和科学是人对待自己、对待自然的最高态度，而是强调通过反思判断力所体现的审美和自然目的论向人的道德过渡。〔1〕康德的形而上学目的论在20世纪的科学理论中得到回应。〔2〕

在黑格尔的思想体系中，“目的理性”居于核心地位。他把整个世界的发展都归结为理性，是理性以自身为目的的自我发展，或者说世界的发展是以理性的目的为目的。目的本身既是原因又是结果，是原因和结果的统一。目的所要实现的效果一开始便存在于目的自身之中。目的实现的过程就是不断扬弃主观转向客观的过程。黑格尔还把目的分为有限目的与无限目的。对于有限目的，当一个目的实现时，已经扬弃的主客观对立便又重新产生了。“已经达到的目的仅是一个客体，这客体又成为别的目的的手段或材料，如此递进，以至无穷。”〔3〕于是人们就会产生无限目的的错觉，这种错觉同时又是一种推进力量，推进人们去追求更高的目的，从而揭示了人的需要与客观世界之间的矛盾，阐释了实践的内在动力，形成了带有目的论色彩的历史哲学逻辑进路。“历史不外乎是理念的演绎过程，同时历史也是证实理念的过程，从而使得黑格尔的历史哲学难以抹去目的论和神正论的性质。”〔4〕马克思主义实践概念与黑

〔1〕形而上学的对象是超验的，科学知识只能是经验的，形而上学理性推论所借助的形上范畴只有在反思判断力的无目的的合目的性原理统领下，在目的论的和谐基础上才能形成明证性的逻辑联系，由此形上范畴与不同等级的目的直至最高目的处于类比、象征的和谐统一中。参见李佰志：《康德形而上学的目的论建构》，2010年吉林大学博士学位论文，第89页。

〔2〕生物学家迈尔认为，有四类目的论的现象：规律目的性过程、程序目的性过程、业已适应的系统、宇宙目的论。宇宙目的论是错误的，必须排除在科学之外，借鉴前三种目的论现象的问题实质就是建构目的性的解释。

〔3〕［德］黑格尔：《小逻辑》，贺麟译，商务印书馆1981年版，第395页。

〔4〕王平：《目的论视域下的康德历史哲学》，复旦大学2004年博士学位论文，第117～118页。

格尔的实践概念有着不可分割的联系。[1]

功利主义的目的论把善定义为独立于正当的东西，然后再把正当定义为使善最大化的东西。达到功利主义的最自然方式，就是对作为一个整体的社会采取对一个人适用的合理选择原则。“边沁的功利主义乃是一种普遍快乐主义。为了避免把功利主义和快乐主义混淆起来，就用‘目的论’一词取代‘功利主义’一词。”[2] 作为经典目的论的功利主义受到了罗尔斯正义理论的批判，“与作为公平的正义相比，功利主义并不认真对待人与人之间的差别。”[3] 当今，随着现代科学的兴起，目的论又成为科学家和哲学家们热议的话题。尽管仍然有学者对目的论持有怀疑态度，主张其不过是因果说明的一种复杂伪装形式，[4] 但系统科学仍然需要重建目的论方法，实现从整体关联的视角对事物的演化进程进行把握。[5] 当代目的论者所理解的目的不再是观念性的东西，而是事先编程好了的、正在运动的事物追寻和即将实现的状态。它以程序的形式存在，经过一定的过程和环节得以实现；它本身不是一种实体，但依

---

〔1〕 二者都认为，目的和手段是实践的内在环节；人类实践的基本特征是目的性和中介性。这为我们研究实践的结构、实践的发展动力以及实践与认识、实践标准等问题提供了线索。参见马树怀：“目的和手段是实践的环节——对黑格尔实践观的探讨”，载《中国社会科学院研究生院学报》1993 年第 3 期，第 79 页。

〔2〕 王海明：“功利主义与义务论辩难”，载《社会科学》2003 年第 12 期，第 78 页。

〔3〕［美］约翰·罗尔斯：《正义论》，何怀宏等译，中国社会科学出版社 2009 年版，第 22 页。

〔4〕［美］亚历克斯·罗森堡：《科学哲学：当代进阶教程》，刘华杰译，上海科技教育出版社 2006 年版，第 87 页。

〔5〕 20 世纪初以来，一系列探索复杂性的学科得以发展，如现代达尔文主义、控制论、耗散结构论、协同学等。这些学科促使科学目的论框架日趋成熟。20 世纪 70 年代，自组织理论诞生并发展成学科群。从天体演化到微观粒子运动，几乎涉及科学的各个领域。如果系统自己要走向一种有序结构，就代表那种系统有序结构的点的系统是目标。参见郭华庆：“目的论的过去与现在”，载《生物学通报》1996 年第 5 期，第 42 页。

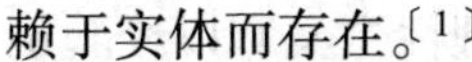

赖于实体而存在。[1]

（三）实践目的论

近代机械自然观的形成发展极大地张扬了技术理性，为人类支配自然、征服自然，满足自身欲望为目的的实践目的论奠定基础。由于机械自然观将目的从自然界中排除，以机械的因果关系决定论来解释自然，确立了极端的人类中心主义的实践目的论观念。机械论的世界观和价值观为工业文明时代流行的极端人类中心主义奠定了思想基础。在以笛卡尔为代表的主客二分法的绝对思维指引下，人与自然的对立冲突被放大。它的发展导致了人类活动对自然的破坏，同时技术理性无力解决人的个体性、道德情感等问题，只关注人的单向度思维，危及了人自身的生存。在技术理性异化所带来的诸多弊端面前，以批判反思传统西方哲学为使命的后现代哲学登上历史舞台。“它举起‘生态中心’、‘主客一体’的大旗，标志着人类由生态危机引发了对于人与自然的关系所进行的重新审视和思考，并试图构建一个人与自然和谐共处的生态文化体系。”[2] 以大卫·格里芬（David Griffin）为代表的建设性后现代主义提倡多元的、整体主义的方法论，从人自身的生存危机出发，倡导对世界的关爱。后现代主义对现代性的批判和整合，促成了实践目的论的更新，生态人类中心主义成为新的实践目的论的伦理基础。

可见，本体目的论以寻求终极目的为宗旨，认识目的论以对自然界的现象建构目的性解释为宗旨，实践目的论以为人类社会发展提供可遵循的选择道路为主要任务。其中建基于现代科学基础之上的认识目的论将为人类打破机械自然观的统治，建立更科学合理的人与自然的关系，提供新的实践目的论的自然哲学基础。

二、目的论的法学追问

通过以上对目的论哲理脉络的梳理和回顾，可以总结出两种不

---

〔1〕 刘海龙：“当代目的论的新形态”，载《自然辩证法研究》2009年第1期，第27页。

〔2〕 陈泉生等：《法学方法论的生态化》，法律出版社2008年版，第76~77页。

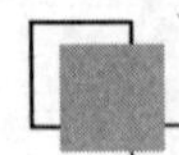

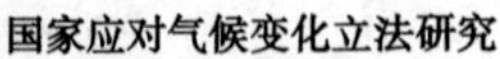

同的思维逻辑进路，即以唯理论为代表的建构理性主义和以经验论为代表的进化理性主义。在法学史中，前者表现为法律的建构理性主义，强调人的目的理性的价值主导性并以此来构建法律制度；后者则表现为法律的进化理性主义，承认人的有限理性，将法律作为实证科学来进行分析探究。

（一）法律理性主义的目的论建构

在法学史中追寻目的论的轨迹，需要从法律目的的有关认识中梳理。庞德认为从古希腊到20世纪法学家对“法律的目的”的认识轨迹，即维护治安或社会现状的手段—权威—正义—理性—个人自我主张的最大化。[1] 这种归纳从宏观上对法律目的的思想轨迹作了精炼的总结。有几位法学家关于法律目的的经典论述成为法学目的论的里程碑，即耶林的目的法学、拉德布鲁赫的新康德主义、科勒的新黑格尔主义、庞德的社会法学以及诺内特和塞尔兹尼克的法目的类型说。

德国法学家耶林认为目的是全部法律的创造者。每条法律规则的产生都源于一种目的，即一种实际的动机。法律在很大程度上是国家为了有意识地达到某个特定目的而制定的。法律的目的是在个人原则与社会原则之间形成的一种平衡。个人的存在既为自身也为社会。[2] 法律概念乃是为人而存在的——他们是实现人之目的的手段，而不是人为法律的概念而存在的，因此法律科学的核心问题就在于发现正当和正义在此时此地所提出的要求。耶林的法学目的论影响了后来的社会法学派，但其功利主义色彩过重，忽视了个体主张、需求或预期所产生的压力会持续不断地扭曲法律秩序中实际发生的调适和妥协。人们建构法律制度和政治制度的目的却在于努

---

〔1〕 程乃胜：“法律的目的追问——读罗斯科·庞德的《法理学》（第1卷）”，http://dzl.ias.fudan.edu.cn/MasterArticle.aspx?ID=6238，最后访问日期：2012年11月10日。

〔2〕［美］E. 博登海默：《法理学——法哲学及其方法》，邓正来译，中国政法大学出版社2004年版，第115~116页。

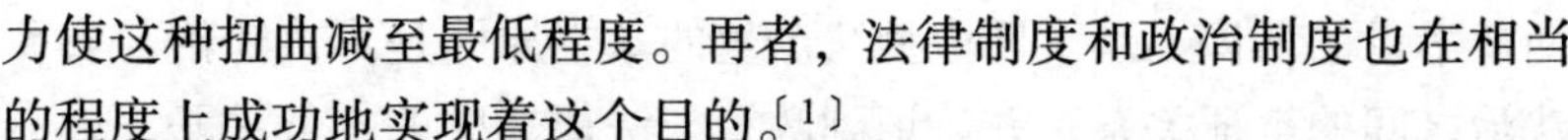

力使这种扭曲减至最低程度。再者，法律制度和政治制度也在相当的程度上成功地实现着这个目的。[1]

新康德主义的代表拉德布鲁赫认为，正义和合目的性是法律的第二大任务，第一大任务是法的安定性，也就是秩序与安宁。[2]其学说没有将正义置于首要地位，不是研究法律本身是否是正义的，而是研究如何通过法律实现正义，容易形成逻辑教条。

科勒认为，“每一种文明的形态都必须去发现最适合其意图和目的的法律，永恒的法律是不存在的，因为适合于一个时期的法律并不适合于另一时期。法律必须与日益变化的文明状况相适应，而社会的义务就是不断地制定出与新的情势相适应的法律。”[3]

美国法学家庞德认为，法律的目的是作为社会控制手段的法律秩序目的。他从法律律令和法律准则的发展中探究法律的目的，分为四个阶段：初始阶段，法律的目的在于维护治安和和平；严格法阶段，法律的目的在于安全；衡平法和自然法阶段，法律的目的是使伦理行为与良善之道德规范相符合。

诺内特和塞尔兹尼克用目的解释不同的法律类型。他们将法律划分为压制型法、自治型法和回应型法。在压制型法中，法律目的呈一元化趋势，因为目的多元则会对社会意义的安全构成威胁。在自治型法中，法律的主要目的是在程序中实现公平，忠于法律被理解成严格服从程序法和实体法规则。这就加剧了法律实践的开放性与严格形式法治之间的紧张关系，进而需要回应型法，实现法律目标的普遍化。回应型法的特征是探求规则和政策内含的价值。[4]

---

〔1〕 吕世伦主编：《现代西方法学流派》（上卷），中国大百科全书出版社 2000 年版，第 138 页。

〔2〕 ［德］G. 拉德布鲁赫：《法哲学》，王朴译，法律出版社 2005 年版，第 73 ~ 74 页。

〔3〕 ［美］E. 博登海默：《法理学：法律哲学与法律方法》，邓正来译，中国政法大学出版社 1996 年版，第 142 页。

〔4〕 ［美］诺内特、塞尔兹尼克：《转变中的法律与社会》，张志铭译，中国政法大学出版社 1994 年版，第 87 页。

两位学者的认识揭示了回应型法产生的基本原因是形式法治与实质法治之间的辩证关系，并认识到政策与法律之间的价值关联，颇有见地。

关于法律目的的追问，在唯理主义法学家的智识表达中得以清晰，受到笛卡尔主客二分法的思维影响，理性得以无限张扬，法律目的的解释也成为法律解释的主要方法，但由于目的主体的多元、不同时空地域背景的目的多元使得目的本身具有复杂性，这使得目的解释具有极大的开放性，这反过来又使得目的论的理性陷入不确定的陷阱中。

（二）法律进化理性主义的目的论反思

近代科学的兴起，使得分析实证主义和怀疑论成为影响法律研究的重要思潮。机械自然观排斥人类的目的理性，表现在法律作为独立科学，在发展演化中应当重点关注非理性的因素。由此，法律进化理性主义认为，法律的发展是在自生自发的秩序中实现的，没有明确的目标和方向。法律进化主义作为一种哲学传统，经历了三个阶段：18 世纪的形成期、19 世纪的发展期和 20 世纪至今的鼎盛期。第一阶段的代表人物是大卫·休谟，第二阶段的代表人物是弗里德里希·卡尔·冯·萨维尼，第三阶段的代表人物是卡尔·波普尔、弗里德利希·冯·哈耶克、卢曼、贡塔·托依布纳、福柯、大卫·格里芬。

休谟主张正义美德的实践，法则的成立是出于对公益的尊重，而公益是这些法则的自然倾向并根据某种目的设计出来，指向于某种目的。休谟并没有完全否认正义法则的人为事实，只是更强调法律发展是一部伟大的经验的自然的演进史。

历史法学派的代表人物萨维尼主张法是民族精神的体现，认为“法律不能由立法者的专断意志推动，而是土生土长的，几乎盲目发展”。[1] 可见，历史法学派认为法律发展秉持的主要是一种不彻底的盲目发展论。

批判理性主义的代表人物波普尔主张法律是社会进化自然选择的结果，由氏族集团主义的封闭社会向开放社会转移的过程，需要人们主动追求且可能达到一种目标方能实现转移。但他反对全盘重构的理论，主张社会制度的点滴改良。进化理性主义的集大成者哈耶克与其持有同样的观点。哈耶克认为，一系列制度的生成，不是设计的结果，而是产生于诸多并未明确意识到其所作所为会有如此结果的人的各自行动，是一种集无数代个人经验的大规模的文化进化的过程的产物。[2] 他认为社会目的容易滥用。个人只需关注各自具体的目的，而且只有在追求这些目的时，个人才能更好地服务于人们的共同利益。自由社会有一种特殊的法律目的，即平等地改进所有人的机遇，扩展每个人的前景。[3] 哈耶克主张自由的价值高于一切，将自由与法律相等同，构成抽象的秩序目的。他的进化理论不是主义也不是全盲的法律进化论，而是存在紧急状态的例外、纯粹工具性的目的的例外和重叠规则结构中的刻意例外等的法律进化论。[4]

卢曼借用生物学“自创生”的概念，提出法律自创生理论来描述现代社会的法律，用“循环的网状结构”来解释法律的有效性。该理论将法律看作是社会功能分化的系统，主张法律在规范上是封闭的，在认知上是开放的。法律系统与社会系统、经济系统、文化系统是结构耦合的。规范的交互过程是法律系统的基本要素。正如

---

〔1〕［德］弗里德里希·卡尔·冯·萨维尼：《论立法与法学的当代使命》，许章润译，中国法制出版社2001年版，第121页。

〔2〕［英］弗里德利希·冯·哈耶克：《自由秩序原理》，邓正来译，三联书店1997年版，代译序第33页。

〔3〕［英］弗里德利希·冯·哈耶克：《法律、立法与自由》（第2、3卷），邓正来译，中国大百科全书出版社2000年版，第220～221页。

〔4〕曾明生：《刑法目的论》，中国政法大学出版社2009年版，第31页。

季卫东先生评价的："尼克拉斯·卢曼在凯尔森的思路上继续前进，似乎发现了在规范与事实的边缘上存在的'曲径通幽'的门扇。"[1] 所以，法律的自创生理论并没有否认人的作用，而是侧重于将法律看作是独立的系统科学，对于全球化和风险社会所带来的不确定性有灵活适应的能力，是科学方法运用于法学领域的典型产物。

后现代法学以青睐法律的片段性、差异性、不确定性和偶然性为特征，主张现代法治诸原则和制度并非自然形成的或理性的必然要求等认识，基于技术理性对人的异化所带来的负面影响而展开对工业文明的现代性的有力批判。建设性后现代主义的代表格里芬本着对世界采取家园式的态度，更多地关注人与自然、人与世界的关系，反对人类中心主义，强调人与自然是一个有机的整体，世界万物都有价值和目的，自然不是人们统治、占有、掠夺的对象，而是有待人去照料的花园，从而超越了现代哲学在人与自然关系上的二元对立论。建设性后现代主义在否定现代思维方式的基础上提出了一种崭新的后现代思维方式，促使人们重新思考人与自然、人与世界的关系，重新思考思维与存在、物质与意识的关系。[2] 格里芬将整体有机论引入后现代法学中，避免了解构后现代主义所形成的极端法律盲目主义，重视人与自然的关系，一切事物都是主体，它们都有内在联系，由此具有了目的论的内在价值。换言之，所有生物都是生命的核心，都有其自身的利益，具有平等的内在价值。后现代法学在研究进路上对主体为本的建构理性反思产生很大启发，不预先假设主客体的对立，不承认法律具有固定的含义和本质，强调法律是一个开放性结构的观点。否认法律主体向客体的转化，解构了人文主义的主体观，摈弃了主客对立的思维模式，自然与社会、人与物、自然规律与社会规律并不是孤立存在的，是相互联系

---

〔1〕 冯建鹏："论规范法学对法律自创生理论的影响——从卢曼到图依布纳"，载《浙江社会科学》2006年第2期，第62页。

〔2〕［美］大卫·格里芬编：《后现代科学——科学魅力的再现》，马季方译，中央编译出版社1995年版，第67页。

和相互作用的。自此，以“主客一体”为补充的法学生态化之价值判断初步形成，后现代主义与法学方法论生态化之间的桥梁也由此搭建起来，并为新兴的环境法学理论提供了深厚的学理滋养，从而推动着环境时代法学理论不断向前发展。[1]

寻求目的价值是人类的天性，法律进化理性主义不可能完全排斥目的理性，而是从康德式的判断力批判中实现了否定之否定的道德复归。罗尔斯的无知之幕下的作为公平的正义论与哈贝马斯的交往理性权利理论的构建便是这种哲学精神。法律目的的思考实际上存在着一个法律悖论：盲目性与目的性的辩证法。强调目的在生成和运用上的有限性（反对目的异化），同时也强调在目的思维上的有限理性（即承认人们的目的难以达致完全统一）。[2] 这是法学目的论的学术史所带来的深刻启示。

第二节 应对气候变化立法目的的内涵

一、气候变化应对的法律定义

作为应对气候变化立法问题研究的逻辑起点，气候变化的概念界定是核心问题和基础范畴。气候变化研究在科学方面的共识直接影响社会科学层面上对气候变化问题的理解。正是因为气候变化科学研究的不确定性和气候变化相关经济、政治等不确定因素的存在，使得气候变化立法在界定气候变化本身的法律定义中遇到了极大的困难。而科学共识的达成也并非一蹴而就，尽管 IPCC 的四次气候变化科学评估报告因其所参与撰写的众多各国科学家和《公约》的国际法律权威机制的确认获得了正当性，但仍有不少气候科学家坚持气候暖化怀疑论，认为评估报告在模型建构的不完善、适

---

〔1〕 陈泉生等：《法学方法论的生态化》，法律出版社 2008 年版，第 89 页。

〔2〕 曾明生：《刑法目的论》，中国政法大学出版社 2009 年版，第 39 页。

应性成本评估的缺失等方面存在缺陷〔1〕。即使科学知识一直处于提议的状态，并且从未证实，相比其他任何以追逐知识为目的的人类活动，强烈的科学共识能为这个实证主张的真实性，提供更好的信任基础。此外，即使在某点上已经形成强烈共识，即便相反的观点已经彻底否定，领域以外一些持相反观点的人，仍可能会对此共识感到费解。因为就算同为科学家，但身处不同领域，由于可能缺少相关专业知识，也无法判断相反观点的是非曲直，非科学领域内的政策参与者，更没有可能作出这样独立的判断。〔2〕所以，在科学背景下气候变化因其不确定性的长期存在，也促使气候科学的不断发展。正如库恩在《科学结构的革命》中所提到的科学相对论那样，气候科学是非常规科学，必然要经历到常规科学建立的范式建立的过程。

（一）气候变化的科学定义

某地点、某区域或整个地球的气候，是长时间内气象条件的平均状态。IPCC 在第四次评估报告中将“气候变化”定义为：可以通过统计方法确认的较长一段时间（通常为 10 年或更长）内，气候变化平均值和/或变率的变动。〔3〕气候变化一词在 IPCC 的使用中是指，气候随时间的任何变化，无论其原因是自然变率，还是人类活动的结果。气候系统是一个高度复杂的系统，它有 5 个主要组成部分：大气圈、水圈、冰雪圈、陆面和生物圈，以及它们之间的相互作用。气候系统的演变进程受到其自身动力学规律的影响，也受到外部驱动力（如火山喷发、太阳变化）以及由人类引起的驱动

〔1〕IPCC 采用的模型没有一个一开始就被预设为观测状态，而模型中的气候状态也没有一个与当前观测到的气候擦着一点边。参见［英］奈杰尔·劳森：《呼唤理性——全球变暖的冷思考》，戴黍、李振亮译，社会科学文献出版社 2011 年版，第 16、47～49 页。

〔2〕［美］安德鲁·德斯勒、［美］爱德华·A. 帕尔森：《气候变化：科学还是政治?》（第 2 版），李淑琴等译，中国环境科学出版社 2012 年版，第 43 页。

〔3〕IPCC，Working Group I，*Climate Change* 2007：*the Physical Science Basis*，New York：Cambridge University Press，2007，p. 943.

（如对大气的组成及土地利用的改变）的影响。气候变化根源于自然与人类之间的交互运动。

预测气候影响的最大不确定因素，是判断人类将如何适应这些变化。人类将如何适应，是决定气候影响的关键，评估气候影响必须将其考虑在内。不可避免地，我们要在不确定的情况下行动。需要将现有的研究和专家的判断整合在一起，形成有效的评估方法，更透明地解释推理，更好地整合不确定因素。所以，适应成本的量化与评估成为预测气候变化社会影响的关键。这也是科学在气候变化问题的预测中发挥重要作用的一个关键领域。

（二）法律视野中的气候变化应对

《公约》第一款将“气候变化”定义为：“‘气候变化’指除在类似时期内所观测的气候的自然变异之外，由于直接或间接的人类活动改变了地球大气的组成而造成的气候改变。”在《公约》中，气候变化是指直接或间接归因于改变全球大气成分的人类活动所引起的气候的变化，这种变化是叠加在同期观测到的气候自然变率之上的。

廖建凯博士认为，气候变化是指由人类活动直接或间接地改变全球大气成分而引发的大气冷、暖、干、湿等特征相对于某一时期的持续性变化。这种变化已经给人类社会带来了巨大的影响，为了避免气候的进一步变化，人类必须减少温室气体排放源和增加温室气体吸收汇，以减缓气候变化，降低大气中温室气体的浓度；提高生态系统和人类社会适应气候变化的能力。〔1〕气候变化是一个系统性的概念。目前国际法对于气候变化概念的界定，主要规范的还是与气候变化有相关影响的人类行为。《京都议定书》以及《巴厘岛路线图》、《坎昆协议》的内容和范围所产生的最深刻影响是将减缓与适应气候变化各自的措施明晰化、协同化，强调风险的评估

〔1〕 廖建凯：《我国气候变化立法研究——以减缓、适应及其综合为路径》，中国检察出版社2012年版，第16、22页。

和管理，资金机制和技术转让的义务分担以及科学专家评估结论的正当化程序、气候损害的填补机制和救济机制等方面。而各个国家则通过本国气候政策的制定来实现《公约》及《京都议定书》的权利义务。气候政策的制定所关联的议题大致涉及以下四个方面：①气候变化的确定性问题；②气候变化的社会及经济影响评估；③国家与国际气候变化机制的关系；④气候变化政策的选择问题等。

和许多科技发展所引发的法律问题一样，对气候变化概念的界定，不能脱离气候变化问题自身的科学背景，否则就难以准确地找到法律层面的切入点。气候变化首先是一个科学概念，气候变化的成因、影响与评估涉及气候模型的建构、气候政策的实体规则制定与成本收益的程序性评估等一系列技术、经济、管理、法律领域。法律所要发挥的因应作用在于如何将科学实证的、价值无涉的并带有或然性的气候变化评估结论与价值关联以及规范之间进行程序性的对话与沟通，从而达到事实与规范之间的联结，实现专家话语与大众话语的重叠共识，进而在社会建构中形成制度理性的因应之道。成功的科学评估过程，必须能在科学和政策两个领域的需求间自由穿梭，同时达到两方标准。专家传达的信息必须清晰，应用于政策辩论时，应该易于被非专业的政策参与者理解。

在法律上气候变化的社会性建构意义在于以下五个方面：一是重新审视预防原则在气候变迁风险应对中的利弊，既要关注损害的数量与损害的不可逆，又要关注损害发生的概率，设计出效果最优的气候变化损害预防原则，确保气候安全；二是政府在制定气候政策的过程中如何通过创新程序性机制来对气候问题的不确定性进行各方的辩论，沟通专家的科学话语与社会的价值话语，保证气候政策决策的民主与利益平衡；三是如何将风险和最差情形转化为经济激励机制和公平的义务分担机制，在考虑区域生态多样性的基础上，实现环境、资源与社会相统筹的永续发展；四是通过何种政策工具来引导各方对气候变化的风险认知，提高自身行动的自觉性，为达成全球统一协议打下基础；五是如何构建科学评估机制，为政策辩论过程

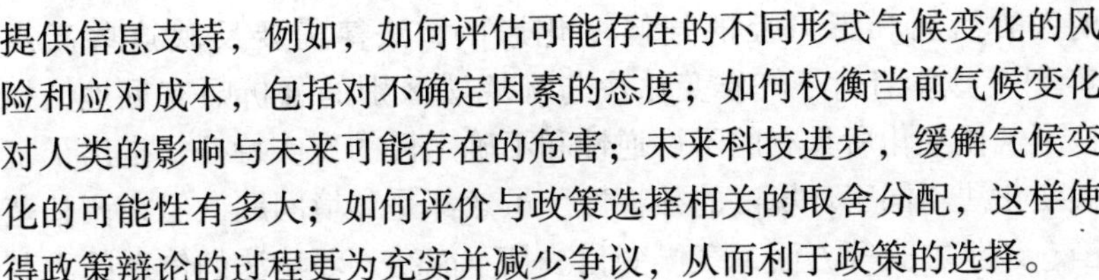

提供信息支持，例如，如何评估可能存在的不同形式气候变化的风险和应对成本，包括对不确定因素的态度；如何权衡当前气候变化对人类的影响与未来可能存在的危害；未来科技进步，缓解气候变化的可能性有多大；如何评价与政策选择相关的取舍分配，这样使得政策辩论的过程更为充实并减少争议，从而利于政策的选择。

由此，法律意义上的应对气候变化的概念便呈现出来，经验实证的事实与价值应然的规范融合在一起。应对气候变化，是指为了预防和适应由人类活动所造成的气候变迁所带来的影响，在统筹政策制定和科学评估的程序机制基础上，评估气候变化可能带来的经济社会影响，引导人类社会和生态系统实现趋利避害的永续发展所采取的一系列措施的总和。相应地，调整和规范其中每一个环节所产生的法律关系的法律总和也就构成了气候变化法。在这里，气候变化是从广义来界定的，包括气候变化应对与气候变化的客观事实，比如《公约》就采取这样的广义概念。根据这一定义可知，适应和减排成为因应气候变化的两大基本方式。〔1〕廖建凯博士对气候变化法所提出的定义是："以防止气候进一步变化和提高人类适应气候变化能力为目的，调整人们在减缓和适应气候变化过程中产生的各种社会关系的法律规范的总称。"〔2〕据此，将气候变化法与环境法进行了比较分析，指出环境法的基本范式是恢复和保持，依据在于环境法的理论是建立在这样一种假设之上，即生态系统是稳定的、生态变化是可以预估的，但气候变化促使生态系统变化的速率快于自然的变化。在气候变化时代，生态系统的变化将源自可控

〔1〕地球工程作为第三种应对气候变化的方式，涉及积极操纵气候系统，抵消温室气体的作用，从而打破气体排放和气候变化之间的联系。对其收益、成本和花费的认识，才刚刚开始，而且不够全面。参见［美］安德鲁·德斯勒、［美］爱德华·A. 帕尔森：《气候变化：科学还是政治？》（第2版），李淑琴等译，中国环境科学出版社2012年出版，第106～107页。

〔2〕廖建凯：《我国气候变化立法研究——以减缓、适应及其综合为路径》，中国检察出版社2012年版，第60页。

的人类活动和不可控的气候变化影响，法律需要反映这些新现实。[1] 该学者对于气候变化法与环境法区别的分析颇有见地，抓住了气候变化所具有的不可逆性和不确定性的现实特征，指出了气候变化法不同于环境法的独特性。虽然都是环境问题，但在调整范围、调整方式等方面，气候变化法是不能纳入环境法的体系的。其主要原因在于环境问题的复杂性使其作为一个领域，涉及经济、政治、社会、文化方方面面。但从环境与人类生存的终极价值上来审视，气候变化法和环境法的终极理念都在于通过可持续发展来实现环境、经济与生态的协调发展，实现人与自然的价值和谐，谋求生态文明。所以，气候变化法与环境法就成为孪生姊妹，都离不开环境伦理的道德关怀，只是观念背景和危机因应的路径不同而已。所谓条条大路通罗马，可持续发展理念的形成与发展历史也从另一个侧面反映了气候与环境的密切联系。[2] 该定义强调以减缓和适应作为气候变化法的基本范式，却忽视了对气候变化中不确定性存在前提下科学共识与政策共识达成的程序性评估机制的考量。此外，减缓与适应虽然在当前是气候变化法中的两大重要领域，但随着技术经济社会的发展，诸如地球工程的成本、收益、技术方面的成果很可能会纳入到气候变化法中，所以，这种概念界定过于绝对化，灵活性和开放性不足。

二、气候变化立法目的的概念界定

（一）气候变化立法目的的内涵

气候变化立法不仅要明确低碳发展制度变迁需求和实现路径，

---

〔1〕 廖建凯：《我国气候变化立法研究——以减缓、适应及其综合为路径》，中国检察出版社2012年版，第65~66页。

〔2〕 1992年在巴西里约热内卢召开的联合国环境与发展大会通过了《可持续发展行动纲领》、《21世纪议程》，签署了《公约》、《生物多样性公约》等，表明气候变化作为环境问题纳入全球可持续发展的历史进程中了。有学者认为，2002年南非约翰内斯堡可持续发展峰会通过的《世界可持续发展峰会实施计划》是实施《公约》的潜在驱动力，而后者反过来是促进前者目标实现的手段。参见黎莲卿等主编：《亚太地区第二代环境法展望》，邵方、曹明德、李兆玉译，法律出版社2006年版，第63页。

更要明确低碳发展背后所体现的价值选择。立法价值反映的是立法主体的需要与立法客体之间的相互关系，是立法过程中立法主体的精神追求，是人的思维理性的规范性判断，因此，它必须通过一种外在的形式才能体现在法律之中，这就是立法目的。有学者认为，立法目的是指立法者制定某部法律的出发点及欲达到的目标，它体现了该立法的基本功能、价值和使命，亦是指导法律制定和法律解释的最高精神实质。立法目的内容一般可以归纳为两大类：一是阐明立法的基本价值和理念，通常以抽象的语言来表述，宣示性作用较明显，难以衡量其具体要求；二是阐明立法的具体任务，通常以明确的语言来表述，其要求可以具体衡量。一般将前者称为价值性立法目的，后者则为工具性立法目的。这两种目的代表着目的的两个层次，价值性目的具有长远性和终极性，工具性目的显现出近期性和功利性。两者的关系应该是相互依存、相互促进、和谐统一的。价值性目的是体，工具性目的为用。工具性目的以价值性目的为导向，价值性目的指引着工具性目的活动的方向。[1] 由此，立法目的与立法价值之间存在着紧密的关系，笔者将在第三节进行详细的解析。

立法主体为自身的需要，针对法律所调整的对象，采用科学的立法方法和立法技术，制定和选择相应的或最佳的立法方案，事先设定立法所要实现的具体目标。立法目的是立法的方向，是立法价值、立法原则和立法精神的体现。对立法活动和行为过程具有统一意志的作用。因为人的需要是多样而复杂的，在立法中不同的立法主体会有不同的利益要求，当现有的立法资源空间不足以容纳所有的利益要求时，就会导致利益的冲突，从而引发矛盾，影响社会的稳定。因此，通过立法目的的设定，就可以平衡利益、统一意志，同时在适用法律中起到规范自由裁量权的作用。[2] 由此，立法是

---

〔1〕 李挚萍：“环境基本法立法目的探究”，载《中山大学学报（社会科学版）》2008年第6期，第172页。

〔2〕 陈雪平：《立法价值研究——以精益学理论为视阈》，中国社会科学出版社2009年版，第71页。

实现一定目的的手段，那么立法目的作为立法文本中的最重要规范，往往置于首条，是不是意味着立法本身就具有目的性？由此引发了围绕法律能否被看作是实现某种目的行动的论战。〔1〕

由于气候变化法与环境法之间存在密切关系，所以环境法的立法目的研究为气候变化法的立法目的研究提供了方法指引和学理参考：一是环境立法目的解释论。研究环境法的目的，实际上是发掘作为环境立法动机的根源和思想出发点，即探求环境法的基本理念。与对现行法作制度上的阐释研究相比，它属于法哲学研究的范畴，或者说它是从事环境法理学的研究，所追求的是一种对实定环境法解释的理性状态。〔2〕二是环境立法目的系统结构论。〔3〕三是

〔1〕这场论战以富勒和哈特之间的论争为标志，反映了自然法学派与实证分析法学派关于法目的的不同认识。

〔2〕汪劲："环境法律的理念与价值追求——环境立法目的论"，法律出版社2000年版，第21页。采取此种进路研究的主要成果如下：高利红："环境资源法的价值理念和立法目的"，载《中国地质大学学报（社会科学版）》2005年第3期；谢冬慧、王建国："中外环境立法目的之比较"，载《河南省政法管理干部学院学报》2008年第1期；钱水苗："可持续发展思想与环境法的目的"，载《郑州大学学报（哲学社会科学版）》2002年第2期；竺效："试论环境资源法之法律目的产生的伦理思想基础"，载《学术交流》2004年第3期；张式军："环境立法目的的批判、解析与重构"，载《浙江学刊》2011年第5期。

〔3〕环境立法目的应具有层次性或者层级性。在多元的或多样的环境立法目的之间，存在着由前一目的性向后一目的性递进的层次（级）关系。从我国《环境保护法》的立法目的来看，保护和改善生活环境和生态环境是环境立法的直接目的，是低层次（级）的，是我国环境基本法要实现的直接目标。只有生活环境和生态环境保护好了并在此基础上得到改善，才谈得上实现其他的目标。经济、社会和环境的可持续发展是环境立法的理想目的或终极目的，是我们所要追求的最终目标，所以它是环境立法目的的高层次（级）。而保障人类享有与自然和谐的方式过健康而富有成果的生活的权利是环境立法的中介目的，是在直接目的和最终目的之间起桥梁作用，把直接目的和终极目的连接起来的中间层次。参见王曦、陈维春："浅论环境基本法的立法目的"，载《华东政法学院学报》2004年第5期。采取此种进路研究的主要成果如下：李挚萍："环境基本法立法目的探究"，载《中山大学学报（社会科学版）》2008年第6期；王小钢："对'环境立法目的二元论'的反思——试论当前中国复杂社会背景下环境立法的目的"，载《中国地质大学学报（社会科学版）》2008年第4期；黄明健："环境立法目的刍议"，载《西南政法大学学报》2007年第3期。

环境立法目的统摄下的部门法独立论。将以“代内公平、代际公平、权利公平”三要素为限制条件的“发展”、“生态正义”和“生态安全”为内容的应然的环境资源法的法律目的转变成我国环境资源法部门实然法的法律目的。〔1〕

关于气候变化立法目的的内涵，我国学界的研究认识不一。第一种观点认为，气候变化立法“应当把控制温室气体的排放，科学应对全球和区域气候变化，促进我国经济和社会的可持续协调发展作为立法目的”。〔2〕

第二种观点认为，“在气候变化法律起草中，其立足点应结合国家层面的短中长期发展目标来实现，以及国际层面上，围绕应对气候变化、积极参与国际领域合作竞争，并促进实现全球的绿色持续发展等。”〔3〕

第三种观点是气候变化法必须体现减缓与适应路径的区别与联系，既有分别反映减缓和适应特征的减缓性气候变化法和适应性气候变化法，又有反映减缓和适应相互统一特征的综合性气候变化

---

〔1〕 对这一法律目的的确认，有利于提高将环境资源法作为一个独立的法律部门的理论可信度，进一步明确环境资源法在主体所建立的志在实现公平、正义的法律制度中应有的地位和所需追求的价值目标。进而，以这一法律目的指导环境资源法的立法、释法、守法、执法、司法和法律监督等法治过程的各个环节。鉴于环境资源保护实体法的立法实践已确立了“总—分”式的环境资源法体系（“总”即宪法和环境保护基本法，“分”即环境资源保护单行法），提出在环境资源保护基本法中规定环境资源法部门的法律目的，即以“代内公平、代际公平、权利公平”三要素为限制条件的“发展”、“生态正义”和“生态安全”，也可将之称为环境资源基本法律目的。在各单行法中规定各自与其调整对象相适应的单行环境资源法的法律目的，并将有关环境资源保护的实体单行法规的调整对象分为污染控制、合理开发利用自然资源和保护生态环境三大类社会关系。环境资源基本法律目的是总纲，单行环境资源法律目的应以实现它为最终追求。参见竺效：“环境资源法之法律目的研究”，载吕忠梅等编：《环境资源法论丛》（第4卷），法律出版社2004年版，第70页。

〔2〕 常纪文：“《气候变化应对法》的立法构想”，载《中国环境报》2012年5月10日，第3版。

〔3〕 黄海燕：“有的放矢谈气候变化法律起草相关问题”，载《中国经济时报》2012年5月21日。

法。减缓性气候变化法的目的就是减缓气候变化，即降低气候变化的速率和规模，将大气中温室气体的浓度稳定在防止气候系统受到危险的人为干扰的水平上。因此，以减缓气候变化为目的的减缓性气候变化法，一方面要通过加强对能源利用、农业生产、工业过程和废弃物处理等领域的管理，减少温室气体的排放源；另一方面，要通过植树造林、草原生态系统保护和改善土地利用方式等途径，增加温室气体的吸收汇。[1] 适应性气候变化法的目的是提高人类自身及其所依赖的生态系统适应气候变化的能力。提高适应气候变化能力的实质或者说基本途径是降低系统的脆弱性，即系统易于遭受或难以应对气候变化负面影响的程度。就人类社会而言，其脆弱性不仅受经济技术发展水平、组织机构和基础设施完善程度等内在属性的影响，还受地理环境、资源赋存和生态条件等外在因素的影响。因此，适应性气候变化法，一方面要促进适应气候变化的技术发展、组织机构完善和基础设施建设等，以提高人类社会自身的适应能力；另一方面要加强自然资源管理和生态保护，以提高人类赖以生存的生态系统的适应能力。[2] “维护生态系统稳定”、“保障人身财产安全”和“促进社会协调发展”构成我国气候变化法的目的体系。这三项目的都体现了气候变化法所追求的秩序价值、正义价值和效率价值，并具备各自的价值倾向。[3]

上述观点对气候变化法和环境法的立法目的研究作出了有益的探讨。第一种观点虽然认识到立法目的的层次性，以控制温室气体排放，科学应对全球和区域气候变化作为立法的直接目的，但并未揭示气候变化立法的独特性所在。控制温室气体排放只是减缓气候

---

〔1〕 廖建凯：《我国气候变化立法研究——以减缓、适应及其综合为路径》，中国检察出版社2012年版，第71页。

〔2〕 廖建凯：《我国气候变化立法研究——以减缓、适应及其综合为路径》，中国检察出版社2012年版，第74~75页。

〔3〕 廖建凯：《我国气候变化立法研究——以减缓、适应及其综合为路径》，中国检察出版社2012年版，第214页。

变化措施的其中一个方面，改变土地利用、增加碳汇等减缓措施并未包含其中。适应高度不确定性的风险并非“科学应对”所能够实现的。科学在气候变化风险认知中总是根据一定的气候情景模拟并在未知因素的作用下，不断更新深化风险认知，需要在不断评估—反馈—调整的循环圈中决策。无悔原则贯穿于适应气候变化措施的全过程。第二种观点强调立法目的围绕环境与发展的关系处理，将立法目的与可持续发展的政策宣示等同，并未揭示出气候变化立法保护的法益内涵。第三种观点明确了减缓和适应气候变化的目标任务，提出了反映立法价值的三项立法目的，但却没有揭开目的层次性的面纱，显得偏颇和朦胧。可见，当前气候变化立法目的的研究还是有待深入探讨的。在此，笔者简单分析所涉及的重要理论问题，尝试确立气候变化立法目的的理论分析框架：一是气候变化的立法应对，从根本上是为了重新思考人与自然的关系，在确认自然价值的基础上，按照生态人的法理逻辑，实现人—自然—人的生态文明。所以，需要从人本身的价值发现出发，构筑气候变化与人权之间的法权模式，实现在气候变化背景下对以生态人为逻辑起点的社会关系的法律调整。〔1〕由于传统的权利理论受到诸多学者的批判和反思〔2〕，生态人的价值重建使得生态权利得以在法理上证成

〔1〕 蔡守秋、吴贤静：“论生态人的要点和意义”，载《现代法学》2009年第4期；陈泉生、邹燕玲：“循环经济法生态人模式初探”，载《2012年全国环境资源法学研讨会论文集》；吴贤静：“生态人的理论蕴涵及其对环境法的意义”，载《法学评论》2010年第4期。

〔2〕 在罗尔斯顿看来权利概念在大自然是不起作用的，因为大自然不是文化。对我们最有帮助且具有导向作用的基本词汇是价值。我们将从价值中推导出我们的（环境）义务。参见［美］霍尔姆斯·罗尔斯顿：《环境伦理学——大自然的价值以及人对大自然的义务》，杨通进译，中国社会科学出版社2000年版，译者前言第2页。另外，罗尔斯在《正义论》中批判了功利主义对于个体差别的忽视，主张考虑差别的公平原则，按照道德原则的义务论。

并形成可能的制度逻辑。[1] 二是气候变化所存在的不确定性使得立法目的在事实与规范之间需要保持必要的张力。围绕风险与理性的关系，需要采取综合技术、管理、经济、法律、伦理在内的气候公共治理范式，政策与法律之间的重叠交叉关系使得立法决策本身就是一种动态的风险认知过程，需要通过原则、体制和机制所提供的程序商谈平台来沟通专家话语与大众话语。三是气候变化应对既要强调公共权力政策的引导作用，更要重视市场失灵的矫正与碳价格市场和生态服务市场的制度激励和创新。气候正义不仅体现在政府低碳管制的柔性化和市场的培育上，而且更应当通过政策工具的灵活运用促进自下而上的社会生态运动。特别是在更为现实紧迫的适应气候变化目标领域，主要不是依靠政府的强制推动，而是需要民众自身的认知改变与身体力行的自觉行动来破解“吉登斯悖论”的困局。

在明确了理论分析框架之后，笔者由此得出气候变化立法目的的概念，即气候变化立法目的是指为了预防和适应由人类活动所造成的气候变迁所带来的影响，立法者在生态文明理念的指导下和一定社会力量的作用下，根据气候变化政策目标实现的程序性功能需求，从可供选择的法律价值体系中为气候变化法设定价值目标，并以不同层级目的的综合作为外在表现。其中气候变化政策目标实现的程序性功能需求是从立法、执法和司法的综合阶段来审视政府规制绩效的，对于立法目的的研究不可能是局限于规则制定和程序控制的规制阶段，更要重视有关背景性的社会规范和公共政策争论的

[1] 马克思认为，社会生活在本质上是实践的。凡是把理论导致神秘主义方面去的神秘东西，都能在人的实践中以及对这个实践的理解中得到合理的解决。马克思主义实践论揭示了实践是人们改造客观世界的一切活动。实践是客观的物质性活动；实践是有目的的能动性活动；实践是社会性历史性的活动。实践包括生产实践活动、处理社会关系的实践活动、科学实验活动三个基本形式。为了应对气候变化，实现生态人的生态人权，通过碳排放权交易实践，使得碳交易市场机制成为可能，也使得碳排放权作为一种新兴的权利得以被法律确认。如果按照传统的主客二分的法学范式，就难以理解为何碳排放权作为人权能够被当作客体来交易。

司法规制解释的原则，方能全方位的考察显性目的和隐性目的的理论样式。前者反映了立法目的的核心理念和价值，支配着整个原则和制度的体系结构，每个具体的规则都是立法目的的逻辑延伸和拓展。不受立法模式的影响，在分散型立法和融合型立法中，由于气候变化法的立法目的体现在相应的立法中，而这些立法单个的立法目的并不能全面反映气候变化法的立法目的，仅仅是在某一方面或某一领域反映了气候变化法的部分立法目标，这就需要进行抽象整合提炼出体系性的立法目的。由于气候立法是对气候政策的贯彻和体系性梳理，所以气候政策所确立的目标就成为气候变化法立法目的的重要依据。另外，气候变化法作为应对气候危机所形成的回应型法，一方面需要借助于传统法所提供的规则运行逻辑，从整体的公共治理的宪政秩序维系出发，围绕人权与国家权力的互动，展开对气候变化利益相关者的法律规制，规制的种类既包括行政规制和经济规制，又包括社会性规制；另一方面，需要在气候变化科学、政治、经济、社会、伦理的社会性建构背景知识下，使气候变化领域的法律理念、法律价值、法律原则、法律规则之间形成有机的法理结构，协调利益冲突，实现利益共进。科学的知识能够借助于法律所赋予的框架机制而具有法律效力，使得法律成为不同利益群体利益诉求表达的重要载体，在法律起草与颁布的过程中得以体现。

通过以上学术梳理可知，国内学者研究法律目的的成果形成了重立法目的、轻司法目的的倾向。换言之，国内研究倾向于将立法目的代替法律目的来研究。实际上，在法律的适用阶段，司法目的就成为司法者理解立法目的的价值选择，是立法目的在司法运行阶段的特殊运行形态。[1] 特别是在以风险规制为公共治理核心机制的气候变化法领域，标准的制定和风险的评估是借助于气候变化法律所构建和限制的公共行政模式来完成的。再加上全球化公共行政

〔1〕 有学者专门批判了司法意义的刑法目的虚无论并论证了其内容，参见曾明生：《刑法目的论》，中国政法大学出版社2009年版，第211～229页。

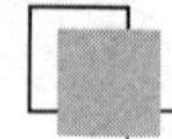

网络的复杂性，使得气候变化法所依托的公法必须作出调整，以回应国家内部风险规制与跨国、国际风险规制之间的复杂关系。立法与行政在规则制定方面已经分析规制权力，并借助于政府促进、市场激励、公众参与、国际合作等多元政策工具实现规制过程的相互融合。而司法审查的介入是宪政主义的必然要求。它不仅可以确证规制的合法性和合比例的正当性，而且可以通过重塑规制国的规制解释论而发挥影响气候政策的作用。〔1〕

（二）气候变化立法目的的判别标准

王灿发教授认为，“环境法的目的是为了协调人类与环境的关系，保护人民健康，保障经济社会的可持续发展。其中协调人类与环境的关系是环境法的直接目的。它通过预防和治理环境污染，防止生态破坏，使得人类与环境能和谐相处，共存共荣。保护人民健康，保障经济社会的持续发展，是环境法的最终目的。”〔2〕

可持续发展能否成为应对气候变化的立法目的？认定气候变化立法目的的标准是什么？冯嘉博士通过评判协调发展原则的正当性，认为“协调发展原则的主要内容是经济社会可持续发展目标，是一种目的的预设；在实际立法中，协调发展原则都是以立法所要实现的目的的面貌而出现的”。“所谓协调发展是环境法的立法目的，而不是环境法的原则。”〔3〕王小刚博士认为，“促进可持续发展写入环境单行法的目的条款，也不是一个长期的安排，而只是一

---

〔1〕有关司法审查规制的主要著作参见：［美］凯斯·R. 桑斯坦：《权利革命之后：重塑规制国》，李洪雷、钟瑞华译，中国人民大学出版社2008年版；王慧：“气候变化诉讼中的行政解释与司法审查——美国联邦最高法院气候变化诉讼第一案评析”，载《华东政法大学学报》2012年第2期；蒋红珍：“论比例原则——政府规制工具选择的司法评价”，法律出版社2010年版；［英］伊丽莎白·费雪：“风险规制与行政宪政主义”，沈岿译，法律出版社2012年版。

〔2〕王灿发：《环境法学教程》，中国政法大学出版社1997年版，第15页。

〔3〕冯嘉：《环境法原则论》，中国政法大学出版社2012年版，第111页。

种对公共政策的宣示”。[1] 立法目的具有实践性，是对立法价值的具体选择，通过目的—原则—制度的逻辑结构来确立立法的价值体系和制度框架。“可持续发展作为一种立法理念，深刻影响了经济、政治、伦理、法律等诸多领域，是一种源远流长、永续不断、动态平衡、良性循环、奔腾不息、气象万千的运动和状态。”[2] 人类与气候系统运行的复杂关系特性，决定了气候变化法律规范的广泛性、多样性和复杂性，但是庞杂的气候变化法律规范所体现的基本精神是一致的。尽管气候变化法律规范相比其他传统部门法律规范更具有动态性，特别是与科学认知的不断协调，需要不断地进行规则系统的更新升级，以适应不断变化的气候系统，有效规制法律关系主体的行为，维护生态系统和社会秩序的稳定，但多变的法律规范所要实现的目标必须是恒定的。气候变化立法目的发挥着维系气候变化法律制度统一、协调和稳定的功能。所以，尽管立法目的在表面上具有高度的抽象性，但不能将其与立法理念、立法价值相混淆，需要根据原则和制度的工具化实现来把握立法目的的规范性。只有把握了气候变化法的立法目的，才能够认识气候变化法的本质内涵，从而准确理解和执行应对气候变化法律规范，调整气候变化法律关系主体的各种行为。违背了应对气候变化立法目的，就会产生某种法律后果，有关主体就要承担法律责任。同时，与应对气候变化立法目的相抵触的气候变化法律条文必须修改或者撤销。因此，立法目的确立的标准之一是以法律关系主体的权利和义务为内容，并通过一定的立法价值选择来评估权利和义务分配的合目的性。可持续发展作为一种战略理念，需要结合不同国家区域的实际发展情况和族群文化传统来设计具体的现实路径。在英国著名环境法学者埃伦·波义尔（Alan Boyle）看来，可持续发展涵盖环境保

---

〔1〕 王小刚：“对‘环境立法目的二元论’的反思——试论当前中国复杂社会背景下环境立法的目的”，载《中国地质大学学报（社会科学版）》2008 年第 4 期，第 62 页。

〔2〕 吕忠梅：《环境法新视野》，中国政法大学出版社 2000 年版，第 203 页。

护与经济发展的一体化、发展权、资源的可持续利用和养护、代际公平、代内公平、污染者付费六个主要要素。气候变化与可持续发展有着十分密切的联系，作为全球性环境问题，气候变化的应对在需要考虑气候影响因素的同时，也必须协同考量食品安全、贫困、公共卫生健康、妇女儿童弱势群体等非气候因素，实现联合国所提出的千年发展目标，但千年发展目标的实现也必然是国际社会多种利益相互妥协博弈的过程，受到国际政治经济、社会文化等多方因素的制约。因此，可持续发展是一种过程性目标，不同时期不同国家对于可持续发展的理解认知各异，理论上是为人类提高生活质量的一种思维范式，难以通过可预期的权利与义务机制来明晰。而低碳发展便是在气候变化背景下践行可持续发展理念的政策目标模式。[1] 因此，笔者赞同王小刚博士的观点，低碳发展即使写入气候变化法的立法目的，也只是一国气候变化公共政策的宣示，反映了政策法的立法模式特征，并未反映气候变化法律目的最本质内涵。

（三）气候变化立法目的的实证法规范分析

气候变化立法目的是国家在制定或认可环境法时所希望达到的目的或实现的结果，即气候变化法目的。气候变化立法目的决定着整个气候变化法的指导思想、调整对象以及气候变化法的适用效果。立法目的是立法者对气候变化法价值目标定位的最直接最明确

---

〔1〕 低碳发展实质上是关于在气候变化背景下如何通过立法保障和制度创新，使得全球绿色新政得以推行基于低碳的可持续发展新模式，创建一个全球市场。这需要为世界市场上的碳建立一个长期可信的价格信号。要保证生态系统产出有价值的服务，并尽可能地被保存而非破坏，就要建立一个生态服务的国际支付系统，允许世界某个地区重视这些服务的个体对其他地区管理生态系统的个体进行补偿。处理跨边界的水资源配置对全球供应显得越来越重要，这需要共享这些水源的国家在治理协调和价格安排上达成新的承诺，以联合管理水资源供应。全球绿色新政战略需要国内与国际行动的综合与协调。这种协调超越了单一的绿色财政刺激投资，它涉及物价政策和改革、更优的制度、新的援助、贸易、融资和改进的全球治理。［美］爱德华·B. 巴比尔：《低碳革命——全球绿色新政》，彭文兵、杨俊保译，社会科学文献出版社 2011 年版，第 221 页。

的表达。它反映了气候变化法的发展程度和对人类与自然关系的认知和态度。各国的气候变化法无一例外地对其给予了高度重视。由于各国对于气候变化问题采取不同的立场，加之国内外经济、政治、社会、文化等多元背景差异，因而在立法模式上会采取不同的样式，比如分散型单行立法、综合型基本法、融合型专门立法。立法模式的差异，使得气候变化法律体系化程度各有特色。但立法目的不仅仅在综合型基本法中规定，也在分散型单行立法和融合型专门立法中予以规定。另外，值得注意的是，考察一国的气候变化法目的，不能够仅关注现有立法文本中的显性目的条款，还要结合包含国家气候变化政策目标和任务的隐性气候变化法目的，有的国家在立法中直接将国家气候变化公共政策任务写入到目的条款中，进行政策宣示，从宪政的高度将社会国提升为环境国。[1] 由此，气候变化的政策法与气候变化的法政策之间便在目标层面实现契合，使得气候变化政策的制定和实施能够在气候变化法所提供的制度框架中，在科学评估区域气候变化风险的基础上，权衡气候变化利益相关者的各方利益，实现全社会气候变化整体利益的普遍增进。

英国《2008 年气候变化法案》的目的是：制定到 2050 年温室气体减排目标；制定碳收支计划；成立具有法律地位的气候变化委员会；引入新的排放交易体系以减少温室气体排放和鼓励能源减少或者转移大气中温室气体的活动；制定关于气候变化的条款；引入财政刺激机制鼓励减少国内能源消耗和回收消耗产物；制定家庭能源消耗条款；制定一次性购物袋收费条款；修正《2004 年能源法案》关于可再生运输用燃料义务的条款；制定碳减排目标条款；制定关于气候变化的其他条款和制定相关目的条款。从英国《2008 年气候变化法案》的立法宗旨不难看出：阶段性减碳目标的确定及

〔1〕 环境国的提法，源自陈慈阳的学术讲座“二十一世纪环境国原则下的新思维”中的观点，参见 http://www.lst.nthu.edu.tw/files/14-1176-33966，c1828-1.php?Lang=zh-tw，最后访问日期：2015 年 4 月 11 日。

其碳预算计划的制定成为核心目的要素。其他目的要素均是围绕着这一核心而展开的。对于减缓气候变化的目标性立法表达，反映了英国通过确立雄心勃勃的温室气体减排目标，在国际社会确立温室气体减排和低碳发展的领导地位，使其在未来低碳经济的国际竞争中占据主动。可见，英国气候变化立法目的直接反映了英国气候变化政策的目标任务，不仅关涉国内温室气体减排，更是国家全球化战略的重要筹码。当然，英国气候变化法的立法目的也从实证法安全秩序的构建中，构建了气候变化应对的国家体制，设立了气候变化委员会，规定了其组成及其职责。将应对气候变化的重要措施法律化，并注重与国内现行相关立法的衔接和协调。此外，通过兜底目的性条款，为日后气候变化法律体系的调整保留足够的修改余地，这是因为气候变化风险的应对是在不断地科学认知深化的基础上，需要在动态的决策过程中实现利益均衡的。在适应气候变化领域，气候变化背景下的区域生态系统的稳定和人类社会适应气候变化能力的提高是需要通过一系列制度措施来应对的。在这一领域，英国通过相应政策法律的动态适应性调整来因应本国适应气候变化的现实需求。为了落实该法案修正《2004 年能源法案》的立法目的，英国 2010 年出台的《2010 年能源法案》的立法目的表述为：制定 CCS 技术的展示、评估与使用规则；定期报告电力生产去碳化和 CCS 的技术发展和运用情况；制定天然气或电力供应许可证持有者利润获取的规则；明确天然气和电力市场局的职责；明确国务大臣在天然气和电力市场的一般职责；规定电力生产许可证；明确天然气或电力供应的授权方。由此，《2010 年能源法案》旨在对碳捕获与封存（Carbon Capture and Sequestration，CCS）的市场激励和强制社会价格支持机制相结合进行制度设计，构筑新能源发展的法律保障机制。

2010 年 10 月 9 日，日本环境省提出《全球气候变暖对策基本法》（法案）。该法案共包括总则、中长期目标、基本计划、基本政策、杂则等5章35条和附则10条。[1] 该法律草案反映了日本应对气候变化法发展的最新趋势，从其立法宗旨中可以看出：全球气候变化的风险防御是立法的基本出发点，立法着眼于在全球气候变化应对中明确日本的国家应对气候变化的任务。将气候变化作为新型的环境问题，重新审视环境基本法的理念并整合现有的环境基本法的秩序，明确了国家、地方公共团体、私营部门和公众所应承担的应对气候变化法律义务和责任，总体上界定了气候变化应对的法律权利体系，包括气候安全权、生态环境权和气候发展权。

从以上气候变化立法目的内涵解析中，可以探究气候变化法的适用效能。适用效能的考察离不开气候变化法解释学的法律方法指引。在法律规定的字义明确包括事实但违背法律的客观目的时，不仅字义解释而且体系解释和历史解释都不适用，这便需要对法律的客观目的进行探究。虽然许多法律有目的的规定，但时过境迁，更多的目的需要适用者根据现在的情势加以评判和理解。一部法律的客观目的可从具体和抽象两个方面来考察。气候变化法的具体目的是在维护整体意义基础上的气候变化应对的法律权利，从而区别于其他立法。气候变化法的抽象目的同其他有关环境生态立法一样是

---

〔1〕《全球气候变暖对策基本法》（法案）第1条明确规定了该法的立法目的，即鉴于在不对气候系统造成危险的人为干涉的水平下，使温室气体安定化，防止与适应地球温暖化，是人类共同的课题，在确保一切主要国家参加的公平且具有实效性地为防止地球温暖化的国际框架内进行预防具有重要意义，本法在致力于为地球总体上削减温室气体排出量作贡献的同时，旨在通过在国际社会中率先不断促进包括转换能源供求方式在内的社会经济结构，谋求脱化石燃料化等，尽最大努力削减温室气体排出量。与此同时，为实现保全且强化森林碳汇，适应地球温暖化的社会，依据环境基本法的基本理念，对有关地球温暖化对策，通过确立基本原则，明确国家、地方公共团体、企业及国民职责，设定有关削减温室气体排出量的中长期目标，确定地球温暖化对策的基本事项，推进旨在确保经济发展、雇佣稳定及能源供给稳定的地球温暖化对策，旨在确保现在和未来的国民享有健康的文化生活的同时，为地球环境保全作出贡献。参见罗丽："日本《全球气候变暖对策基本法》（法案）立法与启示"，载《上海大学学报（社会科学版）》2011年第6期，第61页。法案参见日本环境省：地球温暖化对策基本法法案案文，http：//www. env. go. jp/press/press. php？ serial =13017，最后访问日期：2012年12月4日。

维系人类社会永续发展的秩序，促进气候正义，实现人与自然和谐的生态文明。气候变化应对的法律权利是一切有关气候变化应对的权利集合，并不能代表某一特定主体的权利和利益内容，而是整体意义上的权利概括。气候变化法的利益整合属性意味着气候变化应对的法律权利应当是囊括个人、集体、国家、生态的主客一体的，以保障人类生命健康及财产安全、通过提高系统适应气候变化能力并降低系统脆弱性而维系人类社会永续发展秩序和保护生态环境稳定为要义的，法律所确认的资格和利益。就权利的一般属性而言，气候变化应对的法律权利至少应当具备两大基本特征：一是在权利主体和利益范围上具有层次性。它可能是个人的、集体的、国家的利益诉求表达，也可能是生物物种的、生态系统的代际和代内的生态利益需求。在气候变化的风险应对中，不管是减少温室气体的排放，还是通过扩大森林面积、改变土地用途等方式增加碳汇，或是促进适应气候变化的技术发展、组织机构完善和加强基础设施建设，提高人类社会的适应能力，抑或是加强自然资源的综合性生态系统管理，以提高生态系统的适应能力，降低生态系统的脆弱性等，都需要在不同的主体范围内就共同的利益目标和价值范畴进行目的性法律解释和保护。气候变化法的适用是借助于法律原则进行法律解释意义的事实与规范法律论证推理或无法律规范的漏洞填补的规范性制度建构。二是在权利内容上以安全为核心，既包括人类生命健康安全、社会安全、国家安全，也包括生态安全。气候变化应对的法律权利以安全为内在特质，在低碳技术发展、适应气候变化技术发展、生物多样性保护、自然资源的生态系统管理等方面，以气候变化风险评估和风险管理为主要应对方式规避气候变化风险或适应气候变化所带来的影响，积极保障人类生命健康、保护生态环境，促进人类社会可持续发展，最终实现人与自然和谐的生态文明。

三、应对气候变化立法目的的特征与分类

(一) 应对气候变化立法目的的特征

1. 层次性

(1) 目的的横向审视。应对气候变化立法目的之层次性，指气候变化立法目的体系可以分出不同层次，成为有层次的目的体系。第一层次是表现为立法文本总则中的整体目的；第二层次是分则各章的目的；第三层次是各条文的目的。其中整体目的是最高层次，这样就形成了立法目的的网状结构，环环相扣。这是从立法文本的谋篇布局来说的。另外，如果从价值评判的角度，可以分为应然层次和实然层次；如果从学科领域来看，可以分为法律社会学上的气候变化立法目的和法哲学上的气候变化立法目的；如果从价值构造来看，可以分为工具性目的和价值性目的；如果从总则中的整体目的的层次看，可以分为直接目的与间接目的；如果从体系目的的层次来看，可以分为初级目的、中级目的和终极目的。有关具体层次及内容，笔者将在气候变化立法目的范围和结构部分论述。

(2) 目的的纵向审视。气候变化立法目的具有跨阶段性，不能仅仅局限在制定规则的立法阶段，政策制定与实施的政府规制工具的运用，将立法与执法统一在公共行政的规制之中。立法目的的生成和实现需要借助于工具—理性范式和商谈—建构范式来完成。前者将公共行政解释成立法机关的工具——“机器人”或者“传送带”，它的任务是严格遵循由立法表达的民主意志。后者授权公共行政就特定问题行使实质性的、持续解决不断涌现问题的裁量权，灵活应对技术风险决策对特定技术风险的不确定性和争议问题。另外，气候变化诉讼所反映的司法目的表明，可通过事实跨越阶段和愿望跨越阶段实现立法目的和司法目的的互动。在事实跨越阶段，立法者的气候变化法目的在司法阶段由于不同理解而具有特殊的司法形态。由法律文本的法演进成为实际上的法，而在规制的动态过程中，公共行政主体与司法者共同成为解释主体，行政解释与司法解释相互制约，实现解释论的视界融合。

2. 社会性

气候变化立法目的具有社会性，是指气候变化问题是风险社会中的典型领域。气候变化立法目的以社会为基础，不仅指目的的价值选择与功能决定于社会，而且还指法律目的变迁与社会发展的进程基本一致。围绕着风险认知、风险评估、风险管理而展开的风险应对，是在整体社会变迁进程中实现的。以贝克为代表的风险社会学理论成为显学，在气候变化问题的思考中，全球绿色现代性话语的提出，从经济、政治、社会、文化等方面进行综合思考，实现生态对话是出路。利益群体的分化与协调整合说明，主体的需要是追求目的机能和价值并生成目的内容的动力，而气候变化法律规范正是目的的产物。目的生成具有客观的社会因素。社会中存在四种可以把社会联结起来的组织或关系结构，具体取决于关系网络联结的实体类型：①观念组织；②规则组织；③行动组织；④利益组织。相互联系的规则（规范、价值观、规定、理想）网络，构成这一场域的规范维度，即社会制度。观念维度和规范维度属于我们传统上所称的文化。相互联系的行动网络构成这一场域的互动维度，即社会组织。相互联系的利益（生活机会、机遇、资源获取）网络，构成这一场域的机会维度，即社会等级。互动维度和机会维度属于传统的严格意义的社会网。社会文化场域在这四个层面上都在发生持久变化：①观念不断被明确提出、合法化或重新表述，意识形态、信条、学说和理论不断呈现或消失；②规范、价值观或规则不断被制度化、重申或拒绝，伦理规范、法律制度不断形成与失去；③互动渠道、组织联系或群体纽带不断确立、分化和重塑，群体、圈子和个人网络不断形成与失去；④机会、利益、生活机遇不断定型化、固化和再分配，社会等级不断升降、扩大和平衡。由此，气候变化立法目的的生成和实现必然需要在社会文化场域中面对社会生活的真正复杂性。在宏观、中观和微观层面透视各个要素的运作。社会文化场域的定型化和变动，体现在全球性、区域性、地方性乃至最个人性的事件中，它们显然是相互决定的。[1] 而气候变化立法目的生成的社会背景，是在风险社会的图景下展开的。吉登斯认为我们并未超越现代性，而是处于高度现代性的阶段。高度现代性的特征是信任、风险、模糊性和全球化。[2]

3. 关联性

立法目的在体系上是借助于目的—原则—规则来实现体系化的规则建构的。立法目的是元规则，目的与手段并不是绝对的，需要结合不同的具体情境来审视。原则作为沟通价值与规则的超级规则，体现了某种价值选择，是一种目的性解释的方式。它不仅在立法、执法中得以体现其规则统合作用，而且在司法中发挥着矫正政府规制失灵的重要作用。原则与规则的关系，也反映了目的与手段的联系。另外，立法目的还反映着一定的因果律，倒果为因会夸大目的理性，以致滥用危害基本的法治制度。开放性的目的结构能够协调科学与民主的紧张关系，有助于达成共识。立法目的作为自组织的系统，在认知上开放，在系统中相对封闭，可以在事实与规范之间保持必要的张力。立法目的所反映的多元价值之间也构成有机系统。气候正义作为环境正义的新拓展，对利益分配和负担设定的衡平，既反映了生态伦理的终极理念，又可以通过立法目的实现法律表达。自由和公平构成了气候正义的两大部分。对于秩序和效率的追求，与气候正义是内在关联一致的。

4. 解释性

气候变化立法目的需要对气候变化问题所带来的巨大不确定性给予回应，所以，需要超越工具—理性范式和商谈—建构范式各自的单一局限，尝试构建民族国家和跨国家的宪政主义文化样式，实现民族国家和国际社会的对立统一。不管是权利的重新构建还是义

---

〔1〕［波］彼得·什托姆普卡：《社会变迁的社会学》，林聚任等译，北京大学出版社2011年版，第11页。

〔2〕［波］彼得·什托姆普卡：《社会变迁的社会学》，林聚任等译，北京大学出版社2011年版，第79页。

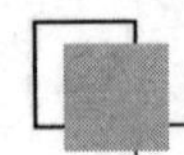

务论的道德约束，都需要重新审视人与自然的内在关系，反思主客二分的思维困局，摸索适合区域人口、资源、环境实际情况的可持续发展模式，反对机械地套用域外的低碳发展模式。在语境论之下，考察制度生成的内在逻辑和诸多复杂影响因素，认识到知识与权力之间的关系，公众心理认知的行为主义解释。人的直觉、媒体的话语、政治的策略等非理性的因素，对气候变化应对的目的理性滥用提出警醒，有助于使目的跳出理想的单一模式构建，关注多种社会力量所形成的客观需求。

人们对风险以及最差情形所作出的反应有两种方式：一是直觉性的，二是分析性的。直觉反应基于自身的个体经验，如果曾经有过危险的经历，总是会在一个大体相似的情境中担心出现类似的不利后果，而无论他们的这种忧虑有没有客观依据。这就是所谓的“一朝被蛇咬，十年怕井绳”。相反，没有过类似经历的那些人则会认为，低概率发生的事情不值得去劳心费神。并且，如果某种风险被认为低于某一特定界限，就可能不会影响到人们的行为。气候变化的不确定性所带来的风险，就属于这种类似情况。对于低概率的风险，直觉判断取决于是否能够容易想象到糟糕的后果，在认知上是否有可及性。由此形成两种认知上的极端，即过度反应和忽略漠视。而不管是政府引导推动，还是社会生态运动，都是为了寻求一种文化意义上的价值共识，这种共识通过立法目的所编制的意义之网，来重新思考人类的生存意义。

在人们直觉发生偏差的情况下，国家如何设计出一种目的性的框架机制来促使人们改变观念认知，并调整相应的生产、生活行为？风险预防原则和基于成本收益的比例原则为走出这一困局提供可能的现实路径。[1] 当然，这两种原则也离不开司法实践的评价

---

〔1〕 有关系统论述参见［美］凯斯·R. 桑斯坦：《最差的情形》，刘坤轮译，中国人民大学出版社2010年版，第115～186页；彭峰：“论我国气候变化应对法中谨慎原则之适用及其限制”，载《政治与法律》2010年第3期；高秦伟：“论欧盟行政法上的风险预防原则”，载《比较法研究》2010年第3期。

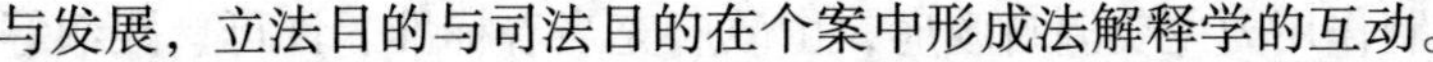

与发展，立法目的与司法目的在个案中形成法解释学的互动。

5. 趋同性

作为全球性问题，气候变化法最先是从国际法发展起来的，为国内立法提供了指导。碳排放权交易制度，可报告、可测量、可核证的“三可温室气体排放监管机制”，碳税，适应性规划、评估、措施，绿色基金等制度都在国际气候变化法中逐渐得以确认推广。但也需要清醒地看到这些制度在区域层面的引入是否能够符合本区域经济社会发展的实际需求。77 国集团加中国在内的发展中国家，多数还远未达到温室气体排放峰值，如何在实践中形成符合本国特色的制度进而将其推广至国际社会，是国内法对国际法产生影响的重要方面。国内法的制定需要立足于本国气候政策，为《公约》及《京都议定书》的谈判留下灵活的空间和余地。尽管各国在反映气候交换正义的碳排放权分配原则和标准方面还存在着很大的分歧，但毫无疑问温室气体减排已经成为当前各国气候政策实施的重要领域，如何在遵循共同但有区别责任原则的前提下进行制度设计，伦理、法律、经济各个层面都提出了各自的解决办法，各有利弊，法律仍然凭借其制度逻辑的优越性而成为首选的控制方式。需要设计柔性的公约遵约机制和利益共进的整合协调机制，特别是发达国家在绿色资金机制方面所承担的国际援助义务，这将会影响广大发展中国家参与气候变化国际合作的广度和深度，在低碳发展的模式探索中发展中国家会在气候变化的应对实践中形成有益的实践经验，特别是在气候变化适应领域，水资源、农业、林业、渔业的适应性调整既有差异也有共同点，经过提炼形成本国的制度，然后可以通过立法指导国内全社会行动起来，形成新的气候正义价值观和文化观，所谓“民族的才是世界的”，这是对弗里德曼的《世界是平的》的有力回应。

按照国家干预强度和作用力来源的差异，法律管制措施可被划分为行政管制措施、经济管制措施和社会管制措施三种类型：①行政管制措施。行政管制措施以命令和控制为特征，国家干预程度较高，管制作用力主要源自政府，由政府充当着标准、许可、限额等环境管制措施的制定、实施和监督主体。[1] 该类措施以规定为前提，即命令。单位或个人若违反了制度规定，将遭受法律消极制裁，即管制，[2]一般而言，政府会集中设定一系列标准，通过许可或授权，允许特定人群去实施对环境有影响的活动。[3]同时，对于违反法律之行为进行必要的制裁。②经济管制措施。尽管行政管制手段存在效率高、约束力强等优势，但是它也存在着实施费用过高、有碍技术进步[4]等局限性。与之相比，市场管制类法律制度具有实施成本低、促进技术进步等优势，可以弥补行政管制类法律措施之不足。市场管制方式以基于市场的数量或价格控制为特征，国家的干预仅限于产权划分、交易规则设置、税费制定等为市场管制体系形成所提供的制度保障上，管制作用力主要源于市场的激励作用，常用的管制方式有补贴、税费、押金、补偿、可交易许可证等。[5] ③社会管制措施。一般来说，越多元化的管制手段体系，越有助于法律实施，原因在于各种措施各有优劣，把相关措施融合在一起，可以发挥优势互补，达到最佳的管制效果。因此，对某一行为进行法律管制时，除了运用行政管制措施和市场管制措施之外，还需要运用新兴的社会管制措施。社会管制方式以公众参与为特征，政府的干预也仅限于信息公开、标识制定等为公众参与环保

---

〔1〕［瑞典］托马斯·斯纳德：《环境与自然资源管理的政策工具》，张蔚文等译，上海三联书店、上海人民出版社2005年版，第101～106页。

〔2〕 Carolyn Abbot, Environmental Command Regulation, at Benjamin J. Richardson, Stepan Wood Richardson (eds), *Environmental Law for Sustainability*, Hart Pub., 2006, p. 61.

〔3〕 Mary Kate Crimp, "Environmental Taxes: Can Border Tax Adjustments be used to Counter Any Market Disadvantage", 12 *New Zealand Journal of Environmental Law*, 2008, p. 43.

〔4〕 Richard L. Ottinger, William B. Moore, "The Case for State Pollution Taxes", 12 *Pace Environmental Law Review*, 1994, pp. 103～105.

〔5〕［瑞典］托马斯·斯纳德：《环境与自然资源管理的政策工具》，张蔚文等译，上海三联书店、上海人民出版社2005年版，第101～106页。

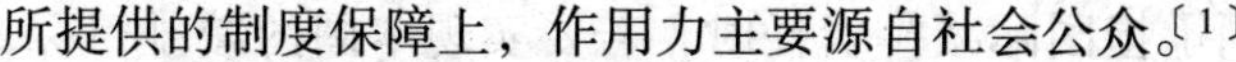

所提供的制度保障上，作用力主要源自社会公众。[1]

（二）应对气候变化立法目的的分类

1. 一般目的与特殊目的

根据立法目的的总分结构，可以分为一般目的与特殊目的。一般目的属于上位目的，规定在立法的“总则”中。一般目的明确气候变化立法的任务，借助于气候变化法的功能而展开立法目的的法益保护。一般目的，通过结构性安排，展现了气候变化立法的功能和法益，成为各领域相关制度规则设计的综合性目的纲领，决定各章节条的特殊目的。特殊目的是在具体的章节中明确的各自的目的，通过义务性规范的设定及其责任配置达到保护法益的目的。从整体上来说，应对气候变化立法，具有政策法的目的程式性、手段实现多样性等特征，不直接规定构成要件和法律效果，而是通过政策过程的利益博弈来进行灵活动态的过程性调整。特殊目的便是各个领域气候政策目标及政策工具的组合，以制度规则的形式表现出来。为了保证其中某些强制性工具政策目的的实现，也会设计相应的义务责任来保证政策法的刚性规则得以遵循。

2. 价值性目的与功能性目的

从功能、价值的关系角度，可以将立法目的分为价值性目的和功能性目的。价值性目的是指将气候变化法的价值作为目标性基础而生成的立法目的。价值性目的通过立法原则的中介作用，转化为利益分配和负担设定的制度规则来予以实现。比如，气候公平在立法目的中应体现为履行《公约》，遵循的共同但有区别的责任原则，合理分配国家在气候变化中的利益和负担分配。在《京都议定书》KP、《巴里行动计划》下的 LCA 以及德班增强行动平台 ADP 三轨下，争取在 2020 年达成一项公平的有法律约束力的国际气候协议，落实《公约》的气候正义。发展中国家在与发达国家按照一定的责

〔1〕 见［瑞典］托马斯·斯纳德：《环境与自然资源管理的政策工具》，张蔚文等译，上海三联书店、上海人民出版社 2005 年版，第 101～106 页。

任承担标准共同承担国际减排责任时，若要实现本国的减排目标，需要通过合理的过渡期，允许在开展自愿减排的基础上，逐步过渡到强制减排。但这一责任的承担必须是在发达国家履行提供资金援助和技术转让的承诺中逐步落实的，从而在国内气候变化立法的国际合作机制设计中确立行为规则边界和利益分享的基础性依据。气候公平的实现除了国际气候规则的利益博弈外，在国内需要根据不同区域族群的应对气候变化的能力水平，合理设计减缓与适应的政策组合，明确国家的气候变化应对战略，以优先行动的领域作为突破口来统筹协调区域发展和城乡发展。反映气候安全价值的风险预防原则所确立的气候变化风险预防制度将气候变化作为重要的风险因素予以考虑，谋求实现气候变化与发展的一体化目标。气候安全已经上升到国家安全的层面，不仅涉及国内自然生态对经济社会发展带来的不利影响，而且还关乎国际贸易秩序的维系，以“碳关税”为借口的贸易保护主义影响了国际经济的秩序稳定。发展绿色经济，实现低碳社会的发展模式转型，成为各国依法制定和实施气候变化政策的题中之意，也是通过风险规制程序，评估气候政策的宗旨。

功能性目的是以客观的气候变化立法功能作为目标性基础而形成的目的。规制减缓与适应的行为和保障气候变化法律权利成为气候变化立法的功能性目的。规制减缓与适应行为是根据气候变化风险评估和风险管理的过程性利益权衡与信息分享而形成的决策，通过行政规制机制、市场激励机制和社会参与机制的协同治理来促使减缓和适应政策与行动的绩效发挥。保障气候变化法律权利是通过明确国家气候变化权力划分的体制性安排来实现的，反映了应对气候变化立法目的的宪政基础。

3. 直接目的和间接目的

从立法目的的特色性来看，可以将立法目的分为直接目的和间接目的。气候变化立法的直接目的是指通过气候变化立法所要达到的最为直接的目的，该目的是其他立法所不具备的。气候变化立法的直接目的体现了气候变化立法的必要性，反映了气候变化立法存在的独特价值。气候变化立法的间接目的是气候变化立法客观上所达到的目的，但该目的并不体现气候变化立法的基本范式。比如环境法和气候变化法都将可持续发展纳入到立法目的中，那么可持续发展就可以看作是环境法和气候变化法的间接目的。直接目的的意义在于明确气候变化立法所反映的基本范式，使之区别于其他立法，是立法者进行立法预测、立法起草过程中所遵循的根本意图。气候变化立法的直接目的是建立应对气候变化的国家体制，明确中央政府与地方各级政府的权限划分，规制减缓气候变化与适应气候变化的行动，提升民众和生态系统适应气候变化的能力，加强国家气候变化的能力建设，促进应对气候变化的教育、宣传、研究、技术开发与转让。气候变化立法的间接目的是实现低碳可持续发展。在气候变化立法中，直接目的成为原则确定和制度设计最为关键的目的性逻辑。

四、与相关概念的关系

立法目的作为立法的起点，贯穿于立法始终，不仅体现在立法文本中，更表现于立法实效上。立法实效是立法实施过程中所产生的实际效果。这种效果也将立法价值、立法功能、立法原则和立法模式所发挥的作用展现在执法、司法、守法的整个过程中。

(一) 立法目的与立法价值

立法目的并非是立法者的主观臆造，也不是由外界强加的，而是产生于人的立法需要。当现实中存在的某种社会关系缺少立法的调整规范，或是调整某种社会关系的法律已经严重滞后于现实，需要以新的立法来代替时，人们根据现实具备或可能具备的条件，提出立法目的，使立法具有必要性和可行性。而价值都是相对于主体而言的，都是主体需要的满足。人的需要是多元的、多层次的，法的价值也具有多元、多层次性。[1] 由此，立法目的与立法价值之

〔1〕 卓泽渊：《法的价值论》，法律出版社2006年版，第51页。

间便产生了紧密的联系。在这里有两个方面的问题需要明确：一是法律价值与立法价值的关系[1]，二是立法目的与立法价值的关系。对于前者而言，法律价值决定并指导立法价值，法律价值是正义的法律表达；而正义的伦理基础在于以人为本的人性论，成为法律价值的指导理念。笔者鉴于篇幅，仅讨论后者。

1. 立法价值的科学认识

李林认为，立法的价值通常不是指立法的作用或立法的有用性，而是指立法主体的需要与立法对象（法律所要调整的对象）间的相互关系，表现为立法主体通过立法活动所要追求实现的道德准则和利益。“……立法价值由正义与利益组成，……正义是立法的内在价值，决定着立法的本质属性，……利益是立法的外在价值”。[2] 汪全胜认为，立法价值观是立法机关及其人员立法时遵从的并成为所立之法内核的价值观念。立法价值体现为立法对社会主体的需要和利益的满足，即立法对社会主体的生存和发展所具有的积极作用和意义。立法价值属于动态的社会历史范畴，同时又是一个多元、多层次的价值体系，平等、正义、安全、秩序、公平和效益都是立法的价值目标。[3] 陈雪平认为，立法价值是指在立法的活动中存在的立法主体（有立法权的立法机关）与立法客体（法律调整的对象）之间的关系，体现着全体社会成员对“良法善治”追求的愿望，并使这种愿望能够与不断变化、发展的立法客体具有某种适合、接近或一致，以满足其对道德准则、习惯要求、科学规则等行为规范实现的需要。以上学者的论述揭示了立法价值的

---

〔1〕 国内已有学者专门梳理了该问题，理论界经常在研究价值、目的的时候，将立法价值与法律价值、立法目的与法律目的相等同。弊端是忽视了立法学作为立法科学研究的独立性。参见陈雪平：《立法价值研究——以精益学理论为视阈》，中国社会科学出版社 2009 年版，第 55 ~ 56 页；陶伦康：《循环经济立法理念研究》，西南政法大学 2007 年博士学位论文，第 135 ~ 140 页；巩固：《环境伦理学的法学批判》，中国海洋大学 2008 年博士学位论文，第 225 页。

〔2〕 李林：“试论立法价值及其选择”，载《天津社会科学》1996 年第 3 期。

〔3〕 汪全胜：《立法效益研究》，中国法制出版社 2003 年版，第 45 页。

内涵。

立法价值的应然性是以动态的方式存在的，是立法主体在法律起草、审议、表决和通过等一系列的具体行为中，从立法主体的需要出发，对立法的客体属性所进行的选择和取舍，这种选择和取舍是以立法者所处的一定社会历史发展客观情况为背景情境的，使得立法价值始终处于一个动态的变化之中。由此形成的认识更易更新、更具体、更具有时代的现实意义。同时由于立法主体的多元化导致了立法价值更多的时候体现的是不同主体的利益之间的博弈，如不同部门的利益、中央和地方的利益、各群体的利益、各阶层的利益。为了协调与平衡这些利益，任何一项立法，都意味着对多重价值的权衡和选择。

立法价值侧重运用量化的方法，在现象的层面上分析，一般注重对其结构的差异性及其对立法的影响的分析。比如对于体现安全价值的风险预防原则的分析，就需要借助于统计学、经济学的方法来估算概率，进行成本收益的分析，方能使该原则发挥现实的规范实效。认识立法价值的系统性也需要借助于量化的分析方法来厘清内部和外部的关联因素。立法价值的确定离不开立法预测的需求调研，立法价值的实现同样需要通过立法后评估所构建的指标体系来检验。

2. 立法目的与立法价值的比较

(1) 联系。在立法中，立法者时常会因立法的目的而困惑，会因此法与彼法的难以协调而不解。这涉及立法中的价值认知、价值评价、价值选择。制定出来的法是正价值、零价值还是负价值的问题，比有无法的问题更加重要。立法的价值目标和追求是什么，是保障自由还是剥夺自由，是保障平等还是制造特权与歧视，这些关乎立法的价值定位。立法要解决价值冲突问题，使得法律之间不在价值上相互矛盾、冲突。如何使自由和平等相协调、效率与公平相统一、秩序和人权相并重，都是立法中必须解决的难题。在立法中，有的规则所反映的价值取向和基本原则的价值取向相矛盾，或

者是同一立法中，此规定与彼规定所反映的价值取向互相冲突又难以协调，这样在立法中就必须考虑设定一个相对合理的价值基准来予以评价并解决价值冲突。由此，在立法目的的价值目标选择中必然会与立法价值不断产生互动，很难将立法价值与立法目的单独来分析，所以学界对于立法价值的分类可以界定为工具性价值和目的性价值，立法价值在位阶上是高于立法目的的。此外，立法价值、立法目的和立法功能之间是内在相连的。

纯粹目的论的“善”或目的论的“价值”是结果功利主义，容易只重结果而忽视过程的正当性，因此目的论中的“价值”必须同时具备所谓的“价值正当性”。就应对气候变化的价值而言，仍然存在价值正当性的问题：一方面，包含对气候变化价值内容的诠释；另一方面必须保证实现价值的过程具有正当性，这一过程正当性需要依赖于对规范的实证分析和秩序的构建，即强调将实现特定目标的应对气候变化措施通过规范形式予以表达，实现规范与价值的统一协调。哈贝马斯对规范和价值作出了精辟的论述：“规范和价值的区别首先在于它们所指向的行动一个是义务性的，一个是目的性的；其次在于它们的有效性主张的编码一个是二元的，一个是逐级的；第三在于它们的约束力一个是绝对的，一个是相对的；第四在于它们各自内部的连贯性所必须满足的标准是各不相同的。”〔1〕

价值论认为，价值目标的确定应当是唯一的，双重的或多元的价值目标容易造成行动方向双重或多元地分散，最终不利于任何目标的实现。理性的价值目标应当是唯一的，二重及多重的平行价值定位势必会造成气候变化应对目标的多元化，目标与目标之间不能作序列划分，难以协调诸价值之间的冲突，从而不利于其中任一价值的实现。因此，在承认价值目标构造所建立的序列结构体系之前，应当先解决价值目标的唯一性问题，明确最为重要的价值目

〔1〕［德］哈贝马斯：《在事实和规范之间：关于法律和民主法治国的商谈理论》，童世骏译，三联书店2003年版，第316页。

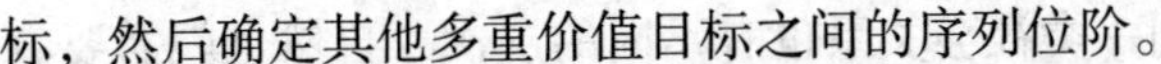

标，然后确定其他多重价值目标之间的序列位阶。

气候安全的价值，主要是指人类在减缓和适应气候变化时所要达到的最终目标，强调一系列的应对气候变化行为对于人类生产生活的有用性。鉴于减缓和适应气候变化对于维持人类社会秩序，保障人类生命健康，维持生态系统平衡具有重大意义，鉴于科学对气候变化情景认知的局限背后隐藏的巨大风险所具有的吊诡性特征，减缓和适应气候变化技术的研发与应用、生物多样性的保护、生态系统平衡的保障的最终目标在于保障气候安全，防范未知风险。基本价值定位在保障生态系统的平衡性、多样性、稳定性基础上，确保人类自身的健康权和发展权，实现社会秩序的和谐统一。对于价值论来说，必须在价值正当性的基础上进行价值目标的探讨，需要通过实证国内法和国际法的融合统一的法秩序来实现过程的正当性。

(2) 区别。二者虽然都是理性的规范判断，以应然的状态而存在，但也存在区别：一是出发点不同。立法目的是立法主体为满足自身需要而设定的目标，是从立法客体（调整的社会关系）出发的，重视立法目的能否实现。立法价值是以人的需要为取向，从主体出发，对立法客体进行评价，它侧重于关注人的主观需要是不是得到满足。二是表现方式不同。立法目的是外在的、明确的，通过法律条款具体规定在立法文本中。立法价值是内在的、模糊的、宏观的，体现了立法精神和人们对立法期待的理想状态。它无法直接规定在立法文本中，而是内涵于具体的原则、制度中。三是内部结构不同。立法目的具有层次性的特征，不同层次的目的调整着不同层次的社会关系，而且目的层次之间也存在一种递进与支配的关系，下一层次的目的服从于上一层次目的的需要，并为实现上一层次的目的调整所属的社会关系。如果说一个国家整个立法体系是一元多层次的话，那么作为国家整个立法体系组成部分的部门法来说，其立法目的也是由一元多层次构成的，因为每个部门法都有自己特定的调整对象，这就决定了其立法目的必然是一元的而不是多元的，但又由于同一类社会关系也有不同的层次，自然也就需要有不同层次的法律与其吻合。[1] 而立法价值是满足人的多元需求的，进而表现为多元价值。立法价值体系包括多种结构形式，由多种元素以多种方式组成价值体系。总体上，法的价值体系包括法律制度的价值系统、法律观念的价值系统和法律评价的价值系统。

（二）立法目的与立法功能

1. 立法功能的科学认识：功能主义

迪尔凯姆认为，“一种社会事实的功能应该永远到它与某一社会目的的关系中去寻找”。[2] 然而，功能往往是达到目的的手段，但费尔巴哈也曾说，“一切手段首先就应当是目的”。[3] 为了说明一个社会事实，仅仅说明其效用是不够的，还要说明这个事实怎样产生和为何成为现在这个样子，而前者是功能，后者是原因。所以为了解释一种社会现象，必须分别研究该现象的原因和它所具有的功能。而功能与目的、目标不同，后者太具主观性而不宜科学地加以研究，而前者体现在系统中，是可以通过科学方法加以客观确定的。尽管这种讨论把功能放在原因之后，给我们以忽略功能的印象，但迪尔凯姆解释道，功能并非不重要，“实际上，虽说事实的效用不在于使事实存在，但一般说来，事实要使自己继续存在，它本身必须是有用的”。立法是法对社会发生作用的基础性环节，它不仅是对社会变革需求的回应，也对社会变革具有能动的反作用——它可以通过立法者自觉地、主动地对社会关系、社会秩序和人们的社会行为予以必要的关注，在一定社会物质和生活条件之基础上，作出符合其必然性和发展趋势的模式设定和制度安排，从而推动社会的发展和进步。对此，我们谓之曰立法的社会变革功能。这一功

〔1〕 陶伦康：《循环经济立法理念研究》，2007 年西南政法大学博士学位论文，第 117 页。

〔2〕［法］E. 迪尔凯姆：《社会学方法的准则》，狄玉明译，商务印书馆 1995 年版，第 125 页。

〔3〕 转引自夏甄陶：《关于目的的哲学》，上海人民出版社 1982 年版，第 341 页。

能及于经济、政治、文化等领域。法的社会变革功能体现于法运行的全部过程之中，即在立法、司法和执法过程中，人们都可以感受到法的功能的发挥，这种影响既包括“应然”的，即法对社会变革应当有什么作用，也包括“实然”的，即法实际上起到了什么作用。[1]

2. 立法目的与立法功能的比较

(1) 联系。立法功能可能被择定为立法目的内容的对象。立法功能是内在的，立法作用是外在的。学界对目的与功能的认识存在误解。原因是忽视了方法论的问题，没有认识到同时存在两个层面的功能形态：一个是观念层的功能态或称“主观的功能定在”，另一个是客观层的功能态或称“客观的功能自在”。在黑格尔的法哲学那里，法的自在（客观存在状态）和法的实定（现实的统一的法律制度）之间，有一个法的定在（对自在的理解和定位），这个定在的法实际上就是法的理念。前者是基于对后者（客观功能）经验性或前瞻性的认识而以观念形式存在的功能形态，即生成目的之内容，后者是实现前者的手段。两个层面的“功能形态”是目的与手段、主观与客观、对立与统一的关系。[2] 根据结构功能主义可知，立法目的作为立法价值的外化，也是由目的要素构成系统结构，通过自身运作发挥各自功能的。正如卢曼的法的自创生系统理论所论证的那样，从社会动力学的角度去理解整个目的体系的功能运作机理。

立法功能与立法目的在设定行为模式，规范社会主体行为，实现利益互补、利益协调、利益共进的秩序构建方面是目标共享的。立法目的要从文本上的元规则转化为社会主体行动中的社会行为规则，就必须通过立法功能的实现来达到。而立法功能也分为正功

〔1〕 杜月秋：“论立法的社会变革功能”，载《学习与探索》2007 年第 2 期，第 103 页。

〔2〕 曾明生：《刑法目的论》，中国政法大学出版社 2009 年版，第 186 页。

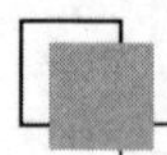

能、零功能和负功能三种。正功能意味着立法固有的、内在的能够激发社会成员的积极性的功能力，它的实现有助于社会体系的良性运转，促进社会关系的协调、稳定。本质功能分为规范功能、保护功能和人权保障功能。这三种功能都是价值论意义上的功能。规范功能又分为指引、评价、预测、强制、教育和调控功能。规范功能内部各个功能之间是紧密复杂地关联在一起，形成环环相扣的功能系统，彼此交融、互为前提。其中调控功能是指法作为一种特殊社会规范，通过界定人们的不同主体资格及其权利义务归属和范围，将各种社会关系调控在一定程序范围内。它渗透于立法的其他功能之中。立法的保护功能是指立法对于社会的保护效用。对于气候变化立法来说，国家利益、社会利益和个人利益的立体保护都属于保护功能。国家在国际温室气体减排责任的合理分担，是需要根据气候立法所确定的碳排放权公平配置原则来实现的，共同但有区别的责任原则是分配的核心原则，背离这一原则必然损害国家利益。社会利益表现在一国内部各区域之间的利益分化和协调，气候立法在区别区域生态功能定位和经济发展情况的基础上对各区域实现不同的治理模式，便是对社会利益的保护，使得气候变化应对与经济社会发展的关系得到有效处理。个人利益的保护体现在考虑企业和个人承受能力的前提下，引导其逐步改变原有的生产、消费观念和行为方式，在利益协调中实现利益共进。气候变化立法的人权保障功能是保障集体人权和个人人权的统一。集体人权包括生存权、发展权和环境权，个人人权包括财产权和人格权。这种人权保障功能的实现需要借助于国内立法和国际立法的双重协调来实现。换言之，气候变化立法的人权保障功能是国际人权保障和国内人权保障的有机统一。正功能的发挥意味着温室气体排放得到有效控制，产业结构实现低碳发展模式转变，人们通过生产和生活的行为调整能够适应气候变化所带来的诸多影响。零功能意味着气候立法的存在对社会没有任何影响，成为有名无实的一纸具文。负功能指气候立法的实施造成整个国家经济社会秩序的紧张，经济发展受到负面影响，降低了社会系统原有的功能力。特别是国际气候变化规则秩序如果完全按照发达国家的减排主导式的低碳模式构建，弱化共同但有区别的责任原则，将发展中国家也纳入新的全球减排协议的法律约束，而发展中国家如果迫于压力不得不在气候立法中作出超出本国发展水平的减排目标承诺的话，就会抑制该国的发展，使得经济社会秩序受到极大的冲击，影响国家安全和稳定。

（2）区别。立法目的与立法功能的区别在于：一是内容不同。立法目的是立法价值的目标选择，是价值选择的外在表现。立法目的内部有着层次性。立法功能既包括反映价值论的正功能，也包括起消极作用的零功能和负功能。二是表现形式不同。立法目的在文本中以显性目的存在，是主客观统一的体现。立法功能本质上是立法在社会动态行为中的效果体现，是经验的、客观的，是立法目的的客体性基础。

（三）立法目的与立法模式

1. 立法模式

（1）立法模式的内涵。立法模式包括立法权、立法主体、立法目的、立法内容、立法程序和立法体例等诸方面的问题，体现在法律风格及立法制度原则等多方面，具有外在共性、抽象概括性、稳定性和选择性的特征，是在立法过程中通过选择、借鉴形成的，具有外在同态性及内在稳定性的立法类型。立法模式的形成是一个过程，在这一过程中，包括了对不同国家立法模式的选择，也包括不同时期、不同样态立法的选择。从不同视角对各因素进行考察，会对立法模式的选择和形成影响因素形成不同的标准。立法模式的内生变量乃是促使立法模式演进或者变迁的内在动力，它由立法权、立法主体、立法目的、立法内容四大核心要素所构成，并辅之以立法程序、立法价值等要素；立法模式的外生变量即立法模式赖以生存的社会经济、政治、文化要素，这些因素通过内生变量来完成其

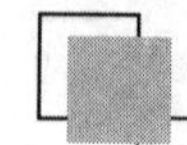

对立法模式的塑造。[1] 另有学者主张，立法模式由目标模式、体例模式和制度模式来构成。[2] 研究立法模式需要引入系统哲学的分析方法，不仅对立法模式形成的政治、经济、社会、文化所形成的“社会文化场域”之外生变量进行探讨，还要对以立法权、立法主体、立法目的、立法内容为核心的内生变量进行探究，方能发现立法模式存在和发展的规律。

（2）政策型立法：气候变化问题应对的立法模式选择。气候变化问题的综合性、科学技术性、即时性和不确定性等特殊性预示着风险社会的复杂程度以及不可预测性给国家治理和全球治理提出了极大的挑战，原来那种完全以国家为导向的传统治理方式，已经不能适应时代的要求。一种新型的国家与社会、民间结合的治理方式应运而生。政府的失灵要求应对气候变化的技术措施和管理模式市场化，通过市场化的激励诱导机制促使社会主体共同履行气候变化应对的社会责任，从而在气候变化应对过程中实现能源、经济、社会的可持续发展；而市场作用并不过于夸大，低碳经济的发展离不开不同区域背景下政府根据区域气候变化的风险情景预测、资源禀赋、经济发展水平对所处的区域气候变化规划的理性引导，及时调控未知的影响因素对本地低碳产业、低碳市场造成的不良影响。因此，只有把市场与政府有机地结合起来，才能有效解决问题，才能尽可能把风险降到最低的限度。[3] 这就给软法的发展、成熟提供了巨大的空间和机会。软法适应了公共治理、全球治理的理念而显示其强大的生命力。软法与硬法的互补，成为公共管理的新趋

〔1〕 江国华：《立法：理想与变革》，山东人民出版社2007年版，第98～100页。

〔2〕 姜明安：“我国行政程序立法模式选择”，载《中国法学》1995年第6期，第56～62页。

〔3〕 李挚萍：《环境法的新发展——管制与民主之互动》，人民法院出版社2006年版，第234～235页。

势。[1] 气候变化问题的复杂性要求立法既要考虑科学技术水平的发展程度，又要与经济发展的水平相适应，还要考虑应对气候环境危机的突发性，这无疑增加了立法的难度和变数，对法律被动的、事后的功能提出了挑战。立法模式从立法中心主义到行政中心主义的转变，为政策型立法的创制提供了理论背景。应对气候变化基本法的模式选择关涉该法的定位、规范的设置与其他环境单行法的协调等技术性问题。对立法模式问题的忽视，会造成环境单行法律与基本法功能的混乱和错位，影响法律适用的效果，进而影响法律的威信。环境政策型立法就是那些带有落实国家环境防治、开发、管理、规划、鼓励和救济等多种政策手段和目标的法律规范的总称。其规范以授权性规范、职权性规范、引导性规范和伦理性规范为主，责任形态是在民事、行政和刑事责任形式的基础上，增加政治责任——问责制和道德责任的综合责任形式。环境政策型法可以体现环境保护的预防与治理并重，既有环境管制的管理型法律或政策，也有体现鼓励的促进型法律或政策；既有硬法的刚性与威严，也有软法的柔性与回应。气候变化政策型立法着重落实国家的应对气候变化责任，明确中央和地方行政机关的气候行政权力配置与职能界定，构建国家统一的气候变化应对国家体制。开发和规划主要体现环境保护和国家的产业政策和导向，国家的引导作用体现的是国家与社会的互动，号召多重力量参与到气候变化应对的进程之中。作为特殊的环境问题，气候变化立法模式的选择同样需要在风险社会的背景下，对科学的不确定性和经济社会影响的不确定性进行专业技术的评估，对政治民主的积极推动参与，离不开作为“保

---

〔1〕 陈廷辉：《环境政策型立法研究——基于对中国环境基本法立法模式的思考》，中国政法大学出版社2012年版，第64页。

证型国家"[1] 中的各级政府行政机关的权力分配和职能分工协作，形成一个开放式的气候公共治理体系。

2. 立法目的的法政策学透视

传统的法学从一开始就将政治、政策、道德的因素完全排除出去，采取纯粹的方法，围绕对已经制定的法律规范的解释和适用展开精致化的法解释学研究，一般视涉及法律逾越或者违宪问题的法律为政治或政策性的立法裁量问题，从而将之排除出法学的研究视野。后来不少学者开始关注公共政策的法源地位问题。[2] 采用政策型立法模式，意味着需要从法政策学的视角审视法和公共政策的关系。从由国家以及地方自治体主导的规范制定来看，已经从传统的权利义务规范之创设的单一局面转向与资源分配规范之创设并重的局面。[3] 法政策学的根本目的是通过观察、分析和反思从公共

---

〔1〕 吉登斯创造了“赋权型国家”（enabling state）与“保证型国家”（ensuring state）的概念，从其对比中指出“赋权型国家”在气候变化政治中的无力和“保证型国家”在气候变化的政治框架中的重要地位。前者强调自下而上的方式运作的各种社会团体在解决集体问题中的作用，国家作为依靠社会的推动和授权；后者是国家必须进行长远的策划，必须进行监督和检查，以保证目标的实现。为实现目标所具有的功能、完成功能所具备的组织结构与形式，应该是保证型国家的起码要素。保持气候变化议题在政治议题中的中心地位；超越左右派之争，并防止其成为达到其他政治目标的工具；为了保持气候变化政策的长期性和稳定性，应该在各个政党之间达成有效的共识，并设立有关监督机制；在政策考量中，不能仅着眼于某一种风险，而应该对所有的风险进行评估与衡量，以求最理性的政策；对已经或将要发生的气候变化做出积极适应，强调超前思维，主动应对和技术创新。参见［英］安东尼·吉登斯：《气候变化的政治》，曹荣湘译，社会科学文献出版社2009年版，第79页。

〔2〕 德沃金在批判法实证主义的过程中就提出“规则—原则—政策”法律模式（渊源）理论。参见张文显：《二十世纪西方法哲学思潮研究》，法律出版社2006年版，第320～323页；美国公法学研究者孙斯坦提出了所谓的“背景规范”理论，主张“原则思维”与“政策思维”要适度整合，强调法律解释不能完全摆脱“政策因素”，公共政策至少可以作为“背景规范”而发挥作用。参见王旭：“面向行政国时代的法律解释学——简评孙斯坦《权利革命之后：重塑规制国家》”，载《中国政法大学学报》2009年第1期，第151页。

〔3〕 解亘：“法政策学——有关制度设计的学问”，载《环球法律评论》2005年第2期，第191页。

政策到法的转变过程，为良好的法律制度设计提供规律、准则和思考方法。为确保立法内容的正当性，法政策研究需要综合观察法律、政策与社会现实的交互性关系，需要广泛借鉴和援用经济学、政治学、社会学以及政策科学等相关学科的理论和方法，并立足于法律思维进行创造性的加工和改造。由于公共政策形成过程与法政策形成过程在现代民主法治国家具有高度的重合性，作为社会调控的规范体系，两者都要遵循“目的—手段”的思维模式，即设定具体的目标和为实现该目标选择必要的手段。[1] 在风险社会中，由于信息不充分和科技认知能力的局限，规制目标的确定、规制手段的选择均是立法上难以简单决策的难题，需要立法和行政的融合，使得作为立法规制的行政过程既包括法律政策的制定，又包括法律政策的适用。当然，规制并非万能，也会出现失灵的情况。这就需要从立法论走向解释论。换言之，规制失灵的应对，需要在政府规制与立宪主义的关系中寻找可能的出路。需要落实宪法规范，保证机构有效运作。强调行政机关的行政解释在制定法解释中的首要地位，同时重视法院的制定法解释，使得法院在一定程度上成为政治法院，甚至可能成为超级立法者。[2] 由此，在政策型立法模式中，立法目的不仅表现为立法论中的历史、社会、经济多维度的价值选择，而且还在规制的过程中具有矫正失灵，提高制度绩效的解释论方法意义。[3]

---

〔1〕 鲁鹏宇：“法政策学初探——以行政法为参照系”，载《法商研究》2012 年第 4 期，第 114 页。

〔2〕［美］凯斯 · R. 桑斯坦：《权利革命之后：重塑规制国》，钟瑞华译，中国人民大学出版社 2008 年版，代译序第 6 ~ 13 页。

〔3〕 伊丽莎白 · 费雪通过比较法研究方法，选取了五个不同的技术风险规制案例，得出行政宪政主义范式在本质上构筑框架的形式，提供了一种非常有效地让政策制定的世界既稳定又可灵活解释的方式。确保赋权公共行政与限制公共行政之间的动态平衡。参见［英］伊丽莎白 · 费雪：《风险规制与行政宪政主义》，沈岿译，法律出版社 2012 年版，第 360 页。

第三节 气候变化立法目的的方法论探析

立法目的与立法价值、立法功能、立法模式的密切联系，反映了立法目的的规范性实证法的属性。应对气候变化立法目的作为应对气候变化立法的着力点，需要借助于逻辑严密的立法目的要素所构筑的目的体系来实现对特定立法目的的文本表达。通过应对气候变化综合性立法的目的统摄，将应对气候变化的基本原则和基本制度予以整合形成完整的立法制度体系，进而实现应对气候变化综合法律的立法目的。应对气候变化立法目的规范化表达的形式逻辑背后，反映气候正义的价值理念基础。对于立法目的构成要素的不同理解，形成了有关立法目的的不同理论解说。这是因为立法目的在实现过程中，需要从理论与实践的不同层面来彰显立法的价值诉求，发挥立法在调整应对气候变化过程中所出现的多元利益冲突的调整功能。在气候正义观的影响下，气候变化法得以发挥调整应对气候变化中广泛的社会关系的功能，形成应对气候变化法律关系。

其实，法律目的研究作为现代法学研究中一种因应法制变革要求的研究方法，调和了以功利主义价值理念诉求为中心的目的论式的自然法学与以秩序构建为中心的实证分析法学二元对立的格局，并修正了法律制度的体系结构，使之成为具有开放性、适应性的回应型法，将实质正义和形式正义统合在制度之中，通过缩减中间环节和扩大参与机会的方式，在维护普遍性规范和公共秩序的同时，按照法的固有逻辑去实现人的可变的价值期望。其意义在于使法律不拘泥于形式主义和仪式性，通过理论和实践的结合进一步探究法律、政策中所蕴含的社会公认准则（价值）。“如果法律强调原则和目的，那么就有了一种丰富的资源可用于批判具体规则的权威。……虽然一项规则可能带有官方权威的烙印——即通过了法律效力的‘血统检验’——但它却被认为是可以按照它对那些利害攸关的价值的影响重新评估的。”[1]

气候变化法的立法目的在于融合减缓气候变化和适应气候变化，实现减缓与适应的协同增效，降低社会发展的碳依赖和减少生态稀缺性，这是气候变化立法作为综合实体规则和程序规则的法律制度体系的直接目的或初级目的。作为实现区域气候变化善治的利益平衡机制，气候变化的立法目的在于实现以多中心、社会利益为本位的区域气候变化公共治理。这是体现气候变化立法本质特征的中级目的。作为通过对利益相关者义务的应然设定和风险责任社会化配置的机制构建，以保障应对气候变化的法益和社会权利，气候变化立法的根本目的在于保障应对气候变化的基本权益，维系生态系统和社会秩序的稳定。应对气候变化立法目的的多元性说明了气候变化立法目的具有层次性并且相互联系，构成一个统一的目的体系。减缓和适应气候变化，降低社会发展的碳依赖和减少生态稀缺性是制定应对气候变化立法的直接目的，在气候变化立法目的体系中处于最低的位阶，这一初级目的使其与其他环境立法、气象灾害防御立法以及能源立法相区别，反映了应对气候变化立法的正当性，使得应对气候变化立法具有必要性和可行性。实现以多中心、社会利益为本位的区域气候变化公共治理，凸显了气候变化作为新型环境问题需要根据一国内部不同区域的气候变化影响、脆弱性以及经济发展水平的差异所形成的包括地方政府、私营部门、社会公众等利益主体的多元利益诉求。围绕着气候资源这一公用物的产权配置，灵活运用市场激励机制、行政管制机制和社会事业机制进行利益分配和利益整合是十分必要的，地方政府在制定本区域的气候变化规划过程中，作为多元利益的协调者和引导者，需要根据气候变化的科学情景预测信息和区域发展战略的目标定位，确立区域气候变化公共治理的动态目标模式，因地制宜、因时而异地运用多种

[1] [美] 诺内特、塞尔兹尼克：《转变中的法律与社会：迈向回应型法》，张志铭译，中国政法大学出版社 1994 年版，第 91 页。

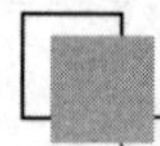

政策工具组合，不断完善有关减缓和适应气候变化的技术管理标准体系，并进行气候政策分析的绩效评估，不断调整本区域的气候变化规划管理的方法和内容，以回应区域气候变化风险所带来的巨大不确定性，规制应对气候变化法律关系中利益相关者的各种行为。同时，在未知中的综合决策难以确保决策回应气候变化风险的有效性，通过风险评价和风险管理程序作出的科学民主决策，并坚持无悔的原则，通过气候灾害的社会化填补机制和灾害应急响应机制，有效填补因气候变化影响所带来的多种损害，不能因气候变化损害在一定时空条件下的短期局部恶化而追究决策者的法律责任，需要在承认有限理性的前提下，实现程序正义和实体正义。这一过程性正义的实现就是体现气候变化立法本质特征的中级目的。保障应对气候变化的基本权益，维系生态系统和社会秩序的稳定，这是应对气候变化立法的根本目的。这一根本目的折射了气候变化立法的法学方法论意义，既划清了气候变化法学与气候伦理学、气候政治学、气候经济学、气候社会学等相邻学科的界限，又阐释了气候变化法横跨公法、社会法、私法三大法域的气候变化法学研究范式。其中，气候变化法律关系主体的法益、权利、义务和责任，成为气候变化自然科学和社会科学的法律表达的核心话语与概念逻辑。而对生态系统和社会秩序稳定的气候安全价值选择，反映了气候变化立法的秩序价值，围绕着秩序价值的应然规则设计，以义务和责任的分配为表征的“义务本位论”成为气候变化立法的规则逻辑起点。为了实现气候安全，应对气候变化风险及其所带来的现实损害，义务和责任的配置从根本上保障气候变化法律关系主体的多元利益和权利。由于气候变化和人类之间的交互复杂的作用涉及广泛的领域，气候变化立法在分配义务和责任的同时，必须重视包括联邦政府、州政府、市政当局在内的公共行政部门，包含企业、行业协会在内的私营部门，自然科学与社会科学领域的有关专家、媒体以及包括非政府组织、特殊贫困弱势群体在内的公民社会在应对气候变化行动中所享有的受到法律保护的法益和依据宪法所享有的包

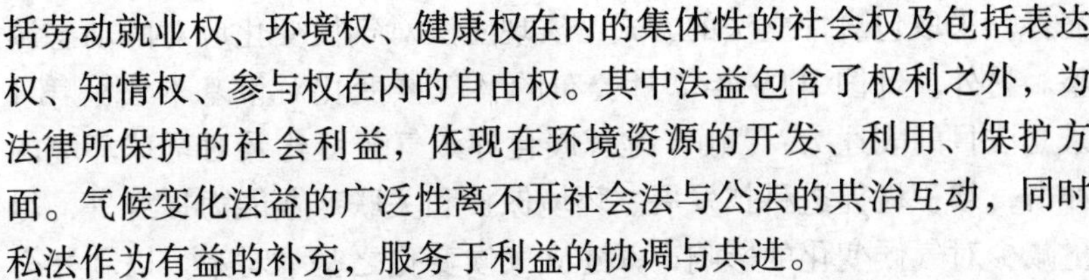

括劳动就业权、环境权、健康权在内的集体性的社会权及包括表达权、知情权、参与权在内的自由权。其中法益包含了权利之外，为法律所保护的社会利益，体现在环境资源的开发、利用、保护方面。气候变化法益的广泛性离不开社会法与公法的共治互动，同时私法作为有益的补充，服务于利益的协调与共进。

一、应对气候变化立法目的理论学说评析

立法者在起草应对气候变化立法文本中对立法目的的表述，反映了立法者所采取的立法目的理论观。不同立法目的法条条款的表述代表着立法者对于气候变化立法目的的实证表达所采取的立法目的理论学说。英国2008年《气候变化法案》的立法目的在于，以1990年为基准，到2050年，通过国内及国外的行动，使温室气体减排80%；到2020年，使温室气体减排34%；建立每五年为一时段的碳预算体系，进行温室气体排放控制，首次制定的三期碳排放预算为2008~2012、2013~2017、2018~2022，2009年5月前必须制定完成。政府必须向议会报告完成预算的政策和计划；设立气候变化委员会，为政府提供碳预算标准的建议，向英国议会提供目标进展、政府预算执行情况的年度报告。政府必须给予反馈，以确保每一年度预算完成的透明度和可问责性；引入碳排放交易体系，借助市场激励机制限制排放或鼓励排放实体进行减排；制定适应气候变化条款；通过财政激励机制减少国内废物产生并使废物再回收；促使生活垃圾分类集中处理；修改2004年《能源法》关于可再生运输燃料义务的条款以及制定关于气候变化的其他条款。从英国气候变化法的立法实践来分析，其立法目的的实证法目标定位在四个方面：一是为英国在中长期减排行动方面设定可行性的并量化的具体减排目标，履行英国在气候变化应对中的国际法律义务；二是通过构筑气候变化国家体制，明确议会、政府、气候变化委员会的具体责任和义务；三是为国内适应气候变化立法确立了综合性的制度框架，使得适应气候变化领域的立法能够在综合法的体系内不断完善；四是重视通过综合立法实现对相关气候变化领域立法的清理和完善，采取包裹性立法的方式，实现立法对气候变化应对的动态调整。另外，韩国2009年2月公布的《气候变化对策基本法》第1条立法目的表述为："由于地球暖化导致气候变化及对全球环境的冲击，须积极促进科技发展、环境保护和关联产业能力提升等，尽量减少对气候变化的影响，并建立气候变化之基本对策，以利社会发展，及让国民们有健康和舒适的生活。其目标是为追求人类的永续发展。"英国和韩国的综合性气候变化基本法虽然在立法目的表达上各有特点，相比之下，英国气候变化法的立法目的更加注重规范性和实用性的立法技术表达。但在立法目的的价值诉求和目标定位方面均体现出了三个方面：一是通过减缓气候变化和适应气候变化，有效应对气候变化所带来的全球性和区域性的气候风险；二是确立国家应对气候变化的体制，有关机关依法行使应对气候变化的国家权力，通过引入市场激励机制、公众参与机制使得国家的气候变化政策和法律在区域气候变化风险的应对中，平衡和协调在经济社会各个领域中的利益冲突，实现区域性的气候公共治理；三是保护社会各主体在气候变化风险应对中的合法权益。由此，应对气候变化立法目的具有三方面的目的：一是通过减缓和适应气候变化，应对气候风险；二是注重国家气候行政过程性的风险管理，调整人类社会和生态系统的多元气候利益关系，实现区域气候公共治理；三是保障社会、生态的集合性气候权益。结合这三个方面对气候变化立法目的进行不同形式的组合，可以得出三种主要目的论的理论观点。

（一）一元论

这一学说直接阐明气候变化的立法目的就是为了减缓和适应气候变化，应对气候风险而确立有关气候变化应对的一整套管理体制框架。在一元论的指引下，应对气候变化的立法目的是为减缓气候变化和适应气候变化提供一个战略、政策规范框架。一元论反映了气候变化立法目的与管理目的的耦合。在应对气候变化法颁布之前，有关气候变化应对领域相关的法律与政策是由多种不同程序、不同理念、不同政策目标、不同立法目的的法律、政策组成的。气候变化法的出台，为国内应对气候变化管理提供一个框架结构，对已经颁布的立法和政策进行清理与整合，为整个气候变化应对提供综合的相互关联的基础。一元论实际上属于实证法秩序建构的立法目的论。该理论以应对气候变化的法律义务为本位，重视规则的系统性和内在合理性。英国 2008 年《气候变化法案》的立法目的是为改善碳管理、促进本国向低碳经济转型和鼓励低碳商品投资提供一个长期性框架。在此种综合性立法中，明确具体的减排目标，设立气候变化委员会，建立气候变化风险的评估和管理机制，为以后相关减缓气候变化、适应气候变化所涉及的诸多领域的一揽子立法完善提供基础性的制度安排。英国气候变化综合性立法重视通过立法目的的实现来促进现行相关立法的完善。立法目的从根本上来说是一元的，在一元目的之下，由众多目的要素构筑形成目的体系，目的多元论将目的要素也看作独立的目的。基于目的哲学关于“一”和“多”的关系之理解，应对气候变化立法目的应定位于“保障气候安全”。这也是应对气候变化立法的核心价值取向。透过可持续发展、气候正义的多元化、复杂的社会时空场域的映象，气候变化问题的提出以及应对，都是为了人类社会和生态系统在巨大的不可逆的气候风险和气候影响下能够得以延续，将有关气候变化对人类社会和生态系统所造成的不利后果予以避免或是降至最低限度。不管是主动适应，趋利避害还是减缓或避免气候变化损害，都是为了谋求气候安全这一最本源最基础的价值理念。这一价值理念本身就可以作为价值性目的写入立法目的条款中，成为元规则。其他工具性目的是为了实现价值性目的而存在的。减缓和适应气候变化法律制度的目的要素都是实现这一目的的手段或者是实现这一目的的附随效果而已。直接目的、中级目的和终极目的的划分使得一元目的得以从上中下三种层面梳理出来。而这一逻辑元规则正是贯穿于气候变化立法体系的精神要义和规则原点。笔者认为，尽管一元论并未否认立法目的是由价值性的目的要素所影响的，但这种对

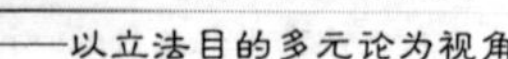

气候正义的理解过于单一片面，没有详细论及在气候利益冲突之下，安全、公平、效益等不同气候价值冲突的协调需要在更高的价值协调方面实现具体平衡，片面强调气候安全会忽视不同区域经济发展阶段的特殊性。

（二）多元论

多元论主张将应对气候变化立法三方面的目的要素作为应对气候变化的立法目的，通过综合性的应对气候变化立法予以表达，即为通过减缓和适应气候变化，应对气候风险；注重国家气候行政过程性的风险管理，调整人类社会和生态系统的多元气候利益关系，实现区域气候公共治理；保障社会、生态的集合性气候权益。值得商榷的是，这三者之间是否存在前因后果、联系紧密的逻辑关系。笔者认为，三者之间是存在着严密的逻辑关系的。气候变化问题的出现，需要在对气候风险和气候损害科学认知的基础上，通过社会化的制度建构予以全面有效的应对。在明确了应对措施的制度前提之下，需要结合气候变化在区域层面的不同影响和风险情景判断来采取预防性的减排和适应措施，以及响应性的增汇和趋利避害式的适应性社会管理和生态系统管理，国家在这一过程中采取谨慎、动态的过程性治理策略，在对区域政策和法律实施进行定期评估的基础上，及时调整管理的手段和管理的阶段性目标。这一动态治理的过程本质上是为了保护人类社会和生态系统的集合性气候权益。气候权益是人类社会和生态系统在气候变化风险和损害出现的前提下对人权保护的正义要求，涉及生存权、发展权、生态权、财产权等一系列权益的整体性保护，对于宪法、行政法、自然资源法、环境法的利益保护提出了在应对气候变化背景下适应性调整的要求，因此，气候权益的保护离不开相关部门法的共同调整，不能脱离现有相关立法而空谈气候权益。

目前各国在制定本国的应对气候变化法中，采纳了立法目的多元论。将人类社会和生态系统所涵摄的多元气候变化利益予以综合考量。这些多元气候变化利益以公共利益为本位。气候变化问题是政治问题还是法律问题，在不同国家的气候变化应对中采取了不同的做法。有的国家仅仅以气候战略和政策来回应，并不采取立法的方式来因应气候变化所带来的风险应对的需求。由于各国不同的制度环境、能力建设、经济发展水平、气候变化的政治立场，每个国家都有各自应对气候变化的策略。

多元目的论认为应对气候变化法的价值取向应朝着三个方面发展，即保护人类社会的生存利益、发展利益、生态利益。立法者对这些多元利益应当进行均衡和整合，对各种利益进行全面保护。有学者认为，气候变化法的目的体系包括保障人身财产安全、维护生态系统稳定、促进社会协调发展。〔1〕笔者认为，探究应对气候变化立法目的不仅需要在实证法层面从气候变化风险预防和主动适应气候变化影响的义务本位逻辑出发进行提炼，而且需要对应对气候变化法律权利进行深度法理阐释和理论拓展。生态环境权、生存权、发展权对气候变化的法权回应，构成了应对气候变化法律权利谱系。权利主体不仅包括政府、社会、公众，而且涵盖有关地球物种之间以及人类与物种之间在内的整个生态系统。应对气候变化法律有其独特的目的，即预防气候变化风险、适应气候变化影响、维护生态系统稳定、提高全社会应对气候变化的能力、保障人身安全和财产安全。

气候变化法律体系中与气候变化应对相关的单行立法目的和综合性的气候变化基本法立法目的之间的关系是，后者是在基本法的规定方面阐释普遍性、一般性的立法目的，前者中的立法目的是基本法在某一相关领域的具体表达。

综合的气候变化法应当以“预防气候变化风险，适应气候变化影响”、“维护生态系统稳定”、“提高全社会应对气候变化的能力”、“保障人身安全和财产安全”为其目的体系。在这一多元目

〔1〕［美］诺内特、塞尔兹尼克：《转变中的法律与社会：迈向回应型法》，张志铭译，中国政法大学出版社1994年版，第91页。

的体系中，在全球和区域层面预防气候变化风险，适应气候变化影响，需要采取减缓和适应气候变化的手段，运用规划组合的工具机制来设计气候变化适应性风险管理机制。其中减缓是长期的过程，适应是减缓的目的。在气候风险适应性管理理念和目的的指引下，以生态系统和人类社会作为多元气候利益的载体来进一步分析生态利益和气候人权。“维护生态系统稳定”并非是将生态系统恢复到气候变化之前的状态，也不是保持生态系统的现有平衡，而是促使生态系统在适应气候变化的动态平衡中保持相对稳定。在生态系统的动态平衡中，各个物种能够正常的生存繁衍、各层次的生态系统能够顺利地进行能量和物质循环，实现动态的物复循环律。在这种生态系统的动态平衡中，人类将不受或少受到生态系统变化的重大威胁，并能够从自然界获得发展所需的生态服务和资源。“提高全社会应对气候变化的能力”主要包括统计核算能力、气候变化应对技术研发和政策研究支撑能力、气候变化教育培训能力，通过资金、技术、教育等途径构筑基础能力建设。“保障人身安全和财产安全”指促进防灾减灾技术的发展和基础设施建设，通过建立气候变化损害填补制度来分散灾害风险。

二、应对气候变化立法目的的法益解释：义务权利的平衡

气候变化法与环境法的区分是借助于立法目的来实现的。其中气候变化立法目的中的直接目的是气候变化立法区别于其他立法的基本逻辑起点，直接决定气候变化立法的必要性。立法目的决定立法的指导思想和法律调整的方向，是评判立法原则和法律制度正当性与实施效果的基本标准。而立法目的本身具有规范性和价值选择性的双重属性，需要通过立法所确认和保护的法益予以表达。而法益不仅包括法所确认保护的权利与利益，而且还体现实证法秩序建构的目的性逻辑。[1] 根据麦考密克的制度法论，目的论将实证分析法学和价值自然法学统合起来。在社会法语境下，集体利益是法律所确认和保护的核心，个人利益是通过集体利益的维护来实现的。因此，在实证法律规则体系的构建逻辑中，法律义务为本位，通过为主体设定行为限制的规则来保障社会公共利益。但并不能据此而弱化主体法律权利的保护。尽管从法律外在的表现形式上来看，主体权利并不像法律义务那样明确设置于立法文本中，但法律从目的性价值层面对主体利益的确认和保护，需要通过国家对人权价值的保护来实现。国家根据气候变化法所确立的气候变化权力配置和运行体制来行使国家气候变化行政权力，包括气候信息发布权、气候规划行政权、气候环境影响评价的许可权等等。而气候变化背景下的人权法保护是借助于生存权、发展权、环境权的法权逻辑来衡量国家气候行政权力行使和利益相关者义务履行的效果。这些人权成为气候变化法益的基础性利益范畴，反映了气候安全、气候发展、气候公平的气候法价值体系。此外，立法目的和法政策目标在目标模式方面具有内在的契合性，反映了法律与政策之间的密切关联。政策分析的过程是政策制定者进行决策并实施的核心，需要通过法律所设定的利益主体的行为边界和程序规则，保证公共善治的实现。由此，探讨气候变化法与环境法的差异性与统一性，也必然从法益所包含的秩序和利益问题展开论证。社会公共利益在不同的部门法语境下具有不同的内涵。气候变化法的法益包括国家利益、集体利益、人类利益、生态利益。这实际上是环境法法益保护在气候变化领域内的逻辑拓展和延伸。从功能上讲，环境法益和气

〔1〕 法益的内涵是分层次的。在表层上，法益是一种利益或价值；在深层上，法益则是一种秩序或状态。“利益”、“价值”、“秩序”、“状态”四个概念有机融合，形成了法益特有的内涵。当法益的主体是可特定化的个体时，法益的实质通常落实在“利益”概念上；而当法益的主体是非特定化的集体概念时，如社会或国家，则法益多表述为一种秩序。参见张梓太：《环境法律责任研究》，商务印书馆2004年版，第259~260页。

候法益都离不开环境协同的整体思维，不局限于以国家为界限的社会成员集体利益，对于后代人与当代人的人类整体利益、国际社会领域内的国家利益、包括生物多样性在内的生态系统的生态整体利益予以广泛地关注，丰富了以可持续发展为目标愿景的利益普遍性和整体性。这使得不管是环境法还是气候变化法，法益中所包含的公益都需要进行更为宽泛的公益性解释，将社会成员的集体利益、人类利益、生态利益、国家利益高度整合，需要跳出国家与社会、政府与市场的逻辑樊篱，以全球化的视野和思维来审视气候法益和环境法益的利益协调和利益整合，进而重新调整原有的法律原则和法律制度，以适应全球性环境风险对现有法律秩序的冲击和挑战。环境问题的利益冲突和利益协调在风险社会的背景下呈现出反身法的特征，环境法的公共利益属性在气候变化这一新型环境问题中，呈现出利益主体、利益范围的复杂性和整合性。蔡守秋教授在探讨人与自然的关系是否为社会关系时指出，“社会是人化的自然与自然化的人的综合体，社会关系包括人与人的关系和人与自然的关系”。[1] 可见，不能够将人类社会与生态系统完全割裂开来，不存在单一的人类利益、国家利益，抑或是社会成员的集体利益。

在认识到环境法与气候变化法在社会公益上的整体协同性的同时，需要清醒地意识到环境法的社会公益整体性背后的调整方式和调整范围，使之不能涵盖气候变化法的调整方式和调整范围。环境法是在对人为活动所导致的环境损害救济的基础上发展起来的，环境损害的填补是建立在环境损害是可以为现有的技术管理手段所控制，技术理性得到极大的价值张扬，对不确定性的问题缺少足够的应对的基础上的。同时，生态系统中的诸多环境要素紧密联系，而生态平衡的打破是人类活动的影响超出了生态承载力的范围。通过行为限制和利益诱导，可以在生态规律的认知中预测并恢复失衡的

〔1〕 蔡守秋：《调整论——对主流法理学的反思与补充》，高等教育出版社2003年版，第30页。

生态系统，通过事先决定的功能和效用目标来对生态系统进行综合性的管理。虽然环境风险问题的出现，使得环境法的原则和制度需要进行相应的调整，但环境法仍是以生态恢复和保持为基本范式的。《公约》第1条第1项规定，“气候变化的不利影响指气候变化所造成的自然环境或生物区系的变化，这些变化对自然的和管理下的生态系统的组成、复原力或生产力，或对社会经济系统的运作，或对人类的健康和福利产生重大的有害影响。”再者本条款第2项规定：“气候变化指除在类似时期内所观测的气候的自然变异之外，由于直接或间接的人类活动改变了地球大气的组成而造成的气候变化。”《公约》第2条规定了立法目的，“将大气中的温室气体浓度稳定在防止气候系统受到危险的人为干扰的水平上。这一水平应当足以使生态系统能够自然地适应气候变化、确保粮食生产免受威胁并使经济发展能够可持续地进行并实现”。通过采取提高能源效率、促进清洁能源利用、增加碳汇等减缓气候变化的一系列预防性措施来控制温室气体在大气中的浓度以保护气候系统，促使人类社会和生态系统能够在气候变化风险中具有回复力，降低脆弱性。

可见，减缓气候变化是手段，适应气候变化是目的。人类社会和生态系统在应对气候变化风险过程中的回复力增强便成为气候变化法的功能目标定位。气候变化法的形成源于气候变化风险的全球性应对这一国际背景，气候变化有关的科学认识是在气候风险的情景探索中逐步深化的，其间伴随着较多的科学争议和复杂的政治利益博弈，在风险中决策，在无知之幕中探求人类社会发展的价值成为贯穿气候变化法形成与发展的本源性依据。气候变化的风险形成既包括人类活动的直接人为原因，也包括间接与人类活动有关的自然原因。换言之，气候变化法的调整对象是人类通过适应和减缓应对气候变化所带来的现实损害和潜在威胁所形成的社会关系。这种现实损害和潜在威胁总体上是无法事先全面准确预测的。人类在气候变化风险应对中，需要不断地根据风险最差的情景认知模式，确立适应性的气候风险评估机制和气候风险管理机制，实现过程性的动态利益平衡。

气候变化法的基本范式是对人类社会和生态系统的适应性风险管理。廖建凯博士主张气候变化法的基本范式是减缓和适应。笔者认为，适应气候变化才是气候变化法独立存在的根本。减缓和适应是相互融合的，减缓的目的是适应。气候变化背景下环境法需要适应气候变化风险，在风险预防原则、污染者负担原则、协同合作原则等环境法的基本原则以及环境影响评价制度、环境标准制度、环境规划制度、环境许可制度等方面需要进行适应性的调整，并与气候变化法形成协同效应，优势互补，相辅相成，形成合力。气候变化法的利益调整功能的实现离不开环境法利益功能的协调互补，二者形成整体的气候变化法与环境法体系。所以，国外有关研究机构一般是将气候变化法与环境法合并在一起，如同孪生姊妹一样来界定宏观的研究题域。这反映了气候变化法和环境法之间的契合性，具体表现在可持续发展的政策目标定位、区域治理的多元利益平衡以及生态利益的整体保护三大方面。而环境法的调整范围和气候变化法的调整范围存在差异。汪劲教授认为，“环境法的调整对象是人类环境利用关系，所要控制的是可事前预见的人为原因导致的环境污染和自然破坏。而以预防事前不可预见、不能克服和不能避免的自然灾害为目的，或者以自然灾害之后实施环境恢复或者重建等为目的的法律规范，理论上都不属于环境法的范畴”。〔1〕而对于气候变化所致的自然灾害管理则是气候变化法中的重要调整领域。从理论上讲，环境法的立法目的是保护生态系统的平衡与稳定，衡平世代人类在既得利益与长期发展中的相互关系，最终实现社会经济的可持续发展。在实践中，一国环境法律体系中的单项立法、具体目标各异，使得环境立法在动机上的目的与形式上的目的会出现分离。同样在一国气候变化立法体系中的单行立法差异，使得气候变化立法在动机上的目的与形式上的目的也会出现差异，所以，研究

〔1〕 汪劲：《环境法学》（第2版），北京大学出版社2011年版，第21页。

气候变化立法目的需要在区分不同立法模式的基础上进行由表及里地分析，透过形式上的目的来探究实质上的内在目的。

三、应对气候变化法律关系的主客一体化阐释

应对气候变化立法目的需要借助于应对气候变化法来调整应对气候变化过程中所形成的社会关系。而这种社会关系经过法律的调整就成为应对气候变化法律关系。从调整对象的角度审视气候变化法律关系的内在机理，是审视气候变化立法必要性和可行性的基础性范畴。任何法律的存在都是为了处理某种法律关系。对于法律关系的分析，需要根据主体、客体和内容三要素来展开。简言之，气候变化法律关系是指气候变化法在调整减缓和适应气候变化社会关系中所形成的权利义务关系。传统法律关系的分析框架是建立在主客二分的思维范式和法律只是调整主体之间的社会关系的基础之上的。环境问题的出现和法律应对使得法律的制度设计需要回应人和自然关系调整的现实需要。法律对人与自然关系的调整实质上仍然是规范和约束人的行为以实现人与自然的和谐相处。这一新的法律关系分析框架的建立需要以对自然规律的认识、尊重和适当利用为前提，确立主客一体的思维范式，从人与自然和谐统一的角度审视法律制度的行为规范和利益风险分配。在气候变化法律关系的分析进路中，如果从主体的视角出发，那么大致可以划分为国家、地方政府、企业、特殊社会群体、专家、非政府组织等利益主体，利益的多元性和复杂性使得气候变化法律关系呈现出行政法律关系的属性、民事法律关系的属性、经济法律关系的属性、环境法律关系的属性，从而难以辨清气候变化法律关系的根本属性。气候变化影响人类社会和生态系统的客观规律的复杂性使得气候变化法律关系具有了极大的广泛性和不确定性。〔1〕从主体视角出发，气候变化法

〔1〕从某种程度上来说，气候变化法与环境法、能源法、自然资源法、防灾减灾法、行政法、经济法、侵权责任法等相关法律的区别在于目的而非内容。在应对气候变化的国家政策任务之下，气候变化法综合运用社会法、公法、私法三大调整机制，实现对气候变化法律关系的综合调整。

律权利制度和气候变化行政管理制度构成了气候变化法律制度的两大基础性内容。前者以社会人为主体基础来构筑集体性的权利谱系，后者以政府为中心来构建权力和责任配置的制度体系。气候变化法律权利制度和气候变化行政管理制度都关注于气候资源的利用。气候资源是一种重要的自然资源，是指气候要素中可以被人类利用的物质和能量，包括阳光、热量、风力、降水、大气成分及其运动。[1] 对于气候资源的法律性质来说，气候资源应当属于公共物品，既不属于国家所有，也不属于私人所有。曹明德教授认为，“气候资源属于自然资源之一，是全体公众的公共财产和共享资源，应当归全体公民共有，即气候资源是一种公众共有物”。[2] 其中共有物是指“不特定多数人可以排他性使用之物（财产、环境要素和自然资源）”。[3]

由此，将气候资源作为客体，围绕其在主体间的利益配置和风险分担进行法律机制和制度设计，从气候变化问题产生的根源即人类对气候资源的过度利用出发，对直接排放温室气体导致全球暖化的负面效应或间接影响自然生态产生不可逆的变化导致极端自然灾害的发生、生态系统的非线性变迁以及人类社会的安全秩序破坏或威胁，以前瞻性的视角预防和应对气候变化风险的损害和潜在威胁，进而重新整合气候变化法律关系理论。从以气候资源为客体的视角审视气候变化问题的应对，可以解决对应的主体及主体间关系的问题，形成法律关系的主体、客体和内容的结构体系，从而区分于其他行政法律关系、民事法律关系等传统部门法的法律关系。气候资源是生态系统的组成部分，也是人类生存与社会发展的基础性

〔1〕秦大河、孙鸿烈：《中国气象事业发展战略研究——总论卷》，气象出版社2004年版，第65页。

〔2〕曹明德：“论气候资源的属性及其法律保护”，载《中国政法大学学报》2012年第6期，第29页。

〔3〕蔡守秋：“论公众共有物的法律保护”，载《河北法学》2012年第4期，第12页。

环境要素，需要从生态系统的整体和人类社会发展的动态利益平衡中去审视气候资源的作用。气候资源的公共物品属性、气候环境要素组合的区域性、气候变迁的不可逆性和高度不确定性，使得气候变化法律制度围绕气候资源的客体主体化逻辑展开制度体系建构，梳理气候行政管理及气候资源开发、利用和保护的各项制度，形成脉络清晰的气候变化法制度体系。具体来说，就是以气候法价值构造理论为指导，构筑以气候变化风险评估与风险管理为核心的气候变化风险预防制度，以人类社会和生态系统的适应性管理为核心的应对气候变化行为规制制度，以气候资源利益确认为核心的气候变化法律权利制度和以权利损害个体救济和社会化救济为核心的气候变化损害填补制度，形成体现气候资源公共性的气候资源配置制度体系。由此，坚持气候资源的客体地位并重构主体与客体的关系，意味着承认自然环境的内在价值，强调人的环境义务和责任，在不同程度上承认气候资源的主体性。在气候变化法律关系中，气候资源并非是单纯作为气候变化权利和义务所指向的对象，而是要改变对气候资源进行任意支配的思维定式，通过限制主体权利和设定主体义务的义务本位逻辑，彰显对气候资源的尊重，承认主体与客体具有一定的平等性。作为客体的气候资源所关涉的生态系统也就具有了主体性法律地位，在对气候变化社会公共利益的分析中，生态系统也就成了相应的利益主体。重新界定气候资源的法律客体地位，不仅拓展了法律客体的范围，而且在实质上发展了法律关系理论，为气候变化法律机制的构建提供了全新的视角和坚实的基础。

第四节　风险社会中气候变化立法的反身性制度结构因应

法律作为社会控制的重要方式，必然是与社会结构变迁、社会需求的认知、社会福利的增进等社会背景性因素联系在一起的。气候变化立法目的也正是在风险社会的背景下形成的，体现了反身性制度结构因应[1]。这意味着气候变化立法目的应当重视法律的规范合理性、系统合理性和内在合理性。为了因应风险社会所带来的诸多风险事实对人类安全价值观的冲击，气候变化立法需要担负起风险法治治道变革的社会功能，在风险认知、风险预测、风险评价、风险决策、风险管理等环节应对气候变化问题所带来的不确定性，构建开放的、可持续的过程性制度体系。围绕着预防的理念认知和措施应对，形成以风险预防为核心的原则和制度体系。政府在决策中需要将权力下放给社会，根据不同族群、不同地域的社会文化场域所形成的生态智慧，构建对话交流平台，凝聚重叠共识。在气候变化的制度因应中，实现低碳社会发展的模式重塑。能源的生态服务水平提升，关乎整个低碳社会的整体福祉，引领低碳革命新时代的到来，实现未来第三次工业革命新经济模式的低碳社会发展目标。

一、风险的社会性隐喻

近代以来科学技术的发展提升了人类社会的文明程度，改善了人类生活的物质条件，但与此同时却使得人自身物化，引发巨大的生态危机，地球承受着巨大负担。资本主义高度重视谋利及与此相随的效率、物欲、经济增长等价值观，并进而激发技术服务于这些价值观，甚至不惜毁损地球。对技术进行综合改造并不能求助于技术本身，相反，它需要重新构建一套视野宽广、重视生命的社会价

〔1〕 反身性制度结构实际上来自于德国法学家卢曼所提出的政治、经济、社会、科学等子系统彼此高度功能分化的社会结构理论，为图依布纳所发展进而提出“反身法”作为后工业社会法治国家而形成的一种新的法律范式。反身法的作用就是通过对法律系统的能力施加内在限制来调和法律系统的功能（规范性期待的维持和稳定）和实施（冲突的解决）之间的固有紧张；另一方面，反身法既不会以权威的姿态来决定其他社会子系统的功能，也不会规制其他社会子系统的输入和输出的实施，而是旨在培养那些系统化地推进其他社会子系统内反身结构发展的机制。参见［德］图依布纳：“现代法中的实质要素和反思要素”，矫波译，载《北大法律评论》（第2卷第2辑），法律出版社2000年版，第616～618页。

值观。只有在这样的价值观念之上，生态可持续的技术发展才会有坚实的支撑。[1] 由此，科学技术的发展对人类社会有正负两方面的影响，形成了悖论。正如歌德所言“我所呼唤的幽灵，我如今无法摆脱”。技术理性在解放了人，实现价值利益增进的同时却构筑了新的风险压力的樊篱，大大限制了人类得以扩展的空间。这一悖论的原因包括以成本效率优先的经济利益至上为导向，由个体基于不同的利益、需求、期望、担忧等社会心理，将科技进步带来的影响当作矛盾来体验和评价。这种矛盾实质上可能是机会和危险、引发灾难的潜在可能性，在这种社会心理认知的指引下所导致的行为后果，与不同参与者的合作性和机构性的行为、在信息不对称条件下的决策、偶发事件以及不可预见的后果等因素有关。气候变化的科学研究一方面提供解决社会问题的知识，另一方面这些知识又会制造风险。有关不安全、不确定性的用语便在风险的社会性隐喻中提出来。如何让技术发挥优势，又避免其产生危害，成为人类关注风险问题的根本原因。民众对安全的需求要求风险的规避和降低以及相关者在民主化程序中为将来构建情景分析模型来评估风险和确定合理程度以发挥影响的可能性。成本收益的考量得以拓展至非技术的价值，如富裕、健康、环境质量、人格自由，这就使追求的收益必须使相关风险正当化，其包括通过技术实现目标本身的评价，降低风险的成本以及与其他目标及实现这些目标本身的途径比较。[2]

现代文明对风险的接受度在降低，对安全需要的程度在不断增加，使得风险的可承受性问题从事实上存在的风险接受性的经验性问题进入寻求风险可接受性的合意达成中，成为规范概念。只有在充分认识可能的风险的条件下才能发展和运用必要的行动标准和行

---

〔1〕［美］丹尼尔·A. 科尔曼：《生态政治：建设一个绿色社会》，梅俊杰译，上海世纪出版集团2006年版，第28页。

〔2〕刘刚编译：《风险规制：德国的理论与实践》，法律出版社2012年版，第9页。

动可能性。换言之，充分系统地诊断出科学技术的风险生成原因，才有可能构建因应风险的制度框架结构。这是因为制度的形成有赖于社会主体的行动策略和实际行动效果。风险可接受的规范体系需要通过风险可接受的事实沟通来实现。经验性的风险可接受事实主要包括对风险情形的区分，决定、风险和责任的联系，在存在风险、不确定性和信息缺失的条件下的行为和决定，风险的原因和由此产生的可能行为策略，社会参与者的行为逻辑及其在复杂情形中的合作，感知、评估和接受风险的机制，科学在发现风险中所起的作用，不同的风险程度和就风险进行比较的可能性，风险的类型及其评价。由此，有关风险社会的分析范式便得以形成：风险感知与确认—风险分析和预测—风险评价和决策—风险管理。如图所示：

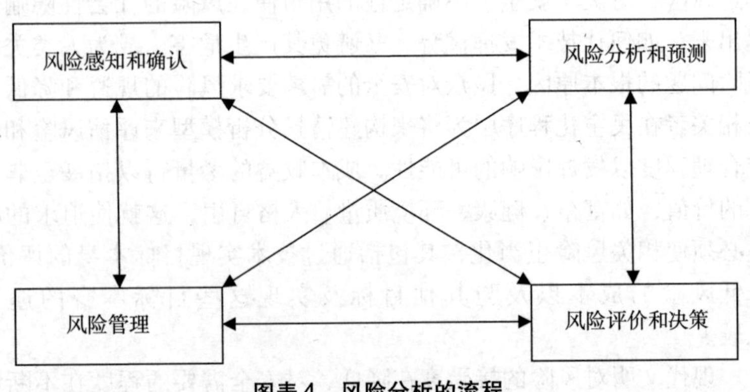

图表 4　风险分析的流程

二、因应风险的预防性制度结构

（一）风险社会中安全和自由关系的重构

破坏环境不仅意味着共同侵犯生态系统的结果，而且是危害生物生存基础的共同自我损害。对此负责的主要因素不在于功能失灵，而在于结构。风险社会的理论实际上是将社会对未来的预防能力作为重心来研究的。风险预防的规范性论断使得制度结构得以形成。由此，以风险预防原则为核心的预防性制度建构目的在于两个方面：一是法益的安全，也就是为所涉及的法益提供安全保障；二是法律的安全，保证法律作为决策体系的可靠性和可预见性。在传统法律无法在风险社会中提供稳定的安全机制时，因应风险社会的法治治道便会重新建构自由与安全的基本价值关系。

法治国意义上的安全保障不在于预防性地排除所有风险，而在于依照确定的防卫和补偿来阻止风险后果的外部化。社会国原则包含了无穷尽的、须由立法者来安排的规划。如果社会国因此而含有一个从纲领上不能彻底确定的工作议程，那么意味着：其一，社会国的安全承诺取决于环境；其二，其规范性架构不同于法治国，不能通过内部的法律机制来调节。其界限需要从外部来确定，即通过金钱的可支配性。金钱的可支配性预先确定了，应保证何种程度的社会安全这一立法者的决定。[1] 与此相对的，法律是作为次分配规则来发挥作用的，通过制度性建构实现利益分配和负担设定。保护自然的生存基础从规划上看是基于追求安全的动机。环境国家被迫要面对——扩展法治国和社会国性质的分离计划以实现经济发展与生态资源的线性消耗的剥离——这一挑战。处于中心的不再是个体权利，而是生态性集体利益。权益的公共性越强，发挥影响者的数量越多，涉及该权益的行为可能性的选择面越广，那么该权益所面临的风险就越高。承认生态集体利益的风险可以降低但不能消除，是风险社会中安全和自由关系的题中之意。

（二）风险社会中的制度选择

安全与自由关系的重新审视，意味着预防必须承认认知和规范的限制，由于不可预见或虽可预见但被视为社会可接受的风险，预防不能理解为对安全的无条件保障。预防本身是有风险的系统工程，聚焦于将风险降至最低这一原则。尽管人们为了降低风险而寻

〔1〕刘刚编译：《风险规制：德国的理论与实践》，法律出版社 2012 年版，第 88 页。

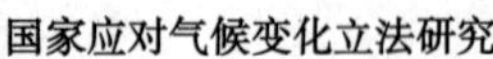

求程序性出路和合作性解决方案，但这些参与性机制的构建都是指向一种自我反思，在对风险的可接受性方面达成有限的共识。气候变化立法目的必然也是对气候变化这一充满不确定性的风险挑战问题进行自我调整，改变以往立法所追求的对安全保障的目的论建构主义倾向，将立法看作是内在有机的自组织系统，风险社会使其形成系统风险。为了应对这一风险，需要启动适应程序，使自身开放地面对该程序的各种结果，将风险认知管理的流程纳入原有的法治国制度结构中，强调决策于风险之中的规划治理，通过参与性的决策程序运作，提高参与者在针对技术和特殊情境所作决策过程中的学习能力。这一制度结构实质上是商谈性的决策结构，行政机关的认可认知及其评价对于具体情境的依赖性，使得权力多元化，引入非正式的、合作型协调的社会管理机制，激发政府、企业、民众、非政府组织社会化沟通的积极性和创造性。立法者只限于对社会的自我调控过程进行间接地环境调控。

重建法律调控的能力，以应对社会的自我调控过程，并不意味着放弃实体性的法律制度。实体法律规范的功能在于促进技术政策制定中存在的替代措施和多样化格局的确定。一方面，减缓气候变化是长期的、艰巨的任务，主要涉及有关低碳技术的研发、商业推广以及气候融资，无论是碳排放权交易还是森林碳汇，抑或是可再生能源的市场化机制构建以及碳封存碳捕获商业模式的创新，都需要通过有关技术政策的不同政策工具组合将技术创新和市场激励机制结合起来，促进低碳生产力的发展。气候变化立法的实体性法律规范需要将碳排放权交易制度作为基础性的低碳经济法律制度，整合不同利益主体的利益诉求，协调多元利益主体之间的利益冲突，将低碳产业、低碳交通、低碳建筑、低碳金融、低碳消费等低碳社会生产、流通和消费的全过程统合起来，促使整个经济社会的低碳发展转型。作为长期的任务，需要在制度变革的过程中，注意不同经济发展水平和发展阶段对于低碳革命的经济承受能力，特别是强调以区域发展为关键的着眼点来制定区域化的低碳经济发展模式。

另一方面，适应气候变化是更为现实紧迫的任务，需要尽快在农业、林业、水资源、海岸带、生态系统、基础设施等重点领域采取适应行动，建立完善的气候变化监测预测系统和风险管理体系，将防范极端天气气候事件作为国家防灾减灾工作的重中之重。建立区域气候变化的影响、适应和脆弱性评估机制。评估的目标包括区域气候变化的脆弱性、影响、适应和发展的详细评价；运用多种替代性方法确定适应的必要性和适应计划的可行性，专门讨论适应的需求和选择、适应计划的制定和实施、适应的机遇和限制因素以及适应气候变化的经济学评价，以货币在内的多种计量标准评价气候变化对水资源、陆地生态系统、海岸带、海洋等系统服务功能的影响。

第二章

应对气候变化立法目的的形成和演变

中国应对气候变化立法的体系建构应当明确应对气候变化立法目的体系构造的应然目标模式，为制定中国应对气候变化立法提供立法必要性依据和立法起草绩效的衡量标准。立法目的体系构造是由不同的立法目的要素按照一定的逻辑组合，在确立立法框架结构的基础上，以原则、体制和制度为主要内容而形成的立法规则体系。

第一节 应对气候变化立法目的的生成

为了防止陷入“目的万能论”的认识误区，需要对国家应对气候变化立法目的的结构进行梳理界定，这样既可以解释“气候变化立法是什么”和“为什么制定气候变化立法”，又可以为认识不同国家的气候变化立法目的的多样性提供基本的思维模式和方法。

应对气候变化立法目的具有多元层次和丰富的内容。不同目的要素之间互相关联，形成目的树。各目的要素反映一定的价值取向，并以立法原则作为规范化的价值表达手段。立法原则将相应的目的理念价值贯彻到相应的制度领域，使得应对气候变化立法遵循目的——

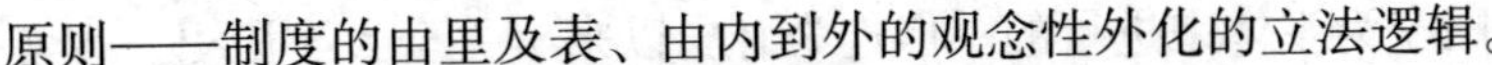

原则——制度的由里及表、由内到外的观念性外化的立法逻辑。

一、应对气候变化立法目的形成的理念基础

（一）气候正义的概念描述

1. 气候正义的缘起

气候正义是在气候变化成为人类社会有史以来面临最大挑战和危机的背景下所引发的不同利益主体间的利益冲突和利益协调。对于气候正义的理念追寻和实践探索可以追溯至20世纪80年代在美国出现的环境正义运动。它致力于保护人们免遭有毒和有害废弃物倾倒或排放导致的污染所带来的负面效果的损害。环境问题成为影响当地社区、族群社会阶层和社会结构的一种重要诱因，遭受环境破坏之痛的不富裕人群逐渐形成共识，构建影响公众政策的社会行动网络，以制度化的组织形式逐步扩大规模，融入利益团体政治网络，影响政府决策。美国不少环境立法便是在环境正义的社会运动中催生的。随着西方各国自下而上的环境运动的展开，环境伦理的话语逻辑借助于环境正义的运动从地方发展到全国的政治参与，并且开始发展跨国组织，日益呈现为一种跨国性运动，从而开启了全球环境正义运动的时代。

全球环境正义运动的发展，已经超越了传统的环境伦理所引领的单向度的环境破坏的恢复与重建，更多地致力于国际经济秩序的公正、地球资源的公正分配、国际人权等全球性议题，而不仅仅限于环境保护议题。在全球正义运动的深度发展中，这些议题的本质内在联系得到重点关注，并认识到任何一个议题都不会得到单独地解决。对这些议题内在关联性的关注不断出现在环境组织的行动议程中。随着《公约》框架机制的构建，气候变化共识在全球范围内的逐步达成，围绕着气候变化和人类发展的共同主题，公民社会开始形成并超越国界，逐步走向国际社会。一些非政府组织承袭全球环境正义运动的理念精神，开始对气候变化的影响进行伦理思考。总体而言，应对气候变化涉及国家间的协同行动，也具有非常强的技术特性，所以一直被政府以及相关专家所主导，气候变化谈判也

是以国家为主体来进行的。但作为有史以来事关全人类历史、现实与未来的一项重大的政治、经济、社会议题，气候变化早已渗透到公民社会的工作领域，并成为必须面对的挑战。需要指出的是，这个议题并不仅仅限于国家间的谈判和国家间围绕利益的博弈较量，也不仅仅限于技术性的方案和措施的应用和转移，气候变化议题也蕴含着国家间、代内和代际公平、性别平等、发展的权利等错综复杂的问题。无论是节能减排还是适应性政策的出台和实施，都需要公民社会高度关注并积极参与应对。在全球范围内，公民社会已经从研究、倡导和行动各方面对这项议题进行回应，并提供了价值层面的思考。公民社会组织，特别是从事发展的 NGO，包括代表受到气候变化和跨国石化工业、采掘业影响的社区 NGO，更加关注气候政治中的公平问题，它们从研究、倡导和行动等各方面将对气候谈判的考量和评判从技术层面引入到社区和边缘人群的权利层面。一些非政府组织提出了气候正义的主张。2002 年 5 ~6 月，国际气候正义网络〔1〕在印度尼西亚巴厘岛召开的世界可持续发展峰会（WSSD）第四次部长级筹备会议提交发布了《巴厘气候正义原则》〔2〕（以下简称“巴厘原则”），并于同年 8 月 28 日修订。该组织认为气候变化谈判大多限于技术层面，被公司利益集团操纵，该组织试图从人权和环境公义的角度将气候变化和社区问题联系在一起。该组织从环境正义和人权的角度重新界定了气候变化，旨在明确气候变化的人文价值关怀。巴厘原则强调气候变化影响的不公平性，指出全球变暖的根源在于北方国家不可持续的生产和消费方

〔1〕 国际气候正义网络成员包括以下非政府组织：CorpWatch，Friends of the Earth International，Greenpeace International，Groundwork，Indigenous Environmental Network，Indigenous Information Network，National Alliance of People's Movements，National Fishworkers Forum，OilWatch Africa，OilWatch International，Southwest Network for Environmental and Economic Justice，Third World Network 和 World Rainforest Movement。

〔2〕 *International Climate Justice Network*：*Bali Principles of Climate Justice*，available at http：// www. indiaresource. org/issues/energycc/2003/baliprinciples. html，last visited on 2012 - 12 -06.

式，但其后果却主要由南方国家的人民来承担，威胁到他们的生计安全和食品尊严，影响到边缘社区人群特别是脆弱人群的健康；要求工业化国家应该首先从根本上转变不可持续的生产和生活方式，承担生态债务。巴厘原则还强调社区、受影响的人民和原住民在各个层面有效参与应对气候变化决策的权利；要求所有市场机制应受到民主问责、生态可持续和社会公正原则的制约。同年 10 月 28 日，在印度新德里召开的第八次缔约方会议（COP8），其中印度气候正义论坛最后通过了《德里气候正义宣言》[1]，宣言重申了巴厘原则的诉求。气候行动网络（欧洲）（CAN）[2] 在接受欧盟气候政策咨询时提出，欧洲非常有必要创立独立于《公约》附录 I 之外的财务资源，通过航空税、金融交易税筹集最不发达国家和非附录 I 国家的适应和技术转让及减缓措施所需要的资金。从长期来看，大多数发展中国家也将限制它们的排放，以达成不超过升温 2 度的目标。为实现这个目标，需要在公平合理，包括适当权利和义务平衡的原则上建立国际体系，反映出世界资源利用的最大受益方的道德责任：率先进行减排，并补偿气候变化受害者。在减缓行动方面，可参照议定的人均排放、行动能力和历史责任来决定。在这样的框架下，工业化国家有责任首先在绝对条件下减排。[3] 2007 年 9 月 24 日，在 62 届联合国大会高级别会议上，绿色和平中国项目与传讯总监卢思骋代表国际 NGO 网络——CAN 发言，就气候变化问题与各国政府展开讨论，并请求后者在同年 12 月印尼巴厘岛召开的

〔1〕 *India Climate Justice Forum*：*Delhi Climate Justice Declaration*，available at http：//www. indiaresource. org/issues/energycc/2003/delhicjdeclare. html，last visited on 2012 - 12 - 06.

〔2〕 气候行动网络（Climate Action Network，CAN）成立于 1989 年 3 月，是拥有 365 个非政府组织成员的全球性网络，通过协调有关国际、地区、国家气候问题的信息交流与策略协调，促使政府和人们行动起来，将人类活动造成的气候变化限制在生态可持续的水平内（参见 http：//www. climatenetwork. org）。

〔3〕 参见《中国公民社会应对气候变化可行性研究报告》，http：//www. greengrants. org. cn/file/pub/citizenclimate. pdf，最后访问日期：2012 年 12 月 6 日。

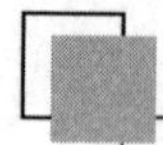

联合国气候谈判中必须通过《巴厘授权》，并要求这是一个清晰且具法律效力的授权，而不是虚无的路线图或者许愿清单，以指引气候谈判，使各国在2009年底前达成一致。CAN向联合国提出的应对气候变化的五点建议，助推了《巴厘行动计划》的形成。

人类社会进入千禧年以来，通过全球公民社会的非政府组织所构建起来的行动网络，有关气候正义的价值思考、行动方案和政策建议，使得气候正义逐步从全球环境正义的领域中分化独立出来，逐步发展出内在的价值意蕴和制度逻辑。气候正义主要包括生态正义、代际正义和全球正义三重维度。这三重维度意味着气候正义主要从三个方面协调利益得失：一是种际间的利益得失，即人类得到某些利益，但对自然界其他存在物造成了损失；二是代际间的利益得失，即人类中某一代或某几代人获得利益，但造成了后代的损失；三是国际间的利益得失，即某些地区或国家获得利益，对其他地区或国家的人造成损失。[1]

人类活动所导致的气候变化加剧了人与自然生态系统的紧张关系，物种的灭绝使得生物多样性保护日益严峻，自然资源的过度开发利用和不正义的国际资源分配秩序超出了生态系统承载力，出现生态系统退化。最初，人们从人口增长、社会经济发展和技术行为失当等方面来理解环境问题，但是许多研究者认为，无论从以上哪个角度来审视生态危机，最终都会涉及其背后的文化价值观念问题，因为我们不可能找到一个不提出基本价值问题的环境问题。环境问题提出了基本的伦理学和哲学问题，它关乎我们追求的目的。[2] 在西方环境伦理学思潮中，普遍地将生态正义所研究的伦理关系理解成人与自然之间的关系，回避了人与自然关系紧张背后的深层社会原因。实际上，人与自然的伦理价值关系应当还原为人

---

〔1〕 曹晓鲜："气候正义的研究向度"，载《求索》2011年第12期，第72页。

〔2〕 ［美］戴维斯·贾丁斯：《环境伦理学——环境哲学导论》（第3版），林官明、杨爱民译，北京大学出版社2002年版，第7～8页。

与人之间的利益关系在与自然接触的过程中的表现。生态正义的建构并非确认人对自然的道德义务和责任，而是确认人们在处理与自然的关系时对他人和后代人的道德义务和责任。由此，生态问题就与社会问题联系起来，生态正义在吸收环境伦理学的目的价值理念的基础上，与社会正义所具有的协调社会关系、影响社会结构的功能联系起来，具有了实践论的意蕴。生态伦理不是简单地把人际伦理应用到生命和自然界，它不是环境保护伦理，也不是资源利用的伦理。生态伦理学提出人对生命和自然界的恰当尊重和责任，从时间—空间的角度，从现在扩展到未来，顾及遥远的人类与世界的未来；从区域扩展到全球，顾及全球范围的人类生存条件；从人际关系扩展到生命和自然界。[1] 从本体论、认识论、方法论、价值论方面为可持续发展提供哲学基础。

毫无疑问，气候变化因其产生影响的持续累积和不可逆转的变化趋势，将会对后代人带来许多不可预见和可以预见的危害，这就意味着气候正义必须正视代际正义的问题。但代际正义涉及后代人的利益如何量化以及如何主张的现实难题而受到诸多学者的质疑，同时也是气候变化领域中利益分配的一大难题，因此不可避免地需要通过解决代内正义来回应代际正义的问题。所以，对代际正义的回应是在满足代内正义基本需要的基础上来进行利益分配的。有乐观的主张认为，当代人的发展和科技创新，对后代人具有高度发展基础的能力以应对气候变化所带来的不利影响是至关重要的，但是仅仅由此而忽视代际正义问题就失之偏颇了。因为未来气候变化的影响在当代总是存在不确定性的因素，无法预知当代的发展成果能够对后代人带来多大程度的惠益去应对气候变化，所以代际中性的原则已被多数人认同。

气候变化作为全球性议题，需要各国的共同应对，仅靠单一国家自身的应对是无法走出“公地悲剧”的气候集体行动困境。气候

〔1〕 余谋昌：《自然价值论》，陕西人民出版社2003年版，第332页。

正义的形成与发展也是从全球化正义秩序探索中发展起来的。主权国家需要在一种国际气候正义的利益分配格局中，限制自己的主权，而不同的国家基于不同的文化价值观念、思维方式、国家利益等复杂主体情境因素，提出了不同的国际气候正义观，在缺少超国家的权力机构来树立某种价值标准为合法的权威性标准的状况下，国家利益的较量一定程度左右着谈判格局。同时在这种多元价值体系中，没有哪一种价值标准可以作为唯一标准成为权威标准。因为气候正义是一定阶段的产物，是随着理念更新和实践深入不断发展的。

2. 气候正义的内涵

尽管气候正义已经在世界范围内成为各国所关注的环境与发展理念之一，但基本上都是围绕着一种核心内涵而展开，即承载气候利益和气候负担的碳排放权公平分配。如同环境正义一样，有学者提出对环境正义的理解并不仅仅局限于利益分配的维度，更重要的是环境正义问题中所涉及的人与人之间的相互承认的维度，分配正义并没有穷尽实质性环境正义的全部内涵，事实上，实质上环境正义还应包括承认正义的维度。[1] 即使认为环境正义既包括分配正义也包括承认正义的学者也认为分配正义是环境正义问题中最基本的维度。[2] 正如温茨所言，与环境正义有关的首要议题涉及分配正义，当然还存在正义的其他方面，例如，惩罚正义将越轨行为与惩罚或其他替代性选择联系起来。相反，环境正义不是聚焦于惩罚或替代性选择上，它的焦点在于所有那些与环境相关的政策与行为而被影响者之间，利益和负担是如何分配的。

自1992年《公约》通过以来，国际气候谈判并没有处理好气候变化问题的根源，没有对气候利益和负担的公平分配问题作出实质有效的回应。气候谈判经过20年的历程，使人感到似乎又回到

〔1〕 王韬洋：《从分配到承认：环境正义研究》，清华大学2006年博士学位论文，第32～137页。

〔2〕 王韬洋：《从分配到承认：环境正义研究》，清华大学2006年博士学位论文，第58页。

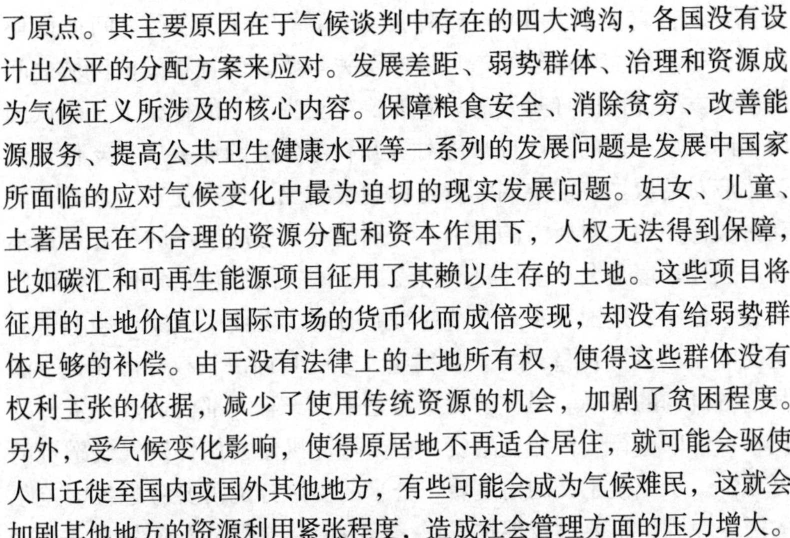

了原点。其主要原因在于气候谈判中存在的四大鸿沟，各国没有设计出公平的分配方案来应对。发展差距、弱势群体、治理和资源成为气候正义所涉及的核心内容。保障粮食安全、消除贫穷、改善能源服务、提高公共卫生健康水平等一系列的发展问题是发展中国家所面临的应对气候变化中最为迫切的现实发展问题。妇女、儿童、土著居民在不合理的资源分配和资本作用下，人权无法得到保障，比如碳汇和可再生能源项目征用了其赖以生存的土地。这些项目将征用的土地价值以国际市场的货币化而成倍变现，却没有给弱势群体足够的补偿。由于没有法律上的土地所有权，使得这些群体没有权利主张的依据，减少了使用传统资源的机会，加剧了贫困程度。另外，受气候变化影响，使得原居地不再适合居住，就可能会驱使人口迁徙至国内或国外其他地方，有些可能会成为气候难民，这就会加剧其他地方的资源利用紧张程度，造成社会管理方面的压力增大。

尽管气候变化谈判是要寻求共识，且人类的未来可能依赖更强大共同福利的谋求，但国家利益，有时同国际商业或贸易问题相关联，依然是推动国际谈判的主要动力。发达国家已经实现工业化，加之地理位置多数并不处于受气候不利影响大的区域，会将重点集中于控制排放的减缓气候变化。尽管对许多发展中国家来说，适应更为现实迫切，但是通过参与以减排为关键责任分担的谈判，在坚持发达国家承担一定历史责任的同时，以攻为守的方式在面向未来与发达国家共同承担与自身发展能力水平相适应的减排责任，可以在策略上提出发展中国家在气候变化适应上的优先事项和投入需求。2012 年 6 月，墨西哥颁布的《气候变化基本法》就在立法中体现了发展中国家参与国际气候谈判的方法性策略。通过立法明确本国的中期和长期减排目标，前提是以获得国际上的基金援助和有关国际合作项目资助实现技术转让。《京都议定书》缺少有效的问责机制，使得气候变化治理乏力。各国承诺的为适应气候变化而投入的资源远远没有兑现。不少国家之间缺少彼此的信任，影响了气候变化全球治理的效果。一国之内的气候变化治理协调机制也是至关重要的，它要求各个政府部门、公私营部门、公众之间彼此协作。公平不但在全球气候治理层面至关重要，而且在国内区域之间的协调发展方面同样重要。后者需要在立宪主义的框架下，确认国内不同区域人民的发展权来应对资源利益分配的冲突。为支付气候变化应对的成本，需要国际资金机制来实现。现有的基金远远不能支付气候变化应对所需的成本，特别是对于适应成本的估计远远不够。全球环境基金有多项是支持发展中国家的，包括气候变化特别基金、最不发达国家基金和适应策略有限。发展中国家希望融资决策交由《公约》的缔约方会议商定，改变目前决策权分散在各个国际金融机构的格局。另一融资渠道是来源于私人部门通过投资低碳技术，可以进行气候变化融资，但金融危机使人们怀疑气候融资的可靠性。从气候正义的角度看，公平的资源分配需要考虑各国差距的历史原因，也要顾及促进发展、减少南北差距及人权保护。

在厘清以上问题的症结后，气候正义的内涵实际上是建立公平的原则，涵盖气候变化的方方面面，满足各国人民自身的基本需求和优先事项，保护人类赖以生存的生态系统。气候正义已经成为应对气候变化的基本方法和范式，鼓励人们更加广泛地参与可持续发展和关系其切身生计的决策：一是呼吁发达国家和发展中国家设置气候和发展目标。在全球框架下处理好气候变化与发展的关系。“温室发展权”（Greenhouse Development Rights，GDRs）〔1〕概念框

〔1〕 GDRs是一个气候保护框架，意在实施紧急的气候稳定项目将全球升温控制在2℃以内的同时，保留所有人获得有尊严生活，达到免于贫困和可持续人类发展水平的权利。具体而言，这个框架将国家的责任和能力加以量化，从而提供一个连贯一致的、考虑了国家对减缓和适应气候变化所应担当义务的基本原则。报告指出需要制定并实施紧急的气候计划，将气候保护议程纳入对公平发展的保护中。报告认为，发展权和免于气候义务的相应权利，属于穷人而非穷国，因此，这个框架先确定了一个紧急行动的路线，然后量化国家行动的责任和能力，计算为减缓和适应措施应承担的成本，同时考虑国家内部的收入差距，以便为穷国寻求低碳发展所需的环境空间以及资源。这个方案的特点是向北方和南方国家中富裕和高排放的人群分配义务，而非在穷国和富国之间分配减排义务。参见 http：//www. ecoequity. org/docs/TheGDRsFramework. pdf.

架的提出，按照各国责任和能力指标分摊减缓和适应的成本，指标包含各国的历史排放量和不牺牲各国人民基本需求高于最低发展门槛的国家应对气候变化的能力。这是对共同但有区别责任原则的一种新的分配正义的方案，不失为一种值得借鉴参考的选择性方案。二是支持公共部门投资和私人部门融资，矫正市场失灵，为碳排放确定合理价格。认识到碳市场的复杂性，需要进行经济、社会方面的综合成本评估，使得碳排放价格考虑开发成本，而不是通过抵消措施达到减排目标，这实际上并未实现真正的减排目标。三是从各国碳排放人权保护出发，气候正义的利益分配和风险分担最终是要落实到每一个人身上，而不是落实到国家，按照这一人权逻辑，全球碳排放空间应当依照人均累积碳排放平等的方式加以分配。按照人均累积碳排放平等的方式进行碳排放空间分配，具体分为三步：首先，根据全球气温上升的控制目标设定全球碳排放空间，包括历史碳排放空间和未来碳排放空间；其次，将碳排放空间按照人均累积碳排放平等的方式分配给所有国家的公民个人；最后，建立有效的国际合作机制。当然这一分配方案也存在不足之处。这一看似公平的分配方法忽视人口增长控制对其操作性的挑战，有变相鼓励人口增长的嫌疑。有学者基于人均累积碳排放平等分配方案没有考虑到国际分工和消费模式的差异对碳排放的影响，主张应当制定基于人均累积消费排放平等的碳排放空间分配方案，即“人均累积消费排放平等分配方案”。这是因为产品的生产国和消费国不一致，会导致该产品的生产国和消费国就产品在制造过程中产生的碳排放责任问题有所争议，出现排放转移的状况。〔1〕无论采取哪一种方案都要在公平原则的基础上考虑各国的差异，并进行相应的调整。

（二）气候正义的类型

关于气候正义类型的讨论，有着重要的理论意义。当前有关研

〔1〕 刘明明：“全球气候变化背景下碳排放空间的公平分配——以德班会议《公平获取可持续发展》的基本政治立场为分析进路”，载《法学评论》2012 年第 4 期，第 81 页。

究气候正义的成果中，多数都是围绕着分配气候正义与矫正气候正义、国际气候正义与国内气候正义、代内气候正义与代际气候正义而展开论述的。

1. 气候正义的结构性划分

根据一般正义的理论可知，气候正义有其内在的结构组成，包括分配气候正义与矫正气候正义。前者的原则是对相同的主体给予同等的对待，对不同的主体给予不同对待。后者的原则是在主体之间重建已经建立而不时受到侵害的均衡态势，侵害者给予受害者应有的补偿，受害者要求侵害者给予应有的补偿。如何理解这一气候正义结构性划分的意义，将决定气候变化应对的原则理念和制度设计。根据以上气候正义发展史的回顾梳理，分配正义是气候正义中最基本的维度。其实质内容包括正义的共同体、分配的对象和分配的原则。究竟谁是气候正义的接受者？向接受者分配什么？如何分配？

对此，陈贻健进行了深入研究并认为，需要将气候正义理解为一种社会正义，界定主体的范围是社会主体并对其作进一步的类型化，具体分析不同类型的社会主体所处的情境。这是一个由总到分的过程。他提出了“气候正义共同体”的概念，在气候变化领域中享有利益和承受负担的主体聚合，这种聚合主要是基于气候变化事实和后果的全球性和关联性。它包括了国家和国家集团、国际组织等权力型的主体，也包括了特定的民族和种族等人群，以及社区、企业等自治体。由此，可以将气候正义共同体划分为以下几种类型：①代内主体和代际主体。这一区分存在诸多争议。代内主体是气候正义的主要推动者，其背景信念和情境影响着我们以一种什么样的正义原则和方法对待后代人在气候领域的利益和负担，经济学以贴现率的概念分析后代人的分配标准。②高脆弱性主体、中脆弱性主体和低脆弱性主体。各主体对气候变化的关注程度以及所持的气候正义立场往往与其在气候变化中的敏感度相关。敏感度不直接表明各个主体在气候变化中的损益，仅表明各主体的利益或负担与气候变化的关联度。科学上分析气候变化的落脚点是脆弱性。脆弱性是指气候变化对自然系统和人类社会造成的不利影响的可能程度。气候变化的脆弱性影响主要在国家的空间范围内展开，而且国家汇聚了地理、人群、种族、民族等主题，因此以特定区域的国家为对象进行主体的脆弱性划分。③历史盈余主体和历史透支主体。这是根据人均累积排放对排放指标基进行初始分配的碳预算方案而作出的主体划分。前者关注存量，重视历史责任；后者关注流量，重视现实排放和未来排放，强调共同责任。④主导性主体和附随性主体以及优势谈判主体和劣势谈判主体。前者的划分是以能否对气候变化谈判施加决定性影响为标准——经济政治地位、代表性等，后者的划分以谈判地位的态势为标准，决定谈判地位优势的是低脆弱性加上低经济社会发展水平，或者是上述中的一个。国别主体虽然在气候正义的形成和实践过程中发挥至关重要的作用，但由于气候变化问题在时空上的广阔性以及涉及因素的复杂性，需要政府间国际组织、非政府组织、企业、公众等非国别主体的共同参与，方能有效应对。[1] 以上关于气候正义的接受者分析，颇有见地，其把握了气候正义的全球性维度，从气候变化影响、气候变化谈判、气候变化的范围等多个层面，将气候正义共同体进行类型化的划分。这种由总到分的思维方式，为认识国际气候正义提供了主体性情境分析的研究路径。

至于分配的对象，陈贻健认为，分配正义的客体决定了可能采取的分配方式、分配原则和分配方案。气候容量资源应成为气候变化中的分配正义客体。气候容量资源上的利益主要涉及碳排放权以及减缓与适应的收益。[2] 在这里，碳排放权是作为一种气候变化的利益类型，需要通过一定的机制作用来实现利益的再分配。而交

---

〔1〕 陈贻健：《气候正义论——国际气候法律制度中的正义问题研究》，中国政法大学 2011 年博士学位论文，第 56 ~ 87 页。

〔2〕 陈贻健：《气候正义论——国际气候法律制度中的正义问题研究》，中国政法大学 2011 年博士学位论文，第 93 页。

换正义则是运用市场交易机制来实现这一利益的再分配。应该说，交换正义属于分配正义的另一种分配方式。碳排放权具有人权属性，涉及各国乃至国民的生存权与发展权，如何从人权实现交换正义的制度转变，需要对碳排放权进行深度的法理阐释，陈贻健并未对其作出进一步研讨。而气候变化的分配正义原则有四种：一是传统使用维持原则。该原则的要义是使各国获得的气候容量资源的使用配额能基本与其传统使用方式的使用需要暂时相符。同时，使气候系统的稳定性不因传统使用方式的扩张更加恶化。该原则体现了自由价值。二是最脆弱者优先原则。该原则是对传统使用维持原则的补充和限制，即对传统使用的保护，不应当损害气候变化中最脆弱者的基本利益。三是排放权平等原则。它是通过预先确立一个合理的全球排放总量控制目标，然后在各国人口中进行人均平等分配，从而使全球排放总量控制目标与《公约》稳定温室气体浓度的最终目标一致。四是原因者负担原则。该原则强调负担分配由实施导致气候变化的生产、流通、消费环节所构成原因行为的主体承担，这些主体可能是原因行为的受益者，同时也可能是原因行为的受害者。在国际贸易和国家投资所造成的碳排放转移情况下，该原则将原因行为的界定从生产中的碳排放扩展至生产、流通、消费的产品或服务的整个周期，较为全面地实现了碳足迹的全过程控制。这一原则在不同的文本和情境中有不同的表达方式，实际负担环境费用的主体贯穿于原材料的加工、生产到流通、消费、废弃以及再生等各个环节，他们既可能是生产者，也可能是消费者，还可能是其他的利益主体。[1]

矫正正义在气候变化中的运用，存在着较大的争议。气候变化中的矫正正义是指气候变化中的主体违反分配正义，不正当地获取了不应得的利益，需要借助补偿、惩罚等手段进行矫正的过程所需

〔1〕 柯坚："论污染者负担原则的嬗变"，载《法学评论》2010 年第 6 期，第 87 页。

要遵循的价值体系。在全球气候变化的治理结构中，矫正正义的实现面临着极大的理论和实践困境。理论上，矫正正义实际上是分配正义的提升和保障，在国际气候正义实践中，矫正正义更多地成了分配正义的补充，成为负担分配的另一种方式。原因是国际气候正义无法通过超国家主权机构依据公约或协议的强制性条款进行保护，使得违反气候分配正义的国家承担国际法上的责任。《公约》和《京都议定书》都缺乏使缔约国遵约的有效强制机制，履约机制不能够量化核查减排目标的落实情况。此外，在共同但有区别的责任原则阐释方面，不同国家的理解不同，却没有权威性的具体解释。北方国家认为，历史责任无法通过气候矫正正义来追究。父债子还的前代人排放责任难以为当代人所承受，在因果关系上存在着很大的不确定性，这种历史责任除了在表面上可以起到伦理的呼吁作用外，是不能作为确定的责任来由当代人承担的。因为洛克式的财产归属正义也证明了对气候资源公用物的先占利用是合乎正义的。所以，以波斯纳为代表的西方发达国家学者认为，在气候变化问题中很难运用矫正正义模式，因为侵权性思维的结果是，它会迫使许多并没有做错事的人去向许多并未受害的人提供补偿。如果我们可以极为精准地追踪复杂的因果关系，那么，我们所确认的问题就能得以简化，但不幸的是，这是不可能的。[1] 由此，西方发达国家不承认气候变化的矫正正义有存在的合理性，其强调面向未来的共同责任。应对气候变化最重要的任务是制订一个能实现适度气候目标的有广度、有深度、可强制执行的协议，实现国际帕累托主义。彼此的合作才是气候正义的伦理责任要义，这反映出其寓利于义的气候正义观。发展中国家所强调的历史责任与之相对立，这在共同但有区别的责任原则论争中尤为明显，其代表了区别和共同两种不同的伦理向度。笔者认为，矫正正义虽然面临着诸多的理论困

---

〔1〕［美］埃里克·波斯纳、［美］戴维·韦斯巴赫：《气候变化的正义》，李智、张键译，社会科学文献出版社 2011 年版，第 130 页。

境，在国际气候正义的领域，的确不能适用传统的责任理念，需要结合国际谈判的策略、国家权力的合法性博弈来进行变通性转换，以丰富和完善气候分配正义为功能定位，在日后的气候政治博弈中通过合作来逐渐沟通，达成共识，实现秩序重建。

2. 气候正义的共时性划分

从共时性的维度来划分，气候正义可以分为国内气候正义和国际气候正义。气候正义是最先从国际气候正义发展起来的，国别主体和非国别主体都是在应对全球气候变化中获得利益的分配和负担分担的。这里需要重点讨论国内气候正义。国际气候正义将责任和义务落实到国家，而国家必然需要通过国内社会制度安排使得人们彼此间在气候资源利益分配和负担分担等方面进行价值协调。与国际气候正义面临着诸多复杂主体特别是国家博弈复杂的局面不同，国内气候正义由国家气候政策和法律来进行制度设计和价值协调。不同国家由于各区域之间、城乡人群之间存在自然因素和社会因素差异，包括经济社会发展程度差异、所处的地理位置的脆弱性差异和资源禀赋差异以及由此形成的生产方式和消费方式的差异，会使得国内不同区域和不同群体在该国气候变化中的利益和负担分配表现出诸多差异。国家在制定气候变化政策时，需要考虑区际、群际之间的差异，统筹规划协调其间的区域发展利益冲突，实现利益共进。国家利益与地方利益的协调因不同的国家体制而呈现出不同的情境。联邦制国家体制中，地方政府依据宪政模式获得较大的自主权，可以在地方事务的处理上有独立的立法权，联邦政府不能随意干涉，除非联邦宪法有授权性的规定。所以地方政府可以在一定程度上制定超前于国家的气候政策，结合本地区的实际情况，现行试点或者直接立法来对区域气候治理进行利益和负担分配。即使不成功，地方政府也可以从中积累有益的经验。在单一制的国家体制中，中央政府和地方政府之间的国家治理就表现为地方政府对中央政府的权力依赖。这一点在财税体制中体现得非常明显。不同区域的经济发展模式定位、生态功能区划分、国土空间规划等涉及区域治理的重要问题，都需要国家与地方之间的密切协调，体制不顺，必然影响到区域发展的整体效果。各地区在产业发展水平、能源消耗水平、基础设施建设、交通便利程度等方面的差异，使得区域气候治理显得十分复杂。此外，国际贸易的间接影响，使得碳排放转移的情况愈加复杂，生产和消费在不同国家本身加剧了本国区域资源、环境、人口之间的紧张关系。遭受气候变化不利影响和气候融资项目不公正的资本流动使得气候难民和失掉土地的贫困移民会加剧本区域的社会管理压力。由此在国内气候正义中，区域气候治理的管理模式构建最为重要，需要通过规划的有效设计形成管理体系，发挥因时而异、因地而异的各种政策工具的绩效，实现区域利益和负担的公平分配。因此，应对气候变化国家体制机制的安排是国内气候正义实现的根本前提，只有明确了国家和地方各级政府在应对气候变化中的权力配置，方能够调动全社会积极性，共同参与到国家气候治理的过程性正义运作中来。国内层面上的气候变化中的受益者主要是一个国家中经济社会发展水平高并且应对气候变化能力强的地区、地理位置和自然资源禀赋条件优越的地区、受气候变化影响小的行业、富裕或强势群体、城市居民等。受害者主要是一个国家当中的经济社会发展水平低并且应对气候变化能力弱的地区、地理位置和自然资源禀赋条件恶劣的地区、受气候变化影响大的行业、贫困或弱势群体等。

共时性的意义在于表明两种并存的气候正义类型是在一个时空背景下交织互动的。国内气候正义的立场和共识无疑会影响国际气候正义进程的推进。英国重视发展本国低碳经济，强调整个国家低碳能源的发展战略，也强调适应气候变化领域的研究和政策协调，其在国际气候正义的推进中就扮演着领导者的角色。国内的不正义问题也可以反驳国际不正义的问题。当政府推行减排政策，造成国内产业竞争力下降、企业倒闭、失业人口增加、能源价格上涨等一系列经济衰退现象的出现时，就可以判断为国际气候不正义。

3. 气候正义的历时性划分

从历时性维度来看，气候正义可以分为代际气候正义和代内气候正义。这里如何来论证代际气候正义的伦理意义是关键。艾维纳·德夏里特认为，对于一群人而言，符合主要条件的1/3就可以算作是一个共同体。这些条件包括人们日常生活、文化交流与道德相似性之间的互动。〔1〕共同体主义理论从跨代、利益、道德等多方面论证了当前世代与后来世代之间的代际正义的可能途径，代际气候正义的主体即当代人与后代人被证明是享有平等使用气候资源权利的共同体，因此，气候的代际正义是一种以共同体的正义为前提、以气候正义为内容的伦理观。〔2〕根据罗尔斯的代际正义原则论可知，正义的储存原则可以被视为一种代与代之间的相互理解，以便各自承担实现和维持正义社会所需负担的公平的一份。储存原则代表了在原初状态中所获得的对于以前所接受的关于维持和推进正义制度的自然义务的一种解释。同时，所有世代都有它们的适当目标，它们同个人一样不相互隶属，没有哪个世代拥有比任何其他世代更优越的主张。一个民族的生活是被作为一种在历史中扩展的合作体系来领悟的。所以，正义的储存原则是从每一世代里处境最为不利的人们的立场加以规定的。正是要由来自这个群体的代表人随着时间的延伸，根据实质调整来确定累积率。在任何一个世代，他们的期望都应当把可承认的储存搁置一边的条件下得到最大化。这样，差别原则的完整陈述就包括一种限制的储存原则。〔3〕而根据功利主义对于代际正义的阐释，作为总体的人的善的总和，当然会超过当代人的善的总和。在这种情况下，当代人的行为就应该是

〔1〕［美］詹姆斯·雷切尔斯：《道德的理由》（第5版），杨宗元译，中国人民大学出版社，第204页。

〔2〕戴思薇：《气候变化的代际正义问题研究》，南京信息工程大学2012年硕士学位论文，第21页。

〔3〕［美］约翰·罗尔斯：《正义论》（修订版），何怀宏、何包钢、廖申白译，中国社会科学出版社2009年版，第229～230页。

能够促进所有世代的最大的善的行为，否则就是一种不正义的行为。[1] 当代人在控制碳排放、减缓气候变化和适应气候变化方面的行为调整可以增进当代人和后代人在内的所有人的“最大善”。作为道德上的正当行为，当代人对后代人在气候分配正义的实现负有道德上的义务和责任。后代人的权利在现实中还是要通过当代人的义务和责任来实现。[2]

以上有关气候变化的伦理分析需要在现实回应一个问题：政策的制定者将如何处理将来的收益和眼前的成本之间的关系？经济学家认为，将来的收益应该可以被“贴现”。当前一美元的价值大于若干年后一美元的价值。而使用贴现率来衡量当代人和后代人之间的价值会陷入道德的困境，因为当代人不应当比后代人更有价值。应当坚持代际中立原则，这一原则毫无疑问是值得肯定的。不管是当代人还是后代人，人的价值都是不能够在伦理上计算的。但这并不影响在进行项目决策时，需要根据市场回报率来进行贴现。当代人的政策选择是可以给未来几代人带来福祉的，所以，需要以实证主义的立场来寻求符合气候伦理的贴现法。但市场回报率计算的一个问题是未来回报率具有很大的不确定性。实证主义者提出的贴现率会比较低，因为气候变化本身可能会降低投资收益率。进化理性主义的实证主义和建构理性的伦理主义形成了论战。前者强调贴现如何实现，后者强调贴现的规范性意义。在气候政策的制定中，有关气候代际正义的实现实际上是围绕着贴现和代际公正来进行合理的解释。桑斯坦认为，对于当代而言，拒绝进行折扣并不是一种好的履行道德义务方式，代际中性原则理应有助于解释为什么折扣的成本收益分析会造成道德上的不可接受的决策。[3] 作为一种分析

---

〔1〕 刘雪斌：《代际正义研究》，科学出版社2010年版，第44页。

〔2〕 刘卫先博士在《后代人权利批判》中就表达了相应的观点。参见刘卫先：《后代人权利批判》，中国海洋大学2010年博士学位论文。

〔3〕［美］凯斯·R. 桑斯坦：《最差的情形》，刘坤轮译，中国人民大学出版社2010年版，第251页。

方法，代际中性原则对可持续发展做出了一个简单注脚。设计一个合理的气候协议可能包括这样一些要素：对于现今的穷人来说，再分配将比对外援助更为有效；对未来而言，再分配将比其他种类的投资更为有效。[1] 因此需要比较各种替代手段的回报率来判断。

（三）气候正义的立法表达

应对气候变化法作为一种最具权威性的价值体系和规范体系，将实现气候正义作为其最终目的。将气候正义建构于一种法律正义的基础上，使得气候正义成为法律的要素，用法律来表达气候正义，将正义的理念融合到气候变化法律体系的构筑中，通过法律的实施和运行来实现气候正义。由于篇幅所限，笔者仅就国内气候正义的立法表达作些探讨。这里需要回答以下几个问题：气候正义作为气候伦理的范畴，必然涉及道德与法律之间的界限，气候变化法需要表达什么样的气候正义呢？法律表达气候正义的关键是什么？对于第一个问题而言，法律表达分配原则确定的气候正义。分配原则确定的气候正义需要有契合的正义理论作为正当性依据。梁剑琴在对功利主义的正义论、极端自由主义的正义论、社群主义的正义论、罗尔斯正义论进行比较分析后，认为罗尔斯的正义论最具有理论扩展性和包容性。罗尔斯的正义论核心是两个正义原则：将自由和平等统一起来。正义观念作为社会背景框架的“社会基本结构”，是分配基本权利和义务的主要社会制度，其决定由社会合作所产生的利益划分的方式。正义理论必须阐明什么是我们这个社会所应遵循的正义原则，这种正义原则为国家的宪法提供基础，正如宪法为国家的所有法律制度提供基础。[2] 有关气候变化的正义在国家内部的实现，需要通过在宪法秩序下的气候变化立法来表达。气候变化立法为本国具体的气候变化政策的制定、实施提供了框架性的机

〔1〕［美］埃里克·波斯纳、［美］戴维·韦斯巴赫：《气候变化的正义》，李智、张键译，社会科学文献出版社2011年版，第222页。

〔2〕梁剑琴：《环境正义的法律表达》，科学出版社2011年版，第112页。

制。立法表达气候正义的关键是通过应对气候变化立法目的明确应对气候变化立法价值的选择。立法价值的选择也是立法价值构造体系化完善的目标模式。通过对公平价值、秩序价值、效率价值进行价值确认并按照气候正义的价值基准协调各价值之间的冲突。不同的立法原则彰显了不同的立法价值取向，具有体系性、规范性和权威性。风险预防原则体现了气候变化应对中应当在全面充分评估气候变化在未来所带来的不可预知的影响基础上，运用成本收益分析的比例方法，考虑手段与目的之间合理关系，决策于未知，并在考虑各国的经济发展水平、区域发展状况、民族文化样式等多种因素的基础上，不断通过程序公开的多元利益协调机制，来实现气候安全的价值诉求。在回应气候安全价值诉求的同时必然离不开当代人发展需求的满足。当代人在一国之内不同族群和不同区域的生态资源有诸多差异，需要通过区域发展权的人权宪政制度安排来保障气候公平的价值诉求。共同但有区别的责任原则和原因者负担原则就是代表着气候公平的价值选择。尽管人们寄希望于技术、经济、政治、社会的全面发展来达到各个利益相关者能够实现利益共进的发展目标，但是资本制度的扩张和技术理性的工具异化使得区域的特定群体自身基本的生存权、发展权和环境权都受到了威胁。这在气候正义的内涵分析中已经探讨过。环境问题的症结不在于单一人口、资源与环境的因素掣肘，也不单是技术异化带来的负面影响，而是在于资本内在的文化矛盾冲突所引发的社会结构失范和伦理困境。摆脱生态环境危机的出路，应当重新审视可持续发展的逻辑范式，通过建立绿色发展的价值观、弘扬合作与社群精神、壮大基层民主力量等多个方面的努力，将生态社会作为目标展开生态社会变革。不能因为“吉登斯困境”的出现就认为气候变化的应对主要依靠保障型国家的动员，这是对吉登斯现代性理论的误读。气候正义的根本目的在于通过理念更新和制度设计来实现绿色现代性。这是对效率价值的深度拓展和延伸。围绕着效率价值的实现，协同合作原则和协调发展原则得以形成。随着价值构造的实现，这些原则也随之完成体系构建。

二、应对气候变化立法目的生成的宪法性根基

宪法是根本法，应对气候变化立法目的的生成离不开宪政秩序的影响，需要从宪法规范和宪法解释的双重层面来认识应对气候变化立法目的形成的源头，从中探求宪法对气候变化立法目的形成影响的一般规律。

（一）立法目的生成于宪法根基的具体内容

气候变化立法目的的生成，离不开宪法性根基的具体内容，即宪法目的、宪法价值、宪法规范。宪法目的是一国立宪政体建立宪政制度所期待达到的效果。围绕着宪法规范中国家与公民之间的关系这一基本前提性范畴，展开对公民基本权利的宪法确认和为实现公民基本权利所蕴含的宪法价值由国家所应履行的保护义务以及在此基础上对保护义务及其界限的判断——司法审查等根本性问题的探讨。从气候变化对人类社会所带来的前所未有的巨大风险来看，宪法在回应这一风险应对的过程中，需要从宪法目的、宪法价值、宪法规范的多维层面来重新构筑目的价值规范体系。回应型法的目的性转变，意味着国家权力与公民权利之间的关系需要从自由主义的行政权力控制转变为公共行政的风险规制。这一范式的转变说明在气候变化带来的巨大灾难性风险面前，和远离国家或规避法律的消极自由不同，公民个人的权利和自由必须通过制度化的手段和正式的救济渠道来保障，这种保障型国家的构建，意味着规制行政国的重建，公法随之发生悄然改变。在预期的确定性难以实现的情况下，制度中的基本因素和组合发生了微妙变化。如果不掌握众多实施尤其是各种规制策略的实际效果，就很难为规制划定一个适宜的性质和范围。有以下几种方法可供确定行政规制的法律目的：一是通过追问什么是最好的规制方案这一有价值取向的问题，来给制定法定性。二是依赖公务人员明确声明的立法行动理由来定性，制定法的特性就可以通过援引概念宽泛的立法目的而得到确定。通过考察导致规制措施产生的问题和力量以及有关的立法史料，可以从中

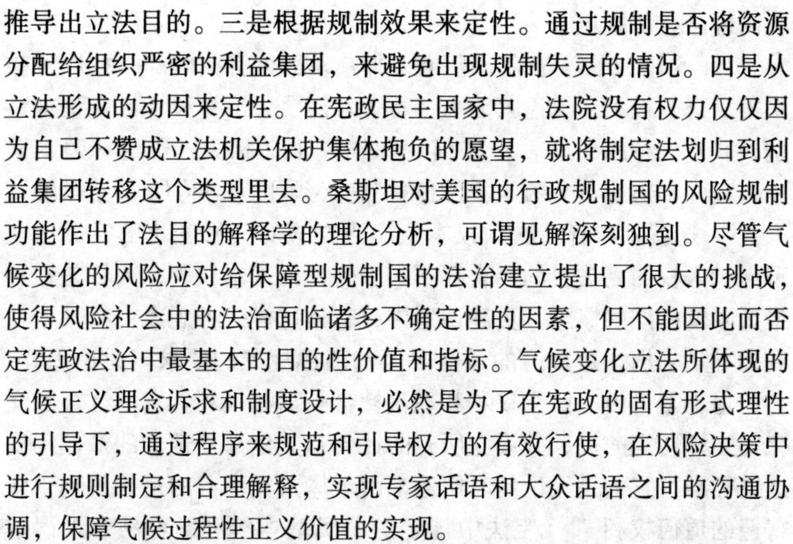

推导出立法目的。三是根据规制效果来定性。通过规制是否将资源分配给组织严密的利益集团，来避免出现规制失灵的情况。四是从立法形成的动因来定性。在宪政民主国家中，法院没有权力仅仅因为自己不赞成立法机关保护集体抱负的愿望，就将制定法划归到利益集团转移这个类型里去。桑斯坦对美国的行政规制国的风险规制功能作出了法目的解释学的理论分析，可谓见解深刻独到。尽管气候变化的风险应对给保障型规制国的法治建立提出了很大的挑战，使得风险社会中的法治面临诸多不确定性的因素，但不能因此而否定宪政法治中最基本的目的性价值和指标。气候变化立法所体现的气候正义理念诉求和制度设计，必然是为了在宪政的固有形式理性的引导下，通过程序来规范和引导权力的有效行使，在风险决策中进行规则制定和合理解释，实现专家话语和大众话语之间的沟通协调，保障气候过程性正义价值的实现。

更具体地说，迄今为止的现代法学体系在追究行为的责任之际必须充分考虑到行为者的主观意志和客观控制能力，但“风险社会”出现之后，因果律的作用受到极大的限制，不分青红皂白地让所有人都分担损失或者无视各种情有可原的条件而对行为者严格追究后果责任，逐步成为司空见惯的处理方法，法律判断的本质已经有所改变。如果我们同意社会心理学、经济学等的决策理论把风险定义为“对不情愿事实引起的不情愿结果的预期”的主张，相应地就会同意把现象的盖然性与结果的严重性以及两者的相承关系作为评估风险的标准，因而也就有必要把社会系统如何应对风险、公共选择怎样进行、决定的正当性根据何在、启动归责机制的因素是什么等问题作为法学研究的焦点。显而易见，在这里，博采各种社会科学手段，以国家与社会乃至个人的互动关系而不是规范的教义为主要考察对象的法社会学具有特别重要的意义。这意味着法律制度的认知性或反思性需要适当加强，规范性需要适当减弱，对法治主

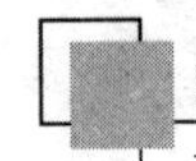

义的理念有所修正。[1]

"正义作为平等对待"意味着所有人都具有相同的人权以及被平等对待的权利，无论其能力、行业、需要、出身和特征（诸如性别、肤色、种族、宗教）如何。和气候正义相关，这意味着：防止、减轻和适应气候变化的相关措施必须平等对待所有受影响的人。[2] 这就意味着宪法从根本上应当在应对气候变化的实践中实现保护人权的宪法目的。人权不同于公民的基本权利，人权是一种最低限度标准的概念。更确切地讲，它是这样一种观念：有某些权利，尊重它们，是普遍的最低限度的道德标准的要求。无论怎样，它们也不是自由—民主权利和现代社会—福利权利。它以社会和文化的多样性为前提，并设立所有的社会和文化都要遵循的最低限度道德标准，它们是无论何时何地都由全体人类享有的道德权利，即普遍的道德权利。[3] 宪法中规定的公民基本权利，容易令人误解基本权利就是人权。基本权利是一国公民依据宪法享有的政治、经济、文化、人身等方面的各项权利。可见，人权是高于公民的基本权利的。宪法有必要将人权纳入其法权保护之中。人权不仅体现了宪法的价值，而且为法律制度的建立和完善提供了基本的价值标准。这使得应对气候变化立法目的必须为气候变化与人权保护提供一种正当性、合宪性的价值体系，从而确立气候变化应对的基本原则和重要制度。归根结底，应对气候变化立法目的是为了给人类在气候变化的应对中提供深切的人文关怀。这一人文关怀必然要回归人性本身的思考。目前，各国对人权保护的一个共同的做法，就是通过宪法来正式确认人权的普遍价值，在规定公民的各项具体权利的同时，进一步从原则上确认基本人权。因此，我国宪法中写入

---

〔1〕 季卫东："依法风险管理论"，载《山东社会科学》2011年第1期，第7页。

〔2〕［瑞士］克里斯托弗·司徒博："为何故、为了谁我们去看护——环境伦理、责任和气候正义"，载《复旦学报（社会科学版）》2009年第1期，第75页。

〔3〕［英］A. J. M. 米尔恩：《人的权利与人的多样性——人权哲学》，夏勇、张志铭译，中国大百科全书出版社1995年版，第7页。

"人权"，有利于我们与国际潮流相融合，为我国在国际舞台上进行人权对话和斗争创造有利的条件。[1] 但在宪法实践中存在的问题是，虽然人权保护已经入宪，但宪法文本中不可能将现实中需要保护的权利都写入宪法。那些没有被列举的基本权利如何在宪法中予以保护？除了通过立法和司法来提供保护机制外，也需要从宪法实施的制度本身入手，对基本权利体系不断地进行解释和完善。生存权、发展权与环境权是在应对气候变化的背景下人权的三种基本类型。由于人权具有应有权利、法定权利和实有权利三种存在形态，应对气候变化的立法目的会将三类人权作为价值标准，并通过制度设计将其法定化。虽然气候变化属于环境问题，但却不能认为气候变化立法目的只考虑环境权的保护，这是因为气候变化对人类社会和生态系统造成了广泛的影响，直接关乎经济社会的可持续发展问题。所以，不管是在国际人权保护的层面还是在国内人权保护的层面，三类人权之间是密不可分的，并且以发展权为核心而展开对气候人权的宪法保护。而气候人权的宪法保护决定了应对气候变化立法目的的终极目标指向。国外有学者对气候变化对人权造成的冲击问题进行了研究。并非所有侵犯人权的行为都违反了法定义务，因为人权具有伦理意义，应有人权和法定人权并不等同。需要考虑有怎样的义务？谁来承担义务？对谁承担义务？人权框架意味着当政府作出管理决定的时候，应该考虑实体权利（如健康权、环境权）和程序权利（如信息权、评估权、参与权），它们通常会要求国家承担更严格、更明确的义务，对政府所作的平衡不太顺从，甚至在很大程度上会形成一种对抗力量。人权法还要求国家承担采取积极步骤实现或帮助实现人权的义务。富裕国家有义务向贫穷国家提供援助，帮助其适应因气候变化带来的影响。但实现人权的义务并不能适用于个人，而是由国家通过权力的行使来规制个人温室气体排

[1] 秦前红、陈俊敏："'人权'入宪的理性思考"，载《法学论坛》2004 年第 3 期，第 7 页。

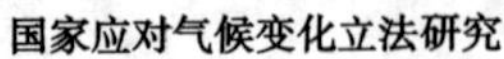

放的行为，间接实现人权的义务。

此外，应对气候变化的有关措施在客观上虽然保护并实现了人权的义务，但如果不进行综合的价值判断和政策评估，可能使得规制出现偏颇，从而妨碍人权的实现。比如，减缓森林开伐或加速森林再造的政策都可能影响依靠森林维持生计之人，利用玉米制造乙醇必将抬高农产品的价格，对昂贵的排放控制技术的投资活动必然抢占其他项目的资金并损害一国的经济发展目标。[1]

在气候变化应对中，生存权、发展权、环境权通过宪法的基本权利体系予以表达。该观点认为对气候环境容量的利益配置和负担分担是气候正义的核心要义。对气候资源的产权问题进行分析，进而发现其价值体系包括自由与公平。权利的法理内涵包括自由与公平表达。韩良提出了气候环境权的概念。气候环境权是指人类个体、全体以及各种组织享有的在安全和舒适的气候环境中生存和发展的权利，以及联合国授权机构、各国政府为保障气候环境权利的实现而对温室气体排放进行法律调控的权力。气候环境权也包括私法上的气候环境权利和公法上的气候环境权力。气候环境权利是指世界上所有自然人和法人均享有在安全和舒适的气候环境中生存和发展的权利，包括气候环境安全与生存权、温室气体排放权、气候环境状况知情权、气候环境损失补偿权；气候环境权力是指联合国授权机构以及各国政府为了履行国际气候公约的义务，对温室气体进行排放许可、排放交易等方面进行管理的权力，包括温室气体排放权指标的分配、温室气体排放源的申报管理、排放许可证的发放管理以及对违法行为进行处罚的权力。[2] 可见，气候环境权的提出是在《公约》与《京都议定书》的国际法律制度实践中对于减缓温室气体的交易机制创新而提出来的，并没有将适应气候变化所

---

〔1〕 周立波："气候变化与人权保护——基于环境法与人权法的理论考察"，载《云南师范大学学报（哲学社会科学版）》2011 年第 5 期，第 38 页。

〔2〕 韩良：《国际温室气体排放权交易法律问题研究》，中国法制出版社 2009 年版，第 18～28 页。

涉及的生态系统稳定、社会经济安全等问题考虑进来。有学者经过研究认为，气候正义问题与国际社会对于气候变化事实和结果的探知、与国际气候谈判进程同步。气候正义的观念认知和价值体系是在气候谈判中形成与发展的。随着气候谈判的深化和不断推进，气候变化的复杂性、不确定性和广泛性在历时性和共时性维度中得以拓展。尽管温室气体减排目标的确定和责任的分担仍然是后京都时代气候谈判的核心焦点议题，坎昆会议和德班会议以及多哈会议都将议题拓展到气候变化相关的议题，如监测报告和评审机制，技术转让、资金援助机制，遵约机制，共同但有区别的责任分担机制，能源利用方式，生物多样性，粮食安全，水资源安全，气候灾害的应对与救济，农业、渔业、林业的适应性调整。这些议题之间相互关联，丰富了主体对于气候正义内涵的观念认知，也增加了价值冲突的可能性。单一的环境正义并不能将上述复杂的议题全部考虑进去，环境正义并不能全面回应气候变化所带来的经济、社会可持续发展的挑战。气候正义在某些方面会与环境正义形成交集，但根本上是在民族国家主权下的发展利益维系中实现的，地理位置、自然资源禀赋、社会发展程度、受气候变化不利影响的程度、国家安全利益、国际政治力量对比关系等因素会产生不同的需要和目的，各国由此形成不同的国内气候正义观，正义价值的个体性，取决于正义主体结构和条件的规定性。由此，不同国家气候立法目的的价值追求也各具特点。另外，环境权与生存权、发展权是彼此关联独立的，不能够相互替代使用，否则会造成逻辑混乱。

（二）宪法对气候变化立法目的的引导和规范

宪法所规定的基本权利体系，是通过宪法规范来表达的。但宪法文本中有关条款比较抽象宏观，需要在具体的法律实践中通过宪法解释的方法来适用宪法规范。对宪法的解释能够在具体的社会实践领域内明确行为目的的导向。对宪法进行解释的实现方式有立法解释、行政解释和司法解释。解释的方法是多元灵活的，包括目的性解释、限缩性解释、扩张性解释等解释方法。解释的功能在于漏洞补充和规则适用，从而限制裁量权的恣意扩张，实现利益衡量的目标。在三权分立的宪政制度背景中，以往宪法研究围绕着法院的宪法司法审查展开，这实际上弱化了其他官员和普通公民的责任感，分散了对司法外其他策略的注意力。因此有必要将视线转向行政和立法机关，转向民主的竞技场。这样的转向有助于重新挖掘宪法上创制审议民主的原初目标，使得从由代表和全体公众所进行的普遍讨论中受益。在 1984 年的谢弗林判例中，判决当制定法暧昧不清时，对于负有法律职责的机关的任何合理的解释，法院都应当予以尊重。因为目前法律中常常留下了为传统法律解释工具所无法解决的缝隙和含混，这些问题的解决需要由有更纯正民主谱系的立法机关和更具有解决能力的行政机关，而非法院，去进行政策判断和政策选择。[1] 当立法旨在矫正市场失灵时，法院就应该努力保证成本与收益相称。考虑到立法实施过程中存在的困难，法院应该扩充解释那些旨在保护传统弱势群体和非商品价值的立法。对于体现利益集团利益的立法进行限缩性解释。解释的方法和原则较为繁杂，其中最重要的是努力促进政府的审议，在审议缺位的时候提供替代性方法，限制利益集团的管制俘获的利益扩张，帮助实现政治平等。而法院对制定法的解释应该促进政治问责。在对气候变化进行风险治理的立法和行政过程中，法院的角色在悄然发生改变，通过对宪法解释方法的灵活调整，发挥司法促进政治监督的社会功能，同时又要转变司法理念，确保禁止不需承担政治责任的主体决定重大问题；使得各种规制法尽可能地协调成一个连贯的整体；使得立法与政策、事实的不断发展变化保持一致；对规制复杂的体系化效应加以考虑。司法功能定位的转变意味着气候变化应对立法目的在司法阶段是通过宪法的重新规范化解释来实现的，司法目的的动态形式成为实现民主这一宪法目的的手段。在马萨诸塞州诉美国

〔1〕 转引自［美］凯斯·R. 桑斯坦：《偏颇的宪法》，宋华琳、毕竟悦译，北京大学出版社 2005 年版，“译者的话”，第 12 页。

环保署等一系列有关气候诉讼的判例中，也的确展示了气候诉讼的功能及其限度。在司法运作过程中必然进入到政治层面，甚至能够发挥政治法院的作用，但这并非在所有的行政宪政制度中都是一致的。不同宪法文化的差异，将会制约法院在政策法的司法监督中的实际作用，例如澳大利亚的气候诉讼就没有发挥明显的作用。

行政机关的裁量权行使主要是基于行政解释方法来展开的，但依然需要受到正当程序的约束。这也是宪法目的的体现，即通过程序保障目的实现。比例原则是具有宪法位阶的一个原则，理由如下：由于比例原则是对公益维护而牺牲私益的限制，既然公益原则是一个具有宪法位阶的原则，那么比例原则定是具有宪法位阶的，否则二者位阶上存有高低之分，比例原则作为下位阶原则如何能够去限制上位阶原则的适用？这在逻辑上是行不通的。[1] 比例原则提升至宪法位阶意味着立法机关和行政机关不单是严守法律保留的界限，还要考虑其所欲达到的目的和对该基本权利所造成的损害是否明显不合比例。因为每项基本权利都涉及法定的人权宪法保护，所以目的使手段正当化而提升了手段，使手段和目的立于同等位阶（宪法位阶）得以进行考量，其实等于是目的（立法目的）和目的（保障基本人权）之间的考量。[2] 由此，比例原则和利益衡量原则就实现了相互作用。适用比例原则得到的结果必须是侵害小于所得，收益大于成本。由此，比例原则比适合性与必要性原则发挥作用的范围要广泛，是开放性原则。

规划行政时代的来临，利益衡量原则成为规划裁量的核心原则。行政规划实际上是行政机关运用行政权力打破现有的利益格局重新进行利益配置和协调的过程。行政规划行为是以最好的方式实现根据现有条件确定的目标而进行系统准备和理性设计的过程，是

---

〔1〕 姜昕：《比例原则研究——一个宪政的视角》，法律出版社 2008 年版，第 66 页。

〔2〕 姜昕：《比例原则研究——一个宪政的视角》，法律出版社 2008 年版，第 46 页。

为了实现特定的制度设计而协调各种不同的，甚至相互冲突的利益的过程。与传统的要件——效果式的法规范构造不同，规划法采取的是目的程式的规范构造，给行政机关留下更大的决定空间。

虽然有行政合法性原则、比例原则、规划统一性原则等为规划的制定裁量空间进行了一定的程序性限制，但规划具体内容的界限划定需要在错综复杂的利益关系中进行比较衡量，从而使得行政规划在制定过程中具有更为具体的可操作性与针对性，为规划裁量的实体内容划定界限。有学者将利益衡量原则的目的归结为三点：一是个案正义的追求。由于行政规划涉及众多的利益，因此往往会形成一种“利益织品”，在此种连锁反应中同时会给许多其他的利益带来影响，而不能单单只承认某一种利益。在规划法中，一切具体的结果都有待于利益衡量原则的作用。二是调整公益与私益的冲突。价值基准不同会产生不同的评价结果，应符合“量的最广”和“质的最高”。前者是指受益人数最多，尽可能使最大多数人均沾福利；而后者是针对受益人强度而定，凡与人类生存关系越密切的要素，越具有“质的最高”性质。在具体的个案中，要结合实际情况来定。三是调和效益的追求与人权的保障。对效益主义的追求容易导致对人权的侵害，尤其是对少数人的权利造成侵害。[1] 在应对气候变化的国家体制设计中，从国家到地方各级政府的气候政策制定过程中，减缓气候变化和适应气候变化的多元利益需要通过战略确定和规划编制来进行平衡，需要在考虑区域差异、城乡差异的基础上，有针对性地制定各级低碳发展规划。对区域发展的合理定位，将气候变化应对与区域发展协调的理念内化到规划的制定中，将气候可行性论证制度、环境影响评价制度、环境许可制度系统整合使之具有现实的可行性和可操作性，是气候变化应对规划制度化的关键。对于规划行政的裁量限制需要法律的实施机制和救济机制

〔1〕 马纬中：“应予衡量原则之研究——以行政计划为中心”，载城仲模主编：《行政法之一般法律原则》（三），三民书局 1994 年版，第 505 ~ 510 页。

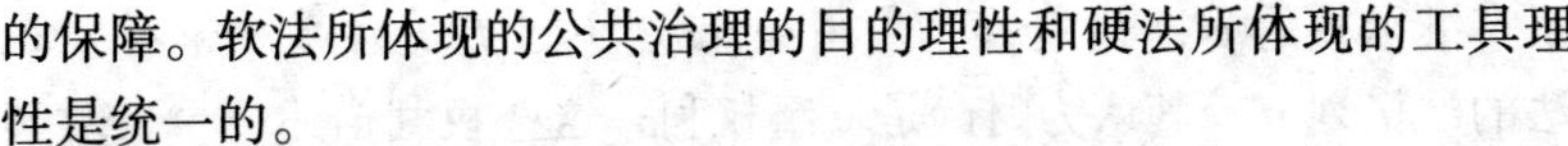

的保障。软法所体现的公共治理的目的理性和硬法所体现的工具理性是统一的。

（三）财产权对气候公地悲剧难题的法理纾解

全球气候变化问题的出现，与气候资源作为公共物品没有产权化有着紧密的关联。对气候资源这一公共物品的“搭便车”无偿使用，大量排放温室气体，必然会出现“公地悲剧”的困局。那么，对公共物品设定产权，就意味着公共物品具有了排他性、稀缺性，气候环境资源就具备接受权利保护的正当性。这种产权本质上就是财产权。财产权总是与宪政联系在一起，被认为是宪政的核心与基础。关于财产权的属性，有两种代表性观点：洛克的自然权利说和施密特的制度性保障说。洛克认为，每个人对他自己的人身享有所有权，各人的身体所从事的劳动及其成果正当地属于他自己，劳动使它们同公共的东西有所区别，劳动在万物之母的自然所已完成的作业上面加上一些东西，这样它们就成为他的私有的权利了。[1]在洛克看来，人的身体从事劳动改变了自然物品的属性，劳动所得及财产，这是人与生俱来的自然权利。施密特认为，真正的基本权利是先于国家和宪法的权利，制度性保障的权利是由法律创设的权利，属于个人相对意义的基本权利。由于《魏玛宪法》明确将财产权入宪，所以财产权就被相对化了。尽管私有财产同样可以看成是一种先于国家、存在于一切社会秩序之前的自然权利，但它也可以看成是一种单纯的法律制度。[2]不难看出，这两类学说都将财产权作为一种基本的个人权利，与保护公民权利的宪政联系起来。在大陆法系国家，宪法财产权是一个发展的概念，其保护范围经过了从有体物到无体物、从私法财产权到公法财产权、从财产所有权到

〔1〕［英］洛克：《政府论》（下篇），叶启芳等译，商务印书馆1964年版，第19页。

〔2〕［德］施密特：《宪法学说》，刘锋译，上海人民出版社2005年版，第183页。

财产继承权的演进和完善。[1] 相比较之下，英美法系并未有公私法的严格划分，其认为财产是一组权利，这些权利描述一个人对其所有的资源可以做些什么，不可以做些什么：他可能占有、使用、改变、馈赠、转让或阻止他人侵犯其财产的范围。[2] 从宪法的层面来看，财产权不管是否为宪法条款所表达，财产权本身已经超越了单一的个人所有权的自由主义范畴，已经成为承载正义的客体和对象，在分配、交换、消费等环节发挥着其应有的资源分配功能。无论是哈耶克“分立的产权”的新自由主义，还是科斯的交易成本为核心考量的产权分析学派，都将财产权作为制度设计的内在逻辑。这种制度性保障理念突破了对于财产权限于私法保护的范围，而是将其作为复合型权利，从功能上分为面向自由权的财产权和面向社会权的财产权。面向自由权的财产权具有防御功能，要求国家消极的不作为；面向社会权的财产权具有征收给付的功能，要求国家积极履行作为义务。由此，财产权体制分为公共财产权和私人财产权。其中公共财产包括由政府占有并对使用资源进行限制的公务财产和公众共用物[3]。在气候公地悲剧的应对中，围绕着气候资源的产权界分，有关气候环境容量得以产权化，产权的配置通过财产权制度进行不同类型的制度设计。政府的直接管制是一种基于公共财产权的气候政策治理工具，管制给使用环境物品的人施加了私

〔1〕 汪习根、高新平：“财产权的构成、限制及其合宪性”，载《上海财经大学学报》2011 年第 5 期，第 19 页。

〔2〕［美］罗伯特·考特等：《法和经济学》，张军等译，上海三联书店等 1994 年版，第 125 页。

〔3〕 蔡守秋教授对公众共用物的社会权属性进行了独到的分析，公众共用物系指不特定多数人的可以非排他性使用的共用物，例如大气、水流、海洋、森林和荒地等环境和自然资源。公众共用物既不属于我国法律规定的私有物，也不属于我国法律上规定的国家所有即全民所有财产。应该充分发挥公众、政府和市场各自的优势和特点，逐步建立有关公众共用物的综合调整机制、善治机制。保障公众共用物的健康和可持续存在，保持和维护私用财产、公务财产和共用物的合理比例、综合平衡和协调发展。参见蔡守秋：“论公众公用物的法律保护”，载《河北法学》2012 年第 4 期，第 9 页。

人义务，在这个过程中，必然会同时创造一种执行管制措施的公共权利。碳排放权交易虽然是一种基于私人财产权的气候政策工具，但作为归属正义的碳排放权法律确认是基于公共财产权的制度预设。这里的公共财产权并不是完全由政府占有并使用某些资源进行管制，而是表现为私人财产权和公共财产权的混合。从真正意义上讲，所有现存的财产权体制都是混合型的。纯粹的公共和纯粹的私人财产权仅仅存在于经济学家、法学家和政治理论家的想象之中。真实的财产权体制仅仅或多或少是公共的或私人的。[1]

碳排放权交易制度的功能定位决定碳排放权的权利生成背景是全球气候正义分配的理念与价值诉求，反映了气候变化与人权之间在特定时空下的多元利益格局。碳排放权的生成源于全球气候危机下大气环境容量资源的稀缺性，在气候危机产生之前，对于大气环境容量的使用是人类生产生活、经济社会发展所必需的利益诉求。这种利益诉求在没有被立法纳入规制范围之前，被当作是自然权利。尽管气候变暖危机形成的原因是由历史上人类的生产、消费所排放的二氧化碳浓度上升所致的论断尚未被科学完全证实，但是在被《公约》、《京都议定书》等一系列国际法律文件和各国国内气候法律政策纳入规制范围后，碳排放权便实现了从自然权利到法定权利的变迁。尽管不同国家的经济发展水平存在很大差异，但随着气候变化这一“人类共同关切的事项”成为全球治理的核心议题之一，各国都将其视为与本国未来发展紧密相关的问题。气候资源作为全球公共物品，需要根据国际气候正义所确立的标准，分配作为集体人权的国际温室气体排放权，由各国按照共同但有区别的责任原则确定减排责任的分担机制。自 1992 年巴西里约热内卢环境与发展大会提出环境与可持续发展的理念和行动纲领以来，国际社会围绕着集体人权与个体人权、代内正义与代际正义、公平与效率等

---

〔1〕［美］丹尼尔·H. 科尔：《污染与财产权》，严厚福、王社坤译，北京大学出版社 2009 年版，第 45 页。

不同方面，展开以发展权为核心的第三代人权运动。气候变化所引发的一系列全球性问题，需要以实现经济社会可持续发展为目标来应对。由此，碳排放权便在生存权、发展权、环境权等人权回应气候变化危机的进程中衍生出来，承载着国际气候伦理及其多元复杂的利益诉求。

人类在回应气候变化问题上，通过产权交易的制度工具，借助于碳市场提供的强大利益激励，在减缓或适应气候变化的同时使得人类有可能获得新的经济社会发展模式实现发展权的利益诉求，而不是在问题的应对中丧失未来发展的利益空间和机会。从这个意义上讲，碳排放权是以公益为本位的。而公益本身就是具有很大灵活性的概念，不同群体的利益在不同的利益格局之下，呈现不同的利益诉求。公益在国际温室气体排放权分配的气候谈判中表现为国家利益，在区域碳交易制度运行中表现为中央政府与地方政府之间的利益分化与整合及区域内部不同群体利益的协调与保护。以社会公益为本位，便把握了区域碳排放权的目的性功能，使得政府、企业、民众在低碳经济中形成互动，以低碳社会利益的最大化为低碳发展的首要评价标准。

三、国际气候治理进程中的法目的生成

（一）可持续发展观：国际气候变化法的价值诉求

气候变化作为全球性环境问题的出现，使得世界各国都在重新思考人口、资源与环境的关系，环境与发展成为国际社会在应对全球性环境问题的思考中的核心命题。如何处理好环境与发展的关系，是在发展中解决环境问题，还是限制发展优先保护生态环境，这成为人类在进入 21 世纪的新时代所面临的难题。可持续发展的理念就是在国际社会回应这一问题的实践中逐步形成并发展起来的。而正是可持续发展理论与实践的社会伦理关怀，为第二代环境法的确立和发展提供了正当性的伦理基础。如果说 1972 年在瑞典斯德哥尔摩召开的联合国人类环境会议所通过的《人类环境宣言》将“为了这一代和将来的世世代代的利益”确立为人类对环境的共

同看法和共同原则，对当代人和后代人的生存发展提出价值理念关怀，那么1992年巴西里约热内卢召开的联合国环境与发展大会所通过的《里约环境与发展宣言》、《21世纪议程》、《公约》、《生物多样性公约》，说明可持续发展已经形成价值共识并已经转化为国际社会所倡导的实践行动。《21世纪议程》在第8章专门提出了构建并实施第二代环境法来实现可持续发展的核心建议。[1] 2002年在南非约翰内斯堡召开的可持续发展世界首脑会议所通过的《约翰内斯堡可持续发展宣言》呼吁，"在地方、国家、地区乃至全球层面上促进和加强经济增长、社会发展和环境保护这三个可持续发展的支柱是人类共同的责任"。[2] 尽管环境法的主要功能是保护环境，但它还能够加强另外两个支柱。《约翰内斯堡可持续发展宣言》这一价值目标的提出为气候变化立法确定了价值目标模式。但这一目的理性所建构的价值目标体系如何实现便成为贯穿气候变化立法目的嬗变的价值主题。国际社会通过气候变化国际法和国内法的双重调控机制，促进各国在寻求对话的基础上达成全球气候合作治理的共识，同时为各国选择适合本国国情的可持续发展道路提供多样化的模式选择。这就是气候变化立法目的的总体功能定位。

可持续发展世界首脑会议在2002年9月4日通过的《世界可持续发展峰会实施计划》（以下简称《实施计划》）成为实施《公约》的潜在驱动力。《实施计划》第5章"全球可持续发展"中的

---

〔1〕 世界自然保护同盟环境法委员会主席 Nicholas A. Robinson 认为，第一代环境法的发展经历了五个阶段：在第一阶段，采用传统规则如侵权法或者罗马法中的公共信托理论解决环境纠纷；当自然资源耗竭严重恶化时，各国通过保护法来恢复可更新能源资源并确保其持续更新；当农业、化学和工业污染问题变得尖锐时，污染治理就成为环境法的目标；当这一系列的制定法、条约和法律习惯逐渐发展以至于其复杂性使政府、法院和公众越来越困惑时，各国开始编纂环境法典使其简化；最后，为使该领域更加完善并强调其固有的正义原则，各国开始修改宪法以赋予公民基本环境权，并把环境权纳入人权领域。参见黎莲卿等编：《亚太地区第二代环境法展望》，邵方、曹明德、李兆玉译，法律出版社2006年版，第36页。

〔2〕《约翰内斯堡可持续发展宣言》第5条，A/CONF. 199/L. 6/Rev 2。

第38条明确提出《公约》是应对气候变化的核心手段，应当在遵循“共同但有区别的责任”原则下，将温室气体浓度稳定在一个不对气候系统造成不当干扰的水平上，同时保证生态系统能够适应自然的气候变化，确保粮食安全不受威胁、经济能够可持续增长。需要重申《联合国千年宣言》，各国政府需要尽最大努力加入《京都议定书》，开启温室气体的国际减排。[1] 可见，《公约》成为促进《实施计划》目标实现的手段。《实施计划》为《公约》框架内制定政策和措施以实现可持续发展提出了基本要求：一是消除贫困；二是改变非持续性的生产方式和消费方式；三是保护和管理经济社会发展所需的自然资源。[2]

《实施计划》提到许多消除贫困的措施，如提供可靠廉价的能源服务、与沙漠化作斗争、减轻干旱和洪涝的影响以及提供清洁的饮用水等，都与气候变化的影响和应对气候变化的措施存在内在的联系。《公约》第3条第1款规定：“缔约国应当根据公平原则和共同但有区别的责任原则以及自身的能力为人类和后代保护气候。因此，发达国家应当带头与气候变化及其负面影响作斗争。”该规定明确承认了气候变化应对中的发展权和摆脱贫困的权利。同样在《京都议定书》附件A所列的部门和温室气体来源，尤其是能源、工业流程、农业以及废物，也使得《实施计划》的有关措施得到更为明确的回应。鉴于“获得能源意味着消除贫穷”[3]，提供可靠廉价的能源服务来满足发展中国家的能源需求，反映能源价格的能源市场机制在《公约》及《京都议定书》的三种机制（清洁发展机制、联合履行机制、排放贸易机制）之下实现国际、国家、区域层面上的能效制度激励和制度规约。防治沙漠化以及应对干旱和洪涝的影响，调节水资源分配，改善碳循环都属于《公约》所规定的由

〔1〕 参见《实施计划》第38条。
〔2〕 参见《实施计划》第2条。
〔3〕 参见《实施计划》第9条。

缔约国采取措施适应气候变化的关键领域。再者，改变非持续性的生产方式和消费方式需要支付高额的成本来进行技术创新实现可持续发展，意味着污染者付费原则在气候变化应对中的重要地位。发展中国家转变经济发展方式跳出“先污染后治理”的粗放式发展模式樊篱所付出的机会成本的负担如何分配就成为落实污染者付费原则的功能价值所在。[1] 另外，为了减轻气候变化的影响，减少生态脆弱性，采取适应措施提高人类社会和自然生态系统应对气候变化的适应能力，应当以保护和管理经济社会发展所需的自然资源基础为目标，形成可持续性的效应。[2] 而这一目标任务在于尽可能地扭转自然资源枯竭退化的颓势，在国家层面明确并实施资源保护的战略，因地制宜的在区域层面保护生态系统，实现土地资源、水资源、生物物种资源的综合系统管理，同时加强国家、区域、当地的能力建设。对自然资源基础的综合管理需要采用一种综合的、多重危害防控的、广泛的方法来应对脆弱性、风险评估和灾害管理，包括预防、减缓、筹备、响应及恢复。

以上三次认识上的飞跃，使得气候变化立法目的在国际社会所构筑的可持续发展国际法律价值中获得一定的理念探索和制度基础。在1997年《京都议定书》开放签署之前，《公约》在气候变化应对的目标定位、原则框架及主要领域的基本措施方面奠定了气候变化国际应对的法律基础，形成了具有权威性、普遍性、全面性的国际框架。原则性和框架性一方面保证了《公约》能够最大限度地减少政治分歧，使得《公约》能够快速通过，确认国际社会在可持续发展方面所达成的共识；另一方面，也应当看到在气候变化的背景下可持续发展的内涵较为模糊，在国际、国家、区域多个层面如何转化成现实的行动方面，还需要不断通过对话、谈判的方式求同存异达成共识。这个过程需要考虑各国、各区域的“社会文化场

〔1〕 有关行动参见《实施计划》第15条。

〔2〕 参见《实施计划》第24~37条。

域”，并通过可持续发展的指标体系建立来量化落实在现实行动中所取得的阶段性成果，并从中发现不足和问题，通过国际合作共同解决发展中的问题。鉴于《公约》在遵约机制、减排温室气体方面的目标不明确等软法的因素，《京都议定书》便开始在减排温室气体方面量化并执行《公约》的要求。1997 年 12 月，第 3 次缔约方大会在日本京都举行，通过了《京都议定书》，对 2012 年以前主要发达国家减排温室气体的种类、减排时间表和额度等作出了具体的规定。2001 年美国布什政府宣布退出《京都议定书》，奉行单边主义立场，原因是《京都议定书》规定的减排目标对美国国家利益构成威胁，没有将中国、印度等发展中大国纳入国际减排体系中。2002 年欧盟及其成员国正式批准，在欧盟的积极推动下，俄罗斯于 2004 年批准加入《京都议定书》，从而促使《京都议定书》于 2005 年正式生效。从开放签署到正式生效历经八年的时间，反映出可持续发展在国际气候变化应对方面存在着诸多复杂的现实障碍和困难。西方发达国家不甘心为发展中国家来买单支付未来巨大的机会成本，借助于国际政治舞台采取各种博弈策略来对付共同但有区别的责任原则的适用。这一点也可以从罗马俱乐部提出“增长的极限”到布伦特兰的“我们共同的未来”的历史背景考察中发现内在的原因。[1] 西方主流的环保绿色话语的提出并非像环保公益宣传那样“大公无私”，其背后包含了许多政治经济学意义的利益博弈。哪些环境破坏性活动会被限制，哪些不会？哪些人拥有决定权，为什么？哪些人被排除在决策过程之外？哪些人因这些决定而受害，哪些人因而获利？更重要的是，哪些政治经济因素与意识形态促成了上述的决定与后果？这些问题的形成，说明了环境议题绝对不是以各种振奋人心的环保口号与标语可以有效应对与解决的。环境保护的议题，必定是关于权力的交易；和其他政治、经济、社

〔1〕 纪骏杰：“我们没有共同的未来：西方主流环保关怀的政治经济学”，载《台湾社会研究季刊》1998 年第 31 期，第 141 ~ 168 页。

会与文化议题一样，不同的行动者（小至个人，大至国家甚或区域、洲）有不同的利益所在，也必定会为维护自己的利益而各显神通。而与政治经济逻辑相同的，社会中的弱势者与全球体系中的弱势国家或族群，往往也就会成为环境保护行动中的牺牲者。[1] 其实，对于广大发展中国家来说，最重要的是必须构建西方发达国家和发展中国家的利益协调和整合机制，使发展中国家尽快在国际法律机制和国内法律机制的双重作用下摆脱贫困。

第四次飞跃就是2012年6月在巴西里约热内卢召开的联合国可持续发展大会“里约+20”。这次会议针对“可持续发展和消除贫困背景下的绿色经济”、“促进可持续发展机制框架”两大主题，围绕“达成新的可持续发展政治承诺”、“全面评估过去二十年可持续发展领域取得的进展和存在的差距”、“应对新挑战制定新的行动计划”三大目标，进行了深入讨论，正式通过了《我们憧憬的未来》这一大会成果文件。由此，促进低碳发展，迈向绿色经济成为国际气候变化法在向可持续发展目标嬗变的历史进程中，现实而又紧迫的目标治理模式。

（二）国际气候谈判僵局中的共同但有区别的责任原则

1. 共同但有区别的责任原则的基础性原则定位

为了实现气候变化背景下人类社会可持续发展观的价值诉求，《公约》和《京都议定书》确立了气候变化国际法的基本原则，以在发达国家和发展中国家之间公平的分配气候治理的法律责任。《公约》第3条规定：“各缔约方在为实现本公约的目标和履行其各项规定而采取行动时，除其他外，应以下列作为指导：①各缔约方应当在公平的基础上，并根据它们共同但有区别的责任和各自的能力，为人类当代和后代的利益保护气候系统。因此，发达国家缔约方应当在对付气候变化行动中承担主要责任，并且提供额外的资

〔1〕纪骏杰：“我们没有共同的未来：西方主流环保关怀的政治经济学”，载《台湾社会研究季刊》1998年第31期，第141~168页。

金和技术帮助发展中国家对付气候变化问题；②应当充分考虑到发展中国家缔约方尤其是特别易受气候变化不利影响的那些发展中国家缔约方的具体需要和特殊情况，也应当充分考虑到那些承担公约义务将增加它们不适当或不正常负担的发展中国家，应当给予充分考虑；③各缔约方应当采取预防措施，预测、防止或尽量减少引起气候变化的原因，并缓解其不利影响。当存在造成严重或不可逆转的损害的威胁时，不应当以科学上没有完全的确定性为理由推迟采取这类措施，同时考虑到应付气候变化的政策和措施应当讲求成本效益，确保以尽可能最低的费用获得全球效益。为此，这种政策和措施应当考虑到不同的社会经济情况，并且应当具有全面性，包括所有有关的温室气体源、汇和库及适应措施，并涵盖所有经济部门。应付气候变化的努力可由有关的缔约方合作进行；④各缔约方有权并且应当促进可持续的发展。保护气候系统免遭人为变化的干扰，政策和措施应当适合每个缔约方的具体情况，并应当结合到国家的发展计划中去，同时考虑到经济发展对于采取措施应对气候变化是至关重要的；⑤各缔约方应当合作促进有利的和开放的国际经济体系，这种体系将促成所有缔约方特别是发展中国家缔约方的可持续经济增长和发展，从而使它们有能力更好地应对气候变化的问题。为应对气候变化而采取的措施，包括单方面措施，不应当成为国际贸易上任意或无理的歧视手段或者隐蔽的限制。”

《公约》第3条的第①项明确提出共同但有区别的责任原则，作为发达国家和发展中国家分担气候治理责任的基本价值理念和制度设计要求。该原则由于涉及各缔约国切实的利益分配和负担分担而成为国际社会气候变化应对的基石。第②项是公平原则，要求充分考虑易受气候变化影响、脆弱性程度高的发展中国家的国家利益和正处于重要发展时期的一些发展中国家在分担气候治理责任中的国家利益和国民利益。第③项是风险预防原则，这与气候变化问题所具有的不确定性相关联，科学追真的无止境，使得各缔约国政府必然要在未知中决策，有关气候政策的制定和科学评估之间保持动

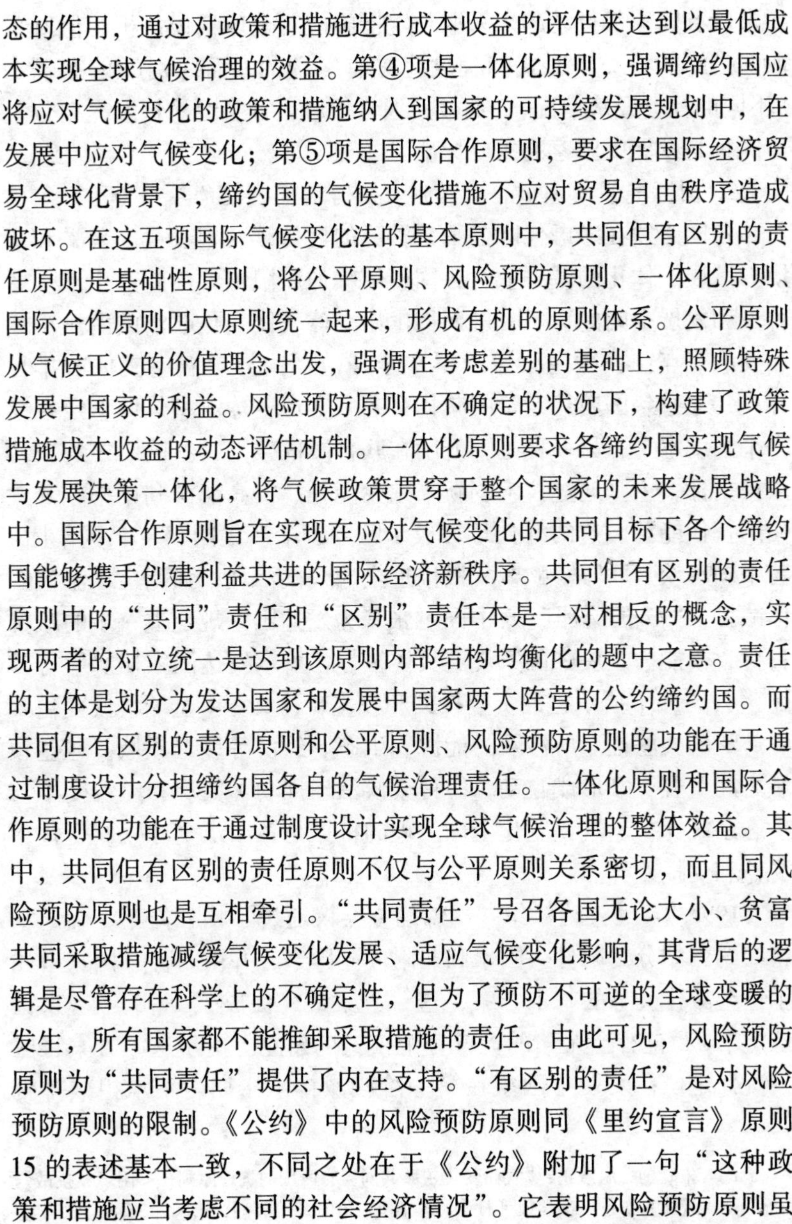

态的作用，通过对政策和措施进行成本收益的评估来达到以最低成本实现全球气候治理的效益。第④项是一体化原则，强调缔约国应将应对气候变化的政策和措施纳入到国家的可持续发展规划中，在发展中应对气候变化；第⑤项是国际合作原则，要求在国际经济贸易全球化背景下，缔约国的气候变化措施不应对贸易自由秩序造成破坏。在这五项国际气候变化法的基本原则中，共同但有区别的责任原则是基础性原则，将公平原则、风险预防原则、一体化原则、国际合作原则四大原则统一起来，形成有机的原则体系。公平原则从气候正义的价值理念出发，强调在考虑差别的基础上，照顾特殊发展中国家的利益。风险预防原则在不确定的状况下，构建了政策措施成本收益的动态评估机制。一体化原则要求各缔约国实现气候与发展决策一体化，将气候政策贯穿于整个国家的未来发展战略中。国际合作原则旨在实现在应对气候变化的共同目标下各个缔约国能够携手创建利益共进的国际经济新秩序。共同但有区别的责任原则中的“共同”责任和“区别”责任本是一对相反的概念，实现两者的对立统一是达到该原则内部结构均衡化的题中之意。责任的主体是划分为发达国家和发展中国家两大阵营的公约缔约国。而共同但有区别的责任原则和公平原则、风险预防原则的功能在于通过制度设计分担缔约国各自的气候治理责任。一体化原则和国际合作原则的功能在于通过制度设计实现全球气候治理的整体效益。其中，共同但有区别的责任原则不仅与公平原则关系密切，而且同风险预防原则也是互相牵引。“共同责任”号召各国无论大小、贫富共同采取措施减缓气候变化发展、适应气候变化影响，其背后的逻辑是尽管存在科学上的不确定性，但为了预防不可逆的全球变暖的发生，所有国家都不能推卸采取措施的责任。由此可见，风险预防原则为“共同责任”提供了内在支持。“有区别的责任”是对风险预防原则的限制。《公约》中的风险预防原则同《里约宣言》原则15的表述基本一致，不同之处在于《公约》附加了一句“这种政策和措施应当考虑不同的社会经济情况”。它表明风险预防原则虽要求所有国家都行动起来采取一定措施应对全球气候危机，但所采取的措施的种类、形式和程度应是有区别的，而区别的依据就是“不同的社会经济情况”，而按照通常解释，社会经济情况是划分发达国家与发展中国家的主要标准。[1]

2. 国际气候治理历程：区别责任与共同责任的斗争史

各国必须在考虑代际公平、资源的可持续利用、代内公平和环境与发展一体化的基础上对各国碳依赖加以限制。由此产生了全球容量和发展空间的竞争，进而衍生出全球气候变化政治的两派截然相反的观点：一种主张应尽早在全球范围内界定温室气体减排目标，并通过各国履行定量的减排义务来实现全球温室气体稳定在某一个浓度水平；另一种是不鼓励在联合国框架下为各国制定约束性减排指标，主张通过技术创新来减少能耗、提高能源利用率，开发使用替代能源。这两派分歧形成了欧盟、伞形集团、“77 国集团”与中国等谈判联盟。欧盟积极推进全球气候治理，强调全球温室气体减排；“77 国集团”与中国主张只为发达国家规定进一步的减排目标，不能为发展中国家规定具体指标，要求发达国家切实履行其在《公约》下所承担的资金援助和技术转让义务。全球气候变化具有广泛的关联性。所涉及的能源、生态、经济等多个领域，这些领域之间重叠交叉形成互动，使得气候治理推动了能源和经济变革与生态系统保护。气候变化全球治理的特点是各国从全球气候变化中受益和受损差异。

1995 年，《公约》第一次缔约方会议通过了柏林修正，确定了将缔约方划分为附件一国家和非附件一国家，并由附件一国家率先承担起减排义务的基本方案，这一方案最终促成了 1998 年《京都议定书》“全有全无”的责任分配模式的建立。由于这一方案将区别责任定位在发展中国家在第一阶段减排承诺期内不承担减排责

[1] 朱晓勤、温浩鹏：“气候变化领域共同但有区别的责任原则——困境、挑战与发展”，载《山东科技大学学报（社会科学版）》2010 年第 2 期，第 37～38 页。

任，而由附件一国家承担减排责任，因而遭到以美国为代表的部分发达国家的强烈反对。随后八年的时间当中，谈判联盟就这一“区别”责任的问题展开了激烈的政治博弈。直到 2005 年 2 月，《京都议定书》才正式生效。距离第一个减排承诺期到期仅有七年时间。大大影响了《京都议定书》的实施效果。以 1990 年为基准年，截至 2008 年，经济转型国家整体减排大约 40%。可是，骄人成绩的原因是经济转型国家的持续经济衰退。随着经济的恢复，排放量已经从 2000 年开始持续增加。附件一国家中的非经济转型国家，即美国、加拿大、日本、澳大利亚和西欧国家的整体排放量非但没有减少，反而增加排放 8% 左右〔1〕。而在这七年中，以中国、印度为代表的作为新兴经济体的发展中国家也确实从京都项目机制中获得了技术转让和资金支持。所以，发展中国家多数是支持《京都议定书》下的发达国家第二减排承诺期延续的。而这一立场反映了发展中国家希望区别责任按照京都机制的“全有全无”责任分配模式来进行制度设计。这样发达国家和发展中国家在区别责任的解释立场方面形成了长期的对峙，导致国际气候谈判一度陷入僵局。

2005 年蒙特利尔气候会议确定了气候谈判的双轨制：一条是“京都轨道”，即在《京都议定书》下成立特设工作组（以下简称“AWG - KP”），就附件一国家第二承诺期的减排目标进行谈判；另一条是“公约轨道”，指发展中国家和未签署《京都议定书》的发达国家（主要指美国），要在《公约》下启动为期两年的促进国际应对气候变化长期行动对话。在气候谈判双轨制的格局下，发达国家利用“公约轨道”开始强调共同责任，弱化区别责任。2007 年 12 月在印尼巴厘岛召开的气候变化大会确定了《巴厘岛路线图》，在《公约》下启动成立长期合作行动特设工作组（以下简称“AWG - LCA”），开启一个包括《公约》所有缔约方在内的新的谈

〔1〕 转引自谷德近：“共同但有区别责任的重塑——京都模式的困境与蒙特利尔模式的回归”，载《中国地质大学学报（社会科学版）》2011 年第 6 期，第 9 页。

判进程。与原有谈判进程一起构成了国际气候谈判“双轨”并行格局。经过此后的多轮磋商，在2009年底哥本哈根气候大会前，两个工作组在广泛汇集缔约方意见的基础上形成了各自的谈判案文。作为长期有效的法律文件，《京都议定书》是目前唯一给发达国家规定了量化减排目标、具有法律约束力的时间表及违约惩罚机制的国际条约。《京都议定书》第一承诺期即使到期，但《京都议定书》本身并不存在过期的问题，其法律约束力也不会减弱。在《巴厘行动计划》中，尽管其对发展中国家提出了“国家的适当的缓解行动”的要求，但是仍然将这一要求与以可测量、可报告与可核实的方式提供技术、资金和能力建设的支持和扶持联系在一起。〔1〕到2009年，《哥本哈根协议》却将这两个部分分别放在不同的地方，并且努力切断二者的联系，从而努力推动发展中国家独立减排。〔2〕 2010年缔约方大会通过的《坎昆协议》进一步巩固了这种趋势，该协议要求发展中国家承担相对减排义务，到2020年实现相对于“正常排放”的偏离。并且，为了实现全球到2050年大幅度整体减排的目标，发展中国家的排放总量应尽快封顶，即尽快开始绝对减排。〔3〕 2011年在南非德班召开的气候大会形成《德班决议》，决定要在2013年1月1日起，实施《京都议定书》（KP）第二承诺期，并决议启动一个新的进程即“德班增强行动平台”（ADP，以下简称“德班平台”），讨论2020年以后进一步加强《公约》实施采取更加有力的行动，这个行动要在2015年完成谈判。“德班平台”是2015年以前气候变化谈判的主要平台，为2020年后建立一个有法律约束力的、全面的、全球性的气候变化条约（或议定书或协议），从而使得气候谈判由“双轨”变为“三轨”。在2012年卡塔尔多哈召开的气候大会就成为“三轨”变

〔1〕 *Bali Action Plan*, Para1 (b) (ii).
〔2〕 *Copenhagen Accord*, Paras 4 and 5.
〔3〕 LCA Outcome Decision (1/CP. 16), Para 48.

"一轨"的落实过渡会议。

有学者认为，"并轨"就意味着抛弃《京都议定书》，国际气候制度会因失去履约机制而出现严重的倒退，"共同但有区别的责任"原则等一系列重要原则也将失去重要的法律载体。在这种情况下，很难再达成一个新的更完善的法律文件。发达国家一再提出"并轨"问题，在减排问题上将发达国家的减排承诺与发展中国家自主的减缓行动相提并论，意在否定《公约》确立的"共同但有区别的责任"的基本原则，逃避自身责任。双轨制的设计初衷是为了使以美国为代表的未批准《京都议定书》的《公约》缔约方不至于游离于气候体制之外，并最终能将其带回有法律约束力的《京都议定书》轨道。然而在随后的谈判中，发达国家抓住《公约》是原则性文件的特点，提出撤销 AWG - KP 工作组，将其与 AWG - LCA 工作组合并，变双轨谈判为一揽子混合谈判。此举的真实目的是试图用新的国际协议取代《京都议定书》，从而模糊和混淆发达国家应该承担的"有区别的"法律责任。众所周知，《京都议定书》从制定到生效凝聚了国际社会多年的心血，更重要的是该议定书代表了国际法下共同但有区别的责任原则的最新发展成果。用单轨制取代双轨制意味着"《京都议定书》被杀死"，共同但有区别的责任原则也因此退回到《公约》的模糊时代，届时要使该原则重返"京都时代"的难度就加大了。[1] 以上认识虽然有一定道理，但随着气候谈判的不断深入，谈判联盟的不断分化与博弈，"三轨"所体现的共同责任和区别责任的平衡协调、治理责任的公平分担和以往谈判关于发达国家提供资金和技术转让援助的承诺能否落实是关键，这个过程必然充满了复杂的气候政治博弈，特别是大国权势转移对谈判进程的影响。但总的趋势在于共同责任的地位在上升，区别责任在逐渐被弱化。这本身既有发达国家在其中的博弈主导因

〔1〕 朱晓勤、温浩鹏："气候变化领域共同但有区别的责任原则——困境、挑战与发展"，载《山东科技大学学报（社会科学版）》2010 年第 2 期，第 35 页。

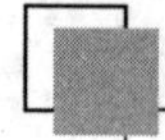

素，也有发展中国家阵营内部分化的原因，例如包括中国、印度在内的新兴经济体被置于承担减排责任的指责中。而中国和印度之间也存在着谈判利益的冲突，如果被发达国家利用，那么格局将更为被动。

可见，在京都时代，区别责任占据优势地位，而到了后哥本哈根进程中，共同责任逐渐居于主导。发达国家往往强调“共同责任”，认为“有区别责任”并不意味着发展中国家（尤其是排放大国，如中国以及印度等国）可以不承担强制减排义务。在不同的语境和场合下，共同但有区别的责任事实上被赋予不同的功能。它有时被作为“法律原则”，有时被作为“伦理准则”，还有时被作为“谈判策略”。〔1〕法律的原则只有在与法律的理念以及法律的规范发生联系时才能发挥作用。作为法律原则的共同但有区别的责任原则的目的是要建立起一套具有主体间性的、共同的、稳定的和具有普适性的规范体系，并为这套规范体系提供指导和解释依据。无论各国及其学者们在讨论《公约》以及《京都议定书》时所进行的规范设计是符合还是背离了共同但有区别的责任原则，都必须在作为法律原则的共同但有区别的责任原则语境下进行。当从法律原则与规范的链接的角度来观察国际气候变化谈判时，目前所进行的《公约》谈判作为一种政治程序而非法律制度程序的特征就显现了出来。既然是一种具有政治活动性质的谈判，也就不可避免地成为博弈各方讨价还价的市场。各国也就不会自觉地去探寻一种能够获得主体间性的不偏不倚的、价值中立的共同但有区别的责任原则，更不会以共同但有区别的责任原则为基础去协商建立进一步的规范体系，而是不停地试图为该原则开“后门（backdoor）”，总是努力让自身的价值判断从后门走进厅堂并成为该原则的核心价值。就此而言，在缔约各方中都存在着对共同但有区别的责任原则的误读，

〔1〕李艳芳、曹炜：“打破僵局：对‘共同但有区别责任’的重释”，载《中国法学会能源法学研究会2012年会论文集》，第504页。

因而导致了该原则与具体规范体系建立之间相脱节的结果。[1] 这说明共同但有区别的责任原则本身的内涵模糊，具有很大的不确定性，无法给国际气候治理责任的分配设定一种明确的标准。在共同但有区别的责任原则的语言结构中，“共同”置于首要地位，意味着在国际气候治理中应当始终坚持共同责任优先的立场。而区别责任则是特殊的，需要根据具体情况决定适用于哪个国家的哪种情况。有学者认为，“区别责任”的适用必须遵守下列要求：一是“区别责任”不能背离条约的目的，即使全球气候变暖控制在2℃以内；二是当“区别责任”所针对的情况不存在时，“区别责任”就应当停止适用。区别责任不是外在于共同责任的，而是依附于共同责任内部，并逐渐超越共同责任成为与之相对抗的独立力量。[2]《京都议定书》的国际法实践表明，共同责任在《公约》中缺少法律上的可执行力，无法为责任分担提供具体操作性的行为指引。区别责任便得以借助京都机制占据优势地位。而这两种相对立的责任模式必然在后京都时代的谈判中进行博弈，从而符合矛盾对立统一的辩证法。

（三）后哥本哈根气候谈判进程下的共同但有区别的责任原则新释

2009年12月，联合国哥本哈根气候大会未能达成有法律约束力的国际减排协议，折射出发达国家和发展中国家两大阵营立场的巨大分歧和各阵营内部出现的立场分化，表明气候变化国际格局的演化更加复杂多变。围绕着《巴厘岛路线图》的落实，全球气候变化谈判的焦点已经从单纯的“后京都进程”转换为覆盖面更广的“后哥本哈根进程”。这一进程的核心问题主要集中在以下两个基本问题上：一是程序规范问题。是否需要将《京都议定书》下发达国

---

〔1〕 李艳芳、曹炜：“打破僵局：对‘共同但有区别责任’的重释”，载《中国法学会能源法学研究会2012年会论文集》，第512页。

〔2〕 类似精彩论述可详见［德］乌尔里希·贝克：《风险社会》，何博闻译，译林出版社2004年版，第66页。

家中期减排目标的谈判和《公约》下长期目标的谈判“双轨”并轨？是平等公开共识还是多数原则抑或大国主导？是坚持联合国主渠道还是另辟蹊径？二是责任与义务问题。发达国家的中期减排目标不到位、资金无着落，反而蓄意抛弃“共同但有区别的责任原则”，要求处于工业化进程中的发展中国家承担中长期减排目标，放弃资金要求。中国已被推向国际气候变化谈判的风口浪尖，中国的谈判和行动取向，不仅涉及中国的发展权益，也影响国际气候制度的构建进程。在全球气候变化格局变化中，碳公平问题至关重要，碳公平不是国际政治公平，而是人的权益的公平。这是由国际气候变化法的人性基础所决定的，是基于人道主义的道德要求，其价值高于一切，超越民族的差别和国家的界限。“共同但有区别的责任”中的“区别”在于碳权益的差别。根据碳公平伦理价值要求，国际社会就重构共同但有区别的责任原则提出三种制度性设计方案，即人均排放理论、单位GDP排放理论以及创建附件三国家。其中人均排放理论影响力最大，该理论强调地球上每个人对大气资源都享有碳排放权。在有限的排放空间里，温室气体排放量超过世界人均排放量的国家应当限制并减少温室气体排放，没有达到世界人均排放量的国家可以增加排放，直至达到世界人均排放量。单位GDP排放理论以经济发展为主导，通过降低能耗、利用可再生能源等方式进行减排，根据创造单位GDP能耗所产生的排放量进行减排。比如2009年中国对外宣布，到2020年单位GDP二氧化碳的排放比2005年下降40%～45%。创建附件三国家理论是建立在《公约》将缔约方划分为附件一国家（工业化国家）和非附件一国家（发展中国家）基础上，进行重新划分，设立附件一国家、附件三国家（温室气体排放较大的发展中国家）和非附件一或附件三国家（其他发展中国家）。[1]

〔1〕吕江：“‘共同但有区别的责任’原则的制度性设计”，载《山西大学学报（哲学社会科学版）》2011年第5期，第118页。

重新阐释共同但有区别的责任原则，使之成为气候变化的国际习惯法，已经成为达成新的国际气候协议的重中之重。有学者认为以上三种理论各有利弊，但都存在一定的缺陷。人均排放理论忽视了发达国家所应当承担的历史责任，并且国家主权为该理论设置了一个难以逾越的鸿沟。单位 GDP 排放理论同样忽视了发达国家所应当承担的历史责任，适合经济增长幅度快的新兴经济体国家，不适合已经处于后工业社会增长幅度小的发达国家。创建附件三国家理论在制度设计上的公平性会存在不少困难，附件三国家的界定存在难度，并且由于人均排放量低于世界人均排放水平，可能会对这些国家的发展权构成威胁。此外，由于和附件一国家减排的历史责任、经济发展水平等基础性原因不同，附件三国家减排的数量如何确定？衡量的标准是什么？在分析了以上三种制度设计的理论后，有学者提出共同但有区别的责任原则的制度设计将在更大程度上取决于国家权力的运用以及软硬法的互动。〔1〕未来的国际气候制度安排也将在美国与欧盟的权力角逐中展开。在“共同但有区别的责任”原则形成之前，各种气候机制将相互作用，它们之间可能是一种相互补充关系，也可能是一种对抗关系。国家将在这些“软法”和“硬法”之间作出选择，以期应对气候变化，并最大限度地实现本国在国际气候制度中的根本利益。〔2〕这一认识颇有见地，可以从哈贝马斯的交往行为理论和哈耶克的自生自发的秩序观中得到有力论证。在共同但有区别的责任原则还没有成为具有权威性、规范性、稳定性的国际习惯法之前，各国会根据本国自身的利益，采取伦理、法律、经济、文化等多种手段试图在法律意义上的共同但有区别的责任原则所赖以形成的国际气候公共治理领域发挥作用，在混乱无序中实现利益博弈的自然选择和社会选择。在这一自发秩序

〔1〕吕江：“‘共同但有区别的责任’原则的制度性设计”，载《山西大学学报（哲学社会科学版）》2011 年第 5 期，第 119 页。

〔2〕吕江：“‘共同但有区别的责任’原则的制度性设计”，载《山西大学学报（哲学社会科学版）》2011 年第 5 期，第 120 页。

的形成过程中，是存在向蒙特利尔模式回归的现实可能的。[1]

（四）国际气候治理集体行动困境的挑战与回应

1. 国际气候治理中的权力合法化

从共同但有区别的责任原则的发展斗争史可以看出，国际气候变化谈判实质上是国家在国际气候领域所具有的权力合法化的一个过程。这表明，首先，权力是气候变化谈判的轴心，所有的气候制度安排都将紧密围绕权力展开。其次，合法性是气候变化谈判的结果，最终的气候制度安排将是以赋予权力合法性而告终。国际关系建构主义代表人温特认为，社会共有观念建构了国际体系的结构并使这种结构具有动力。而所谓的社会共有观念是指文化或者共有知识（共同知识与集体知识），即行为体在一个特定社会环境中共同具有的理解和期望。他指出："具体的文化形态，如规范、规则、制度、习俗、意识形态、习惯、法律等等，都是由共同知识建构而成的。"[2] 而共有知识的形成是在行为体互动中完成的，就国际体系的结构形成而言，亦是如此。

温特这段精辟的论述无疑阐明了气候变化谈判必将是一个围绕

---

〔1〕 有学者鉴于保护臭氧层的《蒙特利尔议定书》和《京都议定书》集中体现共同但有区别的责任原则，前者取得了成功，形成蒙特利尔模式，对两者进行了比较分析，认为蒙特利尔模式确定发展中国家区别责任的依据有两点：一是确定发展中国家义务的依据是发展中国家自身的排放，二是适用共同但有区别的责任原则的依据是发展中国家自身当前和未来的排放量。各国适用和保护大气层的原则应当是《里约环境与发展宣言》确立的"自然资源主权与无害国外环境原则，视为国际习惯法，将其作为确立各国保护全球气候和臭氧层的法律基础，其公平性应当是无可置疑的"。资金机制的合法性基础并非发达国家的资金技术优势，也不是发展中国家的贫困和资金需求，而是全球环境治理的利益公平分享。这种共同但有区别的责任原则的理论更新可以有力回应发达国家对资金机制的质疑，即发达国家出资不是基于恩惠的道德义务，也不是发展中国家缺乏全球环境治理的能力，而是发展中国家参与全球环境治理产生的收益，大部分由发达国家享有，资金机制是发达国家对发展中国家贡献的补偿机制。参见谷德近："共同但有区别责任的重塑——京都模式的困境与蒙特利尔模式的回归"，载《中国地质大学学报（社会科学版）》2011 年第 6 期，第 11 ~ 13 页。

〔2〕［美］亚历山大·温特：《国际政治的社会理论》，秦亚青译，上海人民出版社 2000 年版，第 202 页。

权力展开的过程。它最终的发展方向也将是权力的发展方向。事实上，这也印证了后现代主义者福柯关于权力与知识之间的关系的理论："我们应该承认，权力制造知识（而且，不仅仅是因为知识为权力服务，权力才鼓励知识，也不仅仅是因为知识有用，权力才使用知识）；权力和知识是直接相互连带的；不相应地建构一种知识领域就不可能有权力关系，不同时预设和建构权力关系就不会有任何知识。"〔1〕比如，《哥本哈根协议》第1段规定："为实现《公约》的最终目标，将大气温室气体浓度稳定在能防止对气候系统造成危险的人为干扰的水平，认识到科学意见认为全球温升幅度应在2℃以下。"最后一段规定："我们要求在2015年之前完成包括联系《公约》的最终目标进行的、对本协议执行情况的评估。这项评估的内容之一将是，参照科学所提出的各种不同事项，包括联系1.5℃升幅温度，考虑加强长期目标。"其中升温1.5℃的气候谈判立场是由受气候变化影响最为严重的小岛屿国家联盟提出的。这意味着在2015年之前的任何全球气候谈判都剥夺了小岛屿国家联盟的话语权。

这种权力与知识的建构关系深刻地揭示出气候变化谈判背后所蕴含的真正力量。合法性则成为权力得以实现的主要证明和途径，正如法国学者夸克所言："政治合法性也就成为了统治权利及任何以权利体系形式而组织的政治活动的基础。"〔2〕合法性的诉求为权力带来了两个主要益处：一是它减少了行使权力的成本；二是它也无形中增强了权力的有效性和力量。就前者而言，合法性实际上是克服了权力行使过程中的消极因素。因为权力的行使总会受到质

〔1〕［法］米歇尔·福柯：《规训与惩罚》，刘北成、杨远婴译，三联书店1999年版，第29页。

〔2〕［法］让－马克·夸克：《合法性与政治》，佟心平、王远飞译，中央编译出版社2002年版，第36页。

疑，总会引起反抗——“只要存在权力关系，就会存在反抗的可能性”。[1] 而合法性使权力具有了一种道义上的功能，将权力的消极因素降到了最低，从而极大地减少了权力行使的成本。这正如卢梭所言：“即使是最强者也决不会强得足以永远做主人，除非他把自己的强力转化为权利，把服从转化为义务。”[2] 就后者而言，合法性不仅仅是减少了权力行使的成本。更重要的是，它增强了权力的有效性和力量。“强劲的合法性构建了权力，而不仅仅是一个面纱。”[3] 首先，合法性确立了权力优势的正当性。在没有取得合法性之前，行为体利用权力获得的资源配置、地位和身份，始终处于不稳定状态，并不时地受到其他行为体的质疑和挑战。所以，只有权力与合法性相结合，对资源的分配、对地位和身份的取得才能正当化、合理化，从而限制其他行为体进行重新分配的自由。其次，合法性提高了其他行为体遵守和合作的义务质量。英国政治哲学家比瑟姆尖锐地指出：“合法性的缺失将会影响合作的程度和履行的质量，而后两者正是确保权力拥有者完成其目标，而不只局限在维持其原有地位的能力上。”[4]

气候变化谈判本身就是一个实现权力合法性诉求的过程。通过谈判达成一份具体的国际协议，从而使气候权力具有了一种规范性的力量。这一过程被英国学者克拉克称之为“合法性的实践”，即它是一个“什么能被国际社会合理接受，并可容忍在其上展开行动

---

〔1〕［法］米歇尔·福柯：《权力的眼睛》，严锋译，上海人民出版社 1997 年版，第 47 页。

〔2〕［法］让-雅克·卢梭：《社会契约论》，何兆武译，商务印书馆 2003 年版，第 12 页。

〔3〕 Christian Reus-Smit, “International Crises of Legitimacy”, *International Politics*, 2007, Vol. 44, p. 161.

〔4〕 David Beetham, *The Legitimation of Power*, London: The Macmilian Press LTD., 1991, p. 28.

的共识”。[1] 权力将力图使其他国家接受一种新的制度安排，重新构建起法律的、道德的乃至宪政性的规范。因此，毫无疑问未来的气候变化谈判就是要达到一种权力的合法化。

从共同但有区别的责任原则的发展演变史中可知，蒙特利尔气候会议启动双轨制和《巴厘岛路线图》长期合作协议（LCA）的提出，标志着部分发达国家开始扭转原先《京都议定书》所确认的气候治理责任分配的战略格局。

2. 国际气候治理集体行动困境的出路

科斯定理指出，无论最初的权利如何分配，有关各方总可以达成一种协议或制度来得到解决，而且结果是有效率的。因此，在各国协商一致的基础上通过制度建设可以实现有效率的集体行动。在环境保护的集体行动中，制度建设和大国协调将扮演最重要的作用。奥尔森所强调的选择性激励实质上也是建立于大国协调和帕累托改进的基础上的。[2] 由于大国未能协调好以及制度缺陷的原因，减排温室气体集体行动仍未取得理想效果。特别是在大多数发展中国家仍是能源密集型经济结构的情况下，清洁发展机制（CDM）和全球环境基金（GEF）作为集体行动选择性激励的成效都不显著。究其原因在于集体行动逻辑的困境未被有效克服。换言之，选择性激励是否被有效运用，集体的优化和制度建设是否有进展以及参与集体行动的主要国家发挥何种作用等问题将直接关系集体行动的成败。不管是建构主义学派所强调的国际集体行动中的国际认同、规范对决策者的影响和互动，还是现实主义所强调的以权力为基础的国家塑造提供公共产品、塑造国际集体行动，抑或是新自由主义所强调的利益分配、制度设计、信息交流和成本等因素对国际集体行动制度的功能影响，都没有正面回应集体行动的逻辑困境问

〔1〕 Ian Clark, *Legitimacy in International Society*, Oxford: Oxford University Press, 2005, p. 3.

〔2〕［美］奥尔森：《集体行动的逻辑》，陈郁等译，上海人民出版社 1995 年版，第41 页。

题。集体行动之所以出现困境源于个人理性和集体理性的对立冲突。由于存在这种利益的不和谐，集体行动受到三重制约：首先，集体越大，增进集体利益的人获得的集体总收益的份额就越小，参与集体行动得到的报酬就越少，这样即使集体能够获得一定量的集体物品，其数量也是远远低于最优水平的。这就进一步阻止了集体提供优化的公共物品。其次，由于集体越大，任何一个成员或者集体中成员的任何分集体获得的总收益的份额就越小，他们从集体物品获得的收益就越不足以抵消他们为提供集体物品所承担的费用。在大集体中每个成员仅得到小的利益，所以任何一个成员都不愿意提供集体物品。最后，较大的集体运行成本更为昂贵，对集体行动构成了经济上的限制。因此，奥尔森提出集体越大，就越不可能提供最优的集体物品，而且很大的集体在没有强制或独立的外界激励的条件下，一般不会为自己提供哪怕是最小数量的集体物品。因此，在缺乏为达到集体产品的内外强迫和动力的情况下，理性自利的成员组成的潜在集体无法自动产生集体行动，提供集体产品。如果从选择性激励、集体结构和制度建设以及大国贡献等方面入手，人类仍可以通过合作实现国际环境集体行动。

（1）选择性激励。选择性激励是解决集体行动困境最重要的手段。它是指能够驱使集体中的理性个体采取有利于集体行动的独立而有选择性的手段。集体必须具备两种条件才可以提供选择性激励：一是强制性的权威或能力，二是能给潜在的集体成员提供激励。

（2）集体结构和制度建设。集体成员支付集体产品的成本必须小于所得的收益。理想的结果是集体中每个成员的收益大于他们支付的成本。因此，集体的规模需要被缩小，委员会和小的领导集体等形式被创造出来，发挥重要的作用。

（3）集体行动中大国的作用。制定集体行动的游戏规则是最重要的一种权力。因为选择的条件总是由大国提出的，规则是由大国制定的，修改规则的可能只有在得到大国的认可后才能转化为现实。此外，大国将参与和主导集体行动作为吸引其他国家作为自己盟友和伙伴的软实力，迫使其他国家就范。

以上三种国际环境集体行动影响因素中，选择性激励是目的，集体结构优化和大国作用是手段。

3. 国际气候法律制度与国内气候政策法的互动

国际制度和参与国际政治活动的各个行为体的动机和行为有着密切的内在联系，甚至是复杂的相互依赖型关系。纵观国际政治经济发展的历史，对国际制度的影响研究一直围绕着利益、知识、国内制度等方面展开。制度是社会的一种游戏规则，或者用来塑造国家交往的人为限制。国际规范内化的过程初步体现在国际规范的合法性得到国内政治精英的理解和话语上的支持，直至上升到立法层次的辩论议程上。国际规范内化还体现在与国际规范相协调的国内官僚体制与政治制度的变革方面。国际规范内化体现在特定国家为了接受具体的国际规范而在国内实施的立法行动。[1] 国际气候制度对国内气候政策制定的影响主要包括以下方面：一是利益分配层面。部门利益在任何国家任何制度都存在。部门利益决定了各个部门在决策中的态度。国际制度使得部门利益复杂化，改变各部门参与决策的态度和程度。一般来说，国际制度一方面带来各部门实际的利益，如防止气候暖化的全球环境基金。这些基金影响到政策制定的进程与各个角色的态度，通过资金援助的方式可以改变一个国家的政策制定。另一方面，国际制度也影响到参与政策制定各方对部门利益的重新考量。政策是受到来自一系列不同利益集团压力的相互作用而产生的。虽然政策执行部门是中立的，但是他们可能受到利益集团的左右。公共行政的管理者因此有可能作出仅仅迎合某些利益集团的决策。二是知识层面。知识精英影响了政策制定和政策执行，公共政策反映了知识精英的价值观念，但这种精英政策制

〔1〕［美］罗伯特·基欧汉、［美］海伦·米尔纳编：《国际化与国内政治》，姜鹏、董素华译，北京大学出版社2003年版，第13页。

定模式容易受到心理情感、信息不充分、知识建构等因素的限制。国际气候变化制度涉及多种专业知识的分工协作，要求参与决策的各部门加强信息交换、交流和咨询，而且有些部门还需要接受国际培训或其他部门的培训，从而加强部门间的协调。反映人权、可持续发展等人类价值的国际规范既包含在国家制定政策过程中，又调整和规范国家的行为。三是制度层面。国际制度会通过议事日程和规则的变化、新的配套协调决策机构的建立等来影响参与者的政策决定。在国家战略、规划等政策的决策过程中全球化、区域化的议题占据越来越重要的位置。伴随国际制度产生而发展国内配套机构将会对政策制定过程中的权力分配结构产生重大影响，比如国际气候变化制度要求各缔约国必须建立各国气候变化政策协调机构。在各国气候变化政策协调机构中，环境保护部门、宏观调控部门、科研部门、能源部门等权责分配各不相同。

部门利益、知识建构、决策结构这三个层面的作用相互交织在一起，相互作用和影响，使得国家政策制定过程日益专业化、多元化，同时提升了协调模式在最终政策制定中的重要性。面对国际制度的影响，在现代的政府运作过程中，不同政府部门之间相互协调、谈判，甚至斗争已经成为一个非常显著的特点。民族国家在日益相互依存的国际体系中运作，得到了新的机会、利益、权利和知识，另一方面自主性也受到限制。因此，各国应积极参加国际组织的活动，促进国际组织的民主化，使之能反映和代表国际社会的意愿。

从国家气候政策法对国际气候制度构建的影响方面来看，国际气候制度构建中，不仅要考虑国家的理性选择，也要认识到交往行为的重要性。只有在两种理论共同推动下，新的国际气候协议才能达成。

国际法理性选择理论认为，国际法产生于各国基于对他国利益及国家权力分配的认知，是理性地追求利益最大化的行为。它内生于国家利益，是国家在国际舞台上对于利己政策的追求。国际法并

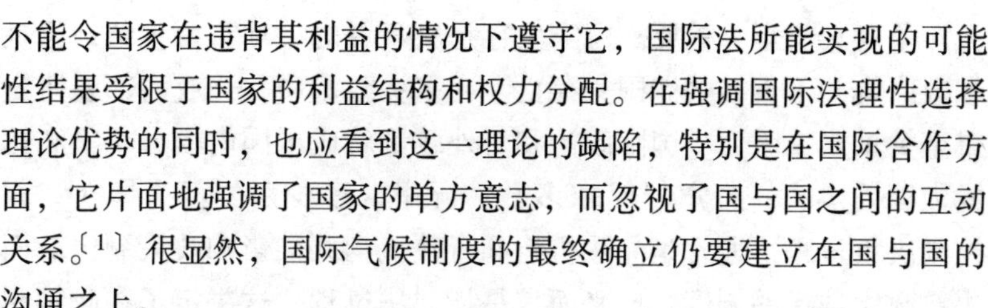

不能令国家在违背其利益的情况下遵守它，国际法所能实现的可能性结果受限于国家的利益结构和权力分配。在强调国际法理性选择理论优势的同时，也应看到这一理论的缺陷，特别是在国际合作方面，它片面地强调了国家的单方意志，而忽视了国与国之间的互动关系。[1] 很显然，国际气候制度的最终确立仍要建立在国与国的沟通之上。

当前的国际社会正处于温特所言的“洛克社会”。这一社会有两个明显的特征：一是尽管强权仍然存在，但暴力已不是国际社会的常态；二是虽然不存在纯粹的平等，但国与国间确实存在着一定程度的形式或实质平等。因此，那种具有强权性质的非交往的行为，将无法被社会共识所接受，最终也将达不到目的理性所渴望的结果。这正是国际法理性选择无法解决的问题。[2] 而交往行为理论强调了承认与他国之间的平等，将行为效果内化于国家主权，为权力找到它的合法性提供了正当的行为途径。

正是由于现代社会的结构并不依赖于组织而是作为一种自生自发的秩序演化发展起来的，所以它才达到了它所拥有的这种复杂程度，而且它所达致的这一复杂程度也远远超过了刻意建构的组织所能够达致的任何复杂程度。因而，“人们不仅完全不可能在以组织替代自生自发秩序的同时，又欲求尽可能地运用其成员所掌握的分散的知识，而且也完全不可能在以直接命令的方式干涉自生自发秩序的同时，又达致对这种秩序的改进或矫正”。[3]

国家本身并非单一行为体，不是严格的等级制，而是多头政治，由具有不同偏好的行为体组成，它们分享决策权。国内政治权

〔1〕［德］哈贝马斯：《交往行为理论：行为合理性与社会合理化》，曹卫东译，上海人民出版社 2004 年版，第 14 ~ 15 页。

〔2〕 Niels Petersen, “How Rational is International Law?”, *European Journal of International Law*, Vol. 20, 2009, pp. 1258 ~ 1262.

〔3〕［英］哈耶克：《法律、立法与自由》（第 1 卷），邓正来等译，中国大百科全书出版社 2000 年版，第 73 页。

力斗争对它们至关重要。国家生存是决策者的一项重要价值，但是多数决策并不直接关涉国家存亡。在多头政治中，达成内部妥协变得至关重要，因而，国际政治和对外政策就成了国内权力斗争和达成内部妥协的一部分。[1] 在多数情况下，至少两类行为体在竞相控制决策过程，通常是立法机构和行政机构共同影响政策制定。而决定政策选择的制度，广义而言是指立法过程。这决定了在政策制定过程中哪些行为体掌握何种权力，也部分界定了国内多头政治的程度。在政策制定过程中，国内行为体拥有四种关键力量：发起和设定议程的能力、修正政策提议的能力、批准或否决政策的能力以及付诸公决的能力。行为体对这些立法权力的控制因政治体系而不同，并使其偏好在最后的政策选择中得到反映。合作的可能性和内容依赖于立法权力的分配。当这些权力集中于立法部门时，合作的可能性和内容依赖于立法权力的分配。当这些权力集中于行政部门时，合作的可能性依赖于行政部门偏好与外国偏好的接近程度，而且任何协定的内容都会更反映行政部门的偏好。但是，当这些权力分布于国内不同行为体时，合作的可能性和内容都会发生变化。除了从立法权力的角度进行国内法对国际法的影响分析外，非政府组织在国内的行动以及在国际上的活动对于沟通国际气候变化政治谈判和国内气候变化政策之间发挥积极的桥梁作用。公民社会运动自下而上的从地方、国家、国际多个层面参与气候变化的全球治理。这个过程无论对于国家制定气候变化政策还是国际气候变化的谈判来说都及时分享有关气候领域的信息，让国家和区域的社会特殊性背景文化能够为世界所认识与了解，可以帮助国家在国内政策法律的制定过程中既体现本国特殊的利益诉求，又能够在国家参与气候变化国际合作中改变固守的策略，减少误解和对立认识，融入国际气候变化治理的自生自发秩序中。因为国际气候变化谈判的发展趋

---

〔1〕［美］海伦·米尔纳：《利益、制度与信息：国内政治与国际关系》，曲博译，上海世纪出版集团2010版，第9页。

势必将有利于掌控权力合法性的大国。大国主动参与集体行动的形式有制定国际环境规则和制度、承担环境安全责任并合作领导全球气候治理。

不同类型的大国由于其各自所处发展阶段、拥有实力差距、面临内外压力、追求战略目标的不同，其国家利益界定和外交政策内容也各不相同。这意味着虽然同样是竞争追逐规则制定权和行动领导权，但各类型大国的环境和气候外交的具体目标和实施行动还是呈现出巨大的差异。

美国对气候外交战略的认识经历了一个复杂的反复的过程。随着全球化程度的日益加深，美国越来越明确气候变化问题在国家利益中的重要地位，将气候变化纳入到国家安全的战略之中，并致力于谋求全球领导权的战略目标。此外，还兼具扩充软实力及充当全球战略工具的任务。对于《京都议定书》的带头抵制，以及在《公约》之外，重新制定全球气候变化的利益分配和负担设定的国际规则，这一规则必然由美国凭借其大国权力来主导，并通过新规则的制定来分化瓦解原有由《公约》和《京都议定书》所确立的利益分配法则。

欧盟及其成员国在推进国际气候变化的全球治理方面发挥了巨大的领导作用，在气候变化问题的国际规则制定和全球集体行动方面拥有较高的权威和号召力。欧盟集团已经形成了高度一致的共同气候政策法律和行动。无论是在碳排放权交易的制度构建与实施，还是在适应气候变化的战略、政策行动上，都成为表率。但随着国际金融危机的冲击，特别是受到京都机制实施效果不佳、区域碳排放权交易的碳价格过低、市场低迷等因素影响，使得欧盟在国际气候变化谈判中的影响力在逐渐下降。

以中国、印度、巴西、南非等为代表的发展中新兴大国经济体以及韩国、墨西哥等新兴经济体在国际社会中地位的上升引人注目。新兴经济体国家在对国际事务参与和领导权的谋求上采取了更为积极、主动的策略。然而，新兴经济体国家处于发展迅速的工业

化阶段，对能源的需求大幅增长，使得其在气候变化问题上，往往成为西方发达国家批评的对象。面对这样一个为国际社会热议和急切寻求解决方法的全球性问题，生态脆弱性高、易遭受气候变化负面影响的新兴发展中国家需要表明自己的立场和政策以寻求国际社会的理解和支持。改变以往从历史责任的方面来认识国际温室气体减排责任分担的固有思维，以攻为守，立足现在面向未来，勇于承担减排温室气体的责任，但减排责任的承担方式、减排数量的计算方法等问题需要在参与国际气候制度规则制定的过程中逐渐产生影响，扭转由西方发达国家主导新的国际气候变化规则制定的格局。这就要从国内立法上作出自愿减排的承诺或是设定强制减排目标的，同时需要在立法中明确责任承担的前提是发达国家履行其向发展中国家提供资金援助、技术转让的承诺，提高能力建设。

根据2011年在南非德班达成的《德班协议》，联合国气候谈判“德班增强行动平台”在2012年5月的波恩会议上正式启动。这一进程旨在于2015年之前达成一项适用于所有缔约方的议定书或者具有法律效力的结果，对2020年之后的国际气候体制作出安排。在《京都议定书》之外，重新制定国际气候治理的新规则这一进程自2007年《巴厘行动计划》的达成就已经开始了。无论是德班增强行动平台特设工作组（ADP），还是“长期合作行动”（LCA），都在一定程度上反映了这一新的国际气候变化法的生成趋势。一项有效力的后京都时代的国际气候变化协定的形成其基础在于各国根据气候变化应对的需求和目标，有效实施了国内的气候政策与法律。在国家主权原则的前提下，充分实施共同但有区别的责任原则，既维护主权国家的国家利益，又能够在协商对话的基础上共同分担责任，并在联合国所构筑的国际气候变化合作交流平台上共同分享各国在气候变化应对中所形成的成功模式和行动框架。由此，即使是国内气候立法，其目的和功能都是全球性的，脱离国际社会气候谈判的进程来单独行动是难以摆脱集体行动的困局的。全球减排责任如何在国家之间进行分配是一项政治性的利益分配。各国达成了共识，即到2050年发达国家的总排放量需要在1990年的排放量基础上至少减排80%，发展中国家则减排15%～30%。这种国际减排责任的分担在国家立法中会得到体现。各国的基础性立法大多以中期或长期减排目标为中心。在发达国家，减排目标具有强制约束力。发展中国家的基础立法对于减排目标的规定具有自愿性和宏观性的特点，往往与能源利用方式的转变和能源效率的提高密切关联，这样有利于量化分解减排目标。不同国家关注的重点部门和领域各异，有的国家关注森林碳汇，规制森林滥伐和毁林；有的国家关注可再生能源的利用与推广、能效提高；有的国家关注气候变化适应。需要深入研究立法目的背后的动因、国内政治力量的博弈、立法传统、立法体系等因素对气候变化立法的形成、发展趋势的影响，分清不同国家气候立法的基础动力和一般动力。

由此，笔者以2007年《巴厘行动计划》的达成为时间划分的依据，在此之前是《公约》和《京都议定书》的国际法律机制下各国依据自身的立场、遭受气候变化影响的程度以及在气候变化领域国际法上所承担的国际法律义务或是国际道义，制定国内相应的气候变化政策，通过明确各自的立法目的，设计立法模式、立法原则、基本制度和体制、机制来有效执行气候变化政策。这里的政策作广义理解，包括了战略和规划。

第二节　典型国家应对气候变化立法目的的嬗变

一、2007年之前各国应对气候变化立法目的

不同国家利益偏好的不同使得各国的气候变化政策和法律表现

出不同的倾向。[1] 大致可以划分为以下阵营：伞形国家、欧盟、新兴经济体国家[2]、小岛低地国家、石油输出国组织。影响国际气候变化治理规则的主要是伞形国家、欧盟和新兴经济体国家中的大国。因此，笔者将各国气候变化立法目的的透视，限定在这三类国家阵营。根据第一章有关立法目的的概述，在分析特定时期国家气候变化立法目的时，需要从立法权力、立法体制、立法模式、立法原则等方面来回顾梳理。同时，由于政治体制的不同，尽管总统制和内阁制在国家气候政策和立法的制定执行过程中会表现出差异，但均在气候风险规制方面体现出一脉相承的行政宪政主义。在各国气候变化政策法律形成发展的历史脉络中，笔者围绕着原则、体制和主要制度进行气候变化立法目的演变的梳理。这一时期发达国家气候变化立法由“研究为主”转变为“研究与行动并重”，以能源安全为核心价值，从节能减排、提高能源效率方面应对气候变化。发展中国家则多数处于初级的粗放型经济发展阶段，南北差距过大，需要解决更为紧迫的污染防治类的环境问题。发展中国家通过京都机制来获得发达国家的资金技术转让，有关应对气候变化的

---

〔1〕 按照美国学者 Detlef Spriz 和 Tapani Vaahtoranta 所提出的国际环境政策利益分析理论，在国际环境谈判中，依据某一国家生态的脆弱程度（低或高）与治理成本（低或高）的差异性，国家可以被划分为推动者、中间者、拖后腿者和旁观者四种类型，具体而言，“推动者”国家的生态环境脆弱程度较高，而治理成本却较低；“中间者”国家的生态脆弱程度和治理成本都比较高；“拖后腿”国家的生态脆弱程度较低但治理成本却较高；“旁观者”国家的生态脆弱程度及治理成本都比较低。具体到某一国际环境问题上，“推动者”国家往往主张制定严格的国际法律，而“拖后腿”国家则会极力反对该主张。尽管“中间者”国家也会积极参与国际法律制定，但是他们却不愿意花费大量的治理成本。那些“旁观者”国家的生态环境相对较好，它所受到的不良影响不大，若在治理成本较低时，他们的态度要比“拖后腿”国家更强硬。转引自毛涛：《碳税立法研究》，中国政法大学 2012 年博士学位论文，第 28～29 页。参见 Detlef Sprinz，Tapani Vaahtoranta，“The interest - based Explanation of International Environmental Policy”，*International Organization*，1994，pp. 80～81.

〔2〕 英国《经济学家》将新兴经济体分成两个梯队：第一梯队为中国、巴西、印度、俄罗斯和南非，也称“金砖国家”；第二梯队包括墨西哥、韩国、波兰、土耳其、哈萨克斯坦、埃及等“新钻”国家。

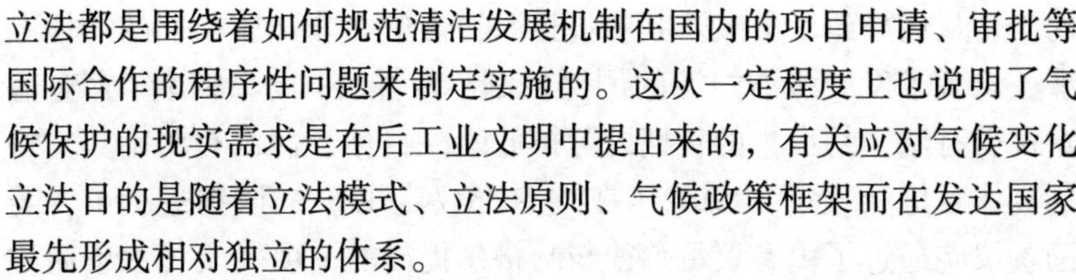

立法都是围绕着如何规范清洁发展机制在国内的项目申请、审批等国际合作的程序性问题来制定实施的。这从一定程度上也说明了气候保护的现实需求是在后工业文明中提出来的，有关应对气候变化立法目的是随着立法模式、立法原则、气候政策框架而在发达国家最先形成相对独立的体系。

（一）伞形国家气候变化立法目的

伞形国家是指除了欧盟以外的其他发达国家，主要有美国、加拿大、新西兰、澳大利亚、日本。尽管伞形国家在《京都议定书》的国际减排法律义务承担上一般持消极态度，但从其国内法的角度来看，这些国家普遍在国内气候变化政策和法律的制定和执行上有着鲜明的气候能源战略取向，形成以美国为首的强调能源安全和独立型的气候变化立法目的。这一时期气候变化国内法并未正式确立，而只是能源政策法律的一部分。

1. 美国：内部激辩，评估成本

一些重要事件可体现出 20 世纪 80 年代中期到 90 年代中期美国国内对气候政策的广泛争议。里根和布什政府对大规模削减碳排放的必要性持怀疑态度。他们提倡具有广泛效益的行动，比如消除温室气体及其他臭氧层消耗物质，因为在《蒙特利尔议定书》中部分消耗臭氧层物质也被归在温室气体之中；实施各种既能提高能效（在《清洁空气法》框架之下）又可进行污染控制的措施；提高森林面积以增加对碳的沉降吸收；在建筑物、用电器及照明方面提高能源效率以及增加对可再生和非化石能源的利用。在克林顿执政期间，美国联邦政府发布了《气候变化行动计划》，促使自愿性减排技术措施的推广。该方案的目的理念在于温室气体削减可以获得巨大的进展，不会出现经济效益减损的状况。相反地，行政当局大肆鼓吹更清洁和对环境更友好的技术所带来的经济效益。然而，到了 1996 年时美国政府已明确认为到 2000 年将排放量降至 1990 年水平的预定目标是无法实现的。主要原因在于过于乐观的目标和错误设置的衡量标准使得以共和党人为主的国会拨付的项目资金比所预期

的少，从而导致了失败。其中包括原油价格并非如所预期的那样上涨，出现了发展清洁能源的倒逼机制。虽然美国于1996年宣布愿意接受有法律约束力的长期国际排放削减目标，但没有明确其支持的具体目标和政策。1997年在《京都议定书》的谈判过程中，美国参议院通过了由参议员伯德与哈格尔提出的一项决议（以下简称《伯德—哈格尔决议》）。《伯德—哈格尔决议》指出，美国不应当接受没有明确各参与国相应责任的气候协议。该协议旨在考虑国际气候协议可能会对美国经济带来的影响，《公约》所支持的共同但有区别的责任原则会有损美国国家利益。虽然美国签署了《公约》，但不意味着美国也接受《公约》所确定的所有原则，因为该《公约》在原则和制度的设计上仅是框架性规范，还不具有程序上的可操作性和强制性的遵约机制。该决议要求行政当局对任何气候政策都要提供经济合理性分析，确保未来的收益值得现在的费用支出。

1996～2000年，克林顿行政当局通过群众性运动来增强民众的气候变化风险意识。这一时期，美国政府积极鼓励从事对温室气体控制给美国带来的经济成本支出的评估研究，并强调温室气体控制会给美国带来巨大的经济效益。反映在气候政策上就是重视气候变化的研究，全面评估气候变化对美国经济社会所带来的影响，既要重视温室气体减排对未来可能产生的成本效益，也要重视不同国内区域中的适应性措施对于气候适应能力提高的成本效益分析，保证政策制定者在充分了解气候变化所涉及的复杂性、不可逆性和不确定性的基础上所产生的执行灵活性和执行成本方面的争论，同时在发展中国家应对气候变化方面采取了富有成效的减排行动和适应行动后，才会考虑承担《京都议定书》规定的国际减排义务。行政部门与国会以及非政府的利益相关者之间，时常会对与气候变化相关的财政预算和气候政策对美国经济产生的后果等问题进行激烈的辩论。

政策制定者在设计气候政策时需要更好地理解政策灵活性与严格性之间的政治与经济平衡问题，而且人们需要认识并考虑突出的不确定性问题。此外，国际的参与合作是有效解决气候问题的必要条件，在达成具有实质性目标和能够充分执行的国际协议方面目前尚存在巨大的挑战。气候变化经济学阐述的政策与美国以及国际政策争论的现实导向之间存在差距。经济分析结论如下：①正如效益与成本一样，不确定性也显得非常重要。有必要权衡气候变化不可逆转的后果与不适宜的缓解气候变化投入之间的关系。以渐进的方式来执行温室气体控制可以节省费用和提供不断学习的机会。②完善的成本有效性政策是问题的关键。激励机制能确保国内、国际的广泛认同，相对严格的数量控制目标而言，尤其需在短期和中期内应用价格手段来处理反应费用的不确定性风险，应当采取政治上行得通的措施来补偿最大损失方。气候政策应当与更广泛的经济改革糅合在一起以尽可能实现双赢格局。③紧密的国际合作是成功的关键。在分担责任与追求共同利益的基础上，认真探讨建立在发达国家与发展中国家间有区别的共同参与机制。

但是，在联邦层面，美国政府关于应对气候变化问题的态度却一直没有改观。1992 年，老布什政府曾制定了《能源政策法》，其第 16 章专门就气候变化问题进行规制，但是，该法案实施计划最终落空。在克林顿执政期间，美国政府以发展中国家未承担约束性的温室减排任务为由，拒绝批准《京都议定书》。小布什上台后，在宣扬克林顿在位时所强调的发展中国家不承担强制减排任务对其他国家是不公平的主张的同时，更是变本加厉，提出了气候变化问题的科学不确定性，宣布美国不批准加入《京都议定书》。2005 年美国颁布《能源政策法案 2005》，其中设“气候变化”专章来考虑能源安全和气候应对。随后一系列法案虽然没有在众参两院获得全部通过，但立法听证会中的辩论使得气候变化问题在联邦层面得到充分的论证。

2003 年，美国东北部地区的“区域温室气体计划”（Regional Greenhouse Gas Initiative）开始酝酿。2005 年 12 月，该计划启动。目前，成员包括东北部地区的康涅狄格州、特拉华州、缅因州、马里兰州、马萨诸塞州、新罕布什尔州、新泽西州、纽约州、罗德岛和佛蒙特州十个州。其所建立的强制性的、以市场为基础的限量排放与交易体系已经开始运行，目标是到 2018 年降低电力行业二氧化碳排放量 10%。

实际上，美国国会气候政策辩论具有深刻的国际和国内背景。不同于其他公共政策，美国气候政策的缘起首先发生在国际层面。现有《公约》及其《京都议定书》为标志的国际气候变化机制正是在美国等的大力推动下构建而成的。而且，其任何国内气候政策的设计都是被置于国际背景之下加以考量的。2001 年，乔治·W. 布什政府退出京都机制，并不意味着美国气候政策发展的停滞。相反，激烈而充分的政策辩论，发生在地方、企业等各层面的气候行动实践，联邦气候立法的尝试与突破都成为美国新气候政策形成的坚实基础。[1]

2. 日本：地球愿景，京都倡导

日本 1993 年《环境基本法》以地球环境保全为基本理念，将全球气候变暖对策纳入环境法体系。根据该法第 15 条关于政府制定环境保全基本计划的规定，日本于 1994 年制定的《环境基本计划》就将有关应对全球气候变暖的对策置于重要地位，并明确规定了应在国际协作下，以实现《公约》规定的“减少温室气体排放，减少人为活动对气候系统的危害，减缓气候变化目标”为宗旨，并考虑增强生态系统对气候变化的适应性，确保粮食生产和经济可持续发展等。山村恒年教授在其《环境法入门》对于为什么需要制定环境基本规划有明确的论述：首先，因为法律的目的和理念的具体实施是很困难的，连规划都不制定就付诸行政实施是不现实的；其次，国家行政是被各个省（部）和厅纵向分割的。各个省厅又进一步分割为各个部、局，行政上纵向分割产生的弊端必会阻碍行政目

〔1〕 王瑞彬：《美国气候政策之辩（2001~2008）：支持联盟框架视角》，外交学院 2009 年博士学位论文，第 75 页。

的统一的实现。[1] 当然，这一时期的日本应对全球气候变暖的对策尚停留于依托有关省厅的各种措施，而真正采取法律措施应对全球气候变暖问题，则始于加入《京都议定书》的前后。日本内阁在京都会议召开后便组建了全球变暖预防总部来寻求方法以减少各个部门产生的二氧化碳和其他温室气体。1998 年全球变暖预防总部公布了《全球变暖预防措施指导原则》，囊括了有关部门提交的拟采取的所有措施。1998 年 10 月 9 日通过的《全球气候变暖对策推进法》是世界上第一部旨在防止全球气候变暖的法律，显示了日本积极应对全球气候变暖的姿态。该法表达了日本当时希望通过立法来积极参与推进气候变化的国际合作，争取国际气候领域的领导地位。同时也反映了国内各阶层普遍的气候危机的公众认知度较高，希望通过国内立法形成统一协调的气候变化管理体制来专门应对气候风险。其立法目的是：由于全球气候变暖将对地球全体的环境产生深刻影响，在对气候圈保持着不致达到危险的人为干涉的情况下，促使大气中的温室效应气体的浓度予以安定，防止全球气候变暖已成为人类共同面临的课题。鉴于所有人均自主且积极地参与这一课题将至关重要，因此，关于全球气候变暖对策，在制定达成《京都议定书》目标计划措施的同时，通过制定有关促进抑制社会经济活动及其他活动所排出的温室效果的措施等，实现推进全球气候变暖对策之目的，在确保现在及未来之国民的健康与文化的生活的同时，为人类的福祉作出贡献。

2000 年 6 月，日本通过了《建设循环型社会基本法》，这部法律旨在解决日益严重的废物处理问题。通过该法规定的“减量化、再利用、再循环”的原则提高资源利用效率，减少废物排放。制定《氟利昂回收破坏法》，减少工业生产中氟利昂的使用和排放，以达到保护大气中臭氧层的目的。2002 年日本通过《能源政策基本

〔1〕 转引自于杨曜、唐荣智：“论日本推进循环型社会形成基本法的理念、规划与原则”，载《华东理工大学学报（社会科学版）》2005 年第 2 期，第 101 页。

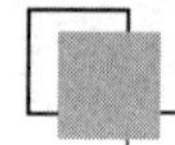

法》、《能源利用合理化法》，旨在强调节约能源，保障能源安全。可见这一时期，日本将气候变暖问题直接纳入到环境法规制中，认为气候变化问题是一类特殊的环境问题，并开始制定专门的立法来应对全球气候变化，参与全球气候变化治理。在国内注重能源节约、资源循环利用、生态保护，为应对气候变化奠定了较好的法律基础和政策基础。

3. 新西兰和澳大利亚：构建体系，地方主动

新西兰和澳大利亚同为大洋洲的重要国家，在区域气候变化的应对中采取了切实有效的地方行动。新西兰以农业为支柱产业，温室气体排放量大，地广人稀，依赖交通运输和能源支撑，一直重视应对气候变化，无论是从国际温室气体减排《京都议定书》的积极加入，还是在国家和地方政府积极履行减缓和适应气候变化的职责上都取得了可喜的进展。而澳大利亚在国际上追随美国，期望在京都机制之外，另立新的国际减排机制，被认为是奉行消极的国际气候政策立场的发达国家。在前总理霍华德执政期间至 2007 年，澳大利亚从联邦到各个州相继制定了一系列的国内气候变化政策和法律，初步形成了气候变化政策和法律体系。新西兰和澳大利亚在国内气候变化应对问题上制定了有效的政策和法律，都想在国内有效应对的基础上，在国际上处于主动领导者的地位。只是因为澳大利亚追随美国的全球气候战略，努力在京都机制外发展新的国际温室气体减排机制，而在国际上备受指责。其实，在这一表象背后，在国内已经有了相当规模和政策立法实践经验的沉淀，一旦国际气候变化谈判的重心从历史责任的伦理话语转移到未来风险的共同面对上来，就能够抢占主动，凭借本国气候变化应对的政策体系支撑，便可以发挥在新的国际气候协议谈判中的重要作用。

2002 年新西兰批准《京都议定书》，通过了以碳排放交易为核心内容的《应对气候变化法》，建立起碳排放交易的注册登记、报告和审查、罚款制度。2008 年 9 月通过修正案修改了《应对气候变化法》，构建了国内统一的温室气体排放交易体系。新西兰地方

政府应对气候变化的职责主要体现在《2002 年地方政府法》和《1991 年资源管理法》对地方政府的授权。这两部法在随后都经过修改，以适应不断变化的地方政府优先事项和优化环境管理的需要。地方政府以民主决策的形式制定、实施或授权实施适用于本地区的气候变化立法和政策，在制定其他立法与政策时考虑气候变化的影响，切实反映社区居民的意愿并促进当地经济、环境和文化的协调发展。《1991 年资源管理法》第 30、31 条规定了地方政府对各类自然资源的管理方法和程序，赋予了地方政府对地方资源的管理权限。该法案 2005 年的修正案第 36 条规定了地方政府可以通过协议的形式与第三方，包括企业和个人，对自然资源进行联合管理，创新社会公共治理模式，优化社区管理效果。为了帮助地方政府更有效地理解和评估气候变化对社区和行业的影响，并将气候变化因素纳入本地区长期规划中，新西兰政府召集有关专家起草并发布了一系列指南或报告，其中包括 2004 年 5 月发布的《地方社区：应对气候变化的规划》。

与国际上拒绝签署《京都议定书》普遍受到国际社会批评的消极立场形成鲜明对比，澳大利亚一直积极推动各项全国性温室气体减排的政策与措施，包括：1997 年的《保护未来配套措施》（Safeguarding the Future Package）、1998 年的《国家温室气体战略》（National Greenhouse Strategy）、2000 年制定的《更佳环境配套措施》（Measure for a Better Environment Package）、2004 年制定的能源白皮书《澳大利亚未来能源安全》（Securing Australia's Energy Future）、2006 年发起成立的《亚太清洁发展和气候伙伴计划》。澳大利亚具备了比较完整的气候变化政策执行框架体系。虽然澳温室气体办公室负责国家气候变化具体事务，但是重要事项需向联邦政务会议汇报，并且受到国会、内阁总理以及国家审计署等部门和地方政府的制约，在科学依据等问题上还要与专门委员会、环境部、农业与资源经济研究局（ABARE）、研究中心（CSIRO）等机构合作和共享信息。按照 1998 年、2004 年《国家温室气体排放战略》的要求，各级政府都要承担相应责任，设计政策，推动实施，进行监测和报告。通过广泛动员各种社会力量，实施政府主导的、政府和私营部门联合推动的以及个人自发的项目来实现气候政策的目标。〔1〕在这一时期，大部分气候变化法规都是由地方政府实施的，并且是作为实验的工具。2003 年 1 月，新南威尔士州开始实施“温室气体减排计划”。该计划是“基准与信用”模式，并非总量控制下的配额制。该计划要求设定州人均碳排放基准，并且必须符合电力零售商与该州电力市场其他相关主体的要求。参与者必须每年提交一份制定的排量证书或可再生能源证书，否则会受到惩罚。通过植树、节能等减少或消除温室气体排放而创造的温室气体减排计划证书可以转让。这一基准与信用的碳交易模式为其他地方所效仿，为日后建立全国范围的碳交易市场积累了经验和教训。另外，澳大利亚地方政府还实施了碳权认证计划。

澳大利亚每个州的地方政府根据各地的《地方政府法》来行使气候变化应对的行政职权。地方政府以适应气候变化为主来实施地方的气候政策和法律。这是因为地方政府运作方式较为灵活自主，与当地社区民众联系便利，可以直接监测法律和政策的实施效果。特别是进行政策创新实验试点，如果成功，可以起到示范作用；如果未达到预期效果，也可以及时灵活调整。澳大利亚环境与遗产部温室气体办公室发布《适用于企业和政府使用指南之气候变化影响与风险评估》，并于 2007 年公布了由澳大利亚政府委托撰写的《地方政府气候变化适应行动》。这两部政策性文件互相补充，是规定地方政府在这一职责上的主要依据。前者在分析气候变化风险评估和管理必要性的基础上，指导企业和地方政府如何进行气候变化风险战略评估，包括在评估之前的任务和准备工作、评估中应该如何进行问题识别、分析和风险评估，并在此基础上采取何种应对行

---

〔1〕 李伟、何建坤：“澳大利亚气候变化政策的解读与评价”，载《当代亚太》2008 年第 1 期，第 111 页。

动。后者则指出气候变化对地方政府职能的影响，地方政府适应气候变化的立法框架，阐明了地方政府各项职能的适应行动方案及其成本收益。这两个政策性文件还提供了多个适应行动方案案例样本供地方政府参考借鉴。澳大利亚政府赋予地方政府适应气候变化的职责基于以下着眼点：一是气候变化在各个方面影响着地方政府和其他企业组织等公共部门和私营部门的发展规划以及正常运营。如果将气候变化及其潜在影响纳入到澳大利亚公司各个部分的风险管理和其他战略规划活动中，将有助于帮助企业更好地适应气候变化。这一思路在 2012 年召开的多哈气候大会中得到积极的倡议。二是作为联邦国家，澳大利亚各级州政府拥有较高的地方自治权，州政府管辖的地方当局也拥有较高的自主权，可以充分发挥地方各级政府在适应气候变化方面所形成的公共治理潜力，通过政策引导、资金支持来促使各地政府积极行动，有效提升社区的适应能力建设水平。在这种中央和地方政府的治理结构之下，区域适应气候变化行动得到利益协调，实现利益共进。甚至个别地方政府在气候变化应对中形成独特的模式，并走在整个国家所设定的战略规划前列，比如维多利亚州政府在 2002 年就积极制定了本州的应对气候变化发展战略，并于 2005 年根据最新情况进行了修订。州政府在没有联邦政府强制性的要求下，宣布到 2005 年的排放总量降至 2000 年的 60%；同时州政府积极资助各种研究项目以调查地区气候变化带来的影响，深入调查具体部门的具体问题；积极扶持研发可再生能源、能效提高和能源技术的创新。2006 年维多利亚州政府开发的维多利亚气候变化适应项目，在澳大利亚全境形成了较大的示范效应。

此外，鉴于气候变化对环境和人类健康的具体危害存在着一些不确定性，相应的科学依据存在着一些滞后，部分地方政府明确规定了将环境法的预防原则作为制定立法和政策的依据之一，如 2004 年澳大利亚塔斯马尼亚地方政府协会规定了地方政府在保护社区方面的职能，指出“地方政府有责任为其所在的社区提供健康、安全

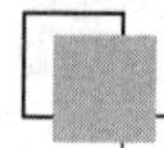

和福利，如果地方政府未能表明其依据采取了预防性的行动与应对来自外部的对该社区在健康、安全和福利方面的威胁，地方当局可能会面临与责任有关的成本——这种成本在当地政府识别出，来自外部的对其社区的威胁，并实施了适当的战略以应对这种威胁的情况下就会降低”。[1]

（二）欧盟及其主要成员国的气候变化立法目的

1. 欧盟：原则厘定，一体协同

欧盟在气候变化领域采取了较为激进的政策措施。一体化是欧盟气候变化政策法律最大的特色和亮点。欧盟环境政策一体化主要是指将环境考虑纳入到欧盟其他政策的制定和执行之中，这使得欧盟气候变化的法律和政策具有很大的灵活性和开放性。由于气候变化本身作为巨大不确定性的特殊环境问题，需要以动态的、全面的、整合性的政策制定方法和战略规划来作出调整。尽管环境政策和法律与气候变化的政策和法律不能够等同，但应对环境问题不确定性的战略方法却是一脉相承的。所以，回顾欧盟在环境政策法律领域所出台的重要环境法律政策，分析梳理出其特点、法律原则，对于理解欧盟在国际气候变化应对上担负起积极推进者的角色，有着重要的意义。这一时期，欧盟的气候变化立法是在参与和推动《京都议定书》、《巴厘行动计划》等国际法律文件的谈判过程中逐渐形成、发展和变化的。[2] 欧盟自 1993 年成立起就对全球气候变化问题给予高度重视，各成员国纷纷提出本国的应对政策。欧盟通过制定、发布、实施统一的条例、协定、指令等形式的环境法律和欧盟环境政策来统一协调各成员国的环境政策和法律。委员会于 1992 年提出《欧共体第五个环境行动规划》。在 1993 年 2 月的理事会议上，以理事会和成员国代表的决议形式，欧共体的环境部长

---

〔1〕 施余兵：“澳大利亚和新西兰应对气候变化立法探析——以地方政府、企业与公民责任安排为视角”，载《北京政法职业学院学报》2012 年第 1 期，第 85 页。

〔2〕 陈新伟、赵怀普：“欧盟气候变化政策的演变”，载《国际展望》2011 年第 1 期，第 61 ~ 62 页。

批准了《走向可持续性》的总方法和战略。《走向可持续性》为有关环境、社会经济活动和发展的新方法提供了一个框架，为了使这项方法运转，它要求各级政治的和民间的组织采取积极态度，以及所有公民和消费者的参与。该行动规划主要是为了打破现行趋势，改变行为和消费方式，走可持续发展的道路。《欧共体第五个环境行动规划》提出四种方法处理好环境与发展的关系：一是强调破坏自然资源和其他破坏环境的动因和活动，而不是等到问题发生。二是它努力改变那些有害于环境的流行倾向和做法，为社会经济福利和当代与后代的增长提供最适宜的条件。三是它按照共同分担责任的原则精神，通过社会各阶层（包括公共行政机关、公共和私人企业，以及作为个体公民和消费者的大众）的最适当的参与，达到转变社会行为方式的目标。四是它的目标是通过社会各阶层按照责任共享的原则精神的最适当的卷入，实现社会的行为方式的转变。通过手段的范围扩展，使所采用的手段同时适用于解决特定问题来共享责任。该规划强调了气候变化、酸雨和空气污染，自然资源和生物多样性破坏，以及废物污染问题等。对每个重大问题都规定了长期目标，还规定了某些到2000年的实施目标，并且规定了达到上述目标的有代表性领域，其中工业、能源、运输、农业和旅游是五个需要予以特别注意的目标领域。选择这五个领域也是由于它们对整体环境具有或可能具有特别重大的影响，并且所采取的方法不仅仅是为了保护公共健康和环境，而且也是为了这些领域自身的利益和可持续性。〔1〕

从《欧共体第五个环境行动规划》的方法战略中，可以抽离出欧盟环境法律原则。由于具有一体化的特征，欧盟对气候变化问题的应对也就运用同样的战略方法将其按照一体化的原则贯穿到农业、林业、能源、水资源等重点领域的气候变化政策中。由此，欧盟的环境法原则也同样可以在气候变化应对中得到运用。特别是在

〔1〕 蔡守秋：《欧盟环境政策法律研究》，武汉大学出版社2002年版，第88页。

自然资源的可持续性管理方面所形成的环境法原则仍然可以在欧盟气候变化立法中作为连接立法目的和制度措施的规范性中介，来实现欧盟气候变化立法的价值选择和制度设计。这些法律原则是一体化原则、高水平保护原则、污染者负担原则、风险预防原则、公众参与原则。《欧洲联盟条约》第130R（2）条规定："共同体的环境政策应该瞄准高水平的环境保护，考虑共同体内不同区域的各种不同情况。""考虑共同体内不同区域的各种不同情况"是高水平保护原则实施的重要条件。对此，《欧洲联盟条约》第130R（3）条进一步规定："在筹划环境保护政策时，共同体应考虑：可得的科学和技术资料；共同体不同领域的环境条件；采取或不采取行动的潜在利益与代价；整个共同体的经济和社会发展，及其各地区的平衡发展。"风险预防原则和污染者负担原则在《公约》和《京都议定书》中都得以确立。

作为成员国，瑞典、瑞士、荷兰、德国等国的气候政策和欧盟的气候政策目标相联系，为了实现欧盟所设定的政策目标，成员国彼此遵守欧盟法律，积极制定和实施一系列国家应对气候变化的立法和政策措施，在国内立法中吸收欧盟气候和环境政策法律所规定的有关内容。特别是在欧盟温室气体排放贸易机制（EU ETS）的制度设计和实施上，都取得了一定的成绩。

2. 德国：构筑气候保护立法体系

1987年德国政府即成立首个应对气候变化的机构——大气层预防性保护委员会，1990年成立跨部工作组"二氧化碳减排"，1992年签署联合国《21世纪议程》等国际保护气候公约，1995年在柏林举办世界气候框架公约大会，1997年签署《京都议定书》。2000年德国议会通过《国家气候保护计划》，明确规定到2005年德国温室气体排放比1990年减少25%，并制定了详细的部门减排目标及相关措施，包括增加能源节约条例、热电联产工厂的能源生产、关于减排的自愿性承诺等。2005年对该计划进行修订，确保德国实现2008～2012年温室气体排放比1990年减排21%的目标。

德国气候保护的核心目标是促成全球平均气温与工业化前相比升幅不超过2℃，避免气候变化造成不可承受的后果和风险。为贯彻落实德国政府上述气候保护政策和措施，德国已形成了以温室气体排放管制法律体系为核心，以节能和能效法律体系、可再生能源法律体系为主要支撑的气候保护法律体系。[1]

德国政府开展二氧化碳排放权交易的主要目的是通过市场竞争使二氧化碳排放权实现最佳配置，减缓排放权限制给经济造成的冲击，同时也间接带动了低排放、高效技术的开发和应用。德国于2002年开始着手排放权交易的准备工作，当时联邦环保局设立了专门的排放交易处，并起草相关法律，目前已形成了比较完善的法律体系和管理制度。实施前，德国对所有企业的机器设备进行调查研究，以研究结果作为发放排放权的基础。发放排放许可后，如企业排放超过定量额，就必须通过交易部门购买排放量，否则就要缴纳罚款。2004年7月起施行《碳排放权交易法》。为实施《国家分配计划2005~2007》和《国家分配计划2008~2012》，德国分别于2004年8月和2007年8月颁布了《温室气体排放许可分配法2007》和《温室气体排放许可分配法2012》。2005年9月颁布《项目机制法》，旨在对接国内温室气体排放许可与国际减排信用。

节能和能效法律体系主要涉及以下几方面：一是生态税是以能源消耗为对象的征税，是德国改善生态环境和实施可持续发展计划的重要政策，税收收入用于降低社会保险费，从而降低德国工资附加费，这样一方面促进了能源节约、优化能源结构，另一方面提高了德国企业的国际竞争力。1999年4月施行的《生态税改革法》。对燃料油、取暖油和电力征收能源税，通过提高价格来鼓励社会多使用新能源。2006年12月生效的《生物燃料配额法》规定，化石燃料必须添加或混合一定比例的生物燃料。二是发挥工业经济巨大

---

〔1〕 廖建凯："德国的气候保护立法及其借鉴"，载《环境保护》2010年第15期，第64页。

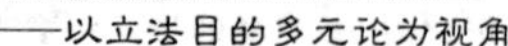

的节能潜力是德国气候保护的重要目标。德国政府计划在 2013 年之前与工业界签订协议，规定企业享受的税收优惠与企业是否实行现代化能源管理挂钩。三是 2002 年 4 月施行的《热电联产促进法》，规定热电联产发电比例到 2020 年提升至 25%。热电联产即将发电中产生的热能收集用于供暖，这样既减少了热量的流失，又为发电企业带来额外的供暖收入，可谓一举两得。热电联产技术一方面可用于火力发电站的节能改造，另一方面也可用于制造微型发电机，在小范围内解决供电和供暖问题，帮助用户降低对发电站的依赖。《热电联产促进法》主要规定了以热电联产技术生产出来的电能获得的补贴额度，例如 2005 年底前更新的热电联产设备生产的电能，每千瓦可获补贴 1.65 欧分。四是分别于 2002 年 2 月和 2001 年实施《建筑节能法令》和《节约能源条例》。德国政府计划每年拨款 7 亿欧元用于现有民用建筑的节能改造，另外还有 2 亿欧元用于地方设施改造，目的是充分挖掘建筑以及公共设施的节能潜力。改造内容包括建筑供暖和制冷系统、城市社区的可再生能源生产和使用、室内外能源储存和应用等。

2000 年 4 月施行的《可再生能源法》，通过保护收购价鼓励对新能源发电的投资。到 2020 年德国可再生能源发电量在总发电量中的占比将从 1999 年的 13% 提高至 30%。该法于 2004 年和 2008 年进行了修改，设定了更高的可再生能源发展目标，为不同的可再生能源电力规定了不同的电价。由于可再生能源发电（除水电）起步晚、规模小、成本高，没有独立的电力传输网络，而现存的电网几乎都为大型电力集团所有，这就导致可再生能源发电难以通过电网输送给用户。为解决这一问题，德国 1991 年出台了《可再生能源发电并网法》，规定了可再生能源发电的并网办法和足以为发电企业带来利润的收购价格。

3. 英国：规划未来全球低碳经济发展的蓝图

英国气候变化政策与能源政策密切相连。2003 年，英国出台《能源白皮书：我们能源的未来》，强调以能源环境为国家能源战

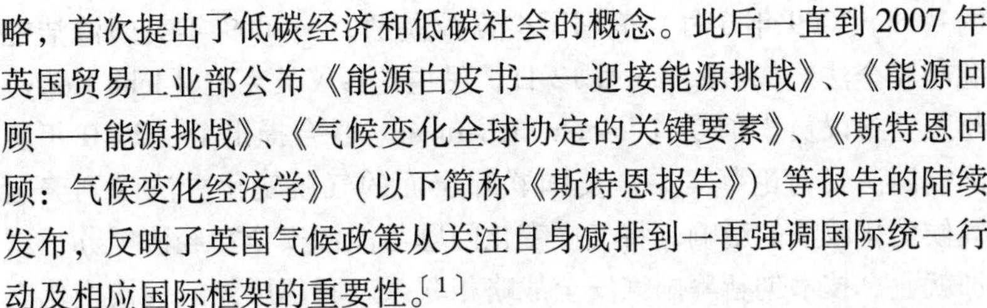

略，首次提出了低碳经济和低碳社会的概念。此后一直到 2007 年英国贸易工业部公布《能源白皮书——迎接能源挑战》、《能源回顾——能源挑战》、《气候变化全球协定的关键要素》、《斯特恩回顾：气候变化经济学》（以下简称《斯特恩报告》）等报告的陆续发布，反映了英国气候政策从关注自身减排到一再强调国际统一行动及相应国际框架的重要性。[1]

2006 年，英国发布的《2006 气候变化方案》中，主要内容包括国际挑战、实施温室气体减排、适应气候变化的影响和地方政府的行动四个部分。其中实施温室气体减排部分阐述了英国温室气体排放清单和预测、英国碳减排战略、能源供给、商业、交通、国内建筑和居民部门、农林业和土地利用管理、公共事业部门、激励个人应对气候变化的行动、政策整合、政策监管和回顾十一项内容。

英国重视采用多种财政税收方式促进低碳发展，包括补贴、资助、减免和征税等。其中税收是核心的经济政策工具。2001 年 4 月 1 日，英国政府出台气候变化税，作为一种对工业、商业和公共部门能源使用征收的税种，它旨在提升能源效率、促进就业和刺激对新能源种类的投资。为维持能源密集型企业的竞争力，政府推出了“气候变化协议”，该协议规定如果符合条件的企业能够遵守政府的节能目标，则可降低 80% 的气候变化税。

二、2007 年之后各国应对气候变化立法目的

（一）发达国家气候变化立法目的的嬗变

1. 美国：区域气候变化治理的行动先导

《2008 年气候安全法案》是 2008 年之前美国拟订的最为完备的一部应对气候变化的联邦法案，也是唯一一部进入参议院全体会议表决程序的气候法案。这一旨在构建美国温室气体减排制度的法案虽最终未得到国会批准，但却成为美国未来气候立法及政策制定

[1] 朱松丽、徐华清：“英国的能源政策和气候变化应对策略——从 2003 版到 2007 版能源白皮书”，载《气候变化研究进展》2008 年第 5 期，第 275 页。

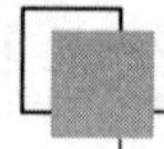

的基础。2009 年 6 月，美国国会众议院通过《2009 年美国清洁能源与安全法》。2010 年 5 月 12 日，民主党参议员克里（John Kerry）与独立参议员李伯曼（Joseph Lieberman）联合提出了《2010 年美国能源法（讨论草案）》。美国联邦层面的气候变化立法受到美国气候变化政策的影响，将气候变化问题与能源安全、经济复苏、增加就业、技术创新等国家安全战略相联系。联邦层面的气候变化立法目的着眼于本国发展战略，为美国经济的可持续发展和巩固美国的全球地位服务。美国国内应对气候变化的行动，尤其是温室气体减排的行动，与国际形势是紧密联系的。气候变化问题的国际地位增强时，美国以国内的积极行动，为其主导国际格局提供支持；气候变化问题的国际地位削弱时，美国的国内行动更多关注统计、监测、市场、适应等能力建设，为再度趁热打铁奠定基础，却又不作茧自缚。[1]

加州的气候治理不仅是美国气候治理的开拓者，也在国际上产生了很大影响。加州气候治理属于典型的自主治理类型，有利于加州政府自主调控经济转型的速度与深度。加州气候治理主要得益于其高效的治理机构、完备的法制建设、科学的评估机制和适当的激励机制。[2]

虽然奥巴马政府上台后，实施了“绿色经济复兴计划”，在国内“发展替代能源”、“鼓励技术创新”、“推进节能减排进程”和“建立气候变化机制”等，但都是口号性的，目的是为了增加就业，实现经济复苏。近期，一些事例似乎表明了美国对于温室气体减排的重视程度在逐渐提高，如在马萨诸塞州诉美国环保局一案中，联邦最高法院对于温室气体性质的认定有了突破，把它视为污染物，

〔1〕 高翔、牛晨：“美国气候变化立法进展及启示”，载《美国研究》2010 年第 3 期，第 50 ~ 51 页。

〔2〕 甘均先、毛艳：“美国加州的气候治理：过程、挑战与启示”，载《上海交通大学学报（哲学社会科学版）》2010 年第 3 期，第 52 页。

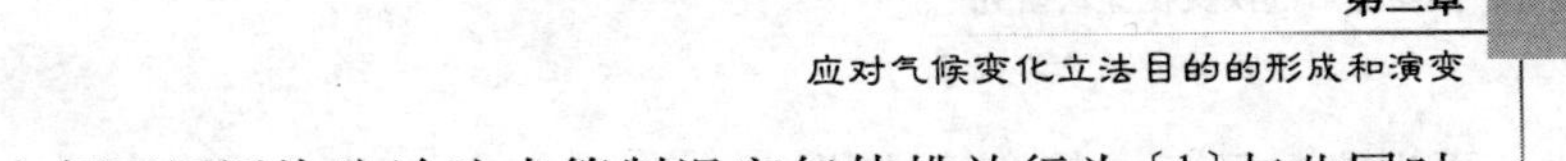

从而方便了用污染防治法来管制温室气体排放行为。[1]与此同时，该判决还确立了美国联邦环保局对于机动车辆温室气体排放管制方面的立法权，原告对于联邦环保局拒绝其申请立法规制的行为享有起诉资格等。[2]

2. 欧盟：能源与气候一揽子政策体系建立

2007 年 1 月，欧盟委员会首次提出，为将升温幅度控制在 2℃ 以内并继续显示欧盟在减排方面的积极和领导作用，不论其他国家如何行动，到 2020 年，欧盟的温室气体排放将至少比 1990 年降低 20%。2007 年 3 月欧盟首脑会议提出了一项能源和气候一揽子决议，此项决议在欧盟气候变化和能源政策方面具有里程碑意义。其核心内容是“20－20－20”行动，即承诺到 2020 年将欧盟温室气体排放量在 1990 年基础上减少 20%，若能达成新的国际气候协议（其他发达国家相应大幅度减排，先进发展中国家也承担相应义务），则欧盟将承诺减少 30%；设定可再生能源在总能源消费中的比例提高到 20% 的约束性目标，包括生物质燃料占总燃料消费的比例不低于 10%；将能源效率提高 20%。为了实现此决议提出的目标，欧盟委员会于 2008 年 1 月 23 日提出了“气候行动和可再生能源一揽子计划”的新立法建议，该项立法建议也被称为“欧盟气候变化扩展政策”。该计划在同年底举行的欧盟首脑会议上获得通过，随后欧洲议会正式批准了这项计划。

从上述一揽子计划中，可以窥见欧盟气候变化政策的一些新动向和新特点：一是修改了欧盟排放权交易体系，使欧盟排放交易机制（EU ETS）得到进一步的扩展；二是在运输、农业和住房等非 ETS 部门建立具有约束力的二氧化碳排放目标；三是制定约束性可

---

〔1〕 *Endangerment and Cause or Contribute Findings for Greenhouse Gases under Section 202 (a) of the Clean Air Act*, available at http://www.epa.gov/climatechange/endangerment.html, last visited on 2011－3－27.

〔2〕 陈冬：“气候变化语境下的美国环境诉讼——以马萨诸塞州诉美国联邦环保局案为例”，载《环球法律评论》2008 年第 5 期，第 84～90 页。

再生能源目标，推行生物燃料；四是制定了关于碳捕获和封存（CCS）以及环境补贴的规章制度。一揽子计划提出了欧盟排放交易机制第三阶段（2013～2020年）的实施内容，大大扩展了欧盟排放交易体系：扩大了该体系的覆盖范围；基于部门制定欧盟范围的排放上限而不再是各欧盟成员国设定它们自己的目标水平；改变了配额由各成员国在国家层面上制定分配计划的做法，代之以在欧盟层面上分配配额；更灵活地适用清洁发展机制（CDM）、联合履约（JI）等减排信用。这些举措表明欧盟加大了内部政策整合的力度，欧盟机构的作用得到了进一步加强，欧盟作为一个整体的节能减排措施更加完善。当然，这些举措对促进欧盟整体经济发展、扩大就业市场和推动欧盟产业革新也将产生深远的影响。[1] 此外，2009年欧盟委员会发布了《适应气候变化：创建欧洲行动框架》，确立了适应气候变化的目标和行动规划。

3. 英国：首开低碳经济立法之先河

2007年3月，英国环境、食品与农村事务部发布《英国气候变化战略框架》。该政策是为即将出台的《气候变化法》而确定全国气候战略政策框架。它明确了第二阶段的战略目标是将行动强化和拓展至全国各行业和社会的各个领域，从政府、企业到个人。这部政策解释了英国即将成为首个为低碳经济立法的国家所设定的目标战略以及国内政策如何作为国际战略的一部分来开创全球低碳经济。这份文件与其他政策文件，特别是《我们能源的未来：创建低碳经济》、《能源白皮书——迎接能源挑战》和《计划白皮书》，共同提出立法目标。该战略框架的主要内容包括五个方面：

(1) 设立长期目标：为实现过渡提供明确的减排程度和时间表，还将激励对低碳技术的投资，并更加明确为适应不可避免的气候变化所需的投资规模。这一目标的设定可以依照可接受的升温上

---

〔1〕 陈新伟、赵怀普："欧盟气候变化政策的演变"，载《国际展望》2011年第1期，第70～71页。

限、大气中的温室气体浓度或者需要达到的减排程度等标准。

（2）制定全球碳价格：京都框架使政府间和企业间的排放贸易成为可能，这是欧盟排放贸易机制的基础。碳市场确立了全球碳价格，并激励私人对清洁技术和提高能效的投资，同时也使率先发展未来技术的企业获益。碳市场具有通过诸如清洁发展机制等将资源转移至发展中国家的巨大潜力。发达国家的深度减排能够推动碳市场的发展，但发展中国家也应该通过设定双赢目标、签署部门或地区协议以及其他措施减少发展过程中的排放强度。

（3）技术和能源效率：要推动低碳技术投资按所需要的规模和速度发展，排放贸易是必要的，但仅靠排放贸易是不够的，还需要配套的技术政策。这些政策包括特定部门的监管标准，开发与应用新技术的投资，得到世界银行“能源投资框架”以及向印度、中国及其他新兴经济体和发展中国家转移低碳技术的贸易协议的支持。

（4）森林采伐：发展中国家的森林采伐产生几乎相当于全球二氧化碳排放量20%的温室气体。森林采伐还对生物多样性造成严重危害。未来的协议必须包含促进可持续林业管理的激励措施，以体现避免森林采伐的价值。

（5）适应：恪守承诺，支持发展中国家适应不可避免的气候变化影响。通过为发展中国家提供资金，帮助他们适应已经发生的气候变化，同时寻求增加援助规模的其他资金渠道；也要帮助发展中国家更好地获取信息和开展有关气候变化风险以及如何使其发展更好地适应气候变化的研究。

排放贸易或税收都是非常必要的，但却常常不足以推动全面的、高速的投资来改变各个行业的现状，例如，如果企业不能确定碳价格和税收的长期趋势，就会妨碍企业进行投资。因此，法规能够起到推动新技术发展或者克服转型障碍的作用。法规能够为某一领域的转型提供所需的长期确定性，并由此激励该领域的创新。法规能够着重关注需要大量减排的领域的特定机遇，也能够影响主要决策者在英国之外的转变，如提高进口商品的环保性能。

2008 年英国颁布了《气候变化法案》（Climate Change Act），这使英国成为世界上首个将温室气体减排目标写进法律的国家。《气候变化法案》一方面用法律的方式承认气候变化问题，另一方面旨在推动英国向低碳社会转型。《气候变化法案》的核心在于确定了有法律约束力的减排目标，预期《气候变化法案》在 2020 年实现中期目标，在 2050 年实现最终目标。为了确保最终目标的实现，《气候变化法案》制定了以法制为保障的义务框架：首先，采取周期性的碳预算方案；其次，针对减排义务的履行制定了公共报告和审查制度；最后，进行必要的制度改革。[1] 英国气候变化专门立法的特征如下：一是碳减排制度创新世界领先。无论是《气候变化税收规定》的气候变化税，还是《气候变化法案》的强制性碳减排目标和碳预算制度，都是在国际范围内首创。二是涵盖范围广。既规范大型的高能耗企业，也规范能源消费较大的非高能耗公共部门和企业。三是气候政策引领气候立法的发展。《能源白皮书 2007》、《低碳转型计划》等政策文件的出台，为《气候变化法案》、《2008 年能源法案》、《2010 年能源法案》的立法制度设计明确了政策目标、政策工具、规制模式和评价基准。

英国 2008 年出台的《气候变化法案》的目的是制定到 2050 年温室气体减排目标；制定碳收支计划；成立具有法律地位的气候变化委员会；引入新的排放交易体系以减少温室气体排放和鼓励能源减少或者转移大气中温室气体的活动；制定关于气候变化的条款；引入财政刺激机制鼓励减少国内能源消耗和回收消耗产物；制定家庭能源消耗条款；制定一次性购物袋收费条款；修正《2004 年能源法案》关于可再生运输用燃料义务的条款；制定碳减排目标条款；制定关于气候变化的其他条款和制定相关目的的条款。《气候变化法案》的主要内容包括碳目标和碳预算、气候变化委员会、交易

[1] 王慧：“英国《气候变化法案》述评”，载《世界环境》2010 年第 2 期，第 63 页。

机制、气候变化的影响及应对、其他条款、附则六个部分。第一部分提出了英国到2050年的低碳发展目标，首次提出碳预算概念。第二部分主要是组建气候变化委员会，规定了其职责和作用。第三部分规定了英国温室气体交易机制的主要框架，涉及国家管理机构、管制条例制定程序等。英国制定该法，一是为了提高碳管理水平，以促进英国向低碳经济转型；二是在哥本哈根会议达成共识前，表明英国承担相应的全球减排责任的决心，以显示英国在温室气体减排方面的国际领导力。

2009年7月，英国发布《低碳转型计划》，标志着英国开始向低碳国家转型，这是目前世界上应对气候变化和推进低碳发展最全面系统的国家规划方案。该计划包括气候挑战、促进转型、电力部门的转型、家庭和社区的转型、就业场所和就业的转型、交通部门的转型、农业的转型和土地废物可持续管理、2050年发展路线图、地方政府的进一步行动共九大部分内容。为了实现将国家建设成更加清洁、绿色、繁荣的目标，计划制定了到2020年英国努力实现的五个具体目标，包括创造120万个绿色就业岗位。英国政府还公布了《低碳工业战略》、《可再生能源战略》及《低碳交通计划》，作为实施《低碳转型计划》的配套计划。

2010年英国颁布了《2010年能源法案》。该法案是自2009年英国《低碳转型计划》国家战略文件发布后，在能源政策法律领域出台的第一部法律；同时也是履行依照《气候变化法案》立法目的中关于修正《2004年能源法案》的要求。这部法旨在对碳捕获与封存（Carbon Capture and Sequestration，CCS）的市场激励和强制社会价格支持机制相结合进行制度设计，构筑新能源发展的法律保障机制。《2008年能源法案》则第一次以法律形式确定了CCS发展的法律地位。2009年英国《低碳转型计划》国家战略文件又将CCS设定为低碳转型的主要手段和途径。《2010年能源法案》的立法目的为：制定CCS技术的展示、评估与使用规则；定期报告电力生产去碳化和CCS的技术发展和运用情况；制定天然气或电力供应许可证持有者利润获取的规则；明确天然气和电力市场局的职责；明确国务大臣在天然气和电力市场的一般职责；规定电力生产许可证；明确天然气或电力供应的授权方。这部法案正式启动了CCS的商业化运作。《2010年能源法案》规定，在全英燃煤发电厂建造四个具有CCS商业规模的示范项目，到2025年全面实现CCS发电能力，并使英国成为全球CCS研发中心。为实现这一目标，立法机构拟第一步提出CCS的市场激励机制；第二步到2010年夏对市场激励机制立法进行征询；第三步2010年秋季正式提交CCS市场激励机制立法；第四步2011年4月进入CCS市场激励机制的操作阶段。为此，《2010年能源法案》提出三项制度设计：一是创设CCS税；二是以合同形式资助CCS示范项目；三是通过市场竞争选择CCS示范项目。[1] 除此之外，该法案还规定：要求政府构建一个帮助贫困家庭、减少用能贫困的强制性社会价格支持机制，要求能源公司到2013~2014年至少每年提供3亿英镑的资金支持；进一步明确天然气和电力市场局的职责，在促进市场竞争、碳减排和能源供应安全中考虑消费者的利益；授权国务大臣通过修改许可条件，限制或消除许可证持有者在电力生产和传输中获得超额利润，以保护消费者的利益。[2]

4. 德国：气候保护与气候适应的齐头并进

德国联邦政府出于“应对气候变化和维护能源安全”两个目的，于2007年通过了《能源利用和气候保护一揽子计划》。该计划方案是德国政府气候保护政策的指导性文件，包括二十九项具体措施，涉及热电联产、低二氧化碳排放发电工艺、可再生能源、CCS技术、智能用电测量方法、清洁电厂技术、高能效产品等内容。其主要目的是提高能源效率和促成可再生能源的更广泛的利用。在气

〔1〕 吕江：“社会秩序规则二元观与新能源立法的制度性设计——以英国《2010年能源法》为例”，载《法学评论》2011年第6期，第83~84页。

〔2〕 UK Parliament, Energy Act 2010, available at http://www.legislation.gov.uk/ukpga/2010/27/pdfs/ukpga_20100027_en.pdf, last visited on 2012-12-2.

候保护方面，该方案想要达到的最主要目标之一是2020年将温室气体排放在1990年的基础上降低40%。

2008年12月，德国政府通过了《德国适应气候变化战略》(以下简称《战略》)，该文件为德国适应气候变化的影响而采取行动搭建了框架，由环境部牵头制定。这是德国政府第一次从全局出发考虑如何适应气候变化所带来的影响，并将已经取得进展的各部门工作整合成一个共同的战略框架。适应气候变化战略的长期目标是减少气候变化对自然、社会和生态系统的危害，尽量维护自然、社会和生态系统，提升它们适应气候变化的能力。为此，政府需要：一是明确并向社会发布自然、社会和生态系统所面临的危险，研究出现风险的概率和造成损失的潜在因素；二是唤醒、提高相关业界及全社会的意识；三是作出相应决策，使相关业界提早做好准备，使个人、企业和政府机构在制定计划、实施行动当中越来越多地考虑气候变化带来的后果；四是明确可以采取的行动，协商并制定各方应承担的责任，出台和贯彻相关措施。适应气候变化战略的基本原则是公开、合作、以科学为基础、灵活、预防、辅助、适度、整体考虑、承担国际责任和可持续。该《战略》建议今后凡需要联邦政府或其他单位对气候变化的可能性及风险作出评估的计划，其评估都不能建立在单一情景或单一模式基础之上，而应在对不同排放情景和气候模式作出分析的基础上充分考虑今后气候发展的各种可能。

《战略》分列出气候变化对人类健康、建筑业、水分平衡/水务/海岸海洋保护、土地、生物多样性、农业、林业、渔业、能源业、金融业、交通/交通设施、工商业、旅游业十三个领域可能造成的影响，以及在这些领域采取适应气候变化的可选择的行动方案。《战略》要求在众多方案中优先选择有利于灵活再调整、顾及不确定因素、对其他政治目标能发挥合力作用，以及可减少其他应激因素的方案。《战略》还要求跨领域地开展改善知识和数据基础，以及有利于各单位改善信息、提高觉悟、帮助它们决策的措施。对于工商业等有些领域而言，气候变化带来的变化和可采取的适应方案尚有待于进一步探讨。《战略》认定地区发展规划、区域规划、城市土地使用规划和民防为适应气候变化行动的跨领域课题，并对它们加以阐述。《战略》认为气候变化对不同地区影响不同，建议针对不同地区采取区域一揽子适应方案。

《战略》认为，气候变化给发展中国家带来的负面影响使德国必须重新审视它的发展援助政策、移民政策和安全政策。气候变化可能严重影响国际社会消除贫困和持续发展的千年目标，因此有必要不断地对德国的发展援助战略、方案和项目重新进行审查，检查它们是否以及多大程度上有利于气候保护，能否经得住气候变化的影响，以及是否有助于受援国提升其适应能力。发展援助政策措施应更多地致力于支持受援国的适应战略，避免由于气候变化造成移民和难民现象加剧。德国积极主张起草相应的方案，并赞成在气候框架条约谈判中更多地强调气候变化适应政策，赞成建立向发展中国家适应措施提供援助的机制。

根据《战略》，德国政府将争取在 2011 年 3 月底颁布与各州政府共同起草的“适应行动计划”，其目的是使适应战略更加具体化，使除联邦政府机构、各州政府和研究界之外有更多的机构，包括经济界和县级单位加入到行动计划中来。为此德国成立了专门的跨部工作组，由环境部牵头。工作组的任务除起草“适应行动计划”外，还包括协调各部的倡议、协调适应战略框架内进行的对话和参与活动、不断拓展适应战略和行动计划，以及对落实情况做评估报告。

5. 日本：低碳社会的法政策目标模式

（1）低碳社会的目标愿景。2008 年 6 月 9 日，日本前首相福田康夫发表了“为实现低碳社会的日本而努力”的讲话。他在讲话中阐述了日本在温室气体减排上的立场和观点，提出 2050 年日本温室气体减少 60% ~80% 的减排目标，表明日本引领低碳革命的决心，描绘了日本构筑低碳社会的愿景。由此，被称为“福田蓝图”。

2008年7月26日，日本通过了“实现低碳社会行动计划”，拉开了低碳革命的序幕。[1] 在低碳革命的政策行动中，日本政府将低碳社会上升至国家战略，动员全社会各个阶层来实现2050年减排70%的目标。2008年2月成立由12名专家组成的内阁低碳社会咨询小组，讨论创建低碳社会的论题，为政府决策提供权威意见。低碳社会行动计划强调低碳技术创新、制度变革与生活方式的转变，倡导建立自愿碳交易市场体系，开发CCS技术和商业项目推广，实行商品的低碳标识和认证制度，提高太阳能的发电普及率等措施的推广运用。此外，通过推进环境示范城市试点，推广“碳足迹”盘查制度，促使全社会了解有关产品或服务从生产、运输，到使用后抛弃整个生命周期的碳排放信息数值，借此提高公众和企业对碳排放的现实认知水平，以改变企业及公众传统的生活方式。

从日本实施构建低碳社会战略的理论与实践中可以看出以下特征：一是官民并举。在低碳社会战略的论证、提出和实施的全过程所发布的报告、政策和立法，都是由政府组织专家学者和社会公众共同参与探究并实施的，避免了政府部门单一的立场和视角局限，有效克服了公众参与流于形式的弊端。这样就能够充分地吸收整合各方意见，在对本国的环境容量、资源禀赋、制度效果、能源安全等因素全面考虑的基础上，科学地制定出适合日本本土的国家战略

---

[1] 日本低碳革命政策的提出是在对低碳社会有关研究基础上提出来的。2004年4月，日本环境省设立的全球环境研究基金成立了“面向2050年的日本低碳社会情景”研究计划。2007年2月，项目组发表了题为“日本低碳社会情景：2050年的CO_2排放在1990年水平上减少70%的可行性研究”的研究报告，指出在满足到2050年日本社会经济发展所需能源需求的同时实现比1990年水平减排70%的目标是可行的，日本具有相应的技术潜力，即对低碳社会构想的可行性加以肯定。2008年5月，项目组又完成了“面向低碳社会的12项行动”的研究报告。这12项行动涉及住宅部门、工业部门、交通部门、能源转换部门以及相关交叉部门，每一项行动中都包含未来的目标、实现目标的障碍及其战略对策以及实施战略对策的过程与步骤三部分。引自陈志恒：“日本构建低碳社会行动及其主要进展”，载《现代日本经济》2009年第6期，第1~2页。有关报告的原文可参见http://2050.nies.go.jp/，最后访问日期：2012年12月4日。

框架和社会行动体系。二是将构建低碳社会作为一项庞大而又复杂的系统工程，需要跳出资源环境的思维认知模式，从政治、社会、经济与技术等不同层面，进行综合的规划设计。这就必然深度地融合协调诸多的隐含目标：①始终把发展低碳经济、构建低碳社会的行动路径作为开辟并催生新的经济增长的“契合点”；②构建低碳社会的机制设计与政策安排，并未脱离规避和弱化能源安全与经济发展、市场机制与环境保护这两组矛盾的轨道，而是在缓和能源瓶颈约束、确保能源安全的过程中“适时”发展低碳经济，在兼顾经济发展和市场竞争原则的基础上“适度”发展低碳经济；③通过“科技低碳化”、“制度低碳化”、“生产低碳化”与“生活低碳化”等践行方式，在构建低碳社会的过程中实现由资源约束型国家向资源丰富型强国、由能源进口大国向能源输出大国的转型。[1] 三是规制模式的系统组合。既有刚性的节能减排指标性约束，又有柔性的市场化机制诱导和国家整体的动员和教育，特别是“碳足迹”盘查制度就将信息公开的柔性规制手段运用到生产和生活方式的全过程，将公民的消费和企业的生产联结成一个信息系统，实现了社会规制、市场规制和行政规制之间的深度融合，缓解了国家利益、公共利益和私人利益的矛盾冲突。

（2）基本法的立法模式选择。一方面，为了实现2050年低碳社会的愿景目标，日本政府认为有必要对低碳社会战略的相关政策予以体系化；另一方面，面临国际社会正在进行谈判的《京都议定书》第二承诺期的问题，应当通过立法形式明确日本参与国际气候变化应对的基本方向。2010年10月9日，日本环境省提出《全球气候变暖对策基本法》（法案），该法案共包括总则、中长期目标、基本计划、基本政策、杂则5章35条和附则10条。[2] 《全球气候

〔1〕 尹晓亮：“日本构建低碳社会战略的依存基础、设计论证及践行特点”，载《日本学刊》2010年第4期，第78页。

〔2〕 日本环境省：地球温暖化对策基本法法案案文，载 http：//www.env.go.jp/press/press.php？serial=13017，最后访问日期：2012年12月4日。

变暖对策基本法》（法案）第1条明确规定了该法的立法目的，即鉴于在不对气候系统造成危险的人为干涉的水平下，使温室气体安定化，防止与适应地球温暖化，是人类共同的课题，在确保一切主要国家参加的公平且具有实效性地为防止地球温暖化的国际框架内进行预防具有重要意义，本法在致力于为地球总体上削减温室气体排出量作贡献的同时，旨在通过在国际社会中率先不断促进包括转换能源供求方式在内的社会经济结构，谋求脱化石燃料化等，尽最大努力削减温室气体排出量。与此同时，为实现保全且强化森林碳汇，适应地球温暖化的社会，依据环境基本法的基本理念，对有关地球温暖化对策，通过确立基本原则，明确国家、地方公共团体、企业及国民职责，设定有关削减温室气体排出量的中长期目标，确定地球温暖化对策的基本事项，推进旨在确保经济发展、雇佣稳定及能源供给稳定的地球温暖化对策，旨在确保现在和未来的国民享有健康的文化生活的同时，为地球环境保全作出贡献。

《全球气候变暖对策基本法》（法案）第3条确立了七项基本原则，即构筑低碳社会原则，国际合作原则，鼓励与资助防止气候变暖的研究开发及其成果普及原则，鼓励与资助发展防止气候变暖的产业原则，能源供给稳定原则，与有关保全生物多样性、防灾、确保粮食安全相关措施等密切配合原则，企业和国民理解原则。这七项原则将以往日本所发布的有关气候战略和政策予以梳理总结，使之体系化。这部法案是典型的政策法立法模式。考虑到气候变化问题的复杂性和不确定性，将已经确立的气候政策法治化，使得政策能够在法律规制的框架下，充分调动各方积极性，包括国家、地方政府、公众、企业，明确实现低碳社会战略的政策形成机制、基本制度和措施。同时，通过附则明确与相关立法的关系。

6. 澳大利亚：国内外碳市场的对接与融合

2007年，陆克文政府延续了前任霍华德的气候变化政策框架体系并认为澳大利亚环境容易受气候变化的不利影响，应为将来碳减排调整经济发展方式做准备。在这一认识的指导下，澳大利亚政府将气候变化新政策的目标设定为：为企业、公众提供具有市场竞争力的、清洁的、低碳的、经济发展可承受的能源，保持国际市场上主要的能源资源输出国地位，为适应不可逆的气候变化做好准备。为此，澳大利亚气候变化新政策明确提出四项目标任务：一是以最小经济成本削减国内排放；二是发展低碳技术，提高能效，支持家庭和社区减排；三是支持科学研究，适应气候变化造成的影响；四是积极倡导全球应对气候变化的国际新机制。为了实现新的政策任务，澳大利亚陆续通过了《国家温室气体和能源报告法案2008》、《碳信用法案 2011》、《清洁能源监管机构法案 2011》、《清洁能源监管法案 2011》，为发展低碳经济做好准备。2011 年 11 月 8 日，澳大利亚通过了《清洁能源法案 2011》。根据该法，澳大利亚的"碳税方案"将于 2012 年 7 月 1 日开始实施，针对矿业、交通、能源等行业的 500 家大型企业开征碳税。澳大利亚政府规定了两个实施阶段：自 2012 年 7 月 1 日至 2015 年 7 月 1 日为第一阶段，也称"固定碳税价格阶段"。在这一为期三年的阶段，碳税价格为每吨 23 澳元，每年上浮 2.5%。自 2015 年 7 月 1 日以后，碳税方案转入"排放交易机制"，在该机制下碳价转为浮动价格，由市场决定。2012 年 8 月 28 日，澳大利亚与欧盟达成协议，同意对接双方的碳排放交易体系。按照该协议，双方的碳排放交易体系将于 2015 年 7 月 1 日开始对接，澳大利亚的碳排放价格将与欧盟一致；2018 年 7 月 1 日前彻底完成对接，即双方互认碳排放份额。为了实现与欧盟交易体系的对接，澳大利亚政府对国内的碳排放交易体系作出两项调整：一是取消每吨 15 澳元（约合 15.6 美元）的最低限价。二是对适用《京都议定书》框架内的排放份额进行限制。为碳排放定价是澳大利亚应对气候变化整体方案的核心部分，澳大利亚政府将更加关注清洁能源，这是澳大利亚转变经济发展模式的开始。为了缓解碳税方案的实施对国内经济产业和就业造成的压力，新计划还纳入了一系列补偿措施，包括"就业和竞争力方案"，为排放密集的出口型行业提供价值 92 亿澳元的补偿；将碳排放税一半以上的收入通过增加补贴和减税等方式为90%受影响家庭提供补偿；设立12亿澳元的“清洁技术方案”和13亿澳元的“煤矿工业就业计划”。澳大利亚政府希望将这一综合性的碳税征收计划实施三年，然后在2015年逐步向温室气体总量控制和碳排放交易机制过渡。

澳大利亚采取碳税方案，逐步引入碳排放交易机制的动因来自于《京都议定书》下国际层面和其他区域碳排放交易机制的对接融合，通过碳金融市场来激励企业参与低碳经济，带动整个国家经济发展方式向低碳发展转型。尽管联邦层面的碳排放交易机制实施标志着澳大利亚气候变化法发展的里程碑，但这一机制不能够独自发挥作用，需要同其他全国性的气候变化措施衔接配合好，比如可再生能源政策的地位和能源结构的合理安排、碳排放交易的市场监管，需要健全温室气体排放报告、核查与执行。这也涉及同已有的环境法之间的关系协调。环境法能够监管间接排放及其导致的后果。澳大利亚1999年出台的《环境与生物多样化保护法》将温室气体排放引起的气候变化会影响到该法所保护的“国家环境的重要事项”，如大堡礁、物种及生态群体、联邦海洋环境，纳入到规制范围，需要在公众决策程序中，考虑新建项目或扩建项目对气候变化的间接影响。

三、新兴经济体国家气候变化立法目的发展的新趋势

（一）墨西哥：发展中国家气候变化政策法的典范

1. 立法背景

墨西哥作为世界温室气体排放处于第十三位的国家，近年来十分重视国内气候变化立法。2010年12月在坎昆举办的《公约》第16次缔约方会议，成为该国制定专门性气候变化立法的历史契机。2012年4月19日，墨西哥议会通过《气候变化基本法》（the General Law of Climate Change）。墨西哥由此成为第一个针对气候变化整体问题制定单行立法的发展中国家。该法于2012年8月4日生效，旨在构建墨西哥国内统一的跨部门综合性的法律框架，以协调联邦、州、市政当局应对气候变化行动。据《自然》杂志网站报

道，经过3年的争论和修改，墨西哥下议院以128票支持、10票反对的结果通过了该法律议案，随后该法案毫无疑义地被参议院通过。最终，新法案包含了很多笼统的条款来缓解气候变化，包括到2020年将二氧化碳排放量降低30%，到2050年降低到2000年排放量的一半。新的气候变化法规定，到2024年，可再生资源在墨西哥国家能源中所占的比例达到35%，并且强制要求主要污染企业提供排放报告。同时该法案还提出建立委员会来监督实施情况并鼓励发展碳交易计划。虽然该法案最初受到了来自钢铁和水泥行业的阻力，但是仍然在墨西哥两大政党的支持下顺利通过。

这部法律的主要特色在于：一是遵守有关国际气候变化法。在《公约》第17次缔约方会议德班协议谈判共识的指引下，该法将《坎昆协议》项下的第70条及附件一所确认的基于毁林和森林退化的减排项目机制（REDD+）转化为国内法。这部法律遵守了《公约》和《京都议定书》所确立的有关气候变化的标准、定义、机制和国际法律义务。二是设定了墨西哥的温室气体减排目标和可再生能源发展目标。在获得国际资金援助和低碳技术转让的前提下，通过构建透明、可计量的碳交易市场机制，激励国内外的投资者参与墨西哥的低碳经济发展。三是明确国家统一气候行动战略。法律规定，新的国家气候变化战略要求减缓与适应气候变化的国家政策须在十年、二十年以及四十年内进行评估，及时修订调整相应的气候政策。这些政策目标一旦设定便不能取消。四是确立了新的协调机制和参与机制。法律建立了跨部门的应对气候变化的综合协调机制，即部长间的气候变化委员会和国家生态与气候变化研究院；界定了各级政府的职权和责任，建立国家气候变化行动协调机制；公众、市场参与者、专家通过加入议会中的气候变化与评估委员会，参与政策决策与项目实施；重视青年、残疾人等气候变化适应能力弱势群体的需求。五是实施公开、协调的新政策工具。该法构建了碳交易的市场机制，为了建立国内自愿性碳交易市场，创建温室气体排放清单实现碳足迹盘查，保证碳信息的公开透明，设立登记注

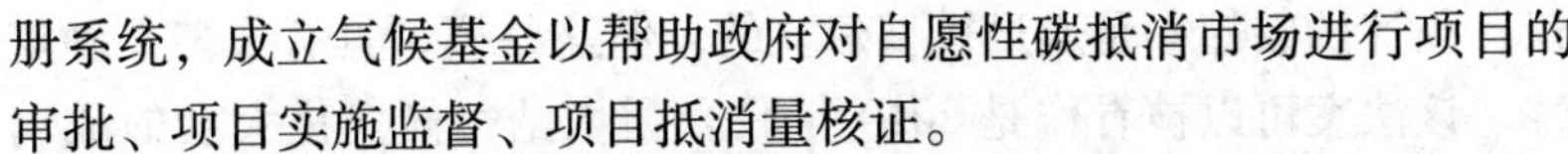

册系统，成立气候基金以帮助政府对自愿性碳抵消市场进行项目的审批、项目实施监督、项目抵消量核证。

该法实施的主要困难是在国内外发展绿色经济的目标背景下，如何激励市场主体广泛参与并从中寻找新的商机，包括提升产业竞争力、获取融资和技术支持。另一挑战来自于法律的实施需要大量的资源成本，需要设立气候基金及吸收国内外的资金来保证减缓与适应行动的开展。

墨西哥因其生物多样性、地理位置和欠发达水平等因素制约，成为五个最脆弱的国家之一。墨西哥已经深受气候变化的负面影响，干旱、暴雨等极端天气愈加频繁。2010 年 12 月签署的《坎昆协议》确立了 REDD +，旨在减少毁林、促进森林可持续管理，增加发展中国家的森林碳汇。该协议的主要突破在于明确了 REDD + 项目的制度安排，涉及一系列重要权利和保障措施。2011 年在南非举行的德班气候大会提出三点：一是《京都议定书》的延续，2013 年开始的第二承诺期；二是绿色气候基金的筹资和工作机制的构建，该基金到 2020 年为止，每年提供一千亿美元的资金援助以支持发展中国家适应气候变化；三是通过达成一项新的有约束力的全球协议，使得减排的国际法律责任由世界各国共同承担，而不仅仅限于发达国家。德班会议的一个重要成果是强调所有减缓、适应和各国减排的行动要由社会和环境层面的机制保障。由此，应对气候变化的不利影响，实现低碳经济发展模式转型就成为墨西哥政府优先重点考虑的目标。作为 REDD + 项目的参与国，墨西哥认识到森林资源是当地居民赖以生存的重要自然资源。REDD + 机制促使墨西哥的森林碳汇资源价值得以确认，并能够带来环境与社会的效益，迈向一种以低碳发展和新技术相结合的绿色经济模式。墨西哥的 REDD + 政策（致力于减少毁林和土地退化的政策），为森林中的碳确定了货币价值，并试图给予住在这一地区的人们一定的财政奖励来阻止人们砍伐树木，以便保护原始森林。但是 REDD 十项目中的森林碳价值计算模型以及如何运行上述方案等方面备受争

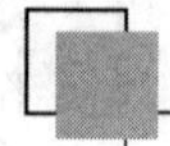

议。预计的碳储蓄是通过模型建立的，但这些模型具有很多不确定性。该法案可以被看作是2010年联合国坎昆气候变化大会的成功反馈。

2. 立法目的的框架体系设计

该法旨在加强墨西哥实现可持续发展，发展低碳经济，创造绿色就业机会，促进清洁技术创新和新能源发展。该法表达了墨西哥追求可持续发展、可再生能源以及绿色经济新模式的路径探索。第2条明确了立法目的："一是维护健康环境权，构建联邦、各州和市政当局在有关气候变化适应和减缓方面制定和实施公共政策的权力机制；二是根据《公约》第2条的规定，控制温室气体排放，使其在大气中的浓度维持在安全的程度；三是规制减缓与适应气候变化行动；四是提升民众和生态系统适应气候变化的能力，加强国家的应对气候变化能力建设；五是促进适应和减缓气候变化的教育、研究、技术开发与转让、宣传；六是为全社会合作奠定基础；七是促进有竞争力的、可持续的、低碳转型，实现低碳发展。"该法第1条明确了适用范围以及和宪法的关系。

第二章"权力划分"，对联邦、州、市进行三级权力配置。第7条详细界定了联邦的权力："制定和实施国家气候变化政策；制定、协调和实施本法所规定的政策工具；在社会参与的前提下制定、发布国家战略和规划，并实施、监督和评估；制定、更新和发布国家气候风险评估报告，发布州气候风险评估的标准；为制定国家战略与规划，创建包括公共部门和私人部门在内的公众咨询程序；开展、规制应对气候变化的行动，根据本法、国际条约及其他法律规定的在以下领域适用：①自然资源、生态系统和水资源的保护、恢复、保护、管理和可持续利用，②农业、农村发展、渔业和水产养殖，③教育，④能源，⑤国家发展规划，⑥主权和粮食安全，⑦气候变化的影响而产生的疾病预防和治疗，⑧保护人体健康，⑨联邦交通和电信，⑩区域发展与城市发展，⑪人口，⑫法律规定的其他行动；将环境政策工具纳入减缓与适应气候变化的标准；基金的设立和监管；碳排放交易的设立、授权与监管；促进科学和技术的研究、开发、转让减缓和适应气候变化的技术、设备和工艺；促进各级气候变化的教育和知识传播，通过教育活动和信息宣传，认识气候变化的影响；促进社会参与；整合和更新气候变化信息系统，依法信息公开；制定和采纳方法和标准，依法制定、更新、发布清单：①能源生产与利用，②交通，③农业、林业和土地利用，④废物，⑤工业流程；定期整合、管理、发布和更新的记录；制定排放的经济评价方法；加强减缓的能力建设；提升生产部门的竞争力，走向可持续发展的低碳经济，提高能源效率，参与碳排放权交易和国家或国际资金机制；要确定效果和影响指标，将评估结果纳入到气候变化信息系统；运用经济、财政、金融和相关市场手段保障应对气候变化；通过技术援助和跨区域的行动，加强各州之间在实施其气候规划的合作；召集州和市政制定应对气候变化的行动；制定融合减缓和适应气候的碳氢化合物发电的战略、规划和项目，根据《可再生能源利用和能源结构转换投资法》、《能源可持续利用法》，提高能效，实现能源可持续利用；提出减缓与适应气候变化的项目预算，以减少该国易受气候变化不利影响的脆弱性；向州和市政提出应对气候变化的行动建议；在职权范围内，监督本法和相关立法的遵守，惩罚违规行为；依据本法发布法规和墨西哥官方标准，并监督执行；本法和其他法规定的属于联邦权力范围的事项。”

第三章设立了国家生态与气候变化研究院，其主要任务如下：一是协调和开展研究和项目，以促进可持续发展的科学或技术研究与学术研究；二是促进资源可持续利用，发布技术；三是协助编制合格的人力资源，以解决国家的环境和气候变化方面的问题；四是对未来的产业部门进行分析，有关可持续发展的战略、计划、方案、政策工具和行动的合作研发，环境和气候变化，包括评估未来气候变化成本，以及行动的收益；五是评估适应和减缓气候变化目标、国家战略的目标行动、各州气候变化行动方案的执行效果；六是提出减缓和适应气候变化政策和行动的调整建议，并评估各级政府应对气候变化的行动效果。

第四章对国家气候变化政策的原则、减缓、适应分别进行目标任务界定。第26条规定了国家气候变化政策制定的原则：①可持续发展的生态系统和自然环境要素的可持续利用；②国家与社会在适应气候变化影响下的环境保护与生态平衡的共同责任；③（谨慎原则）当有严重的威胁或不可逆转的损害，缺乏充分的科学确定性不应被用来作为推迟采取措施应对气候变化的一个原因；④（预防原则）防止环境破坏与维护生态平衡以应对气候变化影响；⑤确立公众、社会、个人在生产和消费方面的绿色经济目标模式；⑥（全面与广泛性）在国家气候变化政策的引导下，促进各级政府、社会与私人部门之间的合作与协调；⑦公众参与制定、实施、监测和评估的战略、计划和方案，以减轻和适应变化的影响；⑧从事对环境有害或可能造成不良影响的活动的单位或个人应当承担预防、赔偿或将环境损害降至最低的环境责任；⑨在减缓、适应气候变化、降低气候变化脆弱性的领域运用经济政策工具，促进环境的保护、保持和恢复，实现自然资源的可持续利用，形成经济效益；⑩根据区域与当地的特殊情况，特别是针对那些易受到气候变化不利影响的地区与社会群体，在政府、社会与私人部门之间适用共同但有区别的责任原则，通过减缓与适应的行动来保护气候系统；⑪各级政府应促进和鼓励公众提高气候变化应对的意识，公开气候变化有关的信息，提供有效的司法和行政程序予以保障，实现信息公开和程序正义；⑫气候变化应对政策工具成本收益的公平配置；⑬保护生态系统和生物多样性，提供必要的环境服务，以减少脆弱性，优先保护湿地、红树林、珊瑚礁、沙丘、泻湖和沿海区域；⑭在不影响国际市场竞争力的前提下，发展本国经济，实现可持续发展。第27条规定：适应气候变化的国家政策将根据诊断工具，规划、测量、监测、报告、核查和评估，实现以下目标：①减少社会和生态系统对气候变化的脆弱性；②增强自然和人类社会的适应能力；③根据当前和未来的气候变化情景，将风险和损失最小化；④在新的气候条件下，认清生态、人类、社会的脆弱性、抵御力和转变；⑤作为民间气候保护计划与行动的一部分，建立区域气候变化影响的快捷响应机制；⑥推动和促进粮食安全、农业生产、畜牧业、渔业、水产养殖，保护生态系统和自然资源。第 28 条规定：联邦政府、各州和直辖市，在其职权范围内，应实施适应行动，在以下几个方面制定政策、战略、计划和方案：全面的风险管理；水资源；农业、林业、渔业和水产养殖；生态系统和生物多样性，特别是沿海地区、海洋、高山、干旱、沙漠、森林和土壤资源；能源、工业和服务业；运输和通讯基础设施；生态土地、人类定居区和城市发展；一般健康和公共卫生基础设施；政府认定的其他地区。第 31 条规定：减缓气候变化的国家政策应包括诊断、规划、测量、监控、报告、核查和评估温室气体的排放。这个政策所确立的减排目标应当具体、有经济和技术上的可行性，并以本法所建立的基线为参照和主要支柱。减排目标在实施中应以最低的成本发挥最大程度的区域减排潜力。减缓气候变化的国家政策应包括规划、政策和经济手段的工具，诊断、规划、测量、监控、报告、核查和评估温室气体排放量。此政策构建起规划、计划、行动、经济工具和政策监管机制，逐步完成具体的行业减排目标。根据本法所提供的工具和墨西哥签署的气候变化国际协议，减排活动以本法所建立的基线情景和基线为参照。第 32 条规定：国家减缓政策在循序渐进原则的基础上，加强国家减缓和适应的能力。在履行墨西哥在该领域的国际承诺之外，专注于最有减排潜力的领域实现低成本减排。将这些政策和活动所涉及的成本转移到私营部门或一般的社会中，通过各种资金渠道包括国际资金，支持资助这些政策和活动所花费的成本，它们可能会分两个阶段进行，那里充满机会的领域的监管部门国家的能力建设需要引导被规制的行业在自愿的前提下展开：①不同减排工具与机制的分析，包括实施成本；②所采取的可测量、可报告、可核查机制的分析；③正在讨论中的行业基线决策分析；④工具和

机制的经济社会影响研究，包括成本转移到社会的其他部门或转嫁给消费者；⑤某行业部门假设实施此种工具和机制，本国产品在国际市场的竞争力；⑥行业减排目标需要根据所占国内总的减排量的比例和减排成本来确定；⑦电力生产部门的成本外部性分析和社会、环境成本以及电力生产所选择能源排放源；⑧通过与其他国家或地区的生产指标比较，分析工业部门减排的技术分析。第 33 条规定了减缓气候变化公共政策的目标：①控制和减少排放量，保障人体健康和安全；②减少温室气体排放，在公共、个人以及能源、交通、综合固体废物管理等社会领域鼓励可持续的生产与消费模式；③发展可再生能源逐步取代化石能源的利用；④提高能源效率，发展可再生能源，促进低碳技术的推广和转让；⑤优先发展减缓温室气体排放的技术；⑥出台联邦政策扭转毁林和森林退化的趋势；⑦可测量、可报告、可核证；⑧提高机动车能效标准；⑨减少气体燃烧和排放，以减少在提炼过程和分配过程中的能耗，确保石油，天然气和炼油充分的利用；⑩促进煤层气的开发利用；⑪促进热电联产；⑫垃圾发电；⑬促进提高公共交通效率，质量和高标准，有利于替代化石燃料和可持续的交通运输系统的发展，包括城市和郊区的，公共的和私人的；⑭通过财税政策激励企业履行环境社会责任。

第五章规定了应对气候变化的国家体制，明确了气候变化委员会、气候变化秘书处的机构设置与工作职责，界定规划和排放清单的编制目标，建立气候变化信息系统，设立气候变化基金，建立碳排放登记注册系统，开展碳交易，运用多种经济手段，激励利益主体参与气候变化应对。国家气候变化体制是包括各级政府、社会与私人部门在内的并发、沟通、合作、协调、磋商的机制。①根据国家气候变化政策确立的原则、目标、战略、方案、区域方案与优先行动，鼓励公众、社会和私人部门的参与；②推进国家气候政策的短期、中期与长期实施；③通过政策工具协调各级政府在减缓、适应、降低气候脆弱性等方面的努力；④促进政府气候变化应对方案、行动和投资在制定、执行和实施方面的合作；⑤在减缓与适应气候变化的战略、目标、政策和优先行动领域方面，将州政府与市政当局的气候变化应对方案、行动和投资相互对接和比较，以达到促进竞争的目的。此外，突出气候战略的目标，主要内容涉及：①诊断与评价国内政策措施及其在国际上的影响；②气候情景（模型）；③评估和诊断区域、生态系统、人口中心、设备和基础设施、生产部门和社会团体的脆弱性和气候变化适应能力；④国家、区域、州的土地和资源利用变化趋势与建议，包括土地用途改变和水资源利用；⑤考虑环境、社会、经济因素的同时，诊断国内排放和优先行动领域的最大减排潜力；⑥在能源利用、气体燃烧、自然排放、土地利用、土地利用变化、交通运输、工业生产过程、固体废物管理及其他领域中，找寻减少碳排放的机会；⑦方案基线；⑧排放基线；⑨排放目标轨迹；⑩适应和减缓行动及目标；⑪涉及研究、技术转让、教育、培训和宣传的国家气候变化基本要求；⑫委员会确定的其他事项。气候变化基金的设立通过吸收公共、私人、国内和国际的资金，支持应对气候变化的行动，而适应气候变化的行动应得到优先支持。第 87 条规定了基金的使用目的：①适应气候变化的行动，特别是国内最脆弱的群体；②减缓和适应气候变化的项目，增加自然资本的行动，其中包括控制毁林和森林退化，保护和恢复土壤，以提高固碳力，开展可持续农业生产，涵养地下水，保存最完整的海滩、海岸、联邦海事区、填海所得的土地和其他任何沉积物形成的海洋水域、湿地和红树林，促进生态系统的连接，保护植被河岸和生物多样性的可持续利用；③根据区域应对气候变化战略和规划所确认的优先的行动领域，尤其是有关能源效率方面的，制定并实施减排行动，发展可再生能源和第二代生物能源，处置或回收煤层气，发展可持续交通运输系统；④有关低碳和适应气候变化的教育和宣传；⑤国家气候变化的研究和评估；⑥气候变化战略、规划、方案所支持的相关研究、创新、技术开发和技术转让；⑦购买清洁发展机制下的核证减排量以及其他由墨西哥参加的国际协议所确认的核证减排量；⑧气候变化委员会所认定的其他气候变化项目和行动。

第六章是国家气候政策的评估，第七章是信息公开，第八章是社会参与，第九章是检查、监督、安全措施与制裁。

（二）韩国：绿色发展战略的立法推进

韩国与中国都属于非附件一的国家。韩国2005年的温室气体排放量占世界排放量的1.6%，位居世界第十位。2007年韩国国民人均收入达到20 045美元，成为世界第11位贸易大国。实际上，韩国已经具备了承担减排义务的基础，按照世界银行的标准，已经相当于中等发达国家的水平。在国际社会的压力下，韩国在《哥本哈根协议》中自愿承诺：至2020年减排不低于2005年的4%或按业务照常水平减排30%（单方）。2009年7月，韩国政府公布了《绿色增长国家战略及五年计划》，提出2020年跻身全球七大“绿色大国”、2050年成为全球五大“绿色强国”的战略目标。由此可以看出，韩国政府在绿色增长战略上采取了立法与政策、规划同步并进的方式。2008年9月19日，韩国国务总理室提出《气候变化应对基本方案》，2009年2月公布《气候变化对策基本法》。该法共7章31条。第1条立法目的是：“由于地球暖化导致气候变化及对全球环境的冲击，须积极促进科技发展、环境保护和关联产业能力提升等，尽量减少对气候变化的影响，并建立气候变化之基本对策，以利社会发展，及让国民们有健康和舒适的生活。其目标是为追求人类的永续发展。”该法结构是：第一章是总则，明确了立法目的，术语定义，国家、地方政府、企业、公众的责任；第二章综合计划的编制；第三章设立气候变化委员会；第四章是减少温室气体排放的措施；第五章“其他措施”，包括提升气候变化适应能力，涉及促进民间团体气候变化应对活动、教育和宣传活动、财税法律措施、气候变化影响及脆弱性评估；第六章是“基金的设置及运用”。

2010年1月，韩国制定了《低碳绿色成长基本法》。这部法共

7章68条，将《能源基本法》、《可持续发展基本法》、《气候变化对策基本法》作为其下位法。该法第1条规定了立法目的："为确立促进低碳绿色增长的国政理念，汇集全国力量有力推进，依循国家可持续发展新动力，营造舒适环境，提高国民生活质量，履行国际社会成员的责任，建设成熟的先进一流国家，特制定本法。"第2条规定了基本理念："坚持摆脱以化石燃料为中心的经济增长理念，在能源枯竭和气候变化下谋求国民生活安全，巩固经济增长与环境改善良好循环的结构，实现革新的经济发展模式，为子孙后代创造健康的未来。"第3条明确了重要的术语定义，其中第2项"绿色增长"是指最小化使用能源/资源，减少气候变化和环境污染，通过清洁能源、绿色技术开发以及绿色革新，确保增长动力，创造工作岗位，实现经济环境和谐相融的增长方式。第3项"绿色技术"是指在经济活动全过程中减少能源/资源使用、减排温室气体和污染物质的温室气体减排技术、能源使用有效化技术、清洁能源技术、资源循环技术以及亲善环境技术等。第4项"绿色产业"是指在经济、金融、工业、建筑、农业、水产业、旅游等经济活动中，通过提高资源/能源使用效率，生产/消费改善环境的产品、服务，为实现绿色增长作贡献的第一、二、三产业。第5项"可持续发展"是指满足当代需要，不浪费未来经济、社会与环境的资源利用，通过相互协调均衡，促进经济增长、社会安全稳定、环境安定的和谐发展。

第4条规定了绿色增长促进的基本原则：①促进绿色增长是国家第一优先课题，政府政策基准转向亲善环境型，划时代地改革社会经济体制。②政府履行确立战略、整备法制等基本职能，最大化发挥市场机能，促进民间主导的绿色增长。③绿色技术和产业是经济增长的核心动力，构造可创造扩大就业岗位、新的可持续经济体制。④为有效利用国家多种资源，提高增长潜力和竞争力，强调向亲善环境的绿色技术和产业重点投资扶持，追求最大政策效果。⑤提高经济社会活动资源/能源的利用效率，促进资源循环，减少

环境污染和温室气体发生，促进绿色增长，划时代提高国家竞争力。⑥保存自然资源和环境的价值，对国土、城市、建筑物、交通、道路、海湾、水道等基础设施进行亲善环境的完善。⑦环境污染和碳排放带来的外部费用需要合理反映在货物、服务的市场价格中，按照污染者负担原则促进绿色生产消费活动，改善租税金融体制，有效分配资源，积极引导国民向亲善环境的消费和生活方式转化。⑧全体国民参与，中央政府、地方自治团体、民间企业、使用者和劳动者，与经济团体、环境团体以及市民团体同心协力，实现生态民主主义。⑨强化对社会弱者和疏远阶层的关心，缓和、消除地区性不均衡，完善制度，强化政策支持。⑩尽早把握国际动向，合理反映进国家政策与法制，诚实履行作为国际社会成员的责任，提高国家形象和品德。

第5~8条分别明确了国家、地方政府、企业、公众的义务责任及其与其他法律的关系。第9条特别强调制定或完善与绿色增长相关的其他立法时，应当遵循该法的目的和基本理念。国家和地方政府依照其他法律确立的行政计划和政策，应当与依照本法基本理念和原则以及按照第10条规定制定的国家绿色增长基本战略相协调。这一条突出了该法的立法目的及其基本理念在整个绿色增长法律体系中的统摄作用，并将各级政府的促进绿色增长的政策目标与立法目的、基本理念和国家战略相衔接，形成了逻辑严密、体系规整的目的结构。用立法目的将基本理念、国家战略、政策、规划统一起来，反映了政策法的立法模式特征。

围绕着“绿色增长促进”和“低碳社会的实现”两大政策目标，该法分别在第四章和第五章，以原则设定—规划编制—机制创新为逻辑线索，将绿色增长的战略要求贯穿于环境、资源、经济、社会的方方面面。主要表现为以下几点：一是减低能耗、减排与发展经济、提高国民福祉有机统一，经济社会发展要朝着“亲善环境”、“绿色化”方向发展；二是社会各界、各产业共同参与的“泛国民化”，将绿色文化深深扎根于整个社会（第49条）；三是未来发展与现有资源、设施、机制相结合，处理好产业转换、技术转化、文化转换等“过渡性”障碍；四是实现地区、企业、个人之间减排责任与福利分配的均衡性，比如建立大企业与中小企业之间的“相生结构”（第21条）。[1]

在体制建设上，该法第三章专设“绿色增长委员会”，构造国民、总统与国务总理之间的合作体制。委员会隶属总统，由当然（官方）委员和委任（民间）委员组成，实行国务总理和民间人士组成的共同委员长制（第15条）。委员会下设气候变化对策委员会、能源委员会和可持续委员会。

〔1〕 宋彪：“《韩国绿色增长基本法》述评”，载《国际商报》2010年2月3日，第2版。

第三章

应对气候变化立法目的与立法基本原则

通过第一章对应对气候变化立法目的内涵的概括分析，不仅揭示了应对气候变化的法律概念，更是明确了气候法益作为应对气候变化立法目的的方法论意义，使得气候法益能够将价值论意义上的应对气候变化利益确认和保护与实证法秩序中的应对气候变化义务权利规则相互融合于应对气候变化立法目的论的理论体系中。由于立法目的本身所具有的高度抽象性、价值性、解释性和层次性，使其在实证法律规则中以不同的方式得以体现。而除了作为显性的目的结构体系被置于立法文本的首要条款，立法目的通过立法基本原则的规范性表达，发挥立法目的元规则的法技术解释功能。如果没有立法基本原则作为联结立法价值和具体制度规则的桥梁，那么立法目的就会停留在立法价值和立法理念层面，无法为立法体系的构筑和立法的实施提供实证法律的效力，从而使得立法目的成为一纸具文。

立法目的的实践性品质需要借助于立法的基本原则厘定而设计体系化的制度规则，方能够实现气候变化应对中利益关系调整的目标，形成气候变化法的秩序。气候变化立法的基本原则所具有的基础性、本源性、准则性特征使其在气候变化法的立法和法律实施中发挥着法律推理的法技术规范功能。通过高度技术化的法律方法来弥合气候变化法中各方的利益分歧，确定气候变化法的总体框架和发展趋势。如果没有正确确立科学合理的基本原则，就会丧失规则设计的基本方向和法律实践指南，造成立法的政策宣示化、立法体系的不协调、立法目的虚置等立法总体框架问题和立法可操作性问题。而这些立法技术问题将直接制约法律的实施，造成法律适用中的无所适从，从而无法实现立法目的。由此，气候变化立法的基本原则是气候变化法中具有纲领性和指导性的根本规则，是气候变化立法目的在立法规则设计中的方法性规则表达。应对气候变化立法目的中所涵摄的气候法益需要通过应对气候变化立法基本原则的权利和义务配置来予以保护，进而为应对气候变化基本法律制度的构建提供方法性的法技术指引。在应对气候变化立法基本原则的体系构筑中，由于气候变化所带来的高度不确定性和不可逆性，意味着气候损害救济的着眼点在于防范气候风险于未然，从而使得气候变化风险的预防成为原则体系设计最为核心的方法性原则。其他原则都是风险预防原则的支持保障性原则。气候变化法的风险预防原则实质上是在有关气候变化损害存在科学不确定性的情况下，为气候变化法律关系主体设定的预防损害发生的法律义务。由此，以风险预防原则为核心的应对气候变化立法基本原则体系通过气候变化法律义务的设定和履行而实现气候变化法所追求的气候安全秩序价值，彰显了以气候变化法律义务为本位的实证法意义上的应对气候变化立法目的论。

第一节　应对气候变化立法基本原则的确立

气候变化立法的基本原则需要从气候变化法制定和实施的全过程来进行探究。气候变化立法基本原则的确立需要按照正确的标准

来予以判别，既不能随意将气候变化政策所确认的原则作为气候变化立法的基本原则，也不能将属于气候变化法中某一领域制度的具体原则作为气候变化立法的基本原则来对待。否则，基本原则的界定就难以形成稳定的、根本性的、解释性的方法性规则，丧失应有的指导力和法律效力。立法目的与立法原则在理论研究中容易陷入误区。以可持续发展为例，有学者认为可持续发展是属于环境法的立法目的范畴，保持环境法目的的独立性就是保持环境可持续性的利益的相对独立性。在环境利益与其他利益之间保持适度的张力，通过对其他法律追求的目的所表现出来的过分扩张的限制，来保持环境利益。〔1〕另有学者根据有关国际公约的规定，认为可持续发展是原则。〔2〕其实目的与原则本来就是在不同的情境下作出的判断，原则相对于规则是目的，而原则相对于立法目的来说是手段。即使把章节条看作一个遵循基本原则的小集体，章节条和原则之间的手段目的关系，以及原则与原则的目的之间的手段目的关系也会

〔1〕吕忠梅认为，应当在对环境伦理学进行批判的基础上，重新定位可持续发展的概念，将其扩大到自然的范围，其价值定位也不应仅是人类内部同代人之间、代与代之间的公平和正义，还包括人类与自然的公平。环境法的目的应该是它的限制以及与经济的互渗、互涉、互动中，寻找一个不是最差的结果，但不一定是最好的结果。认识不到环境与发展的现有内部矛盾，采取回避态度是无助于解决问题的，而且会使问题继续发展下去，错过解决问题的良好时机。环境法的唯一目的是保护环境的整体价值，将生态价值作为环境法追求的目标，去掉经济发展的表达。参见吕忠梅：《超越与保守——可持续发展视野下的环境法创新》，法律出版社2003年版，第93、99页。巩固与之形成不同的研究进路，认为环境法是经验的、实证的，立法价值定位缺乏现实说服力。巩固在《环境伦理学的法学批判》中，认为事实与规则之间存在无法逾越的鸿沟，进而否定环境法的目的性，主张以本土资源的主体性意识，来应对环境权误区和可持续发展的自然伦理法困境。刘卫先在其2010年所著的中国海洋大学博士学位论文《后代人权利论批判》中认为，环境义务才是后代人权利追求的真实性所在。

〔2〕汪劲认为作为环境法的基本原则，协调发展原则是为了实现社会、经济的可持续发展，必须在各类发展决策中将环境、经济、社会三方面的共同发展相协调一致，而不至于顾此失彼。协调发展原则也被表述为环境利益平衡原则、可持续发展原则、环境与决策一体化原则等。参见汪劲：《环境法学》（第2版），北京大学出版社2011年版，第99页。

组合为一个两级的手段目的关系链条。当然，不能因此而混淆立法目的与立法原则之间的界限。冯嘉认为，法律原则仍然是一种关于权利义务公平分配问题的法律规范。离开了对权利义务分配问题的思考，法律原则就丧失了法律的特性，不能发挥其应有的作用。环境法原则作为法律原则之一种，在立法技术构成要件方面必须具备一般法律原则的基本特征，即对公平、正义法价值观的体现和包含权利义务分析的内容。这是完善环境法原则体系所必须遵循的基本思路之一。只有按照这样的要求构建出来的环境法原则才能被称之为“法律原则”，否则很容易丧失法律性而难以对法律实践起到法律原则的指导作用。在环境法中，可持续发展、协调发展是环境法的立法目的，立法目的也体现了环境法所蕴含的价值理念，即公平、正义、效率、秩序、自由和民主等。这决定了可持续发展、协调发展与环境法原则之间进行契合的可能性。立法目的与法律原则的关系是目的和手段的关系，法律原则是确保立法目的能够得以实现的基本权利义务要求，只是与法律规则相比较而言，法律原则不是关于如何具体分配权利义务的方法，而是有关权利义务分配的基本要求。这样，可持续发展的若干目的设定就应当通过权利义务的语言，首先由环境法原则予以完整、系统地表达，再进而转变为具体的法律规则。[1] 冯嘉对于环境法原则的立法技术特征进行了颇有见地的分析，一针见血地指出立法原则的权利义务规范化表达的核心特征，可持续发展由于在概念内涵上和理论背景上存在着诸多不确定性，因而不能作为立法原则来界定，从而澄清了理论界长期存在的可持续发展是立法目的抑或是立法原则的理论误区。之所以存在这种问题是源于直接套用可持续发展的伦理话语，不加考虑法律的规范化技术特征所致。

〔1〕 冯嘉:《环境法原则论》，中国政法大学 2010 年博士学位论文，摘要第 2 ~ 3 页。

一、应对气候变化立法基本原则的判别标准

（一）高度抽象性标准

所谓高度抽象性标准是指在立法基本原则的选择和确立方面，应当注重所选原则的高度性、抽象性和指导性。换言之，判断该原则的标准是能否在理论上统领整个立法，为整个部门法律理论体系的建立健全发挥统帅作用；在立法上，能否对整个立法体系的构建形成指导性的思想和目标；在实践中，能否在现有法律出现漏洞或冲突时起到漏洞补充或解释适用的作用。高度抽象性需要符合以下特征描述：一是价值性。基本原则能够概括并突出气候安全、气候正义的特点和属性，反映人类寻求气候安全和气候正义的价值追求，不同的基本原则反映不同的价值选择，并相互关联反映价值体系构造。二是方法性。气候变化立法的基本原则是从应对气候变化的政策和行动的实践中总结、概括、提炼出来的行动指南。不仅对以往的经验进行总结，而且为未来利益的调整提供了方法性的依据。三是稳定性。尽管气候变化风险存在极大的不确定性，但人类社会系统和自然生态系统应对风险的基本方法和基本制度逻辑是明确的，气候变化领域的广泛性和区域特殊性，需要稳定的风险沟通和风险管理机制来回应。不能在立法和实践中对基本原则作出随意的修改，但可以在新的历史发展条件下对该项原则作出新的解释。

（二）适用普遍性标准

适用普遍性标准是指在高度抽象性标准之外，强调所确立原则的一般性和基础性特征。这就要求该项原则必须可以涵盖气候变化法律领域的所有部分，能够对该法律部门内部任何部分的理论、立法和法律实施起到指导性的作用。气候变化立法的基本原则既要对气候变化安全所涉及的农业、林业的适应性起到调整作用，又要对公共健康、粮食安全、基础设施、减少贫困等起到利益保护和利益协调作用，还要对生物多样性保护、水资源的有效管理、生态补偿等实现利益整合的作用。只适用于气候变化某一领域的原则不能成为基本原则，实际上只是基本原则在特定领域的表达而已。

（三）特色性标准

特色性标准是指强调基本原则不同于其他领域和其他立法的特征。特色性标准是只有气候变化立法基本原则才具有的。该标准的确立使得气候变化立法基本原则和伦理性原则、政策性原则、相邻学科的原则相区分。由于气候变化问题涉及包括自然科学和人文社会科学在内的诸多学科领域，不同学科之间的交叉融合固然促进了气候变化知识的传播和分享，但却容易冲击原有的学科固有范式。学科范式的消解，就会引发学科正当性和合理性的危机。由此，不能够因为基本原则具有价值性和实践性就简单地将其他学科比如伦理学、政治学、管理学的原则不加分析消化地吸纳进来。特色性标准的特征描述如下：一是规范性。气候变化立法的本质在于通过权利义务的规范性建构表达构筑气候变化法律秩序，实现气候变化利益的综合调整。权利和义务的设定和配置表现为严谨的法技术规则，不能够用法价值来毕其功于一役。立法目的的法益保护便是法律价值确认和秩序规则构建的统一。简单地将气候伦理学和气候政策中的原则（如减缓与适应并重、代际公平、物种平等原则）作为气候变化法的基本原则，就会丧失法学的特色。二是气候变化特色。这一特色要求确立的基本原则必须在实质上反映应对气候变化的行为规律、利益调整特点和气候变化安全的价值诉求，但这并不意味着排除适用于其他法律部门的原则。由于气候变化属于高度不确定性的新型环境问题，其与环境生态保护存在着密切的联系，原先适用于环境生态法的基本原则需要在气候变化背景下进行全新的解释和拓展性表达。气候变化法的回应型法特色是其横跨环境法、行政法、经济法、能源法、气象法等众多法律领域，需要本着适应气候风险的前提预设性理念来予以整合性的调整。另外，需要反映当前最新的气候变化科学成果，在最为权威的气候变化科学评估认知的基础上，进行制度性设计。

二、应对气候变化立法基本原则之间的内在关联

风险预防原则、排放者付费原则、协同合作原则和适应性管理

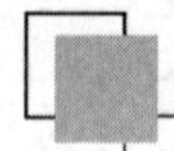

原则构成了气候变化立法的基本原则体系，是气候变化法的核心和灵魂，也是气候变化立法目的层次在法原则技术层面的实证逻辑展开。在气候变化立法中，这四项基本原则并非属于同一逻辑层次，各自在气候变化立法所发挥的功能不同。风险预防原则是基于气候变化给人类社会系统和自然生态系统所带来的巨大风险和损害，迫使主体采取减轻风险或规避风险的一系列应对措施。不管是减缓气候变化立法所涉及的提高能源利用效率、发展可再生能源、增加森林碳汇等减缓气候变化的措施，还是适应气候变化立法所涉及的农林牧渔业的适应性调整、生物多样性的保护、自然灾害的响应、防御和应急处置以及粮食安全、公共健康、基础设施的风险控制措施应对，均是对气候变化风险在不同区域、不同资源开发利用中进行预防和控制。对气候风险和非气候风险因素的多维度考虑，通过权利义务的配置实现利益分配和利益整合，成为设计应对气候变化法律制度措施的着眼点和基本前提。对气候风险的事前性预防、事中的过程性控制、事后的损害填补来全面应对气候变化风险对社会利益、国家利益、生态利益所带来的冲击。

排放者付费原则是在污染者付费原则的基础上进行系统的拓展和整合性的梳理。在气候变化法律关系中，主体之间在应对气候变化的风险过程中会出现利益分化，一方利益主体的利益减损是由另一主体的温室气体排放所致，气候资源作为公共物品，其外部不经济性需要予以内化方能够实现受到气候变化损害一方的利益救济。污染者付费原则虽然是环境法的基本原则，但在气候变化法中同样适用。将温室气体作为污染物来对待，已在有的国家法律实践中得到确认，污染者付费原则确立了气候变化损害填补责任的法律基础，是对气候变化法所保护的气候变化法律权利和利益遭受气候变化损害的救济机制。温室气体排放者的损害赔偿责任的构成需要进行新的制度性解释，为了弥补个体化责任承担的局限，也强调责任保险和赔偿责任基金的制度构建实现气候变化损害的社会化填补。损害与风险之间存在着密切关联，现实损害填补的救济机制构建从事后损害填补为人类社会应对气候变化风险挑战提供责任保障机制。排放者付费原则是对利益损害所形成的利益主体的利益失衡矫正，反映了矫正正义的价值诉求。而气候变化法律关系中的主体利益具有广泛性、集体性、复合性的特征，不仅包括生存利益、发展利益和财产利益，而且包括生态利益、后代人利益。由此，排放者付费原则在气候变化法中确认了利益损失和利益不正义的矫正性机制。

协同合作原则是风险预防原则和适应性管理原则在实施机制上最重要的保障。协同合作原则意味着政府和非政府的利益相关者之间共同决策并实施气候变化治理。气候变化的高度或然性使得政府在气候发展决策中必须强调利益相关者的广泛参与，在扁平化的区域治理机制中，政府需要改变权力行使方式，注重决策的利益衡量，将气候变化因素纳入到地方区域经济社会发展的各个方面，根据区域气候变化情景的认知来进行气候变化规划。而规划管理意味着气候变化不同领域政府部门之间进行综合性协调，由专门的气候变化行政综合协调机制来提供体制保障。而信息披露和信息公开机制则使各方利益主体能够根据国家发布的气候变化信息、地方政府公开的区域气候变化规划内容、企业温室气体报告、低碳产品的认证实现碳信息的全过程披露以及适应气候变化有关的风险评估，为气候变化治理提供信息支持。资金支持、技术支持、能力建设、国际合作是气候变化应对中的重要保障。

适应性管理原则强调气候变化风险管理的基本方法和基本制度。在对气候变化影响及不同生态系统或人类社会系统的脆弱性评估基础上，由独立的管理机构以系统各要素或整体恢复力建设为调控和管理的目标，不同于以往基于生态承载力的环境容量而核定阈值作为确定性的管理和调控目标。适应性管理原则在科学认知上认为，人对气候风险的理解是高度未知不确定的，需要以现有的管理方案、技术为基础，实施决策方案，并追踪社会系统和生态系统的运行，进行阶段性评估，在科学认知不断更新深化的基础上改进决

策提升管理效果。“要求从管理实践中学习总结，对已发生的管理实践及时反馈到新一轮的思考与决策中，期望更为广泛的利益相关者参与到方案的制定、执行和评估中。”[1] 该原则反映了气候变化法独具特色的风险规制方法和程序，将适应气候变化、构建系统恢复力、降低脆弱性作为自然资源管理、极端事件和灾害风险管理的目标。保持气候恢复力成为气候变化适应与可持续发展之间实现利益均衡的关键。而环境法则是以污染修复和生态平衡的保持等认知确定性的管理和调控为目标。适应气候变化作为减缓气候变化的目的，不仅涉及发展模式的调整，而且涉及风险管理的方法和机制融合。适应气候变化需要与资源管理、灾害风险管理相协同。通过强制性的义务规定让管理者充分考虑气候变化因素，在各级各类资源规划中，采用盖然性的评估理论来更好地评估风险以及采取风险管理措施。在重视适应性的同时，不应忽视资源管理的经济性和生态性，协调好适应气候变化措施与生态环境保护之间的关系。

风险预防原则作为一种风险决策方法，对产生风险的原因者和风险规制者产生了法律约束力。对于风险的原因者来说，通过损害赔偿责任机制和生态利益补偿机制，体现了气候正义中利益公平分配和责任公平承担的法理价值诉求，使得损害环境者与受益者付费原则和风险预防原则共同彰显气候公平的内涵。对于风险规制者来说，风险预防原则纳入气候变化风险行政机构的法定目标之中，影响了行政权力行使的目的，需要对行政权力的配置、行政决策的过程性风险规制程序机制重新予以构筑，方能因应风险社会背景下的风险规制挑战。风险规制中的风险评估和风险管理需要适应性管理的理念和方法来予以灵活动态回应，技术委员会为风险评估提供专业的科学事实认知，政府、专家和公众风险对话沟通中就事实与价值的差异进行协商。通过成本收益的比例原则，对替代性方案进行

[1] 刘小峰等：“基于适应性管理的水污染控制体系构建”，载《中国人口、资源与环境》2011年第2期，第76页。

利益权衡。一方面，风险预防原则作为风险规制机构行使行政权力的目的，为过程性行政行为的合法性和合理性提供了法定依据。另一方面，风险预防原则对风险规制机构权力的行使形成目的上的制约和限制。如果规制机构在决策时未充分考虑有关气候变化因素，则会面临着被提起气候变化公益行政诉讼的风险。风险规制体系的构建除了风险规制机构组织体制安排、权力分配、利益协调外，还需要有健全的资金、技术和信息层面的保障。气候变化立法的基本原则之间相互依存，形成体系严密的气候变化风险规制体系。

第二节 气候变化立法基本原则的价值定位

法的价值主要体现在法对于人的需求满足上。应对气候变化立法目的反映着人们在应对气候变化的过程中，也“必须关注某些超越特定社会结构和经济结构相对性的基本价值”。[1] 由此，应对气候变化立法应具有公平、秩序和效益三大基本价值，三者之间通过不同的价值目标和评价标准认知所确认的相应规范化的法律原则，共同构成了应对气候变化立法生成的价值体系。

一、公平价值：谋求包容共进

一国领域内气候变化的应对是在不同区域内气候变化对特定群体、特定生态区域造成影响的基础上展开的。在科学发展观的语境下，人际关系在特定的时空区域背景下得到重新审视。气候变化影响的区域性特征使得一国在应对气候变化的实践中必须重视地方与区域气候变化应对的发展理念和发展模式更新。可以说，这是国内气候变化应对不同于国际气候变化应对的最主要的不同之处。换言之，应对气候变化立法目的生成的核心基础在于区域气候变化应对的发展价值诉求。区域发展就成为宏观意义上重新构建一国领域内

〔1〕 卓泽源：“论法的价值”，载《中国法学》2006年第6期，第23页。

人际关系的重大战略举措。中央与地方之间、地方与地方之间、农村与城市之间、内地与沿海之间形成的差异较大的发展不均衡格局，成为全国气候变化应对实践深入有效开展的障碍。权利的倾斜性配置和地区发展的相对滞后使得贫穷地区缺少气候变化应对的基础性资源，并且贫穷地区的地理生态条件往往表现为高脆弱性，这些高脆弱性地区的发展滞后意味着适应气候变化的能力也十分欠缺，其往往陷入资源、人口、生态失衡的恶性循环中。这种境况产生的深层原因就是在于社会资源分配上所形成的不公平。汪习根教授敏锐地洞察到区域发展不协调所形成的发展困局，从人权视角提出了区域发展权的新概念、新思路和新方法。[1] 这一观点颇有见地，深刻地指出了区域发展不均衡的人权法回应路径。由此某区域发展权成为综合性的自然权利体系，需要在宪政的视野中通过法定权利的证成，以体系化的制度性保障来实现这一社会连带的公法性权利。而通过对宪法的规范性解释，就可以完成这一理念更新和制度创新的宪法表达。走出区域发展失衡的困境，实现包容性增长，就成为公平合理地分享经济增长的发展政策目标。这一政策目标自然内化于应对气候变化立法目的关于区域发展权的保护之中，成为气候变化应对中公平的核心价值诉求。

汝绪华博士认为，包容性增长的内涵包含三方面的维度：“机会平等的增长、共享式增长与可持续发展的平衡增长。”[2] 包容性增长与可持续发展虽有相似之处，但包容性增长更强调公平合理地分享经济成果，可持续发展则强调经济发展与人口、资源与环境的

---

〔1〕 区域发展权表现为一种发展权利关系，是一国内特定区域尤其是不发达区域之主体追求以参与、促进和共享为形式的权利。它以平等性与公平性为价值诉求，以衡平区域差距以及解决代际性矛盾为目标定位，以发展性、补偿性与救济性为保护方式，以第三代人权为权利形态，体现出社会连带权利的特征。参见汪习根、彭建军：“论区域发展权的本质属性及法律实践”，载《中南民族大学学报（人文社会科学版）》2009年第6期，第104~105页。

〔2〕 汝绪华：“包容性增长：内涵、结构及功能”，载《学术界》2011年第1期，第14页。

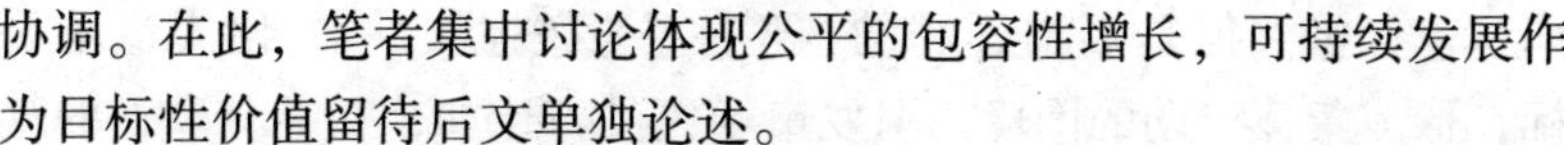

协调。在此，笔者集中讨论体现公平的包容性增长，可持续发展作为目标性价值留待后文单独论述。

公平构成了包容性发展最基本的内容，包括机会公平和结果公平。机会公平包括拥有条件的平等、竞争权利的平等以及机会实现过程的平等，从而让贫困人口、弱势群体得到更多的发展机会，这种机会需要权利的倾斜性配置来重新调整资源分配格局，从而反映了分配正义与矫正正义的统一。生态补偿和相关的气候变化应对能力建设的生态文明建设资金保障机制的构建便是原因者负担原则的体现。经济增长与能源、资源的开发利用密切相关，能源消耗在推动经济发展的同时也排放了大量的温室气体，由于气候变化影响因果关系的不确定性使得对温室气体排放者的追究难以具体化，有关生产、流通、消费环节排放温室气体的行为者难以明确认定，因此补偿性和救济性的制度功能定位使得原因者比污染者更能涵盖与温室气体排放有关的原因行为者。美国《清洁空气法》规定了禁止环境质量恶化原则，又称“不得恶化原则”或“历史使用环境质量维持原则”。该立法原则旨在通过立法规制实现区域生态环境功能的划分，让环境质量好的地区环境更好，不能够因为区域经济发展的要求造成人口、资源环境压力的增大，导致环境承载力超出自然能力承受的范围，而使得环境恶化。这实际上是区域环境政策在发达地区和欠发达地区的一种发展模式定位，欠发达地区一定程度上会牺牲本地区发展的机会。通过环境受益者付费原则的引入来实现机会公平和制度的规范化对接。环境受益者应当补偿以丧失经济发展机会为代价作为生态功能保护区域的贫穷人口和弱势群体。这一目标定位的前提明确后，就通过财税机制、排放交易、基金等投融资的经济政策工具实现利益分配的协调。

结果公平是指经济发展所获得的利益在各地区各群体中实现共享。通过绿色低碳技术的创新和市场化，发展战略性新兴产业和提高生态服务的水平，调整产业发展结构，依靠绿色消费带动内需，增加就业岗位，扩大出口，逐步实现投资、消费和出口的协同，迈向绿色经济。但是资本逐利的本性，会以利益的最大化为追求目标，形成集体行动的困境，引发市场失灵，比如，在森林碳汇的气候变化项目中，由于对当地林权的价值评估标准不统一和对土地权利保护的忽视，就会出现以绿色低碳之名行资本侵略扩张之实的局面，加剧了原住地弱势群体的贫穷程度，直接威胁其发展权甚至生存权。在低碳城市、低碳产业、低碳金融、低碳技术成为低碳竞争力指标的城市话语权逻辑背后，农村应对气候变化的现实迫切性问题却没有引起应有的重视。农业、水资源、林业、渔业、畜牧业等关键领域应对气候变化的能力建设亟待加强，这些领域遭受越来越严重的气候变化影响，如果不全面系统地将发展成果有效分配，就会直接影响气候变化应对的实际效果。而成果的分配也是对风险责任的一种分配，发达地区和欠发达地区在风险责任的分配上应引入公平原则。欠发达地区因其发展水平低，在减排的承受力和气候变化影响的适应能力上处于弱势，就应当承担与其发展水平相适应的风险责任。而风险责任分配的标准则是采取人均排放标准或是人均消费标准。人均消费标准更有利于操作，且能防止人均排放标准的人口缺乏控制激励的弊端出现，同时还可以有效应对排放转移现象。“在效率和公平不能兼顾的时候，包容性增长更侧重于公平，它暗合着罗尔斯的反效率原则。包容性增长在各个阶层利益冲突的时候都更多的关怀弱势群体的利益，不但要求其实现共享式的增长，还要求其机会均等，让贫困人口、弱势人群得到更多一些，则暗合着罗尔斯所坚持的差别的存在要能够有利于境况差的人和最少受惠者。”[1] 此外，发展的利益共享，既包括自然环境要素的公平共享，也包括生态公平所要求的环境公共服务的均等化。《生物多样性公约》亦提倡促进公正及公平分享从生态系统生物多样性功能中获得的利益。生态系统以及生物多样性提供的一系列服务产生的

〔1〕 李跃华、余达淮：“包容性增长的伦理探析”，载《山东社会科学》2012年第4期，第140页。

利益奠定了人类环境安全和可持续性发展的基础。生态系统努力确保这些服务的生产和管理的利益攸关者分享这些服务产生的利益。除此之外，同时要求：能力建设，特别是管理生态系统生物多样性的当地社区一级；生态系统物品和服务适当估价，消除贬低生态系统物品和服务价值的反常奖励措施，并根据《生物多样性公约》的规定，酌情用鼓励良好管理行为的当地奖励措施取代反常奖励措施。《生物多样性公约》和《公约》在生态利益的分享方面是存在着融合衔接的契合点的，这本身也是环境生态服务有偿化的利益平衡，体现了环境受益者为环境服务提供者因提供环境服务而丧失的发展机会的合理补偿。

二、秩序价值：维系气候安全

立法在确定价值理念建立法律制度的过程中，除了要力求实现公平正义，还要致力于创造秩序。秩序的位序在某种程度上是以存在着一个合理的健全的法律制度为条件的，而正义则需要秩序的帮助才能发挥它的一些基本作用。“法律制度的存在与否，并不是以人们为正义中这三个基本成分（安全、自由和平等）所规定的序列结构为条件。只要法律制度的完整性没有因其互为补充或相互冲突的价值被无视而遭到摧毁或严重破坏，那么这个法律制度就仍有可能以安全为中心，或以平等为侧重，或以最大限度的自由为鹄的。由于这三个价值深深地植根于人的本性之中，所以在它们之间实现合理的平衡就是一个法律制度真正成功的标志。”〔1〕

那么秩序价值的核心诉求是什么呢？安全需求与秩序的关联性最大，秩序可以为社会公众营造一个安全的环境。在法的秩序价值中，维护社会安全的诉求最为重要，只有在安全的环境中，人们才能正常的生产和生活。换言之，秩序的核心是安全。

环境与安全存在着密不可分的联系。生态法作为“调整当代人

---

〔1〕［美］博登海默：《法理学：法律哲学和法律方法》，邓正来译，中国政法大学出版社2004年版，第339页。

和后代人之间的、关于利用和保护地球而产生的社会关系的法律规范"[1]，将生态安全作为基础性价值。生态安全是指“与人类生存息息相关的生态环境及自然资源基础（特别是可再生资源）处于良好的状况或不遭受不可恢复的破坏"[2]，生态问题的背后存在着复杂交错的诸多风险因素。[3]

随着各国对生态环境问题的全球化认识程度的加深，生态环境安全已经突破国家安全的范畴，上升至考量包括全球环境挑战在内的新世界安全观，最受关注的领域是气候变化、臭氧层破坏、生物多样性减少等全球性环境问题以及他国环境问题对本国的影响。由此，使得国际环境法成为国际法中一个相对独立的分支。而气候安全概念的提出则是在生态环境安全拓展至全球性议程层面后，在国际上引起广泛的关注。2006 年 10 月，在墨西哥举行的 20 国集团对话会上，英国外交大臣玛格丽特·贝克特明确提出了“气候安全”，呼吁国际社会尽快对气候变化的挑战给予应对。斯特恩在当年发布的《斯特恩报告》中指出，在未来几十年里，经济和社会将会因我们的行动而处于巨大的断裂风险。21 世纪后期以及下个世纪会引发大规模的战争，经济衰退至 20 世纪经济水平的一半。如果不采取有效的应对措施，那么这一灾难性的后果将不可逆转。2007 年 4 月美国布什政府的一家名为海军分析中心的智库发布报告称气候变化会影响国家安全。随后，有关气候安全的争论在国际社会展开，

---

〔1〕 曹明德:《生态法新探》，人民出版社 2007 年版，第 193 页。

〔2〕 赵惊涛:“生态安全与法律秩序”，载《当代法学》2004 年第 3 期，第 138 页。

〔3〕 生态风险容易引发国家间的冲突和政治局势紧张。生态退化可间接引起经济衰退、贫困加剧、社会动荡等危机的出现。环境和安全的相互依赖性从根本上改变了国家主权、国家安全、国家政治的含义。社会安全、政治安全和军事安全是国家安全的核心，它们均建立在生态安全和经济安全的基础上，而生态安全在一定意义上又是经济安全的基础，它在不同程度上透过经济安全对建立于其他安全因素产生作用。社会安全对生态安全的依赖程度最大，政治安全对生态安全和经济安全具有同等依赖程度。参见周珂、王权典:“论国家生态环境安全法律问题”，载《江海学刊》2003 年第 1 期，第 118 页。

逐步成为影响国际气候政策和国内气候政策的核心概念。[1] 实际上气候安全虽然与生态环境安全有密切的联系，但在风险存在的范围和程度上来说，气候安全不同于生态环境安全。气候变化不但引发传统的安全威胁，而且也带来了新型的安全威胁。前者包括威胁国际安全的军事因素，主权纷争、武装冲突和战争是主要表现形式；后者是对人类社会可持续发展构成威胁的经济社会因素，资源短缺、核扩散、疾病的蔓延、非法移民等现象层出不穷。现实迫切的威胁主要涉及能源安全、粮食安全、水资源短缺、土地荒漠化、气候难民的安置、人类健康。无论是从风险威胁的广度还是深度来说，气候变化所带来的巨大气候风险是单一的生态环境安全所无法全面回应的，应将国家安全、经济安全、生态环境安全、社会安全都纳入到气候变化危机的应对框架中。

值得注意的是，应对气候变化的措施也可能会引发安全威胁。例如，如果在保护措施不到位或核能管控不力的情况下用核电站取代化石燃料发电厂，就可能导致核扩散或更为严重的核冲突。生物燃料的研发和推广导致部分主粮价格上涨，这将加剧某些地区的粮食危机和政治紧张局势。[2]

气候安全作为回应气候风险的核心价值观，从认知上突破了以往安全观无需以危险的存在为前提的思维局限。风险预防在法律上的制度化使得风险预防成为国家宪法对国家所提出的保护公民生存权、发展权和环境权义务的总体任务。风险预防本身所追求的目的就是风险最小化和避免风险，但对此原则的解释会受到风险认知观念的影响。风险预防应该被理解为一项涵盖范围更为广泛的法律原则，其包含对社会的知识应用进行具体的法律调控时所应遵循的标准。在技术理性大行其道的领域中，科学和社会行为已经结为一

---

〔1〕 Ministry of the Environment of Japan：*Report on Climate Security*, available at www. env. go. jp/en/earth/cc/CS. pdf, last visited on 2012 - 12 - 13.

〔2〕 那力、杨楠："加强国际法对气候变化安全威胁的应对：减缓、适应、资金与技术援助"，载《法治研究》2010 年第 6 期，第 48 页。

体。立法者的首要任务是重新界定科学和社会行为之间的关系。社会由此也成为技术试验的开放领域，直接置身于不确定的知识所产生的风险之中。在科技进步过程中不可避免的错误和失误并没有在科学系统中得到制度性的照顾，其他社会系统已经无法避免受其结果的影响。有机系统的发展取决于初始条件，而这些初始条件即使类似，也可能产生出非常不同的发展趋向。因此，以提供安全为主旨的“秩序知识”必须应对这些不连续性和发展中断的情形。在这种情况下，传统安全模式的认知基础已经发生革命性断裂，风险预防并不是对未来进行的危险消除的调整，而是一个全新的安全概念。作为法律原则的风险预防是一个复杂的法律概念，对其进行具体化时，需要对法律的调控形式进行转化，把法律变为一种“反思性”法，即对其有限的调控功效所依赖的条件进行反思并因此具有学习能力的法，具体化工作的基本实体原则在于，确保存在社会的替代性举措。〔1〕

三、效率价值：确保永续发展

法的最高目标在于促进和实现人的全面发展，用人的全面发展来统率整个法的价值。在人的全面发展之下，法的价值目标成为一个有机联系的整体。通过人的全面发展来整合法的各个价值准则与目标，以确保法的价值的全面实现。有学者认为法律的效率是“法律的社会目标与法律作用的现实结果之间的比值”〔2〕，并把法的效率分为自身效率和社会效率两种类型。法的自身效率是指“人们是否按照法律规定作出了某些行为，即人们的行为是否具备合法性”〔3〕，而法的社会效率则是指“人们的行为是否实现了立法者所期望的更深远的社会目标。”〔4〕 可见，法的效率价值并非仅仅是法

---

〔1〕 刘刚编译：《风险规制：德国的理论与实践》，法律出版社 2012 年版，第 159 ~ 164 页。

〔2〕 胡卫星：“论法律效率”，载《中国法学》1992 年第 3 期，第 101 页。

〔3〕 胡卫星：“论法律效率”，载《中国法学》1992 年第 3 期，第 102 页。

〔4〕 胡卫星：“论法律效率”，载《中国法学》1992 年第 3 期，第 102 页。

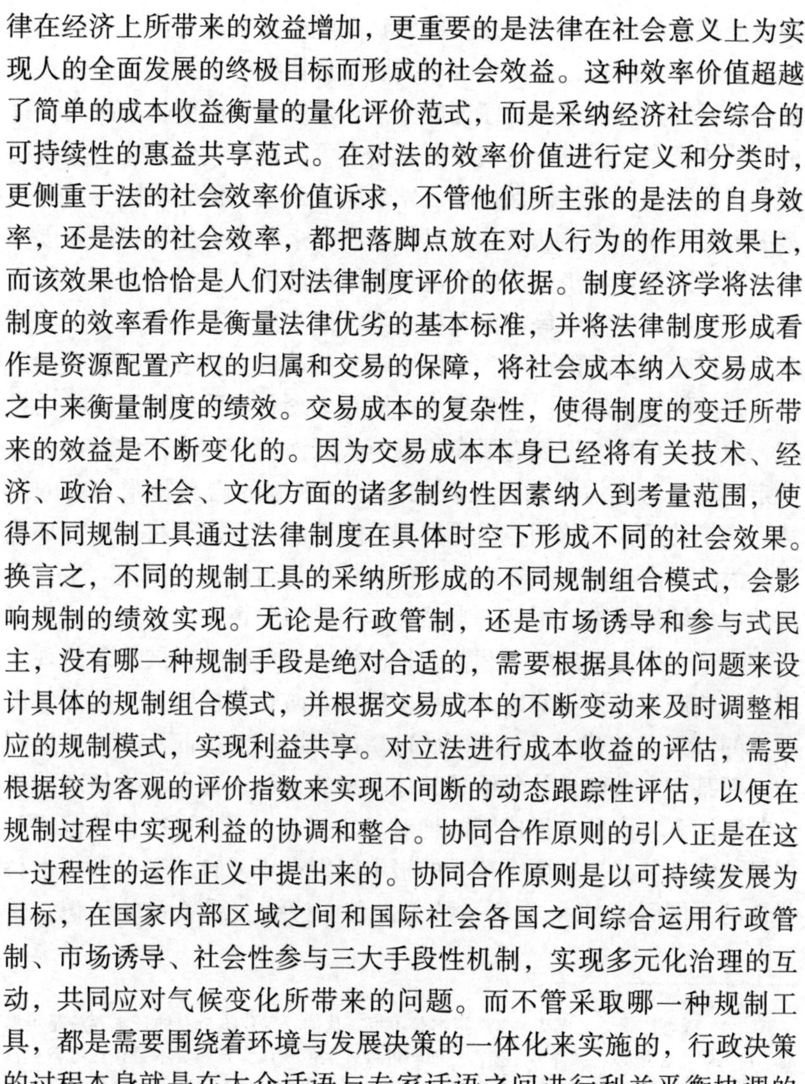

律在经济上所带来的效益增加，更重要的是法律在社会意义上为实现人的全面发展的终极目标而形成的社会效益。这种效率价值超越了简单的成本收益衡量的量化评价范式，而是采纳经济社会综合的可持续性的惠益共享范式。在对法的效率价值进行定义和分类时，更侧重于法的社会效率价值诉求，不管他们所主张的是法的自身效率，还是法的社会效率，都把落脚点放在对人行为的作用效果上，而该效果也恰恰是人们对法律制度评价的依据。制度经济学将法律制度的效率看作是衡量法律优劣的基本标准，并将法律制度形成看作是资源配置产权的归属和交易的保障，将社会成本纳入交易成本之中来衡量制度的绩效。交易成本的复杂性，使得制度的变迁所带来的效益是不断变化的。因为交易成本本身已经将有关技术、经济、政治、社会、文化方面的诸多制约性因素纳入到考量范围，使得不同规制工具通过法律制度在具体时空下形成不同的社会效果。换言之，不同的规制工具的采纳所形成的不同规制组合模式，会影响规制的绩效实现。无论是行政管制，还是市场诱导和参与式民主，没有哪一种规制手段是绝对合适的，需要根据具体的问题来设计具体的规制组合模式，并根据交易成本的不断变动来及时调整相应的规制模式，实现利益共享。对立法进行成本收益的评估，需要根据较为客观的评价指数来实现不间断的动态跟踪性评估，以便在规制过程中实现利益的协调和整合。协同合作原则的引入正是在这一过程性的运作正义中提出来的。协同合作原则是以可持续发展为目标，在国家内部区域之间和国际社会各国之间综合运用行政管制、市场诱导、社会性参与三大手段性机制，实现多元化治理的互动，共同应对气候变化所带来的问题。而不管采取哪一种规制工具，都是需要围绕着环境与发展决策的一体化来实施的，行政决策的过程本身就是在大众话语与专家话语之间进行利益平衡协调的过程。

可持续发展的理念虽然已经深入人心，但其所表现出的概念内涵的模糊性和多样性，要求从国际、国家、区域、地方多个层面实现发展模式的本土化。协调发展原则需要改变经济发展与气候保护二元性的思维范式，在寻求永续发展的目标指引下，不存在经济发展与气候保护孰先孰后的序列性安排，发展与气候变化是融为一体的，从这个意义上讲，协调发展原则也可以称为气候变化与发展决策一体化原则，将气候保护融入发展决策当中，使之贯穿于发展决策的方方面面，需要从整体性思维的高度来看待人类自身的发展模式问题。从循环经济到低碳经济再到绿色经济，虽然三者之间在内涵、外延、实现方式等方面存在差别，但本质上都是通过生产力的变革促进生产关系的更新，进而影响包括政治、社会、文化在内的上层建筑的模式转变。协调发展原则在理念和实践层面所面临的挑战，说明了可持续发展需要在思维范式层面进行根本性的反思，才能走出发展与环境之间所反映的需要与限制的内在紧张冲突的困境。为了使后代人的利益需要得到持续性满足，需要将以生态环境利益为本质内容的自然资本的价值关怀作为当代人和后代人生存发展的可持续性标准。围绕着自然资本的价值关怀，当代人的机会成本和未来不确定性的生态利益的权衡就成为可持续发展伦理的现实观照。彻底地保护不确定的生物多样性和防止气候暖化，需要付出确定的、现实的代价。实际的保护者不能获得全部潜在的未来利益。而某些利益则被外化给了其他国家的人民，存在着搭便车的强大刺激因素。由此，形成了两种对立的范式，即强可持续性范式和弱可持续性范式。这两个范式的根本区别在于来自关于自然资本替代性的不同假设。〔1〕关于气候变化和可持续发展关系的认识，需

〔1〕 强可持续性范式认为自然资本是不可替代的，仅仅维持总的资本存量是不够的，自然资本存量必须保持不受损害。而弱可持续性范式认为自然资本是存在可替代性的。只要假设自然资本存在着可替代性，为保护自然资本存量而进行的大规模温室气体排放减少的效益就很可能比其他形式的投资差。至少只有在某种程度上自然资本被认为是不可替代的情况下要求大量削减温室气体排放才可能被认为是合理的。参见［英］埃里克·诺伊迈耶：《强与弱：两种对立的可持续性范式》，王寅通译，上海世纪出版集团2006年版，第224页。

要重点考虑关于预期的地球气候变化对自然资本的损害影响是否应该以及在何种程度上可以通过其他形式的资本的增加得到补偿。通过对风险预防原则的分析，在保护成本和收益之间获得最佳估计，需要运用成本收益的评估来确定未来的折现率，并在一定程度上确定保护成本超过收益的限度。由此，就成为一个政治上的问题。这种限度的合法性和正当性确认需要通过社会的政治决策程序来确定。这种全球化气候治理的政治决策程序需要从国际社会和国家内部同时展开，并在各个层面制定气候治理的全球性国际规则、国家气候政策。根据不同国家、不同区域建立国家或区域性的永续发展评价指标体系，将有关内容量化，发现问题及时进行调整应对。

由此，永续发展作为气候变化立法的目的性价值，将效率价值提升到人类社会和地球共同生存发展愿景的终极高度，将安全、公平价值包容其中，形成有机统一的价值体系。由于主体多元和社会文化多样，这三项价值可能在共时性和历时性的背景下发生价值冲突。要解决法的价值冲突，不能用单一的利害标准进行价值计算，也不能根据某种中心来决定价值取舍。应当根据具体的价值冲突情况及其相关因素来确定，强调具体与抽象、现实与未来、目前与长远的有机结合，既要考虑人权基本价值，又要考虑包括机会成本在内的诸多社会成本的评估和损失补偿，才能够全面、适当地解决法的价值体系内部在具体情形下存在的价值冲突。

第三节　风险预防原则

一、风险预防原则：气候变化法律义务的目的论阐释

气候变化法的目的在于通过气候变化法律义务的履行而实现气候变化法所追求的气候安全秩序价值。在气候变化法的具体领域（包括减缓气候变化与适应气候变化）对政府、企业、公众设定了预防或规避气候变化风险的法律义务、控制和管理气候变化风险的

法律义务与救济气候变化风险损害的法律义务。在极端气候事件和自然灾害的风险管理中，对灾害风险的预测、灾害风险应急预案的设计、应急响应和处置成为适应气候变化和灾害风险管理融合中由政府、企业与公众履行的法律义务。从一般意义的气候变化领域看，存在气候变化应对的一般义务。这种一般义务应当成为气候变化法的核心所在，既指引气候变化立法的基本原则确立，又以不同领域的法律义务体系构筑来建构应对气候变化法律的基本制度体系。从气候变化实证法律秩序安全的规则实践理性审视，应对气候变化法律义务可以称为气候变化法的“帝王条款”。而法律对应对气候变化的一般性义务规定，既可以是在立法文本中明确表达，也可能因立法的漏洞而在隐性的执法和司法以及气候政策行动实践中予以存在。换言之，即使法律没有规定有关气候变化具体领域的法律义务，这种一般性的法律义务仍然在法律实施和政策实践中存在，需要以开放性的法律解释思维来从实践中总结提炼并融入气候变化立法的法律义务体系中。这是实证法逻辑中的气候变化立法目的论的题中应有之义。

根据气候变化法律义务在预防和救济气候变化风险损害的时间阶段性差异，可以划分为气候变化风险损害发生前的一般义务与气候变化损害发生后的一般义务。损害发生前的一般义务是预防义务。损害发生后的一般义务就是损害赔偿责任的承担。根据发生前的损害是确定的还是不确定的，可以分为损害防止义务（preventive duty）和风险预防义务（precautionary duty）。气候变化所导致的损害大多数具有长期性、潜伏性、高度不确定性的特点，所以，气候变化法律义务应当属于风险预防义务。而环境法通过反映生态承载力水平的环境质量标准控制，实现对环境破坏的恢复和生态平衡的维持，就是在损害防止义务意义上的环境义务设定来实现规制目标。而环境污染的恢复和生态平衡的维持在客观上有利于应对气候变化，所以风险预防义务和损害防止义务的协同融合使得气候变化法律义务体系和环境法律义务体系的相互关联成为可能。气候变化风险预防义务是对环境法损害防止义务的拓展。环境法的防止原则是针对科学上有确定性认识的环境损害，对于存在科学不确定性认知的环境损害，采取等待科学证据证实环境损害与人类活动的因果关系后，才设定行为主体的法律义务，限制主体的利益扩张。风险预防原则则针对科学上存在不确定性认知的环境损害，要求突破限于预防存在确定性危害的思维定式，将预防的范围拓展至可能造成环境危害的新型环境问题上。而气候变化法中的风险预防原则是针对科学上存在不确定性的气候变化风险所引发的对人类社会系统和自然生态系统的损害。这种损害发生的原因不仅包括直接人为活动，而且包括人类活动间接引起自然因素变化改变气候条件。损害预防的范围既包括由确定性认识的气候现实损害，也包括存在不确定性认识的气候风险损害。风险预防原则假定在一种活动被证明是安全之前，对环境、人体健康、社会存在潜在的风险。

二、风险预防原则的内涵

《公约》第 4 条规定了风险预防原则，“当存在造成严重或不可逆转的损害的威胁时，不应当以科学上没有完全的确定性为理由推迟采取这类措施，同时考虑到应对气候变化的措施和政策应当考虑成本收益，确保以尽可能最低的费用获得全球效益”。墨西哥2012 年《气候变化基本法》第 26 条专门规定了国家制定气候变化政策的法律原则，其分别规定了风险预防原则和风险防止原则：“当有威胁的严重或不可逆转的损害，缺乏充分的科学确定性不应被用来作为推迟采取措施应对气候变化的理由；防止环境破坏与维护生态平衡以应对气候变化影响。”

气候变化法的风险预防原则是指在有关气候变化损害存在科学不确定性的情况下，为气候变化法律关系主体设定的预防损害发生的义务。在当前的气候变化领域，风险预防原则已经成为公认的气候保护和气候变化治理的原则，体现在国际、国内、区域层面的法律、政策和管理措施中。在气候变化应对中，风险的不可预知性和风险危害的不可逆转性是气候变化风险扩散的客观原因。通过立法将该原则及其措施予以法定化、制度化，从而达到降低人类社会系统和生态系统脆弱性，提高二者恢复力的目的。该原则之所以成为气候变化立法的基本原则，主要原因在于：①风险预防原则可以适用于气候变化法立法、执法、司法的各个领域。风险预防原则的法律义务体系建构，不仅涉及立法中风险预防法律制度的建构，而且涉及风险行政管理和风险司法救济的制度运行。其中风险预防法律制度与风险行政管理制度的有机融合构成了风险规制制度体系。气候变化的风险评估和风险管理在国家气候变化体制安排下，由特定的风险规制机构依法行使风险规制的权力，通过科学与民主的风险规制程序，在气候变化规划、气候环境影响评价、自然资源综合管理中贯彻风险预防原则。而在风险司法救济制度领域，公众参与气候变化行政决策的知情权、参与权可以通过气候变化公益行政诉讼来制约气候风险规制机构的行政权力，维护公众参与环境治理的宪法权利。公益诉讼为风险规制的合法性、合理性提供了诉讼程序公开的审查机制，从而促使气候变化行政机关在作出决策过程中，更多地考虑气候变化的因素。有关判例已在客观上提供了丰富的实践素材，有利于气候变化规划和气候环境影响评价制度的创新。②风险预防原则适用于气候变化应对的各个领域，并非是某一特定领域风险的归纳，也不是特定领域风险预防制度和措施的具体构建。无论是增加碳汇、减少温室气体排放、提高能源利用效率还是进行资源管理的适应性调整、防灾减灾、适应气候变化，风险预防原则均起到统领和引导作用。

三、风险预防原则中的利益平衡

风险预防原则在应对气候变化领域中得到适用的阈值较高。其原因在于气候变化所带来的风险既有风险损害也会存在风险收益。因此，气候变化领域中风险预防原则的适用需要立法者对风险和收益进行平衡。在适用风险预防原则时，要根据该地区的基本情况，判断气候变化法是主要倾向于实现生存还是发展的目标。当气候变化法主要倾向于实现生存目标时，对风险预防原则的适用就需要采取弱谨慎主义立场，风险预防原则中的平衡因素就越多；当气候变化法主要倾向于实现发展目标时，风险预防原则中的平衡因素就越少，对风险预防原则的适用就需要采取强谨慎主义的立场，更多地考虑非经济因素的影响。这一点在经济发展水平不同的区域内，就会存在风险预防原则适用过程中利益平衡的差异。经济发展水平比较高的区域，在规划制定和项目建设中就会更多地采取强谨慎主义的立场。"或强或弱形式的风险防范原则的出现就是为了防范环境风险产生之利益与其他具有竞争性的合法利益平衡的力度。风险防范原则的外部平衡决定了风险防范原则的绝对主义说法应得到抑制，只有当风险达到一定阈值时，才能根据风险防范原则采取适当的措施加以防范，采取何种措施能更好地实现风险预防的目标，则需要根据风险的大小和对环境质量的要求而定，利益平衡决定了不可能一味地禁止或限制一切产生环境风险的行为或活动。"[1]

四、风险预防原则的气候变化法应用

在应对气候变化立法中，风险预防原则集中在确立以风险评估和风险管理的风险决策为核心的应对气候变化国家体制。除了各级政府应对气候变化的权力配置之外，专门的风险技术研究与咨询机构的设立有助于促进气候变化科学认知和规范价值之间的互动。英国 2008 年《气候变化法案》专门设立气候变化委员会，明确了其组成和职责。墨西哥 2012 年《气候变化基本法》第三章设立了国家生态与气候变化研究院，其主要任务如下：一是协调和开展研究和项目，以促进可持续发展的科学或技术研究与学术研究；二是促进资源可持续利用，发布技术；三是协助编制合格的人力资源，以解决国家的环境和气候变化方面的问题；四是对未来的产业部门进行分析，有关可持续发展的战略、计划、方案、政策工具和行动的合作研发，环境和气候变化，包括评估未来气候变化成本，以及行

---

〔1〕 唐双娥：《环境法风险防范原则研究——法律与科学的对话》，高等教育出版社 2004 年版，第 167 页。

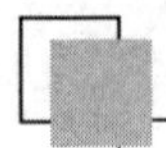

动的收益；五是评估适应和减缓气候变化目标、国家战略的目标行动、各州气候变化行动方案的执行效果；六是提出减缓和适应气候变化政策和行动的调整建议，并评估各级政府应对气候变化的行动效果。

气候变化诉讼为气候变化法风险预防原则的实践和发展提供了极大的弹性空间。通过气候变化诉讼对战略规划和建设项目的司法审查，可以将气候变化法融入环境和可持续发展的决策中，尤其是在环境规划、环境影响评价制度的实施中。在澳大利亚，气候变化判例最大的意义在于赋予《生态可持续发展计划》的原则以新的内涵。开发项目中的环境评估不是为了引入决策过程中的否决权，而是要为决策者提供关于具体活动所产生的环境影响的信息，以保证决策者在充分信息的基础上，判断具体开发项目对环境的影响。气候诉讼借助于风险预防原则在有关环境规划、环境影响评价等综合决策制度实施过程中的解释性制度逻辑，形成在环境决策过程中更加注意考虑气候变化因素的法律文化。〔1〕

第四节　排放者付费原则

一、排放者付费原则的概念

排放者付费原则是指排放温室气体而直接或间接导致财产损失、生态破坏、人身损害等气候变化所引发的损害或潜在威胁，对人类社会或生态系统造成不利影响和危害者应当承担由其活动所致的气候变化损害赔偿责任（支付生态恢复治理的费用或气候损害的费用）。可见，该原则实际上是污染者付费原则的整合性表达。排放者付费原则是气候矫正正义的价值诉求，要求排放者承担气候损

〔1〕参见［澳］杰奎琳·皮尔：“气候变化法：一门新兴的法律学科”，苏苗罕译，载《中国能源法研究报告2011》，立信会计出版社2012年版，第559～569页。

害赔偿责任。气候损害赔偿责任需要借助于环境侵权责任的法理来证成。气候变化诉讼为气候变化损害赔偿救济提供司法渠道。在气候变化领域，原有的环境侵权法律责任的构成要件受到极大的冲击。在因果关系的认定、诉讼主体的适格等方面存在时间、空间以及科学证据不充分的诉讼困难，实际上责任构成和诉讼规则能够在判例中得以实现制度性阐释。为解决气候损害赔偿责任在个案诉讼中救济之局限，需要通过个体责任的社会化分担机制来填补气候变化损害。排放者付费原则属于损益性利益救济原则。

根据2012年墨西哥《气候变化基本法》第26条的规定可知，从事对环境有害或可能造成不良影响的活动的单位或个人应当承担预防、赔偿或将环境损害降至最低的环境责任。

二、排放者付费原则的利益公平调整

在气候变化法中，为了应对气候变化风险对人类社会或生态系统所造成的不利影响或潜在威胁，需要对环境生态利益和经济利益产生的冲突进行平衡。虽然气候变化风险具有高度不确定性和损害的不可逆性，使得人们对于气候损害的预防需要在不断的风险评估中进行动态的风险管理，而气候环境利益和经济利益的冲突所引发的公众健康威胁、贫困加剧等社会利益损失正是气候环境风险扩散所致，从而使得气候变化风险所造成的利益矛盾比一般环境风险更为广泛和复杂。排放者和环境受益者付费原则在气候变化风险损害应对的损益性利益补偿和增益性利益补偿的利益协调中，得以深化原则的内涵，使得该原则在风险社会背景下能够回应风险规制的治理需求。该原则要求对气候环境利益和经济利益进行公平的调整，反映气候变化法矫正正义的价值诉求。对人类社会或生态系统造成不利影响和危害者应当承担由其活动所致的气候变化损害赔偿责任，即经济利益的获得者对受损的气候环境利益进行填补。

该原则要求对排放温室气体而获取经济利益的主体应当支付相应的暖化对价，或者承担恢复造成气候损害的责任。与排放温室气体而获取经济利益者必须承担相应的恢复、补偿或赔偿义务相对应的是气候损害的受害者主张对受损环境进行修复的权利和要求补偿、赔偿自身相应财产损失和人身损害的权利。在气候损害发生后，气候损害受害者享有的权利应当包括：主张温室气体排放者赔偿因其排放行为而导致的气候变化引起的财产和人身健康损失以及承担生态退化所造成的生态治理责任。经济利益受益者所支付的费用应当仅用于受损环境的修复和对气候损害受害者的补偿和赔偿。费用支付的形式包括向气候损害受害者支付气候损害赔偿金、建立气候损害赔偿责任基金或缴纳气候损害责任保险以及向国家缴纳碳税、自然资源补偿费等。这种损益性的利益弥补，可以实现以下积极效果：一是有助于促进气候变化损害填补和利益的公平分配，将气候变化风险责任的社会化分担和个体责任负担结合起来；二是为加强生态保护，适应气候变化筹集资金；三是提高温室气体排放者的风险意识，将气候变化风险纳入到企业的碳管理战略体系中，通过企业的社会责任和碳信息披露相结合，设计产品低碳认证制度、气候责任保险制度、温室气体报告制度来优化企业内部的风险管理机制，应对气候损害赔偿责任的风险。事实上，由于气候损害赔偿责任在构成要件上具有难以克服的法律障碍，实践中，通过气候诉讼救济获得损害赔偿的成功案例并不多见。排放者付费原则主要是在预防气候变化风险损害的费用分担方面进行制度性的设计，所以，气候损害赔偿责任基金的缴纳、气候损害责任保险费用的支付以及向国家缴纳的碳税、自然资源补偿费应当作为该原则制度化的主要表现。

三、排放者付费原则的应用

责任保险制度因应气候变化，温室气体排放者和温室气体产品生产者应当本着排放者付费原则来履行风险管理的法律义务，实现风险的社会化分担。现代侵权责任法的突破和扩张，使得气候损害赔偿制度、气候损害责任保险制度是管理气候变化责任风险的首要方法，在制度构建中需要结合农业法、防灾减灾法、突发事件应对法、防洪法等相关领域立法进行制度细化和整合，区分商业性保险和政策性保险，合理划定市场与政府的界限。自然灾害保险制度的构建，需要对气候变化所带来的自然灾害风险进行明确的定义，将自然灾害及其损失划分为可由商业市场解决的风险和巨灾风险两大类，对各自具体的灾害种类进行量化界定。巨灾保险包括农业巨灾保险、人身巨灾保险和财产巨灾保险。巨灾保险制度需要坚持以下原则：一是差别原则。结合区域差异，地方政府设置专门的机构负责提供政策协调、资金支持保障和基础设施建设。二是公益性原则。由政府专门机构或指定的机构负责经营，制定统一的保险费率和保险条款，不以营利为目的，以满足公众免受或减轻气候变化损害的不利益需求为目的提供社会救济。三是风险共担原则。由政府、保险公司、投保人共同参与，在巨大的自然灾害面前，动员全社会的力量，拓宽资金积累的多元渠道，形成巨灾风险基金，保障保险人理赔的资金偿付能力。四是比例原则。设计巨灾保险制度的目的与手段之间形成合理的比例关系。制度措施的实施不能背离制度设计的初衷。巨灾保险的出发点是保障被保险人在遭受气候变化所致自然灾害后能够恢复正常生活，及时进行灾后重建。对于风险承受能力强的企业，可以在巨灾保险制度之外，设计相应的巨灾商业保险制度与之衔接，按照巨灾证券化的金融市场来分散风险，获取一定的利益补偿和利益增进。所以，保费的成本控制、保险覆盖的范围、巨灾保险与商业保险的比例配置和衔接成为合理分担风险的重要因素。

气候损害责任保险制度的建立，在一定范围内解决了气候损害民事赔偿制度所无法应对的难题，但在现实中还存在两者都无法发挥作用的情形：一是温室气体排放者或温室气体无法确定；二是温室气体排放者虽然明确，但无力承担赔偿又没有投保；三是污染者虽然投保但保险金不足以弥补损失，导致受害者获偿不能或不足。气候损害公共补偿制度是由政府筹集主要基金，在受害者通过其他救济方式仍无法获得损害填补或利益补偿时，由气候变化损害赔偿基金予以补偿。

第五节 协同合作原则

一、协同合作原则的概念

协同合作原则，是指以可持续发展为目标，在国家、社会和私营部门之间、国家与国家的国际社会之间重新审视国家利益、社会利益、个人利益、生态利益之间的关系，通过广泛的资金、技术、信息交流和援助，在惠益分享的基础上，整合气候变化法律关系主体的利益，共同应对气候变化问题。该原则是气候变化法律关系的逻辑延伸，以合作共赢的思维来回应气候变化应对中的多元利益冲突。作为全球性问题，气候变化问题的应对离不开各国的共同配合和协作。《公约》虽然确立了发展中国家和发达国家携手合作应对气候变化的国际法律框架机制，但在国际气候变化法的实施过程中，资金和技术成为推进气候变化应对行动的关键保障。《公约》并没有确立具有可操作性的实施机制，资金援助和技术转让的国际合作机制难以落实，各国在气候变化谈判中的利益冲突和利益矛盾愈加明显。

在共同但有区别的责任原则上，发达国家和发展中国家存在着利益冲突，不仅表现在国家温室气体减排责任的分担，而且表现在资金援助和技术转让的惠益分享。利益冲突的根源在于对共同责任和区别责任的不同理解和认知，共同责任侧重于面向未来各国共同承担应对气候变化的国际法律义务，区别责任强调发达国家历史排放导致温室效应的主要原因，应当负担主要责任。国际合作需要在对共同但有区别的责任原则进行新的阐释的基础上设计可执行的法律制度来推进资金援助和技术转让。而共同但有区别的责任原则并不能取代协同合作原则而成为气候变化国内法的基本原则。这是因为该原则的内涵具有模糊性，是在发达国家和发展中国家的气候发展利益博弈中提出来的，期间交织着大国政治利益主导、不同国家阵营的博弈等诸多复杂而不确定的因素。国内气候变化的法律应对本身是建立在区域气候变化利益协调和利益均衡基础上的，需要考虑区域内气候变化风险因素的差异性以及独特的资源禀赋、经济、社会、生态等因素，来进行风险评估和风险管理。风险预防原则是在区域气候变化治理的利益均衡中展开的，已经充分考虑了不同区域内气候情景的特殊性。根据区域减排以及行业减排的潜力，需要在不同的气候情景模拟中进行管理方案设计，以动态地因应区域气候变化风险。而国内资金支持和技术开发转让是在行政、市场和社会综合作用下构建起气候变化应对的保障机制。所以，作为国际气候变化法的基本原则的共同但有区别的责任原则不能成为气候变化国内法的基本原则。由于气候变化问题的全球性特征，共同但有区别的责任原则在气候变化国际法层面的气候融资机制和技术转让机制创新方面发挥了极大的作用，为气候变化国内法的利益整合提供了基础。作为履行《公约》、《生物多样性公约》的资金机制，全球环境基金有力地支持了《公约》的实施。2001 年的《马拉喀什协议》建立了气候变化特别基金和最不发达国家基金。2007 年《巴厘行动计划》规定成立适应基金所需的资金支持。2009 年《哥本哈根协议》中，发达国家承诺了快速启动资金和长期供资目标，提出建立绿色气候资金。2010 年《坎昆协议》建立了快速启动资金和长期资金机制；成立绿色气候基金作为《公约》的资金机制之一。近年来，尽管气候变化的资金支持渠道在增加，但是国际社会没有设计出一整套有效的制度来监督报告资金来源、资金用途以及资金使用效果，从而使得资金支持落实成为突出难题。在国内，气候融资的资金来源包括政府规制的公共预算财政资金、资本市场的私营部门投融资、碳排放权交易市场的资金。在国内设立气候变化基金，应明确规定其目的、来源、使用和监督。在关于适应气候变化技术和低碳技术开发与转让方面，需要认清现有的知识产权制度对应对气候变化技术转让的制度障碍，知识产权权利人追逐的商业利益和气候变化技术转让的公共利益形成冲突，需要设计强制性义务规范和激励性权益保护制度来因应气候变化技术转让制度创新需求。气候变化技术的开发需要加强技术需求评估，推动研究和开发机构能力建设与人员的能力建设。此外，有关气候变化信息的公布、信息数据库的构建以及教育培训开展，是气候变化信息公开制度的主要内容。气候变化信息公开为应对气候变化的决策、能力建设、行政规制、市场激励、社会参与确立了基础性的保障，构成了国家、社会、私营部门、公众等主体应对气候变化行动的信息网络。在实践中，技术的开发与转让、资金的筹集和管理、信息的披露与交流是互为一体的，共同构成了气候变化应对协同合作的利益协调和利益整合机制。

二、协同合作原则的利益协调与利益整合

协调合作原则作为气候变化法的基本原则，发挥着协调与整合气候变化应对中多元利益的调整功能，反映了社会法以社会整体利益为团体本位的法律属性。具体表现在以下三个方面：

第一，协同合作原则是对气候变化应对中所形成的利益关系进行有效调整的保障性原则。气候资源的公共物品属性使得气候变化的应对必须以公共利益为本位。而公共利益在国家、社会、区域层面各有不同的表现形式。围绕着资金、技术和信息的利益保障机制设计，关系到气候变化政策与行动的实际功效。资金管理的低效、技术开发和转让的瓶颈、气候变化信息的不对称，成为气候变化应对中的现实难题。重新设计气候变化应对的保障机制，是协调各方利益冲突，推进共同应对行动的现实关键。只有协调好各方利益，方能够推进合作应对气候变化的行动展开。

第二，该原则包含了各方的权利义务。气候变化的信息公开中，国家有义务公布气候变化信息通报和温室气体排放清单，对气候变化进行系统监测和数据分析，建立气候变化信息数据库。企业应当履行碳信息披露的义务，既包括温室气体排放的报告义务，也包括产品的低碳认证的产品信息公开义务。公众有权行使知情权、参与权和救济权来参与气候变化战略和规划的制定、实施、监测和

评估。在气候变化技术开发与转让中，国家限制作为私权的知识产权人的利益，有义务通过知识产权的激励机制和国家购买机制来予以补偿，促进技术的开发与转让。在气候变化的融资中，国家设立气候变化基金作为专项基金，将公共财政、私营投资和碳排放权交易市场的资金统筹起来，对基金的使用进行监管，在吸引国际气候变化绿色基金的过程中，建立可报告、可计量、可核查的“三可机制”来保证资金支持的落实。

第三，协同合作原则为气候变化国际法所确认，国内法为了实施有关资金、技术和信息的合作交流机制，有必要对其进行可操作性、可执行性的细化规定。《京都议定书》第10条规定了缔约方制定符合成本收益的国家方案以及区域方案，根据每一缔约方社会经济状况的地方排放因素、活动数据，来编制和定期更新《蒙特利尔议定书》未予管制的温室气体的各种源的人为排放和各种汇的清除的国家清单。以有效方式促进与气候变化有关的环境技术、专有技术、做法和过程，并采取一切实际步骤促进、资助将此类技术、专有技术、做法和过程特别转让给发展中国家，为私营部门创造有利环境，以促进技术转让。《公约》和《京都议定书》在资金支持、技术转让方面的主体义务规定过于模糊，在国内法层面的实施则面临着国际合作的制度保障和国内保障机制的构建。气候变化国际法缺少对主体不履行义务的责任追究机制，使得国内法在气候变化基金制度、气候变化技术开发和转让制度的设计中要考虑国际资金技术的引进和国内资金技术促进的制度创新，比如，现行的知识产权国际法保护制度与国内法保护制度需要进行利益的重新协调和整合；实施气候友好型技术专利快速审查制度，完善气候友好型技术的专利奖励制度。

第六节　适应性管理原则

一、适应性管理的概念和内涵

（一）适应性管理的缘起

适应性管理（adaptive management）概念最早由加拿大学者Holling提出，后来逐渐发展成一种较为成熟的管理理论和方法，被广泛运用于生态系统管理实践中。比如，适应性管理以流域水环境系统各要素或整体恢复力为调控与管理的目标，使复杂的、难以预测的流域水环境系统演替与发展有了新理论和操作手段。[1] 适应性管理实施的条件如下：一是组织难以根据现有的决策方法对复杂不确定的环境趋势作出全面准确的评估和预测；二是组织被嵌入充满竞争的市场环境；三是组织员工主要是知识型人员，需求具有多样化，追求自我管理和个人发展。生态人的人性假设是适应性管理的人性假设基础，组织要按照生态文明的生态伦理来自我约束。其管理思维具有强调整体性、适应性、关联性和动态性的特点。

适应性管理将管理对象看作学习的机会，可以增加组织适应性，在经验性的方案调整中进行制度创新。这种学习方式并非是经验教训的总结，而是根据情景分析模型进行情景模拟实验，预先设计多种替代性实验性管理方案，建立监控指标和评估方法，持续性地监控和评估管理方案，综合考虑社会、经济、生态的永续发展，判断哪一种管理行为更适合管理目标的实现，进而调整管理目标、管理政策和管理措施。

（二）适应性管理概念的气候变化法学含义

适应性管理要求组织在面临风险的挑战中，改变单一的线性思

---

〔1〕 刘小峰等："基于适应性管理的水污染控制体系构建"，载《中国人口、资源与环境》2011年第2期，第76页。

维，从多角度根据情景来作出决策，并根据监控和评估灵活地调整管理目标、管理策略和管理措施。对于管理者来说，自组织的管理需要自上而下和自下而上的相互结合来实现持续性的调整改进。不仅需要系统化的整体思维，而且更关注提高组织系统的恢复力和适应力，对过程性、关联性更为关注。在气候变化法的利益调整机制中，各方利益主体的利益平衡需要在人类社会系统和自然生态系统适应气候变化的过程性调控中来使得利益关系从不平衡变为平衡。这种动态平衡在气候变化法过程性的风险规制中虽然被未知的气候情景所打破，但适应性的决策和行为调整在适应性管理所形成的自组织的循环圈中实现相对平衡。从风险不确定性的不均衡中实现适应性的动态均衡成为适应性管理运用到气候变化法律治理的关键要义。适应在这一利益调控中具有极大的包容性和灵活性，可以开放地吸纳不同的情景模型下的管理制度和措施。适应性管理可以应用于复杂系统的各个领域。在气候变化法中，适应气候变化与减缓气候变化的诸多措施、适应气候变化与自然灾害风险管理、适应气候变化与环境保护、适应气候变化与资源可持续利用、适应气候变化与区域社会发展等，都能够实现其利益协调、利益整合与利益共进的利益调节功能。由此，适应性管理的气候变化法含义当然具有社会公益性。作为应对复杂系统的管理方法，适应性管理在决策中综合权衡各方利益相关者的利益，为了保护弱势群体的利益，主要以义务和责任的设定来实现。风险管理机关依法配置权力和责任来进行气候变化风险行政。为了实现保护社会公共利益的目的，在持续性的监控和评估中，不断调整管理制度和措施，利益相关者在过程性的风险行政规制程序中得以行使知情权、参与权和表达权监督风险行政的自由裁量权，通过公益诉讼的司法救济机制来规范约束气候变化行政权力。此外，适应性管理注重管理制度的现实可行性和制度之间的关联性。有关环境规划、环境影响评价、环境许可、资源管理制度、灾害风险管理制度、扶贫开发、移民安置等现有的制度需要在气候变化的风险监控和评估中进行适应性的调整，使得属于不同领域的制度变迁在气候变化风险适应性规制的目标下形成有机关联的制度系统。

二、适应性管理成为气候变化法律原则的必要性分析

在生态系统管理领域审视适应性管理的理论假设在于，被管理的生态系统是复杂多变的，不能从根本上准确预测。适应性方式接受生态系统反应的不确定性并试图将管理行动安排为弱项试验，从中学习是一项关键内容。适应性管理与综合生态系统管理之间的关系密切。虽然二者都属于系统化的管理方法，强调综合性和跨域性，但适应性管理是组织适应外部环境条件的变化的灵活性调整策略，可以运用到有关组织行为的诸多领域，不局限于生态管理和资源保护，还可以适用于人类社会系统的组织行为管理，比如产业结构、发展模式、基础设施、企业内部管理等领域。与综合生态系统管理相比，适应性管理的适用范围更为普遍化。生态系统管理的复杂性和灵活性，为适应性管理方法的运用提供极大的空间，使得生态系统管理更具可行性和现实性。法律作为利益的调整者，通过权利义务的规范化表达来协调利益主体之间的利益冲突。将适应性管理所蕴含的系统性、适应性上升为法律原则的权利义务要求。适应性管理的法学含义，使适应性管理法律化成为可能。而适应性管理的法律原则化，将适应性的管理方法上升为气候变化法的法律原则，并以此为基础，构筑相应的立法体系和制度体系。

气候变化法的适应性管理原则是指为了提高人类社会和自然生态系统适应气候变化的恢复力，降低脆弱性，管理者和利益相关者在识别问题、方案设计、方案实施中共同确定基于不同气候情景模拟的管理措施，并对其进行持续监控和评估，综合考虑经济、社会、自然的需要和价值，运用行政、市场和社会的综合调整机制，以达到气候变化治理的多元利益共进。那么，适应性管理原则能否作为气候变化法的基本原则呢？笔者认为，适应性管理集中体现了气候变化风险规制的规制目标、规制程序，是气候变化风险预防原则在规制过程中的拓展和延伸。不管是高度概括性和普遍性，还是特色性，适应性管理原则都是符合的。所以，适应性管理原则是气候变化法的基本原则。而风险无悔应对的战略规划、能力建设、持续性地监控评估、资源管理的可持续利用成为气候变化法适应性管理原则的最有特色的内容。

（一）无悔原则

适应气候变化的战略能够同时追求两个或两个以上的有效目标，政府可以在战略实施的初始阶段作出选择。无悔原则意味着所采取的措施可以增加面对气候变化影响的弹性和应对气候变化的适应力，尽管没有现实量化，但却增加了整体的社会福祉。无悔原则是指在不增加额外成本的前提下，尽量采取那些考虑气候变化因素的措施，做到无论未来气候变化怎样影响，都不会后悔。基于现有的科学认识，本着无悔的标准，筛选适应的优先事项，实施有计划的、积极主动的适应行动，有效减轻气候变化带来的不利影响，取得长远的经济社会效益。比如进行气候难民的转移安置，使得一些社区容易受到公共健康问题的困扰。多重目标的措施会将这些负面影响降至最低，同时各级政府也会试图解释实际区域气候变化影响的可能图景。尽管无悔原则要求必须接受适应气候变化所带来的损失，但却不能轻易地以牺牲物种、生态系统功能和生态系统服务为代价而适应气候变化。全面的生态保存和恢复是不可能实现的。法律应当授权规制机关处理气候变化所致的损失，而不是违反某种法律义务，抑或承担有关法律责任。

（二）规划适应原则

在科学评估气候变化影响的脆弱性和适应性基础上，提出适应气候变化的优先领域和议题，把适应气候变化纳入国家整体发展战略和政策体系，结合适应性行动的近期安排和中长期规划，突出重点、分步实施、循序渐进地开展适应工作。鼓励、引导各地方政府将适应气候变化纳入区域可持续发展战略规划中。在适应性战略方面作出坚定而又全面的决策，可以保持灵活性，避免路径依赖。气候变化给立法者和政策制定者所带来的主要挑战是需要在面对复杂社会生态进程中的诸多不确定性时作出决策。如果对气候变化影响的复杂性和多变性缺少一定的认知，就不会制定出有效的适应气候变化战略。适应气候变化措施的有效性来自多元气候变化情景模型的政策分析过程。这些政策形成过程对于永久性的适应措施的重要投资尤为关键。IPCC 指出，融合减缓、适应及促进减缓和适应技术发展的战略规划与有关气候科学、影响、适应和减缓的研究，可以通过多种激励方法整合政策。[1] 坚定全面的决策便是以上政策分析过程的综合载体，成为有效适应战略规划的工具。通过对未来多元情景模型的数据模拟分析，帮助规划制定者了解情景的特征，以判断特殊战略的成败。

（三）适应能力建设原则

应减轻或消除非气候变化压力，增加弹性。生态系统所面临的诸如污染、生物多样性减少等问题，增加了生态系统的脆弱性。而这些非气候变化所产生的压力来自人类活动。通过应对非气候变化压力可以增加生态系统的弹性。受到保护的生态系统通过调节温度和其他生态基准条件，逐步提升适应气候变化影响的能力。尽可能地减少对土壤、水、空气造成的污染，保险能够为减缓和适应气候变化提供重要的激励机制。生物燃料的补贴已经对农业形成了负面影响。在世界粮食危机背景下，这些补贴促使农民由种植粮食作物转向种植燃料作物。生态农业政策可以增加农田的生态系统服务能力，既可以增加农产品产量，也可以增强社会生态系统的弹性，包括减少洪灾、增加生物多样性、固碳、提升土壤肥力等。

（四）持续监控与评估原则

一般而言，环境治理离不开环境与人类之间的信息汇集、传递以及资源系统的循环过程。但气候变化影响的信息严重不对称，特别是对于当地的气候变化影响，往往知之甚少。有关气候变化影响之前的非线性的、跨领域的、多维变化的、复杂的社会生态系统变

---

[1] IPCC, *Adaptation Report*: *Summary for Policymakers*, supra note 57, p. 20.

化，人类了解很少。因此，需要强化监管，加强基础科学和经济研究，以在不同层级和不同部门增进对气候变化影响的理解认知。生态条件的监控、模型的改进以及信息的分享等知识增量使得广泛的适应措施成为可能。有关气候变化的生态系统服务和资源管理知识可以通过实际变化的识别和观察以及社会经济影响评估来增强适应力。

（五）自然资源适应性管理原则

根据2012年墨西哥《气候变化基本法》第26条的规定可知，在减缓、适应气候变化、降低气候变化脆弱性的领域运用经济政策工具，促进环境的保护、保持和恢复，实现自然资源的可持续利用，形成经济效益。可见，减少经济发展的碳依赖，促进自然资源的可持续利用，推进生态服务的有偿化，成为应对气候变化的目的之一。在资源综合管理制度中，根据资源适应气候变化的管理需求，进行生态恢复和治理，达到以资源适应性管理，实现生态利益。生态补偿制度便是生态服务有偿化的资源适应性管理制度的重要组成部分。环境利益因不同区域的生态、资源条件、经济发展水平多元化而呈现出不同的生态服务功能价值，国家根据生态服务功能区划确定不同区域的环境资源保护法律政策，限制部分生态服务功能区域的经济发展。国家应当公平地补偿作为生态服务提供者所丧失的经济利益。通过市场激励机制中的碳交易以及行政管制中的财政转移支付和环境税等多种政策工具组合的方式来灵活地达到补偿的效果，实现自然资源的综合管理。环境利益和经济利益冲突的公平调整需要纳入到气候变化风险管理制度的全过程，以社会、经济、生态的综合性因素考量来不断实现从利益不平衡向利益平衡的协调整合。

根据不断变化的生态承载力，解释或修正有关法律，增强环境管理目标的灵活性。比如水环境质量标准的下降主要是由气候变化造成的，增加了水环境生态恢复的难度。因此，对于气候变化所引起的某些区域环境质量的恶化，可以在一定程度上减轻或免除有关管理者的法律责任。当然此种环境管理的灵活性会存在被滥用的可能性。规制机构应当举证证明生态承载力的改变是由于气候变化所致。在此之前，可以通过环境管理有效应对。这一灵活性调整是为了实现某种适应目标而应对不可逆的气候变化，并非放弃环境管理和规制。自然资源的适应性管理要求从动态的视角审视识别阈值[1]，并基于阈值的变化，调整规范阈值管理的内容、程序、超出阈值反应的法律义务和法律责任。

运用适应性管理的方法使得自然资源法和行政法更具有弹性。适应气候变化的影响并形成反馈循环系统，能够使得自然资源管理机关回应不断变化的生态条件，通过信息的不断输入来持续调整管理目标。应当将综合的全面的适应性实体内容和程序机制融入自然资源管理立法中。自然资源法的适应性调整引发了行政法的适应性调整。规制机关的规制标准制定呈现随机的网状化趋势，需要不断地调整。以往行政法的调控理念是将法律保留原则、正当程序原则、比例原则等基本行政程序机制应用到各种规制中，没有考虑规制目标或规划。在适应性管理方法理念的指导下，包含管理者目标和利益相关者目标的风险规制目的得到前所未有的重视，成为确证规制机构行政行为合法性和合理性的依据，法律保留原则被持续动态调整的目标所修正，规划分析替代性方案的评估和反馈，打破了原有确定性认知条件下所形成的规制目标任务，使得法律保留原则更具柔性和弹性。适应性管理所形成的循环圈（确定问题—方案设计—方案实施—监控结果—评估结果—调整方案）以反馈和调整为核心学习过程，使得行政权力的行使需要在动态评估回应的正当程序中予以规范适应。利益相关者和政府一同参与方案的设计，包括管理措施、实施计划、监控、反馈。整个过程需要不断权衡各方利益，在成本和收益分析程序中实现风险规制的目标。

---

〔1〕 阈值是指当生态系统退化到这个水平之下后，某些重要的性质或功能就必然会丧失。阈值反映了生态系统承载力的范围，是资源管理的重要依据。

三、适应性管理原则的气候变化法应用

墨西哥2012年《气候变化基本法》第26条规定，“国家气候变化政策制定的原则包括可持续发展的生态系统和自然环境要素的可持续利用；国家与社会在适应气候变化影响下的环境保护与生态平衡的共同责任”。由此，在气候变化应对中，碳库是地球上有关碳汇的组成部分。生态系统碳库是最重要的碳汇集中载体。生态服务提供者在生态保护过程中创造了环境利益，使得有关主体分享了环境利益，增加了温室气体的吸收作用，即增汇。保全和强化“汇”吸收实际上是保全和强化自然生态，尤其是自然生态的净化和碳循环功能。国家在增汇建库的过程中应当补偿生态服务提供者的经济利益损失。在这种增益性的生态补偿中，国家的义务是对经济利益丧失者进行补偿，而生态服务提供者有权利要求国家对其经济损失予以补偿。补偿的方式不局限于补偿金的支付，还应当在生态服务功能区域内实施一系列的政策措施，提高当地能源服务水平、促进劳动就业、进行技能培训来加强生态服务提供者的发展能力建设。这种增益性的惠益分享，可以实现以下积极效果：一是在气候变化应对和生态保护协同中实现利益公平分配。既要重视资源可持续管理中环境利益的损失弥补，也要重视利益相关者经济利益、发展利益的损失补偿。二是有助于协调利益相关者的利益，发挥其参与资源可持续管理的积极性，促进气候变化公共善治。政府在气候变化决策中，需要保障利益相关者的参与权、表达权，特别是贫困地区群体的经济利益，需要更多地在决策中予以重视。生态保护往往会限制生态服务功能区域的环境资源开发和利用，一定程度上使自然保护区、流域等生态功能区内的群体丧失经济发展的机会，难以摆脱贫困。这就需要通过资源管理协调不断变化的利益相关者的利益诉求，由国家予以利益补偿。林业碳汇是通过森林的生态服务功能来实现减缓气候变化的重要手段，将减少碳依赖和提升生态服务水平融合起来。CDM也发挥了协同减缓与适应的项目柔性机制。为了保障不同区域群体的发展权，需要运用碳税、碳交

易、基金等政策制度工具，支付生态服务提升所需的成本，这一成本不仅包括适应成本，也包括减缓成本，因为气候变化生态补偿的利益协调和增进，需要融合减缓与适应。参与式的生态补偿机制使得生态服务借助于社区资源管理方法，形成自然资源的生态补偿的法律关系，实现生态系统中的资源适应性管理。尽管气候变化法涉及的范围比环境法要广，但诸如能源可持续利用、粮食安全、公共卫生健康等非环境问题，实际上都与发展密切相关。可见，气候变化法在可持续发展目标定位上，与环境法是一致的，都是将生态系统服务作为资源管理的主要任务，所不同的是风险评价和风险管理的范围及方法。由于人类的活动所致的气候变化，对生态系统和人类社会造成了影响，这一影响的不确定性使得生态系统和社会需要提升应对气候变化的恢复力和弹性。2008 年 12 月，德国政府通过了《德国适应气候变化战略》。该战略建议今后凡需要联邦政府或其他单位对气候变化的可能性及风险作出评估的计划，应在对不同排放情景和气候模式作出分析的基础上充分考虑今后气候发展的各种可能。[1] 气候变化立法在未来所面临的最大的挑战在于如何协调各种规制手段和措施，使其相互协作，成为统一有效的整体。气候变化法本身拥有的内在灵活性、反馈和评估的能力是关键。包括适用适应管理战略、通过综合规划协调各种决策程序，将低碳社会转型计划作为资源管理的指引性政策框架，这必然是一个不断协调监管的过程。气候变化对现有的治理体制和模式提出了前所未有的挑战。在全球性维度的作用下，要求从地方到国家的各级政府统一行动，范围横跨公共健康、扶贫、防灾减灾、生态保护、资源管理、生物多样性保护等诸多领域。在监管协调的机制中不断平衡多元利益才是题中之意。

---

〔1〕“德国应对气候变化的政策和措施”，载 http：//www. mofcom. gov. cn/aarticle/weihurenyuan/a/201012/20101207309785. html，最后访问日期：2013 年 3 月 31 日。

第四章

应对气候变化立法目的与基本法律制度选择

通过确立应对气候变化立法的基本原则体系，为应对气候变化立法目的在立法制度规则中的具体设计提供了宏观而明确的规范性方法，厘定了具体领域制度规则中行为主体的行为边界和具体的利益分配方法。通过立法价值的序列化选择而协调立法目的中出现的价值冲突，对于填补制度规则漏洞的法律推理具有解释性的意义。但立法的基本原则仍然具有抽象性的特征，以至于容易混淆立法目的和立法基本原则的界限，这是因为二者都没有从具体可操作性的层面对主体的行为模式和法律后果作出清晰具体的行为规范。应对气候变化立法目的需要通过应对气候变化具体领域的基本法律制度使得应对气候变化法律在调整应对气候变化利益关系的过程中，形成规范交互性、自我评估和自我反馈的自组织系统。而具有反身性的自组织系统的功能实现除了与经济、社会、文化、习惯等其他组织系统交互影响外，是通过关联体制和机制的制度选择来实现的。

从第一章对应对气候变化法律关系的主客一体化阐释论述可知，气候资源的公共物品属性、气候环境要素组合的区域性、气候变迁的不可逆性和高度不确定性，使得气候变化法律制度围绕气候资源的客体主体化逻辑展开制度体系建构，梳理气候行政管理及气候资源开发、利用和保护的各项制度，形成脉络清晰的气候变化法制度体系。在应对气候变化制度体系中，气候资源用途的客体主体化逻辑使得应对气候变化法律制度强调限制行为主体权利和设定主体义务的义务本位观来构筑应对气候变化实证法律规则体系。这是对应对气候变化法律义务的实证立法目的论的制度体现，旨在通过制度设计构筑法律义务体系，保护作为集体性权利的应对气候变化法律权利，实现应对气候变化法秩序的立法目的。

第一节 概 述

探究气候变化利益调整的基本法律制度，首先应当明确各项制度的概念，以机制作为切入点，围绕着制度与机制之间的耦合关系，了解基本制度的理论基础，并对其实践基础、法规范技术基础进行全面细致地考察。

一、制度与机制

机制是指一个系统的组织或部分之间相互作用的过程和方式。法律机制是各法律主体之间权利或权力配置与平衡、制约与协作的过程和方式。制度是通过权利、义务和责任的方式确立的一定空间和界限内的行为规则，既包括正式的、系统化的、表达于立法和政策文本的行为规范，也包括非正式的、非系统化的、不成文的行为规范。气候变化应对制度是气候变化风险预防、风险控制、风险分担、利益整合以及风险损害救济的一系列具有法定性、可操作性、外在性措施的总和。在制度形成和制度创新的过程中，原有的政策措施、行为习惯、文化传统在行为实践中具有实践理性，会上升为正式的、系统化的、规范化的法律制度。这一过程离不开立法、执法、司法、守法的有效互动。但制度是相对静态的、具体的，虽然承认制度变迁的客观性，但可预期性、稳定性是制度最为重要的特征，为行为规范廓清界限。按照社会学和制度经济学的理论，制度是在不断变化的，这是从历时性角度来审视制度的形成和嬗变。从共时性的维度来说，制度是相对稳定的，为主体提供明确的行为预期和行为指引。相对于制度而言，机制则是动态的、整体的、弹性的，其功能的实现离不开制度作为基本框架的依托和支撑。所以，制度和机制是密不可分的有机整体，不能够割裂二者的内在联系而孤立地看待。探究调整气候变化多元利益的制度体系，必然从系统论、控制论、协同论的有机整体视角出发，围绕着制度和机制之间的有机关系，以机制作为切入点，研究个体与个体之间、个体与整体之间的关系，从而在整体上把握机制与制度的有机联系，从而解释制度和机制的耦合状态。而耦合是指两个或两个以上的体系或运动形式之间通过各种相互作用而彼此影响的现象。具体而言就是，先从机制出发，建构其所需要的制度，然后再由各项制度的构筑实现此种机制，在循环往复的过程中实现制度选择的目的。

二、应对气候变化法基本制度的解析

基本制度是实现特定目的所创设的根本的、基础的行动规则。在气候变化法中，气候变化法的立法目的和基本原则就是这一特定目的。这里需要对基本制度与基本原则进行辨析，两者的区别主要体现在三个方面：一是适用范围不同。前者适用于某一方面，后者适用于气候变化法的各个方面。二是内容体系化的表达方式不同。前者要求内容明确、具体、系统，在机制和制度的耦合中环环相扣，不仅在实体规则上为主体设定相应的有可操作性的权利、义务和责任，而且在程序规则上为利益主体的利益确认、利益协调、利益整合、利益救济和补偿提供过程性的程序性机制。后者则根据法律价值和法律目的的价值体系构造，以法律关系主体的权利和义务表达为基本特征，具有模糊性和抽象性，为立法规则的具体拓展、执法机制和司法机制的法律推理和法律解释提供方法性的规则指引，发挥漏洞填补和规范适用的功能。三是法技术规范构造不同。首先，基本制度在规范结构上比基本原则更为严谨，分布于不同法律政策文件或者统一法政策规范中的各个规范，在逻辑上构成完整的体系。基本原则是提纲挈领式的元规则，是法律目的的载体，反映法的价值选择，在规范结构上不具有明确的法律后果，不能在执法和司法实践中直接适用，需要根据法律推理的法律解释方法来类推适用。其次，在适用对象方面，应对气候变化基本制度通常只是适用于气候变化法的某一特定领域，是规范结构系统性和完整性的逻辑结果，也是作为具体实施手段的可操作性前提。应对气候变化基本原则所体现的法价值具有普遍性，所以基本原则适用于气候变化法的各个领域。最后，在实施手段方面，基本制度由各具体规范构成，具有针对特定适用领域的现实可操作性。只有在基本制度的现有规则体系无法解决某一具体问题时，或者制度规则出现漏洞时，基本原则才会有适用的必要。

三、应对气候变化法基本制度的主要内容概述

气候变化应对中，围绕着减缓气候变化与适应气候变化两大领域，存在着诸多的应对措施。这些措施涉及众多的部门领域，如农业、水资源、海岸带、森林、土地利用、公共卫生、能源、交通、建筑、固体废物与垃圾处理。各个部门在应对气候变化的技术控制措施方面所采取的方法、流程、模式各不相同，但在诸多部门领域措施中可以从体制协调和机制运作方面总结提炼出气候变化风险预防、控制及其损害救济的基础性框架和基本制度模式。气候变化风险的评估与风险因应的综合决策体制和机制，构成了气候变化风险预防制度的基本逻辑思路。自然资源的综合性系统管理和生态服务的功能实现及利益分享，是人类社会及其所赖以存续的生态系统适应气候变化、降低脆弱性、增强具有风险应对弹性回复力的气候变化安全规制制度的要义。应对气候变化信息交流机制、应对气候变化技术开发与转让机制、应对气候变化支持保障机制、资源可持续管理机制，这些机制的实现均需要借助于政府引导、市场激励、公众参与、国际合作的综合性机制耦合来予以实现。气候安全权、气候发展权和生态环境权构成了作为集体性权利集合的气候变化法律权利保护制度的内容。气候变化所造成的损害和潜在威胁，侵害了受到气候变化法保护的气候变化法律权利制度，需要在个体损害救济与群体损害的社会性填补方面，对原有的环境法律责任制度进行修正，以因应气候变化新型环境问题所带来的利益救济的法理困境。气候变化损害赔偿责任机制、气候变化损害责任保险制度、气候变化损害补偿基金制度构成了气候变化损害填补责任制度的核心内容。

第二节　风险预防制度

气候变化风险预防制度是指在减缓气候变化和适应气候变化的过程中，为保障人体健康、生态系统的稳定、人类社会物质财富安全和社会安全秩序等方面所采取的预测、评估、评价的措施和行动，以避免气候变化损害的发生或将危害的影响降至最小限度的一整套措施。预防的制度功能在于将未知和不确定的风险控制在人为管控的范围内，尽量避免气候变化所带来的社会、经济、生态的风险给人类社会和生态系统带来的冲击和损失。当前对于气候变化风险的认知，多是从气候变化的影响和脆弱性来进行分析，对于气候变化风险所可能造成的自然生态系统的适应性风险和包括粮食生产-供给的风险、人类健康风险、气候灾害风险等在内的人类社会系统的适应性风险缺少整体系统性的关注和分析预测。

气候变化风险预防制度涉及风险评估机制与综合决策机制。风险评估机制包括风险识别、风险分析、风险评价、风险管理。综合决策机制主要包括气候变化管理体制、气候变化规划、气候环境影响评价、气候变化教育与宣传。综合决策机制是永续发展理念在气候变化风险因应中的综合性制度集合。从广义上讲，气候变化监测、气候变化法的执法机制和司法机制都应当属于综合决策机制，其发挥统筹协调各项制度来联结各部门的管理程序和管理效果，由

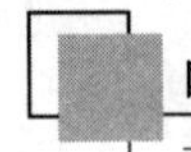

此需要以综合性、开放性的方法审视综合决策机制在气候变化法律治理全过程的功能定位。

一、气候变化风险评估机制

根据《公约》第1条所确立的立法目标，将大气中温室气体的浓度稳定在防止气候系统受到危险的人为干扰的水平上。这一水平应当在足以使生态系统能够自然地适应气候变化、确保粮食生产免受威胁并使经济能够可持续进行的时间范围内实现。从这一目标的总体定位看，气候变化的风险包括自然生态系统的适应性风险、粮食生产—供给的风险以及气象水文灾害发生所导致的社会经济损害风险。值得注意的是，由气候变化所导致的极端气象灾害的风险应对与自然灾害的风险应对不能等同视之，这是因为气候变化风险不同于自然灾害。自然灾害指由于自然变异导致社会经济损失的事件；自然灾害风险指一定自然灾害发生前可预见到的损失，研究的重点是量化给定自然变异（包括气候变化）下，社会经济、资源环境的可能损害。而气候变化风险是指自然和人为干扰（人类活动）所形成的气候系统变化，对自然系统和人类社会经济系统造成的可能损害。气候变化风险影响社会的方方面面，温度升高、海平面上升及越来越多的极端事件发生直接影响人类生活，造成商品价格波动、供应链条断裂、市场秩序混乱、经济发展受阻。

针对气候变化对农业、水资源、草地畜牧、极端天气事件以及灾害、人体健康等具体领域的影响，开展详细的风险评估，并将评估结果纳入地区发展和适应目标。气候变化风险的认知和预测，将影响当前和未来政策行动的基准设定。通过气候变化风险评估所设定的基准能够评价应对气候变化行动和规划是否能够保证人类经济社会和自然生态系统的气候恢复力，降低脆弱性，灵活适应气候变化对本国家或区域所带来的诸多影响。中央及各级地方政府需要在科学认知气候变化风险的基础上作出发展决策，将适应气候变化与经济社会发展密切结合起来。在气候变化风险的应对中维系行政行为的合法性和合理性，法律保留原则、比例原则、正当程序原则在气候变化风险的背景分析下，对包括适应气候变化规划在内的气候变化风险分析工具进行制度性的整合，促进专家话语和大众话语之间在气候变化发展、生态安全、生态利益协调方面达成重叠性共识。通过构建风险情景模拟实验室，定期公布模拟结论，建立情景信息数据库，设立预警标准，成立风险规制机构，设计灵敏有效的风险分析工具。

英国2008年出台的《气候变化法案》要求政府每五年发布《气候变化风险评估报告》(Climate Change Risk Assessment，CCRA)。2012年1月25日，英国政府依法发布了第一份《气候变化风险评估报告》，确定了英国气候变化适应行动的优先事项。英国政府将在气候变化风险评估的基础上制定现有和未来的行动计划，从长期上识别气候变化风险所可能带来的诸多挑战，为了改善自然生态系统和人类社会系统的气候恢复力，启动利益相关者之间的对话，为制定2013年国家适应气候变化规划提供决策参考。

（一）气候风险的识别

气候变化风险所涉及的领域广泛，需要确定主要领域的气候风险，识别不同领域的风险因子，找出问题的症结所在。在不同区域中由于气候变化的脆弱性和暴露度不同，需要采取不同的风险评估和管理方法来应对。气候变化风险的识别主要涉及农林领域的风险识别、商业领域的风险识别、健康和社会领域的风险识别、自然生态的风险识别。其中，农业作为受到气候变化影响最大的产业，如何认识到气候变化对农业所带来的风险和机遇，科学应对，是农业应对气候变化的主要目标。气候变化造成的极端气候事件直接影响粮食产量，威胁粮食安全；种植业和畜牧养殖业是农业中的两大部门，农业病虫害的加重，造成种植业损失且会加大治理难度和成本。而草场退化削弱了草地生态服务能力，造成畜牧业生产不稳定。而商业领域、健康和社会领域的风险需要从人类社会系统以往的经济发展方式（如城市发展模式、产业结构、公共卫生健康）中识别造成人类社会脆弱性降低的影响因素。林业管理、水资源管理、海岸带管理、生物多样性保护构成了自然生态风险识别的主要领域，从资源管理方式和效果评估中可以有效识别所产生的风险。

（二）气候风险分析

1. 气候风险的等级

再评估是风险评价的拓展和延伸，旨在将风险纳入如下分类：需要立即采取明确合适的措施予以应对的风险；没有其他损害再发生而能够搁置的风险；在确定是否应对或在选择最优的应对措施之前需要进一步分析的风险。通过风险分类可以明确：极其严重的风险需要在最高级层面予以重点关注，不能简单将其作为日常风险来对待；高度风险需要作为日常风险中最严重的部分，由最高管理机关来负责应对；中度风险作为日常风险中明确由管理者负责应对；低度风险将会保持评估，现有的管理措施足以应对。极端风险和高度风险需要立即应对或进行更为细致的风险分析，对低度风险的评估在于确保不会出现恶化的变化趋势。

2. 气候风险的评估

风险评估是认识风险和决定风险级别的过程，通过风险与脆弱性的分布、根据和变化等相关信息，为风险管理决策提供指导。根据当前和未来的气候情景，对区域脆弱性进行风险评估。脆弱性与以下因素相关：①事件或气候突变；②能够获取的应对气候变化的资源（资金、人力、体制）有限，根源是发展背景的问题。工业、人居环境和社会对气候变化的脆弱性主要是对极端天气事件的脆弱性，而不是对渐进的气候变化的脆弱性。对气候变化的脆弱性在相当程度上取决于相对具体的地理和行业背景。通过广泛而复杂的联系，气候变化的影响从受影响的地区和行业直接向其他地区和行业扩散。

以农业领域的气候变化适应性调整为例，气候变化风险评估可以大致划分为已经发生的气候变化影响的评价和未来气候变化影响的评估。对于前者而言，评估的目标主要包括：判断气候变化的历史影响，分析已经发生的气候变化与农业气象灾害损失、水资源、

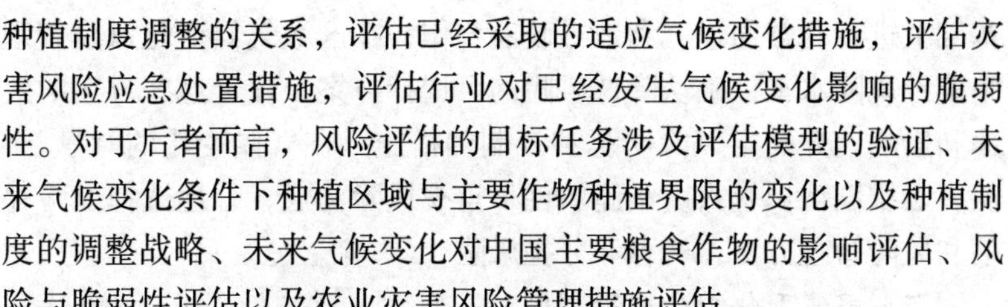
种植制度调整的关系，评估已经采取的适应气候变化措施，评估灾害风险应急处置措施，评估行业对已经发生气候变化影响的脆弱性。对于后者而言，风险评估的目标任务涉及评估模型的验证、未来气候变化条件下种植区域与主要作物种植界限的变化以及种植制度的调整战略、未来气候变化对中国主要粮食作物的影响评估、风险与脆弱性评估以及农业灾害风险管理措施评估。

（三）气候风险管理

气候风险管理是在气候风险评估的基础上所采取的管理措施和控制措施。由于气候变化所导致的灾害对人类社会和生态系统带来巨大损失，因此加强灾害风险管理成为适应气候变化的题中之意。尽管减缓气候变化得到重点关注，但适应越来越重视将减缓策略融入适应气候变化的政策和行动中。灾害风险管理是通过设计、实施和评价各项战略、政策和措施，以增进对灾害风险的认识，鼓励减少和转移灾害风险，并促进备灾、应对灾害和灾后恢复做法的不断完善，其明确的目标是提高人类的安全、福祉、生活质量、应变能力和可持续发展。若将风险预防视为一个整体系统过程，那么风险评估是这一过程的初级阶段，每一阶段的风险评估成为下一阶段风险评价的新起点。更多的预防措施和预防效果需要在长时间、持续的气候风险管理过程中予以实现。风险评估和风险管理之间具有相互依赖的关系，但风险管理的意义在于对降低风险的替代性方案的识别和评价。

适应气候变化从应对极端气候事件的经验中获益，包括具体实施具有前瞻性的气候变化风险管理适应计划。各国政府大大地增加了应对极端气候事件的行动力度。目前对适应极端气候事件的认识已从被动救灾转变为更具有前瞻性的风险管理，制定旨在适应气候变化的国家行动计划，并将更多的具体计划纳入欧洲和各国的农业、能源、林业、交通和其他行业政策之中。有必要识别并评估可能的适应方法或选择，以用于减轻气候风险。在风险评估的基础上和利益相关者一起参与规划制定，在气候变化影响和范围不确定的基础上进行利益衡量。和地方政府合作，在区域气候变化风险管理中确定风险水平，确认降低风险的可选择方案，评价这些方案的效率和影响，并确定风险防范和控制的措施。在气候变化的背景下，从多层维度认识暴露度和脆弱性，重视风险沟通，合理选择风险评估和风险管理方法，转移和分担风险。

二、气候变化综合决策制度

在未来几十年内，即使做出最迫切的减缓努力，也不能避免气候变化的进一步影响，这使得适应成为主要的措施，特别是应对近期的影响。从长远看，如果不采取减缓措施，气候变化可能会超出自然系统、人工管理系统和人类系统的适应能力。这体现了一揽子或混合策略的价值，包括减缓、适应、通过技术提高适应和减缓能力以及在气候科学、影响、适应和减缓方面的研究。这种一揽子策略能够把政策与激励手段以及从公民个体到国家政府和国际机构所采取的行动相结合。气候恢复力（Climate Resilience）作为生态系统或人类社会适应气候变化能力的体现，是指某个系统针对气候变化的现实损害和潜在威胁，利用有利的机遇，或应对不利的后果所具有的趋利避害的自我调节能力。气候恢复力和脆弱性是相对应的概念，都是气候变化风险预防中的关键指标，也是气候变化法律制度和政策制定及实施的目标。脆弱性指某个系统容易受到但却无力应对气候变化的各种不利影响的程度，其中包括气候变率和极端事件。脆弱性随气候变化的特征、幅度和速率而发生变化，并随着某个系统的暴露程度、其敏感性及其适应能力而改变。气候恢复力的构建与提升是减缓和适应变化一揽子措施相互融合促进的结果，也是在应对气候变化风险的背景下将适应气候变化与发展相结合的结果。“从气候与发展相关联意义上看，减缓或可理解为关于如何修正发展方式的问题，适应或可理解为关于如何修正发展方式以及利用发展成果的问题。”[1] 国家、城市、社区的气候恢复力构建与提升便成为气候变化综合决策制度的目标。为了实现这一目标需要将规划、气候环境影响评价等工具灵活整合在一起，通过适应气候变化的规划设计达到协调各方利益的目的，而规划制定的前提是建立一整套气候变化综合决策的管理体制、组织机构及其权力配置。规划管理的政策工具选择，减缓与适应气候变化的措施组合，应考虑风险可接受性、经济可行性、社会承受程度，碳排放权交易或碳税制度的引入和相关政策组合的设计。

针对气候变化风险的不确定性以及气候变化适应所涉及的复杂社会利益关系，应当构建气候风险综合协调决策制度。该制度并非是某个部门领域的气候变化适应决策，而是在统筹社会经济发展与各个领域适应气候变化措施的基础上，合理评估适应气候变化的成本与收益。这就需要在识别、预防、减少和救济气候风险方面，由中央和地方行政权力机关等公共部门、私营部门、社会公众、专家以及利益相关方等多元利益主体，通过信息公开、科学理性的风险评估、有效的公众参与等程序性机制保障，进行有效的沟通和协作，以确立公平的气候变化适应性目标、方案与措施。气候风险综合协调决策制度在制度结构上分为两个层次：一是政府不同行政职能部门之间的协调与合作；二是专家与公众之间的沟通与对话。气候变化对于区域影响的全局性与气候变化影响因子之间的复合性要求区域适应气候变化的法律制度建立在区域生态环境和资源的完整性考虑基础之上，对于区域经济社会和区域自然生态系统的气候恢复力进行合理的情景预测和气候变化影响分析。多头并举、条块分割式的适应气候变化管理体制造成了部门利益、地方利益与区域整体利益不协调的管治误区。适应气候变化需要在国家适应气候变化总体战略和政策的指引下，获得资金、信息、技术等方面的支持保

〔1〕 张梓太：“论气候变化立法之演进——适应性立法之视角”，载《中国地质大学学报（社会科学版）》2010 年第 1 期，第 72 页。

障。各个地方所采取的不同适应气候变化措施之间在区域范围内会相互影响，需要地方之间进行有效的协作以发挥区域适应气候变化的整体效应。气候变化风险的认知和评估属于科学知识，需要专门从事气候变化科学研究的专家来进行有效的气候风险评估。为了保证风险评估的权威性和公开性，有必要设置由相关气候变化领域的权威专家组成的气候变化专门委员会作为提供气候变化风险评估预测、跟踪和评价的科学咨询机构。最初全球气候变化问题的提出以及《公约》的通过，是在 IPCC 的推动下才使得气候变化问题从科学事实的认知转换至政治法律的议题。有关气候变化应对的综合决策必然需要以气候变化影响、风险、脆弱性的评估为科学事实依据。英国 2008 年出台的《气候变化法案》中设立了气候变化委员会，规定了气候变化委员会的组成、职责和权限。同时，设立了适应气候变化小组委员会作为气候变化委员会的附属机构，其主要职责是以气候变化委员会的名义出具专家意见。从这一机构设置中可以看出英国《气候变化法案》赋予了科学咨询研究机构以独立的法律地位，尽管气候变化问题的高度不确定性使得科学不能够达到对于气候变化认知的准确和全面程度，但是从气候安全的气候法价值定位出发，必须跨越事实与规范价值之间的沟壑，从而以权力的配置和职能的定位来解决气候变化认知权威性的问题。气候变化公共治理的参与性需求意味着政府行政权力的行使必须建立在科学基础之上，来保证其风险规制的合法性和合理性，去中心化、协商式的多元主体的利益平衡贯穿气候变化法规制的全过程。气候变化委员会的主要职能包括两个方面：一是为政府确定 2050 年的减排目标提供建议，鉴于气候变化的不确定性，实现这一减排目标需要分阶段地逐步落实，每五年进行一次阶段性评估；二是提交年度报告，监督减排任务的实施情况。由英国能源与气候变化部和食品、环境与乡村事业部对英国的气候变化风险进行评估。

气候变化综合决策管理体制的建立，为政府、公众、私营部门、其他利益相关者进行有关气候变化的民主决策提供了基本的制度框架和沟通平台。而综合性决策的作出需要由气候变化规划制度和气候环境影响评价制度在区域经济社会和自然生态系统的管理中得以贯彻落实。不管是规划制度还是环境影响评价制度都是在环境资源法律制度体系中得到确认的系统化制度。气候变化风险因素的考量，需要在现有的风险预防制度体系内进行适应性的调整，方能实现气候变化背景下风险预防制度的功能目标。这种制度的适应性调整折射了风险社会中法律制度因应的现实需求和法理回应，对于以公共利益维护为本位的公法来说，需要改变以往的建立在确定性认知基础上的利益保护与利益整合的前提性预设，代之以过程性的、系统性的动态利益平衡为规制目标，从不平衡中寻求平衡，将平衡论看作是一种气候变化治理过程的方法。这意味着政府的行政权力合法性应当在利益相关者参与表达的基础上证成，权力与权利的沟通、权力与权力的配置、权利与权利的配置得以重新定位。权力与权利的沟通集中体现了气候变化公共治理的利益平衡诉求，是贯穿于气候变化综合决策制度全过程的机制，也是最能体现气候变化法综合性利益调整功能的机制。围绕着这一机制，气候变化法通过气候变化委员会制度、气候变化行政综合协商制度、气候变化规划制度、气候环境影响评价制度、气候变化教育与培训制度等制度予以配合。权力与权力的配置机制是行政权力在不同政府主体间分配和相互作用的过程。其主体是中央政府、区域管理机构和区域内各地方政府，是各级政府主体间划分权力、相互制约、相互协作进行气候变化规制。权利之间的配置是指公民、企业等平等主体之间进行资源交易并协调解决相互之间权利冲突的机制。

三、气候风险决策的主要工具性制度

（一）气候变化规划制度

将适应气候变化工作纳入到各行各业的发展规划中，各个部门在制定规划时充分考虑气候变化风险因素。在规划制定的程序上，给利益相关者以充分的利益表达、利益参与、利益协调的空间，规划的制定与气候变化风险评估机制相衔接，围绕着对人类社会系统

与自然生态系统的气候变化影响、脆弱性和风险的预防，以城市、农村为规划单元，综合考虑单元内部的资源环境禀赋，不断优化组合减缓与适应的多种政策工具，根据区域气候变化情景模拟，选择适合本区域单元的规划方法学和技术路线。政府规划行政权力的行使需要在公众广泛参与的基础上，协调不同利益主体的利益冲突，重点加强适应气候变化与极端事件、灾害风险的协同融合，适应气候变化与区域扶贫的协同融合，适应气候变化与减缓气候变化的协同融合。这是从规划的程序保障和利益整合及利益平衡的角度作出的制度分析。此外，需要重视规划权力的制约，由于规划中涉及较多的规划裁量，除了受到正当程序原则的控制外，通过环境影响评价制度中的规划环境影响评价机制的功能发挥来将与气候变化有关的社会、经济风险因素予以充分考虑。国外这方面的司法判例有此例证。《公约》第 4 条第 1 款（b）规定：制定、执行、公布和经常更新国家的以及在适当情况下区域的计划，其中包含从《蒙特利尔议定书》未予管制的所有温室气体的源的人为排放和汇的清除来着手减缓气候变化的措施以及便利充分地适应气候变化的措施。

气候变化规划从制度体系构成上看，是一系列有关减缓气候变化与适应气候变化的政策工具措施制度化的组合，表现为一整套制度体系，并非限于规划制定程序和规划利益衡量。温室气体减排中常用的碳排放权交易制度、提高能源效率的一系列制度、推广可再生能源和低碳排放的制度、森林碳汇制度、防灾减灾制度等，这些制度实际上是在气候变化规划的总体目标指引下，根据不同国家不同区域的气候变化社会经济情景和生态服务功能需求来实现的灵活性运用。不同规划模式下会采取不同的制度选择，将气候变化法律与政策有机结合。政策目标和规划目标的结合，表现在政策法与法政策的融合。在澳大利亚，大多数气候变化法规都是由州政府实施，并且是在实施过程中不断地进行成本效益评估，比如碳排放权交易成为澳大利亚国家气候变化应对规划的重要基础。碳排放权交易机制的构建是一项系统制度工程，需要对能源法律制度和能源市

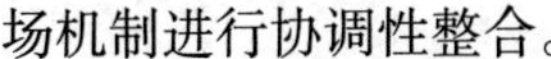

场机制进行协调性整合。

气候变化所带来的影响在不同地区之间存在很大的差异，地方政府在作出区域发展规划决策过程中需要考虑气候变化的诸多特殊风险，将气候变化风险评估和风险规划管理嵌入到地方发展规划决策过程中。适应气候变化需要在国家的各个层面进行行为规范，包括社区、地方、区域、部门及国家层面。将适应活动和资源条件、脆弱性评估、消除贫困、降低自然灾害风险等结合起来，明确适应性选择重点、设定国家和地方优先事项，制定适应规划并将之纳入国家规划和政策框架中。

（二）气候环境影响评价制度

《公约》第4条第1款（f）规定：在有关社会、经济和环境政策及行动中，在可行范围内将气候变化考虑进去，并采用由本国拟定和确定的适当方法，比如进行影响评估以期尽量减少为了减缓或适应气候变化而进行的项目或采取的措施对经济、公共健康和环境质量产生的不利影响。

气候变化的影响和脆弱性与经济社会可持续发展密切关联，环境影响评价制度是需要从技术导则规范的编制、审查机制等管理制度的要素入手，在规划环境影响评价和建设项目环境影响评价中根据温室气体排放量、温室气体排放强度设计评价指标。为了增强气候应对和其他社会经济政策的正面协同效应，需要将气候可行性论证制度纳入到现有的规划环境影响评价制度和建设项目环境影响评价制度中。建设项目和规划在获批之前，需评估建设和规划所带来的气候、能源、资源、生态等方面的影响。项目和规划获批之后，需要采取跟踪性的审查机制，要求项目的建设者和规划的实施者定期说明所采取的气候变化应对措施，并建立相应的责任机制以保证实施。

第三节 气候变化安全规制制度

气候变化安全规制制度是在气候变化风险预防制度的基础上，对自然资源的可持续利用、生态系统的保护、技术资金的保障、信息公开所实施的一整套长期的管理和控制制度措施。其主要由以下四种法律制度组成，即气候友好型技术开发与转让制度、气候变化资金支持保障制度、气候变化信息交流制度、资源可持续管理制度。气候变化安全规制制度的主要内容在于通过技术创新、资金保障、信息交流、生态补偿等必要的手段和方法，提高人类社会系统和自然生态系统的气候恢复力，降低脆弱性和暴露性，控制气候风险，保障气候安全。与气候变化风险预防制度相比较，该制度强调气候变化应对中技术、资金、信息、管理要素的基础性制度工具作用，成为影响气候变化安全规制制度功能实现的关键机制。政府的气候行政权力行使，需要引导利益主体参与气候变化公共治理。因此，该制度具有长期性、综合性、复杂性的特点。

一、气候友好型技术开发与转让制度

气候友好型技术的开发和转让是应对气候变化现实行动的关键内容。气候友好型技术开发与转让制度是一国政府为了促进气候变化技术创新与技术推广而采取的一系列制度措施。其任务在于消除或减少阻碍技术创新研发与推广应用的因素。技术开发与转让是集成创新的进程集合，包括不同参与者，如政府、私营部门、研究教育机构之间进行的减缓和适应气候变化的科技方法、知识经验以及设备的流动。

《公约》第4条第1款（c）规定："在所有有关部门，包括能源、运输、工业、农业、林业和废物管理部门，促进和合作发展、应用和传播（包括转让）各种用来控制、减少或防止《蒙特利尔议定书》未予管制的温室气体的人为排放的技术、做法和过程。"

《约翰内斯堡峰会行动计划》提出，“政府应建立法律和政策框架，促进私营部门与技术相关的投资和可持续发展的长期目标”。通过法律和政策框架，将国家创新体系中的各主体、各要素涵盖其中，有效引导和制约各方实现技术创新的目标。首先，应当设立负责技术开发与转让的机构，专门负责战略规划和协调组织，包括技术开发与转让的审查和评估。同时，这个组织还将履行提供信息、管理专项基金等方面的职能。其次，建立专门的技术开发与转让的资金机制也是非常必要的。设立专门基金，提供技术开发与转让的稳定支持，同时提供相关的培训。应当建立有效的审查评估机制，协调好知识产权保护和温室气体排放等方面的关系。在加强对知识产权保护的同时，促进竞争，遏制技术垄断，形成合理知识产权转让机制。建立政府引导、公众参与、市场运作的互动机制。

整体框架主要应当包括：政府间合作机制，资助技术开发与转让的资金机制，技术转让效果评价、核查和监督机制，国际联合研发机制，技术交易平台（含相应交易规则），专门的知识产权保护机制，促进企业履行社会责任及公众（特别是作为消费者）参与机制。[1]

影响技术开发与转让的主要因素是利益相关者的合作机制、能力建设、信息网络、资金支持。将技术需求评估作为政府的一项工具，用来确定一揽子技术转让项目和能力建设活动，以便促进和加快在国民经济具体部门中开发和推广气候变化技术。以需求定供给，才能有针对性地进行技术开发与转让。设计好气候变化技术需求评估制度的主体、范围、权利义务是关键。适应气候变化的工具性政策手段包括工程性适应、技术性适应和制度性适应。工程性适应需要通过立法促进的制度保障来推进。制度性适应主要将适应作为国家气候变化应对的首要战略位置，推进并协同相关优先领域的

〔1〕 邹骥：“气候变化领域技术开发与转让国际机制创新”，载《环境保护》2008年5A，第16～17页。

行动，按照适应性管理的框架机制，探索在可持续发展中回应适应问题。技术性适应需要通过对技术规范标准的研究，为各领域适应性框架开发提供技术支持，比如，中英气候变化适应项目开发的气候变化适应技术规范标准包括：确定各关键区域适应气候变化的目标；改进区域气候情景驱动适应模型的敏感试验方法；加强适应措施的模拟和效果检验；集成各种技术的整体适应效果等。

二、气候变化资金支持保障制度

气候变化及其影响是一个长期的过程。从长远考虑，为应对气候变化和实现国家的减排和适应目标，需要建立一个能有效融合财政政策与市场手段的框架和长效机制。一方面，公共资金作为气候变化融资的一个主要来源，具有不可替代的重要地位；另一方面，将来自金融市场、私营部门和碳交易市场的资金作为公共资金的补充，成为气候变化融资的重要来源。

气候变化资金支持保障制度要求建立一套完善的评价核算体系，形成资金报告、监测、核查机制。通过资金评价核算有效地评估气候资金的投入产出，确定资金的使用效果，并对资金的使用效益进行评价和反馈。公共财政部门应当建立与气候变化资金相关的统计和监测体系，引导更多的社会资金投入到应对气候变化领域中，并更合理地配置资金，实现各分领域的发展目标，提高资金的使用效益。新增应对气候变化中央财政支出科目和专项资金，建立应对气候变化类级科目，并新增相应款级或将其相关工作和具体支出事项从其他款级或项级科目中抽出合并。此外，通过绿色投资融资机制创新，调动发达城市的财政优势和资金力量，对最不发达、气候变化适应能力弱的地区进行资金支持，帮助其进行气候变化适应能力建设，以减轻公共财政负担的同时满足适应领域的资金需求。

（一）气候变化基金制度

为使国内公共资金、国际融资资金和国内私营融资资金集中管理和使用，应当构建气候变化基金制度，实现气候变化资金支持保障制度的需求。为提高筹集国际气候资金总量，统筹管理国际合作资金，引导资金流向应对气候变化领域，并带动更多国内资本投入，应加强对相应资金的管理，设立国家气候基金，打破目前专款专用的形式，引导这些资金与国内财政安排的资金相结合，支持国内气候变化减缓和适应项目，统一进行监测和评估，向国际社会公布相关信息。建立国家气候基金，帮助筹集和分配资金，有利于统筹安排国际国内同目标的资金，发挥资金的协同效应，更经济地开展实现国家减排目标的活动。

气候变化基金的功能在于：一是支持国家减排目标的建立和战略实施，为实现目标的具体行动筹集资金；管理多边合作关系，批准项目、支持项目的执行并提供资金保障。二是为调动国际公共资本和私营资本，该基金可提供国家担保，推动资本市场的资金流向既定目标项目。三是在基金的管理范围之内，该基金可以引导资金均衡地分别流向减缓和适应两个应对气候变化的部门，以改善目前资金流向偏重减缓领域的情况。四是提高气候融资体系的整体性能，为利益相关者提供流畅的交流渠道，可以指导现有的不同利益方和融资工具如何配合而达成最大的效果。

（二）碳价格规制法律制度

碳价格规制是指以碳税和碳排放权交易作为温室气体减排的制度措施，实现碳定价管理，发挥二者的协同作用，通过减排效益的整体增进来激励行为主体参与温室气体减排。碳排放权交易制度包括自愿温室气体减排交易机制和强制温室气体减排交易机制。前者是基于项目的信用额度交易，后者是基于总量控制下配额的交易。美国于2007年颁布的《清洁能源与安全法案》、英国于2008年颁布的《气候变化法案》都专门对碳交易制度作出规定。而碳税也为澳大利亚、瑞士、加拿大等国家立法所确认。从二者的调控范围来说，碳税具有普遍性，不管是企业还是个人，如果购买化石燃料或排放二氧化碳，国家就能够根据税收征收程序征收，并明确税收的用途，也可以与其他政策工具进行对接。而碳交易则设定一定的条件，允许纳税者在签署自愿减排协议、研发低碳技术等方面作出替代性的行为选择，具有较大的制度兼容性。碳交易的主体一般是高耗能、高排放的大型企业，个人被排除在外。此外，碳税主要调控二氧化碳这种温室气体，碳交易则可以规制除二氧化碳以外的其他温室气体。由此，根据现有的市场条件，对碳税和碳交易作出合理分工。碳价格法律制度通过成本控制的税收定价和排放数量控制的碳市场定价来为应对气候变化提供公共财政资金和私营部门的碳融资，拓宽了气候变化资金累积的渠道，在限制私营部门温室气体排放利益的同时，发挥价格杠杆的调节作用，增进社会的减排效益。

三、气候变化信息交流制度

气候变化信息交流制度是政府与非政府的利益相关者共同决策的基础和行动依据。气候变化的应对离不开政府、企业和公众的共同参与。信息公开是社会公众和利益相关者参与政府制定和实施气候变化应对政策和行动，监督企业温室气体排放，提高参与能力建设和保障参与程序性权利的基础性制度。《公约》第 4 条第 1 款（a）规定：“根据缔约方会议议定的可比方法编制、定期更新、公布并按照第 12 条向缔约方会议提供关于《蒙特利尔议定书》未予管制的所有温室气体的各种源的人为排放和各种汇的清除的国家清单”；该款（h）规定：“促进和合作进行关于气候系统和气候变化以及关于各种应对战略所带来的经济和社会后果的科学、技术、工艺、社会经济和法律方面的有关信息的充分、公开和迅速的交流。通过拟定和实施有关气候变化的教育培训方案，提高公众意识和科技、管理人员应对气候变化的能力。”政府有义务保障公众获取气候变化信息和参与气候变化应对政策制定的权利。气候变化法应当围绕着公众气候变化知情权、气候变化参与权和气候变化救济权来设计政府气候变化信息公开的法律义务与责任和企业信息公开的法律义务与责任。政府气候变化信息公开法律义务通过气候变化信息收集和发布制度来构筑，主要涉及区域气候变化的影响和脆弱性的风险评估报告发布、温室气体排放清单的编制、气候变化信息通报的发布。企业气候变化信息公开法律义务主要通过温室气体可测量、可报告、可核查制度（以下简称“三可”机制）[1] 和低碳产品认证制度来构筑。

《巴厘行动计划》首次提出了一个全新的构想，要求与气候变化相关的一系列行动应该是“可测量、可报告以及可核查的”。“三可”机制为气候变化应对行动主体设定了履行气候变化应对的义务，保证减缓气候变化、适应气候变化、技术开发转让以及资金能够在技术标准化的规制下，得以贯彻落实。在“三可”机制中，企业温室气体排放报告制度是核心。该制度不仅为监督企业温室气体排放行为提供信息管理手段，而且为政府制定和实施低碳减排政策提供重要信息支持。

（一）温室气体排放报告制度

温室气体排放报告一般分为强制性报告机制和自愿性管理计划。为了对温室气体减排措施的实施成果进行跟踪，一些国家针对某行业和企业建立了强制性的温室气体排放报告机制，例如澳大利亚和英国于2008年分别发布了《国家温室气体与能源报告法》和《气候变化法案》，对温室气体排放报告机制进行强制性规定。澳大利亚在《国家温室气体与能源报告法》中明确规定了履行温室气体排放报告义务的排放主体。[2] 另外，某些国家政府、地方政府以及非营利机构也制订了各种形式的自愿性温室气体管理计划，比如气候登记处是由一家美国的非政府组织负责管理和运营的自愿

〔1〕 三可制度已经从温室气体减排领域拓展至适应气候变化领域的资金、技术的制度监管和评估，成为衡量应对气候变化行动实施效果和进行气候风险评估的主要标准，该制度为技术开发和转让、资金核算、管理体系选择提供了标准化的制度框架。

〔2〕 排放范围一为由企业经验活动直接导致温室气体排放到大气，排放范围二是指由企业对外购买的电力、供暖、制冷或蒸汽导致的温室气体排放，排放范围三是指从含碳资源的出口贸易中释放出碳的使用者的责任。参见 National Greenhouse and Energy Reporting Regulations 2008 (Cth) reg 2.23 (2).

性温室气体管理计划，其理事会由60个美国和墨西哥州政府、加拿大的省和地区政府以及原住民部落组成，地方政府的支持力度较大。

1. 明确报告目标和实现手段

强制性温室气体排放报告的主要目的是追踪企业的温室气体排放情况，从而协助制定和评估气候变化政策。自愿性温室气体管理计划的目标通常包括提高参与者的温室气体管理与报告能力、降低机构应对气候变化的风险、为强制性温室气体报告机制或参与碳排放权市场交易做准备等。在政治条件不成熟或者政府和企业不具备全面温室气体核算能力时，自愿性管理计划有前期引导和培养的作用。美国环保局的气候领导者计划以及中国台湾地区的温室气体盘查和登录管理计划，都充分展示了自愿性报告对于强制性报告的促进作用。

2. 设立温室气体报告管理机构

对于强制性温室气体报告来说，多数国家的温室气体排放报告机制都是由一个单一的政府部门负责监管的。部分国家则采用多部门监管的形式，由不同行业的机构担任监管职能，或将权力下放给地方机构。自愿性计划有可能是政府官方运行，也有可能是非政府组织或多个组织联合进行。

3. 明确报告的范围

与强制性报告相比，一般自愿性报告边界更全面。强制性报告在自愿性报告实践的基础上，往往会针对重点对象，设定成本更低范围也较小的报告边界。自愿性报告计划参考《温室气体核算体系：企业核算与报告标准》，将排放量划分为范围一、范围二、范

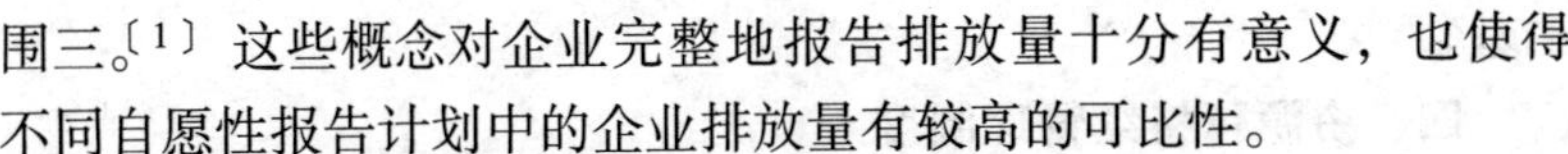

围三。[1] 这些概念对企业完整地报告排放量十分有意义，也使得不同自愿性报告计划中的企业排放量有较高的可比性。

（二）低碳产品认证制度

低碳产品认证，是通过产品低碳标志的信息公开，以产品的生产和消费为链条，引导公众选择低碳消费，鼓励生产者开发低碳技术实现低碳生产模式转变，从而促进低碳社会形成的制度。低碳产品认证制度中的碳标签将有利于企业规避诸如碳关税等一些国际贸易壁垒。英国、法国、日本、美国等国碳足迹认证强调评估和披露产品生命周期内的碳排放量。产品或服务标识的碳足迹信息为消费者提供低碳绿色消费的引导，是满足消费者知情权的体现，低碳标识旨在将产品的生命周期——从原料、制造、交通运输、废弃到回收的全过程所排放的温室气体数量在产品标签上用量化的指数标示出来，告知消费者产品的碳信息。该制度是产品信息公开制度在低碳领域的运用，将产品或服务的生命周期评价纳入到应对气候变化的低碳消费中，可以促使企业、消费者能够形成互动的激励机制，该制度在评价生命周期的碳信息过程中所形成的评价方法与报告指南，是温室气体排放监测、报告与核证制度中技术标准化体系建立

[1] 世界资源研究所和世界可持续发展工商理事会联合出版的《温室气体核算体系：企业核算与报告标准》（以下简称《企业标准》）将温室气体排放清单的边界分为运营边界和组织边界。运营边界即企业直接排放和间接排放的边界。《企业标准》将温室气体排放分为“范围一”、“范围二”和“范围三”。范围一是指源自企业拥有或控制的排放源的温室气体直接排放；范围二是指企业外购电力、热力及制冷等所产生的间接排放；范围三则包括除范围二以外的其他间接排放。设施是企业的经营活动的一部分，可以是一个工厂，或一栋办公大楼等。组织边界即根据企业的组织架构，划分企业哪些设施应纳入排放清单中。如果不是以设施为报告主体，则需要有具体的划分组织边界的方法，合并核算集团或者企业范围内各设施的排放量。《企业标准》中提供的划分组织边界的方法有股权比例法和控制权法两种。股权比例法是指根据母公司对某排放源拥有的股权比例，相应确定其排放量的方法。控制权法是指根据母公司对某排放源是否拥有运营控制权或财务控制权，确定排放量是否属于母公司的方法。参见世界可持续发展工商理事会、世界资源研究所编：《温室气体核算体系：企业核算与报告标准》（修订版），许明珠、宋然平译，经济科学出版社 2012 年版。

的基础。

四、资源可持续管理制度

《公约》第4条第1款（d）促进可持续的管理，并促进和合作酌情维护《蒙特利尔议定书》未予管制的所有温室气体的汇和库，包括生物质、森林和海洋以及其他陆地、沿海和海洋生态系统；（e）合作为适应气候变化的影响做好准备，拟定和详细制定关于沿海地区的管理、水资源和农业以及关于受到旱灾和沙漠化及洪水影响地区的保护和恢复的综合性计划。

在适应气候变化影响的目标指引下，自然资源的可持续利用和管理制度需要将自然资源的适应性管理和生态保护融入原有的资源管理制度中。而资源可持续管理制度作为综合的生态管理体系，涵盖了海岸带、水资源、农业、森林、海洋等资源的综合开发利用和保护，在增加碳汇[1]、管理碳库[2]的过程中实现资源生态服务功能效益，同时通过生态补偿制度来协调生态利益和发展利益之间的冲突，补偿生态服务提供者因生态服务提供而丧失发展机会的利益损失。

区域气候变化影响的复杂性和脆弱性需要改变以往资源生态管理的确定性模式，引入风险管理的方法来灵活应对气候变化风险，在未知中作出平衡各方利益的决策，并根据风险监控指标体系来评估不同替代性管理方案的效益，从中选择最具可行性和经济性的行

〔1〕 碳汇一般是指从空气中清除二氧化碳的过程、活动、机制。保全和强化“汇”吸收实际上是保全和强化自然生态，尤其是自然生态的净化和循环功能。增汇所带来的减缓效益包括三方面：①碳汇交易。允许企业通过购买林业碳汇所形成的碳信用额度来中和其自身的碳排放，达到生态补偿的碳平衡效应。②提高农林固碳能力，产生增汇效益。③改善水循环，可以抵消部分气候暖化效应，并促进农林牧渔业的发展，形成间接的生态效益。这一制度需要结合生态系统管理制度来有效实施。

〔2〕 碳库是指在碳循环过程中，地球系统各个所存储碳的部分。主要分为地质碳库、海洋碳库、土壤碳库、生态系统碳库等。现已知道，人类活动致使地质碳库变成了巨大的碳源，而海洋碳库则是巨大的碳汇。现阶段人类活动影响最为显著的碳库是陆地生态系统碳库。

动方案。鉴于人类社会系统和生态系统所遭受的气候变化损害具有相互关联性，管理方案的选择应当注重强调环境整体性、生态恢复性和跨域交互性。新的视角旨在修复生态系统功能，提升生态服务能力，通过基于情景模型的方法，进行积极主动的适应性管理，根据气候影响的脆弱性来选择优先行动的领域。这一资源可持续管理的过程，需要协调利益相关者的利益，以社区项目合作的形式，引入参与协商式的柔性社区资源管理机制，将生态保护、灾害防治、减少贫困融合起来，加强生态系统和人类社会系统的气候恢复力建设。加强自然和生物多样性保护，防止泥石流、洪水、滑坡、水土流失，降低灾害的脆弱性，减少贫困，通过水土保持防止荒漠化，增加碳汇能力。

生态系统服务是指人类直接或间接从生态系统得到的利益，主要包括向经济社会系统输入有用物质和能量、接受和转化来自经济社会系统的废弃物，以及直接向人类社会成员提供服务。生态系统服务功能包括供给功能、调节功能、文化功能和支持功能。[1] 这一概念为分析人类与环境之间的关系，进而采取适当行动提供了行为规则和制度设计的基础性框架。保障生态系统服务功能的有效实现是自然资源可持续管理制度设计的总体目标。生态服务的有偿化成为气候变化法调整生态利益和减少利益冲突的有效方式，可以通过行政引导机制、市场激励机制、社会参与机制来实施。

（一）自然资源生态补偿制度

谁保护谁受益、谁受益谁补偿、谁损害谁补偿原则作为生态补偿制度设计的基本法律原则，这一原则可以分解为养护者受益原则和污染者负担原则。理论界关于生态补偿的研究，出现了将生态赔

〔1〕 供给功能是指人类从生态系统获得的各种产品，如食物、燃料、生物遗传资源；调节功能是指人类从生态系统过程的调节作用获得的收益，如维持空气质量、调节气候、控制人类疾病、调蓄洪涝、防止干旱；文化功能是指人类从生态系统获得的非物质收益，如美学享受、景观效应、娱乐旅游；支持功能是指生态系统生产和支撑其他服务功能的基础功能，如防止水土流失、生物多样性、水文循环平衡。

偿作为生态补偿制度内容的研究误区，从而将生态补偿的概念泛化，造成生态补偿机制逻辑和功能定位的混乱。应当在廓清生态补偿和生态赔偿关系的基础上，认识二者的区别和联系。生态补偿与生态赔偿是不同的，生态赔偿是针对外部不经济性，可以由生态损害的填补制度来解决；生态补偿旨在实现生态利益的利益共进。生态损害的填补旨在通过个体化的环境侵权赔偿责任和诸如保险、责任基金、自愿性协议等形式的社会化责任分担机制来实现生态利益的利益救济。生态补偿是针对外部经济性，具有三个要件：一是建立在自愿基础之上；二是环境服务的提供者、购买者和环境服务均是确定的；三是当环境服务者提供环境服务时，产生补偿义务。生态补偿的制度逻辑在于：通过制定一系列的行为规则，创设新的法律关系，确定各自的权利、义务和责任，激励生态服务的需求者和提供者之间相互合作，维护各方利益的平衡，实现生态系统的整体生态利益。生态补偿机制是以保护和可持续利用生态系统服务为目的，根据生态系统服务价值、生态保护成本、发展机会成本，运用政府和市场手段，调节利益相关者之间利益关系的制度安排。资源的综合管理需要以生态服务的利益关系平衡为目的，根据不同资源的生态系统服务功能定位，运用不同的管理方法和工具来进行有效的利益整合与利益保护。由此，资源的可持续管理离不开生态补偿机制的利益激励和利益诱导。在明确补偿主体、补偿内容、补偿标准、补偿渠道、补偿监督等框架性内容后，需要留出较大的空间发挥市场激励机制的作用，重点从资源产权、资源价格、资源价值评估等方面对原先的刚性资源管理制度进行调整。

自然资源保护的生态补偿制度设计的基本前提是在设计和实施的各个阶段充分吸收包括当地居民在内的利益相关者的参与，充分考虑和尊重当地社区居民的利益诉求。社区民众是自然资源保护地域生态服务的最终提供者，需要根据当地历史、地理、人文、社会等状况，对补偿中可能涉及的各类特殊问题予以回应，通过参与式管理来保障机制实施的成功。

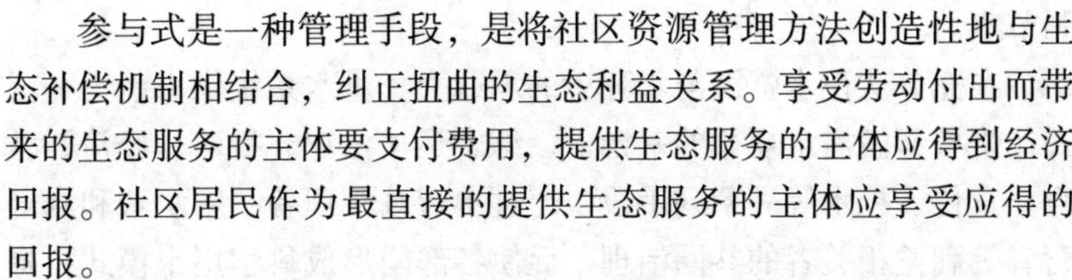

参与式是一种管理手段，是将社区资源管理方法创造性地与生态补偿机制相结合，纠正扭曲的生态利益关系。享受劳动付出而带来的生态服务的主体要支付费用，提供生态服务的主体应得到经济回报。社区居民作为最直接的提供生态服务的主体应享受应得的回报。

从适应气候变化与自然资源综合管理的关系看，通过自然生态管理的保护可以减灾并实施适应战略，根据在于脆弱性的降低、生物多样性的保护、极端贫困居民区和最脆弱人群的生存安全保障、碳汇能力的增进。与大规模的适应性战略不同，对社区居民的自然资源的保护能够满足极端贫困居民区和最脆弱人群的生存需求，从而降低人类社会系统的脆弱性。

（二）资源综合管理制度的气候变化应对——以水资源综合管理为例

水是受到气候变化影响的第一个领域。气候变化导致水循环加剧，海平面上升、蒸发量增加、暴雨和干旱频发，这是气候变化直接对水资源分配和水质影响的表现。水资源综合管理可以作为一种调和不同变化水用途和需求的手段，与传统的水资源管理方式相比，更具灵活性和适应能力。水资源管理的功能包括水量分配、污染控制、水质监测、财务管理、洪水和干旱管理、信息管理、流域规划管理以及利益相关方参与。这些功能有助于适应气候变化，使得人类社会和生态系统能够应对供水变化。在流域规划过程中，风险能够被有效地识别和管理，而利益相关方的参与可以动员社区民众，根据变化的水条件，以可持续的方式用水。[1] 水资源的综合管理强调需水管理来适应气候变化引起的水生态系统脆弱性。国家通过市场激励机制促使水权和水资源在不同用户之间流转。农业部门通过改变耕作方式和灌溉方法以及作物种植技术革新等措施来加

〔1〕“水资源综合管理——应对气候变化的有效工具”，载 http：//www. docin. com/p－440909482. html，最后访问日期：2013 年 3 月 18 日。

强节水。

在充分认识水资源与水环境的承载力、供水系统供水能力、国民经济各部门需水规律的基础上，综合运用法律、行政、经济、教育、宣传、技术等一系列手段，通过水行政管理者、用水者和水经营者等利益相关者的共同治理，促使各部门形成科学用水模式，提高用水效率，优化水资源配置，达到节约水资源和保护水生态环境的目的，实现社会效益最大化，平衡各方利益的管理活动。需水管理的核心是节水减污，需要以总量控制、水资源生态服务有偿化、水量统一调配、水资源危机应急管理为重点来促使原有的水资源管理方式从供水管理向需水管理转变。

英国水资源管理形成了由政府宏观引导，公共管理机构监管，水务公司市场运作，社会利益团体参与的水管理机制。[1] 水资源行政管理部门应当制定水资源综合管理战略，重新审视水质和水量的关系，有效协调土地利用和水资源管理的关系，从调节水价、建立健全法律框架、保护和恢复清洁的淡水资源、确保淡水的长期可持续使用等角度，将气候变化影响及其风险纳入水资源与基础设施的规划与管理过程中。从供水方来讲，关键的适应措施包括：保护地下水资源，改进现有供水系统的管理与维护，流域保护和改进供水系统，地下水和雨水的收集与脱盐，更好地利用循环水，开展洪水控制与干旱监测。从需水方来讲，关键的适应措施包括：通过水的回收再利用提高水利用率；通过改变种植时间、作物结构、灌溉方法和种植面积降低灌溉水需求量；通过进口农产品降低灌溉水需求量；促进因地制宜的做法，实现可持续用水；扩大利用水市场，为高价值用途分配用水；扩大利用经济手段，包括计量和定价，以鼓励节约用水。

---

〔1〕 英国水资源管理由以流域为基础的水资源统一管理、以私有企业为主体的水务一体化经营与管理、公民参与水管理机制的完善三部分构成。参见矫勇等："英国法国水资源管理制度的考察"，载《中国水利》2001 年第 3 期。

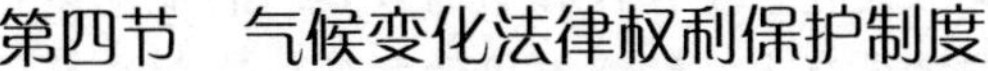

第四节　气候变化法律权利保护制度

从根本上来说，气候变化应对的法律权利作为气候变化法所确认和认可的法律权利，既强调气候决策与发展一体化对社会经济和人类福祉的整体福利增进和价值重叠共识，又强调由人类活动直接或间接所产生的气候变化对于人类以及生态环境的基本安全的风险回应。气候变化应对的法律权利设定就是将人类最为需要、最为迫切的资格和利益通过原则、制度的规范化表达确定下来，使其不受任意行为或风险行为的侵害或剥夺。由此，气候变化应对的法律权利至少在权利形式上，将人类社会安全、生态环境保护与气候变化应对中的发展确定为三个必不可分的权利目标，即气候安全权、生态环境权和气候发展权。

一、从权利属性看气候变化应对的法律权利

气候安全权、生态环境权以及气候发展权作为气候变化法的法定权利应当在本体论的基础上考察其本源属性。笔者通过对生态环境权的权利属性考察来剖析气候变化应对的法律权利内涵与内容。

首先，从权利的自然性和普遍性来审视气候变化应对的法律权利。尽管权利内容庞杂繁多，但生命权、生存权和发展权构成权利最为基础的源泉。不管是个人权利还是集体权利，都是这三种基础权利的拓展和延伸。由此，这三种权利承载了权利的自然性和普遍性。人类的实践活动改变了生物物种及其种类和分布，改变了自然生态系统的面貌，创造了各类人化自然，自然界从整体来说获得了社会历史尺度，具有社会性。但是人类主观能动性最终无法取代自然生态的动态平衡性、生物物种的相互依存性、生命的自然选择强制性和自然权利的不可侵犯性。人类活动仍然受制于并遵循自然规律，从而使得人类享有的任何权利也必然具有自然性。

所谓普遍性，是指权利的本源性是普遍的，适用于世间万物。

虽然法律权利的主体是人类，不包括其他生物物种，但是作为伦理意义上的原初性权利，生存权和生命权是所有地球生物所共同拥有的正当性需求，具有人文的终极价值关怀。主客二分的认识论将人类的生存和其他生物生存之间的内在关系割裂开来，造成了人与自然关系的紧张，破坏了人与自然的和谐，必然会带来一系列的生态危机，进而威胁人类自身的生存权和生命权。所以，蔡守秋教授所提出的主客一体的“调整论”，主张生态环境权的法律确认是法律调整人与自然关系的结果，是从生态文明的高度对生态法律关系的深度阐释，不能够断章取义，认为生态环境权的主体包括人以外的其他生物物种，将伦理学意义的权利和法律意义的权利相混淆。

其次，从权利的对抗均衡性审视生态环境权存在的合理性。权利的存在既可能是个人的，也可能是群体的、社会的，抑或是国家的。相同的权利会有多种不同的权利主体，相互之间根据某种普遍法则彼此关联，同一个体会在不同程度、侧面拥有不同的权利，社会中的权利由此相互交叉构成稳定的权利谱系。[1] 相同权利之间会存在冲突，形成权利间的对抗。而这种对抗的权利主张需要在相互妥协的均衡状态下才能够真正享有。权利的对抗性是个体权利的属性，权利的均衡性则反映了集体权利或社会权利的属性。权利的对抗均衡性同样适用于人与自然的关系，生态利益的保护是人与自然之间权利对抗均衡性的体现。

二、气候发展权

气候发展权的提出是国际社会对人类社会可持续发展理念在气候变化应对领域中的体现。气候正义的形成与发展，诠释了气候变化法中气候发展权的合理性和必要性。以往工业社会中，人类在开发利用环境资源的过程中，实现了短期发展利益的分配和利益增进。但是这种利益分配的不正义，借助于气候变化所带来的生态环

〔1〕 参见张晓君：“个体生态环境权论”，载《法学家》2007 年第 5 期，第 103 页。

境危机，加剧了人类社会利益关系的内部冲突，带来了贫富差距扩大、区域发展失衡和城乡发展不协调等一系列发展不公平的问题。科学技术在提升人类改造自然能力的同时，其自身的反身性使得对科学技术的社会性价值反思成为必然。

气候发展权是指在保障人体健康和生态环境安全的前提下，在对本国经济发展的碳排放情景预测和保持区域生态系统稳定的基础上，合理设置国内气候和发展的目标，通过区域气候变化的公共善治，实现区域利益和负担的公平配置。气候发展权作为气候变化法调整社会关系所设定的新型权利体系，需要设定者将此权利体系内的不同权利进行排列和分类，先设定基本权利，再设定普通权利。权利体系的层次性，证成了气候变化应对法律制度体系化安排。碳排放权便是气候发展权在减缓气候变化领域中的具体权利。通过市场机制、行政机制和社会机制的互动，碳排放权得以通过具体减排措施的制度化来实现发展低碳经济、绿色经济的社会整体利益的增进。促进发展低碳技术，发展清洁能源产业所需要的制度创新和规则设计都是应对气候变化的同时促进低碳社会的利益增进。在适应气候变化领域，有关适应气候变化技术的转让、资金保障所体现的趋利避害、适应气候变化的措施，提升适应气候变化能力，降低生态系统脆弱性也是气候发展权的利益补偿和利益整合功能的实现。在这一公法与社会法共治的动态利益均衡过程中，权利与权力、国家与社会、市场与政府之间的关系需要在纵横交错的关联中来重新审视。气候发展权所包含的在减缓气候变化和适应气候变化领域中众多措施法律化、制度化的利益机制具有开放性、灵活性的空间，技术与制度之间的互动关联，使得气候发展权在气候风险的复杂情景中，实现多中心、扁平化的综合治理，需要在风险中进行不断的利益整合和利益协调。

三、气候安全权

发展的同时必然伴随着风险挑战和机遇价值的共存与抗衡，法律的目标在于降低风险提升价值。气候安全权就是在气候变化风险预设的前提下确立并规范的。这是因为气候变化给人类社会发展带来了前所未有的巨大风险，引发的安全威胁主要涉及能源安全、水资源短缺、农业粮食安全、土地荒漠化、人类健康、极端气候灾害等方面。这些风险严重影响人类的生命健康权、生存权和发展权。这就需要法律为个人、群体、社会、国家、生态环境设定一整套抵御气候变化风险的法律权利谱系。由此，气候安全权是指任何个人、企业、群体、社会公众、国家以及生态环境所应当享有的避免或减轻因气候变化风险所致现实损害和潜在威胁的权利。“安全不是绝对的，而是相对的；不是静态的，而是动态的；相对的、动态的安全是随着社会经济技术水平的提高而有所变化和改变的。为了保证法律安全权的可执行性和相对客观，安全权中的安全，意指在当前经济技术水平或其他社会可接受标准范围内可接受的风险水平以内的人身、社会、经济、文化、伦理和环境的存在状态，反之则应当受到法律的限制和禁止。”〔1〕 鉴于气候变化在生物多样性、公共卫生健康、扶贫减贫、自然灾害、环境退化、资源紧张等方面所造成的负面影响，气候安全权集中在人体健康、经济稳定、防灾减灾、生态保护、社会伦理、文化传承等方面的确认和保护，力求实现气候因素与非气候因素的协同共赢，协调不同应对气候变化措施之间所产生的利益冲突。比如核能的开发和利用虽然能够具有极高的能源效率，替代化石能源利用的高碳排放，但核能所具有的高风险性需要考虑对当地社区生态环境的影响，进行有效的风险评估和风险管控防止核泄漏所带来的生态灾难。欧洲不少国家已经开始限制甚至是禁止核能的开发和利用，不同国家的能源政策在不同时期会受到各种内在因素和外在因素的影响，应进行利益权衡作出相应的决策。可见，核能技术的发展是否能够在人体健康、社会伦理以及传统文化等方面构成社会风险或人体健康威胁成为核能技术发展

〔1〕 张辉：《生物安全法律规制研究——经济法视域的解读》，厦门大学出版社2009年版，第232页。

的首要前提。技术的吊诡和反现代性使得法律在风险预防的制度范围内予以限制、禁止和救济。

气候安全权在气候变化应对的法律权利范畴中的确立，应当涵盖以下基本内容和要件：

（一）人身安全权

气候变化对人体生命健康造成的潜在威胁和现实损害，直接或间接影响了人类的基本权利和利益，即生存权和发展权，其中最大的风险就是对生命健康的不可确定性。保障主体不受风险或提升主体应对风险的能力是气候变化法中安全制度的客观属性。气候安全权中的人身安全权意味着在减缓气候变化和适应气候变化的众多应对措施中，无论是新能源的低碳技术研发还是新能源产业化发展，抑或是生物多样性的保护和自然资源的综合性生态系统管理，或是加强海岸带、农田水利等基础设施建设，改进农业灌溉技术和耕作制度，提高气候灾害的预警监测和应急响应能力等，都应当充分保障人类主体对于自身生命、健康、人身尊严等享有不可剥夺的、绝对安全的基本权利，任何侵犯此权利的行为都应给予救济或撤销。在法律上，人身安全权的特点在于：一是绝对性。人权高于法律，法律制度保障人类的基本权利和利益。二是普遍性。人身安全权是一种类权利，不分种族、生活习惯等方面的约束，为全体人类共同享有的权利和利益。三是代际性。通过对包括人类和自然有关社会关系的调整，在法律的范围内实现对当代人与后代人利益的整体保护。

（二）社会安全权

社会中人与人之间的交往在不同主体之间循环往复的沟通和交流，共同构成主体间的网络化组织结构。人们在社会交往中的行为组织将不同主体的行为、意识连接在一起，从而构成基本的社会文化场域。社会安全权就是在保障社会基本安全的基础上确定的。首先，社会安全权是个体人身安全权所体现的安全利益的集合，社会安全权从社会整体利益的高度，为人身安全权的利益实现提供基础性的支撑和社会环境。人身安全权反过来对社会安全权产生一定的影响。个体化风险的控制有助于控制风险的社会化弥散，防止形成局部乃至整体的恐慌和社会动荡。其次，社会安全权是经济之外社会文化、政治、伦理等方面的安全需求和秩序稳定的表现。区域气候变化的应对需要通过气候规划、气候综合决策机制、环境影响评价等预防性制度的管控来将气候因素充分考虑到社会发展的决策中来。风险社会中理性决策的形成过程必然要考虑社会基本的价值观、文化观、伦理观。区域协调发展和城乡协调发展的复杂性使得应对气候变化的决策需要因时而异、因地而异地作出动态性的调整，比如森林碳汇项目的跨国资本流动，如果不考虑维护原住民的土地权益和森林权益，通过法律制度确立碳汇权益，有效控制项目开发行为，通过项目对当地资源进行综合性的生态系统管理，合理补偿其生态利益的损失，提高生态服务的社会效益，就会加剧当地居民的贫困程度，使得气候变化适应能力低下的社区人群难以适应当地气候变化的影响，甚至沦为气候难民，引发难民安置的社会安全问题。

（三）经济安全权

气候变化问题的有效应对需要从经济发展的高碳方式反思入手，重新思考经济发展方式，绿色低碳发展的模式转换是应对气候变化、实现人类社会经济可持续发展目标的必然之路。发展低碳经济、循环经济、绿色经济和生态经济，贯穿于工业生产过程、农业生产过程、产品流通过程、进出口贸易过程和消费过程。应对气候变化不能够仅仅单方面的强调减少温室气体排放，而是需要从生产到消费的全过程改变高碳的生产方式和生活方式，需要全社会和国家的共同努力。这一转变需要根据不同国家的经济发展水平、环境资源禀赋等具体情况分阶段分步骤的采取不同的绿色低碳发展模式，既需要自身的战略转型，又需要通过国际合作来共同实现。由此，经济安全权从低碳社会整体利益的增进出发，将低碳社会的整体经济安全作为国家权力的重要干预目标和法律规则目的指向，将低碳经济、绿色经济、生态经济的安全监管和市场激励，纳入到法律的管辖中，从而确立特定主体对与气候变化应对有关的社会经济安全进行合法有效的干预和监管。从这一点来看，气候变化法中的经济安全权具备了经济法意义上的宏观调控的干预属性：首先，经济安全权具有社会整体利益属性，并非归为某一特定经济个体所有；其次，经济安全权具有国家权力属性。国家或政府作为社会整体利益的代表，行使低碳社会经济的监管和引导职能，对于低碳经济的安全性保障需要通过法律授权来确定国家在特定条件和程序下行使干预低碳经济的职权，引导企业和民众参与低碳技术、低碳金融、低碳产业、低碳消费、低碳交通、低碳建筑等一系列低碳社会经济体系的构建，从而将低碳经济的安全风险控制在可接受的范围内，既保障气候安全又发展国家和地方经济，实现经济发展和气候保护的良性互动。

（四）国家安全权

国家作为国家安全权的正当性主体，其作用范围和法律主体意义不仅仅限于国内的经济安全权的法律确认和保护，其重要性更是反映在国际气候变化领域。《公约》、《生物多样性公约》、《约翰内斯堡可持续发展实施计划》、《里约环境与发展宣言》等国际法文件的出台，使得国际气候变化法已经形成。尽管“共同但有区别的责任原则”的气候变化国际法地位有待进一步通过具体的国际制度来实施，有关国家利益需要围绕着“共同责任”和“区别责任”的标准问题进行长期的国家利益博弈，但发达国家和发展中国家都在这一过程中通过国际合作逐渐谋求资金援助和技术转让的国际社会利益的共同惠益分享，共同分担国际温室气体减排的责任。气候变化国际法的发展回应了气候变化安全属性的全球化应对。国家参与国际社会的气候风险管理、生物多样性保护的交流与合作，将本国的技术优势、资金优势、资源优势与其他国家进行利益交换和利益共进，这既表现在硬件的资金和技术引进和输出上，又表现在软件的知识分享和共识达成，有利于化解国家之间观念、行为方面的对立冲突，面向共同的未来。

四、生态环境权

根据《公约》的规定，气候变化应对的安全目标除了保障人体健康安全外，最为核心的安全目标在于提升生态系统的适应能力，降低脆弱性，即生态环境安全。生态环境权是在环境法保护和恢复生态环境安全的基础上提出来的具有普遍环境法律意义的权利形式。在气候变化法律规范中，生态环境权更为一般地确认了特定区域内的不同主体在适应气候变化对当地生态环境影响，预测评估气候变化风险并不断因应风险所带来的现实损害和潜在威胁等方面的权利。环境法在一定程度上反映了生态系统的复杂性和动态性，强调通过综合生态系统管理的手段运用，达到减轻人类对生态系统的有害影响，维持生态系统平衡的目的。保持和恢复成为环境法的目的，假定通过控制人类开发利用生态环境的行为就可以维持特定生态系统的自然状态。在气候变化风险的背景下，生态系统的变化随着气候变化的现实影响或潜在影响，呈现出非线性、不确定的动态趋势，生态环境权作为环境法确认和保护的权利和利益，需要在可控的人类活动或不可控制的气候变化影响下，作出动态的调整，在程序上更加灵活的通过环境信息知情权、参与权与救济权的环境权实现保障程序机制，将气候情景预测和风险评估纳入到利益相关者的利益权衡中来，回应气候变化的不确定性和不可逆性；在实体上，及时采取措施适应性地管理区域生态系统，在相对稳定的生态系统承载力范围内，调整环境质量标准和污染物排放标准，以达到保障生态安全以及人与动植物的身体或物理的健康。比如某一地区洪涝灾害多，另一地区则出现干旱，当地的生态系统变化可能使得以前的环境标准不能够满足已经遭受气候变化影响的生态环境保护的需要，除了采取适应性措施，减少生态脆弱性，提高适应能力之外，需要重视生态保护的环境协同功能。由此，气候变化应对的法律权利中的生态环境权并非是环境法中生态环境权的套用，而是在气候变化的风险背景下进行的生态利益的重新整合，从而为适应气

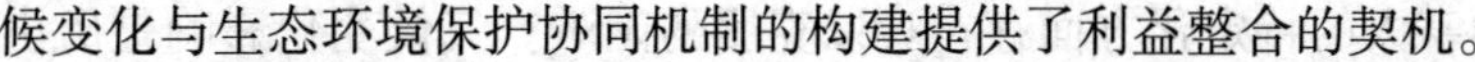

候变化与生态环境保护协同机制的构建提供了利益整合的契机。

生态环境权是指为实现生态系统的动态均衡和人类世代延续及发展，人类和非人类的物种或生态环境在相互尊重的基础上为了追求各自的生态利益而享有的权利。可以说，生态环境权是生态利益这种新型利益类型的法权表达。生态环境权本身是对抗均衡的统一，是人类作为生态利益的主体和非人类的物种及生态环境作为客体主体化的生态利益冲突协调和整合的整体而存在的。从这种意义上说，生态环境权的主体是多元、多层次的，不仅包括人类、人类组织，还包括生物和生态系统。这是从价值层面确认生态利益广泛性的必然逻辑延伸，如果按照实证分析法学的理论，主客二分的认识论意味着，只有人才能成为生态利益的客体。吕忠梅教授提出从环境资源作为客体所反映的生态利益，实际上是将客体主体化的一种技术处理，是对实证法学的修正，实质上是承认了客体的利益主体性。有条件地承认自然的权利，是人类尊重自然规律的体现，从整体上能够更好地维护人类的权利。

第五节　气候变化损害填补责任制度

气候变化损害填补责任制度是指在气候变化风险转化为现实损害之后，有关主体向遭受损害的受害者赔偿或补偿的一整套措施。气候变化损害不同于一般的环境侵权损害，主要表现在以下几个方面：一是损害所涉及的范围不同。气候变化损害所影响的范围大，并非针对特定人而是广大的人类族群，难以符合侵权损害的特定性和确定性要件；相比较而言，一般环境侵权的损害能够借助于环境技术标准量化计算，并在一定的时空范围内确定环境侵权受害者。二是因果关系判断的或然性不同。气候变化所导致的海平面上升陆地消失、洪涝干旱等损害结果是由人类活动所引起的判断在科学认知上还存在着未知因素，即使确定损害是由人类活动而引起的，但在加害人的特定化方面存在难以克服的困难。气候变化影响是历史活动和当前温室气体排放累积的结果，加害者不能够在代内确定，进而阻碍气候变化损害因果关系的认定。三是政治关联度不同。气候变化问题属于全球性环境问题，有关各国温室气体减排责任分担和应对气候变化的资金援助、技术开发与转让等关键性责任分担与惠益分享关涉发展权政治性议题。各国气候变化政策直接影响国家气候变化法律制度的选择，国内气候变化的应对涉及发展模式的转变，包括产业结构调整、区域发展协调、城市布局、减少贫困、资源生态保护、公共健康等，不能被单一的环境保护议题所容纳。气候变化损害赔偿责任的设计需要考虑到方方面面的影响，才能公平全面地救济受害者遭受的损失。这意味着气候变化损害的救济机制不能够局限于司法的诉讼救济机制设计，还应考虑损害填补的社会化趋势，从维护集体利益、填补集体不利益的角度，引入气候责任保险、气候损害赔偿基金的政策性救济机制和气候难民移民和安置的社会性救济机制。同时法院需要在司法救济中发挥司法能动性，通过对气候诉讼的制度性回应，促使政府对气候变化规划进行更为细致的利益衡量，进而优化气候变化区域治理的社会效果。从以上分析可知，气候变化损害填补责任制度要求重新审视环境责任制度在气候变化背景下的适应性调整，应当遵循权利—损害—救济的逻辑进路，来研究气候变化损害填补责任的功能和内容。

一、司法救济机制

司法救济作为救济制度中最为普遍的传统救济方式，是在气候变化法所确定和保护的气候变化法律权利受到不当行为侵害后而根据法律规定的程序提起诉讼的救济方式。由此，气候变化诉讼作为新型的诉讼形式在美国、澳大利亚等国家的司法实践中已经形成。起初，由于传统诉讼的当事人适格、损害确定等诉讼程序性限制以及气候变化的高度不确定性和所涉及的政治问题的复杂性，使得气候变化诉讼在实践中并未发挥显著的功能。多数气候诉讼案件不被受理或是以败诉而告终。随着 2007 年美国马萨诸塞州诉美国环保署一案的影响[1]，气候变化诉讼在英美法国家逐渐得到肯定。司法诉讼的过程以及司法判例所形成的理念和方法，使得基于不同诉因所启动的气候诉讼促使气候变化法和气候政策在气候综合决策过程中逐渐形成了独具特色的法律文化：一方面，气候变化诉讼使得气候变化损害中潜在加害人损害赔偿责任的基础性要件确证成为可能；另一方面，气候变化诉讼使得气候变化治理中的综合决策能够在一种更为公开、相互制约的法治环境中得到充分的利益权衡。

美国在气候变化诉讼实践中，对加害人侵权损害赔偿责任的制度性解释进行建构。气候诉讼的受害人由于科学知识的局限，难以进行举证。气候诉讼需要从经济分析的角度来分析降低损害成本、加害人与受害人所负担的成本多少以及加害人的修复义务。在降低损害成本方面，温室气体排放者基于专业优势可以低成本地获取气候变化信息，有能力分析权衡温室气体排放与损失成本，设计相应的风险管理体系来降低风险，由其来承担风险，可以降低损害成本。在加害人填补义务承担方面，尽管气候变化损害因果关系不能充分证明，但基于温室气体排放者履行社会连带责任的理念，温室气体排放者应对受害人的整体利益减损，负担填补义务。加害人义务的设定并不能否定加害人负担气候变化损害赔偿责任所享有的程序上的抗辩权，从而平衡诉讼主体的利益主张，比如由哪一加害人承担责任、气候损害并非二氧化碳一种温室气体所造成的等。

美国气候变化诉讼在产品责任、公共妨害和过失责任的侵权责任制度的司法因应中寻求气候变化损害赔偿责任的侵权法依据。[2] 对于企业而言，气候变化损害赔偿责任的功能在于促使温室气体排放者采取措施对可能承担赔偿责任的行为予以自我控制。为保障企业经营的可持续性，企业自身需要对巨灾风险进行评估并制定风险

---

〔1〕 MASSACHUSETTS v. EPA（No. 05 - 1120）：Syllabus，available at http：//www.law.cornell.edu/supct/html/05 - 1120. ZS. html，last visited on 2013 - 3 - 31.

〔2〕 详细论述参见（台）吴玉凤：“从美国法院诉讼案例论气候变化责任与保险”，载《保险专刊》2012 年第 1 期，第 101 ~ 111 页。

管理策略。气候变化损害赔偿的司法判例，为企业进行气候变化应对的风险管理战略设计提供经验性的素材，促使企业减轻或避免责任的承担。从企业内部的治理结构上，将气候损害赔偿责任与企业内部利害关系成员（如股东）的利益相关联，促使企业风险管理水平的提升和资本监控机制的转型。由此，气候变化损害赔偿责任的公共政策有效性得以凸显，能够促使对现有制度失灵的反思与调整，填补立法与行政规范之间的缺失，促进排放者自律规范的形成。气候变化诉讼的形成，不论结果如何，足以形成气候变化信息交流机制和促使行政部门提高综合决策的有效性并及时制定气候政策，比如对适应气候变化领域政策进行系统化地制度构建，考虑生态补偿机制在资源综合管理的有效适用、气候难民的迁移和安置、社会保障资金的划拨与利益关系的协调。行政部门会不断评估已有政策的适应性和有效性，在风险应对的学习型管理过程中，认识到对气候变化受害者进行补偿的可能性和必要性以及对气候变化风险评估和监测的紧迫性。[1] 而气候变化风险预防制度中的气候变化规划制度、气候环境影响评价制度等关涉具体区域、具体规划、具体项目的气候变化决策，就能够从气候诉讼中获得决策的依据和决策程序的公共利益权衡。诉讼过程中所涉及的举证规则、因果关系论证、损害范围的认定等程序性环节，需要大量使用气候变化影响、风险、脆弱性等科学信息，使得科学知识能够在司法所提供的公共社会话语平台上展开范围较大、影响深远的价值讨论，间接影响科学在气候变化政策形成中的合法性与正当性。

二、损害填补的社会化救济机制

保险在管理环境污染的风险和自然灾害风险的功能方面，已经被各国环境责任保险制度所采纳，以分散环境责任。企业的气候变

〔1〕 David B. Hunter, "The Implications of Climate Change Litigation for International Environmental Law - Making", *WCL Research Paper*, No. 2008 - 14, 3 (2008), available at http: //digitalcommons. wcl. american. edu/cgi/viewcontent. cgi? article = 1005&context = fac_works_papers., last visited on 2013 - 8 - 3.

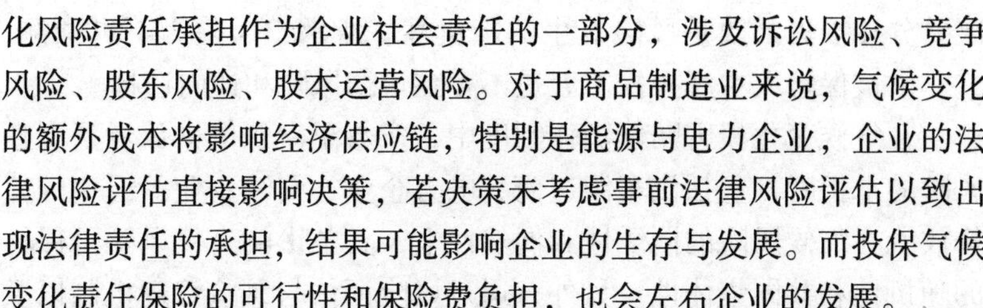

化风险责任承担作为企业社会责任的一部分，涉及诉讼风险、竞争风险、股东风险、股本运营风险。对于商品制造业来说，气候变化的额外成本将影响经济供应链，特别是能源与电力企业，企业的法律风险评估直接影响决策，若决策未考虑事前法律风险评估以致出现法律责任的承担，结果可能影响企业的生存与发展。而投保气候变化责任保险的可行性和保险费负担，也会左右企业的发展。

气候变化损害责任保险是承保保单持有人在保险期间内遭受损害赔偿请求，即使该损害发生早于保险期间，仍是承保保单持有人被诉请承担气候变化损害赔偿责任。作为索赔请求基础的保单往往定有追溯日，对承保气候变化责任有阻断诉讼拖延与损害累积长尾责任的特性，不法行为与损害可能发生于追溯日之前或之后。事故发生基础承保于保险期间内发生财损、体伤，而不论何时请求赔偿。根据 American Electric Power 案与 Comer 一案可知，[1] 原告通常主张温室气体排放时间久，长达数十年，因而造成损害，可能于事故发生基础保单签发前即产生损害，成为保险人拒绝理赔气候变化损害赔偿之原因。由此，责任保险人选择请求基础保单模式则可以避开对事故发生时点的限制，一般以被保险人受第三者请求时作为事故发生的时点。

气候变化致使巨灾频繁发生，造成巨额财产损失。责任保险制度根据保险人的代位权，在原财产保险中的被保险人因温室气体排放者由侵权行为损害赔偿请求权的场合，因保险人于赔付后即获得代位行使被保险人对侵权行为人的请求权，从而需要探究气候变化赔偿责任风险的可保性。而影响可保性的决定因素包括以下几点：一是经济上的可行性。保险人需收取与其所承担风险相适应的保费，保费支付对被保险人而言也是合理的。二是风险的可估量性。三是共同集体性。多数承担责任的危险者组成危险共同体以分散风

---

〔1〕 See Am. Elec. Power Co. v. Connecticut, 582 F. 3d 309 (2d Cir. 2009); Comer v. Murphy Oil USA, 585 F. 3d 855 (5th Cir. 2009).

险并分摊损失。四是风险发生的随机性。所承担风险为不可预测，并非由被保险人主观操控。五是不存在道德风险和逆向选择。

在气候变化损害赔偿责任制度中，多数温室气体排放者是责任风险的承担者，包括汽车制造商、电力企业、石油企业等温室气体排放者在气候风险的同质性和偶然性上，具备影响责任风险可保性的随机性和共同集体性。另外，通过风险评估与风险管理机制以及再保险或其他公私投融资风险转移与分摊机制和承保范围的限缩，气候变化损害责任风险仍然具有可保性。[1] 资本市场中其他巨灾风险转移或分摊的金融工具，具有扩张原保险人承保能力和帮助保险人规避风险的功能，比如承保风险的证券化所出现的巨灾债券、气候衍生品。风险不确定性过高引起认定的困难，使得保险人的清偿能力受到影响，但事实证明市场机制可以逐步矫正风险评估的困境。如 Andrew 飓风发生时，总财产损失达 160 亿美元，起初保险公司不愿将其纳入承保范围，后来飓风频发的迈阿密市和新奥尔良市，保险公司仍然承保此类风险，并对再保险进行了有效的制度安排。[2] 鉴于气候风险的高度不确定性，被保险人和保险人在气候变化风险中不存在信息不对称的情形。

另一种管理气候变化风险的机制是气候变化损害赔偿基金。基金是由特定的机构通过一定的标准与程序，募集和分配资金的财务机制，而保险是在自然市场中运作的机制。气候变化基金不仅在国际层面，而且可以在国家层面运用。在气候变化损害填补责任制度中设置特别的气候损害赔偿基金，专门用来作为气候变化损害填补的财务基础。为了体现基金属于环境责任因应气候变化的制度功能，需要明确基金的来源是由温室气体排放量达到一定数量的实体按照一定的标准缴纳。气候变化损害赔偿基金制度在一定范围内根

〔1〕（台）张冠群：“气候变迁对责任保险法制之影响”，载《月旦法学杂志》2009 年第 174 期，第 215 ~216 页。

〔2〕Robert H. Jerry II, “Insurance, Terrorism, And 9/11: Reflections on Three Threshold Questions”, 9 *CONN. INS. L. J.* 95, 103 (2002).

据一定条件对气候变化损害填补责任进行补充：存在气候变化损害行为主体不明确；根据有关生态损害填补责任构成的法律规定，气候变化损害行为主体无需承担生态损害填补责任，比如存在法定的抗辩事由；气候变化损害填补责任人无能力负担部分或全部填补责任，并且无法通过气候变化损害责任保险制度实现完全的救济，比如未投保气候变化损害责任保险或者超过保险人责任保险限额之外的气候变化损害情形。

第五章

应对气候变化立法目的与区域气候变化利益权衡

通过对应对气候变化立法基本原则和应对气候变化基本法律制度的体系化探究，得以将应对气候变化法律义务本位的实证法意义上的应对气候变化立法目的论贯穿落实于作为自组织的气候变化法的规则体系构筑之中。而在风险社会背景之下，气候变化所引发的全球性风险，解构了国家传统自上而下的威权治理基础，多元利益主体的利益博弈和利益冲突逐渐成为风险社会的常态。鉴于此，需要重视气候变化法自身的内在合理性、系统合理性和规范合理性三个维度〔1〕。其中规范合理性确证了应对气候变化立法目的的正当性，彰显了价值论意义上的以权益保护为本位的应对气候变化立法

〔1〕 王小钢博士对图依布纳的“反身法”理论所涉及的法律理性的三个维度进行了归纳。内在合理性是指法律的内部结构合理性，相当于韦伯意义上的形式理性，或诺内特和塞尔兹尼克意义上的“内在动力”，或卢曼意义上的法律子系统的“反身”（reflexion）结构。系统合理性是指法律存在的外在功能合理性，涵盖卢曼意义上的法律子系统的功能（function）和运作（performance）。规范合理性是指法律存在的正当理由，近似于哈贝马斯所说法律的合法性（legitimacy）。王小钢博士着重分析了形式法、实质法和反身法的规范合理性。参见王小钢：“追寻中国环境法律发展之新理论——以反身法、审议民主和风险社会为理论视角”，吉林大学2008年博士学位论文，第35~36页。

目的论。回应型法的目的性转变，意味着国家权力与公民权利之间的关系需要从保护消极自由的行政权力控制转变为张扬积极自由的公共行政风险治理。这一范式的转变说明在气候变化带来巨大灾难性风险面前，与远离国家或规避法律的消极自由不同，公民个人的权利和自由必须通过宪法制度化的手段来保障。这种保障型国家的构建，意味着规制行政国的重建。气候变化立法所体现的气候正义理念诉求和制度设计，必然是在宪法的目的理性引导下，通过程序来规范和引导气候变化行政权力的有效行使，在风险决策中进行规则制定和合理解释，实现专家话语和大众话语之间的沟通协调，保障气候的过程性正义价值实现。气候变化的过程性正义运作意味着以公共利益为本位的利益衡量。行政机关的裁量权行使主要是基于行政解释方法来展开的，但依然受到正当程序的约束，反映了通过正当程序实现保障公共利益的宪政逻辑。而比例原则作为对目的和手段关系的合理性衡量标准，保证程序的实质合理性，同样是具有宪法位阶的重要原则。〔1〕比例原则提升至宪法位阶意味着立法机关和行政机关不单是严守法律保留的界限，还要考虑其所欲达到的目的和对该基本权利所造成的损害是否明显不合比例。因为每项基本权利都涉及法定的人权宪法保护，所以目的使手段正当化而提升了手段，使手段和目的立于同等位阶（宪法位阶）得以进行考量，其实等于是目的（立法目的）和目的（保障基本人权）之间的考量。〔2〕由此，比例原则和利益衡量就实现了相互作用。适用比例原则得到的结果必须是侵害小于所得，收益大于成本。气候变化影响的区域性特征，放大了气候变化应对中的区域差异、城乡差异，凸显了以提升区域竞争力和追求区域可持续发展为目的的区域气候变化规划制度的核心价值。区域作为应对气候变化的组织单元和空

〔1〕参见姜昕：《比例原则研究——一个宪政的视角》，法律出版社2008年版，第66页。

〔2〕姜昕：《比例原则研究——一个宪政的视角》，法律出版社2008年版，第46页。

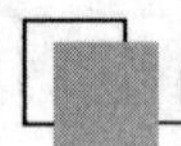

间单元，使得国家气候变化治理的公共性从纵向向横向流动。权力的碎片化和空间管理的碎片化促使区际治理协调机制的形成，以网状结构实现协同的整体效应。

伴随着规划行政时代的来临，利益衡量原则成为对规划裁量的核心原则。行政规划实际上是行政机关运用行政权力打破现有的利益格局重新进行利益配置和协调的过程。行政规划行为是以最好的方式实现根据现有条件确定的目标而进行系统准备和理性设计的过程，是为了实现特定的制度设计而协调各种不同的，甚至相互冲突的利益的过程。与传统的要件——效果式的法规范构造不同，规划法采取的是目的程式的规范构造，给行政机关留下更大的决定空间。应对气候变化规划行政管理将区域碳排放权交易等应对气候变化政策手段制度化，借助于宪法的人权保障机制，证成了区域碳排放权的财产权属性。通过财产权在区域碳排放权法律化的过程中，发展权属性决定了制度建构的目的，而准物权属性则提供了制度建构的手段。[1] 这一观点虽然认识到碳排放权是人权的本质，但在碳排放权的制度化问题上却采取了个体物权的民法制度构建立场，这就会导致准物权理论在解释可交易的碳排放权所涉及的公共财产管理问题时，陷入理论困境。笔者认为，在气候公地悲剧的应对中，围绕着气候资源的产权界分，有关气候环境容量得以产权化，通过财产权制度对气候资源的产权配置进行行政管制、市场激励等类型的制度设计。区域碳排放权的运行和实现，借助于社会网络中主体间行为的互动所形成的动态平衡结构功能来达到保护公共利益的法律目的。作为判断主体行为适法与否、利益能否协调共进的标准，也就相应地实现了从预先设定构成要件和法律效果的条件程式到以公共利益为保护对象的目的程式的法解释学转向。在这里，需要明确对公共利益的保护并不意味着对个人利益的随意处置，而是

〔1〕 王明远："论碳排放权的准物权和发展权属性"，载《中国法学》2010年第6期，第97页。

个人利益的实现是需要纳入到整体社会公益保护的视野中来考量。应对气候变化规划行政治理将减缓气候变化与适应气候变化融合起来，根据比例原则和利益平衡原则，将应对气候变化的政策工具制度化，以实现区域气候变化利益的过程性动态平衡，从而体现价值论意义上的以权益保护为本位的应对气候变化立法目的论。

第一节 应对气候变化规划管治的利益权衡

管治意味着从政府转向非政府、从国家转向社会、从强制性和等级性管理转向平等性、协商性、自愿性和网络化管理。总体来看，管治是以共同利益为价值导向，多元行为体平等对话、协商合作，共同应对和共同挑战的一种新的管理人类公共事务的规则、机制、方法和活动。城市管治是在复杂的环境中，政府、其他组织、市民社会共同参与管理城市的方式。在此过程中，城市政府通过协调其内部、政府与市场间、政府间、政府与企业间、政府与市民社会之间的关系，以合力提升城市的综合竞争力。而区域管治的重点是涉及不同层级政府或发展主体间、同级政府之间的权利互动关系，其目的在于寻求一种公平与效率并重的区域管理方式和探索一条通往可持续发展的道路。区域管治精于协调，尤其是不同利益主体之间的协调。在利益博弈的市场经济时代。区域规划需要运用管治的视角来处理规划所衍生出来的各种利益纠纷。[1]

一、应对气候变化规划行政中的公共利益

气候变化行政规划是为了应对气候变化对国家内部各个区域经济社会发展所造成的风险而设定的基于区域利益协调的一系列制度安排。所谓行政规划，是指行政机关基于职权，在全面评估现实、

〔1〕 李广斌：《利益博弈视角下的区域规划转型》，南京大学出版社 2010 年版，第 112 页。

进行充分的利益衡量和妥适的价值取舍基础上进行适当裁量，通过各种决策方式作出判断，拟定针对未来的目标蓝图并综合运用各种手段的行为。规划行为的结果会以相对静态的方式存在，但要接受定期评估，并根据情势的变换而变更。在其最终得以实现或被废止之前，整体上是一种永续循环的过程。[1]

（一）行政规划的特征

1. 综合性

目标设定性和手段综合性是行政规划的两个要素。就目标设定而言，行政规划的性质是以有效达成的目标作为重点，整体的目标包含了许多复杂、多元的小目标，由概括的上位目标到具体的下位目标，构成了一个完整而有层次的体系。设定行政目标只是行政规划决策的一个方面，因为行政机关要决策的内容不仅包括目标而且还包括实现目标的手段和措施。气候变化应对涉及众多复杂的社会关系，单一的手段和措施难以满足行政管理活动的需要。行政规划往往是一个综合性的指标体系，需要从多角度努力以保证实现。因此，行政规划涉及的手段和措施具有综合性，既包括技术方面的手段和措施，也包括经济管理方面的手段和措施。

2. 裁量性

行政机关在拟定行政规划时享有广泛的裁量权，但是权力的行使应当建立在充分的利益衡量和适当的价值取舍基础上。由于规划是对未来的社会情景进行预测性的资源分配，社会关系的复杂性也使得规划难以作出明确的行为模式设定。尽管规划的合理性需要在程序正义中得以体现，但合目的性是规划最主要的价值基准。所以，行政机关在确定行政规划的内容、手段和措施中享有广泛的裁量空间。行政规划具有目的纲领式，而非条件式的法规范形态，以形成规范秩序为目标，具有准立法的性质。准立法的功能属性意味

---

〔1〕 郭庆珠：《行政规划及其法律控制研究》，中国社会科学出版社2009年版，第41页。

着行政规划的形成自由，不同于其他行政行为作出时的行政裁量。法律保留的行政法治原则在规划裁量中受到巨大挑战。在法律保留原则的约束下，一般的行政裁量往往是结果裁量，必须在法律规定的幅度和框架范围内作出。而规划裁量是形成裁量，法律对规划的控制力受到限制，以符合法律的目的或价值为界限。换言之，规划行政的法律控制是目的—手段式的利益衡量。规划裁量所享有的自由应当是建立在对价值进行选择基础上的充分利益衡量。从根本上说，行政规划的最终目的是对未来的多元利益关系作出调适。利益衡量的结果，构成了规划的实质内涵。

3. 过程性

行政规划在实现之前，虽然会以相对静态的方式存在，但在整体上讲，是一种永续循环的过程。规划的拟定、确定乃至实现的过程，是一个不断更新、演进的流程，而非局限在特定时空条件下固定不变的结果。以文本形式存在的规划是在一定认识水平之下所作出的决策，随着客观条件的变化，原先认知的现实基础发生变化，就需要对规划的内容、措施、手段作出相应的调整。行政规划从制定到实施应被视为一个永续的过程，一个不断循环的程序，这个过程包括“目标—继续的资讯—未来的设计及模拟试验—评价—选择—继续回馈”。

（二）公益本位的行政规划

维护和增进公共利益是行政规划的价值取向和内在要求。公共政策是规划的本质属性。公共利益与个人利益相互对应。个人利益是指单个社会成员所享有的特殊利益，是满足单个社会成员特殊需要的客观存在。而公共利益是社会中客观存在的与公众有关的，为满足社会成员的需要而对个体利益的综合和整体性抽象。与个人利益相比，公共利益更多的是一个长远的、根本的利益。公共利益的阐述主要有以下三种视角：一是公共物品说。西方经济学的公共物品理论认为，公共物品是指每个人消费这种产品不会导致别人对该产品消费的减少。公共物品具有受益的排他性、效用的不可分割

性、消费的非竞争性三个基本特征。广义的公共物品不仅包括道路、环境等物质性公共产品，而且包括社会公平、经济发展等制度性公共产品。公共事务是公共利益的载体，公共利益是公共事务的目标追求。二是程序规则说。公共选择学派认为，政府也是理性的经济人，具有自身的利益。在公共决策或集体决策中，实际上并不存在根据公共利益进行选择的过程，只存在各种利益之间的契约过程。公共利益的构建和实现本质上是一种社会契约的过程。以肯定私人的意思自治为前提，在法律的框架内依照法定的程序，在各种不同利益博弈的基础上形成。由此，公共利益实质上是一种协调个体利益的规则程序。三是沟通参与说。哈贝马斯的商谈民主理论认为，公共意志的形成必须包含所有人不同的意见，通过理性的论证或争论以求得共识。应对气候变化的行政规划是以气候资源的利用为核心的空间资源及其隐含利益的重新分配过程。如果气候资源及其隐含利益分配的结果公正是气候变化行政规划所要实现的目的，那么在利益多元化和利益博弈常态化的现实社会中，构建一个正义的程序就是实现这一目的的手段。由此，应对气候变化行政规划所构建的程序正义正是以公共利益为本位的价值表达。

（三）公益相关概念的辨析

在国家和地方层面，不同空间尺度的规划、不同类型的规划看似各自独立，实则相互交织，看似无所不包，实际操作中则是泾渭分明。这些规划都以维护和实现公益为价值目标，但从地方或是政府部门的角度，这些规划反映了地方利益、部门利益。从国家角度看，这些地方利益、部门利益可能并不符合国家的利益。地方利益、部门利益的背后也包含着群体利益、特殊集团利益等复杂多元的利益类型，使得公共利益成为不确定的概念。仅仅从公共利益出发来探讨规划是没有意义的，需要在个人利益、社会利益、国家利益、群体利益、集团利益、政府利益等相关概念的识别中来审视行政规划中的公益。集团利益所涉及的商业利益和特殊集团利益往往会通过“监管俘获”的形式或是通过选举影响国家地方政治决策的方式来借助于“公共利益”的外衣实现其集团利益，而集团利益却并非真正的公共利益。在国家与社会分离的情况下，社会利益是指除政治统治机构及其成员之外的全体社会成员的共同利益。群体利益从属于公共利益，是公共利益的下位概念。相对于集体中的少数人来说，集体中的大多数人利益是公共利益；相对于集体所从属的更大的共同体中的多数人来说，群体利益是个人利益。

国家与地方是整体和局部的关系，而国家利益和地方利益之间是一种相互依存的关系。地方利益既是国家利益的分解，又有相对独立性，是获取整体利益时所不可或缺的因素。从国家层面上看，地方利益都属于个体利益的范畴。整体利益高于局部利益，二者的结合以整体利益照顾局部利益和局部利益服从整体利益为条件。区域规划追求区域内的公共利益最大化不能建立在损害其他区域利益之上，应当建立在维护国家利益，乃至整体人类生存与发展的基础之上，这样才可以摆脱地方主义的干扰。在选择国家利益优先的价值基准之前，地方利益中所涉及的基本生存权和发展权应当优先给予保障。由此，区域发展权在气候变化应对的行政规划中得以成为重要的人权表达，直接体现了特殊区域的群体利益。如果限制了区域族群的发展权，就需要通过足够的利益补偿机制来保障其发展权实现的利益诉求。否则就会加剧国家与地方区域之间的资源、环境、人口方面的紧张关系，使得区域利益冲突难以协调。由此，应对气候变化的规划制定过程中，对区域应对气候变化规划的编制必须根据利益博弈的规律，在地方与国家之间、城市与农村之间、地方与地方之间建立一个综合的利益协调和均衡机制，方能实现行政规划的有效管治。

二、应对气候变化行政过程的规划裁量及其限度

（一）低碳发展的规划裁量

低碳经济是指在可持续发展理念的指导下，通过技术创新、制度创新、产业转型、新能源开发等多种手段，尽可能地减少煤炭、石油等高碳能源消耗，减少温室气体排放，达到经济社会发展与生

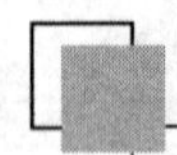

态环境保护双赢的一种经济发展形态。低碳经济发展规划是低碳方面所有规划的统称，低碳城市规划、低碳社会规划、低碳技术规划、低碳产业规划、低碳金融规划、可再生能源规划等都属于低碳发展规划。其中随着城市在全球化中重要地位的日益凸显，城市竞争力的提升带动区域经济的发展，而城市温室气体的排放量占据全球排放总量的80%，因此，低碳发展规划的重中之重在于低碳城市规划。低碳城市规划应坚持城市整体规划原则、综合平衡原则、区域协调原则、生态高效原则、因地制宜原则、参与管理原则。低碳城市规划主要通过"现状评估—情景分析—设定适宜目标—选择合适途径"四个步骤实现。低碳城市规划的内容主要包括：城市低碳现状分析；制定低碳城市规划和专项规划；建立低碳城市指标体系；预测和评估。[1] 低碳城市规划的基本框架由减缓和适应两大规划框架组成。这两大框架的内容各不相同，不能相互替代，也不能厚此薄彼。低碳规划虽然在长期的目标任务设定上着眼于减少碳依赖，阶段性地控制区域温室气体的排放，其目标能够通过技术管理手段来量化分解到各个产业部门、交通、建筑等相关领域，并可以借助温室气体的测量、报告和核证的监管机制来及时评估减缓目标的达成。但在近期来说，适应型城市的规划显得更为紧迫和复杂，适应规划的决策建立在对城市社区的气候变化影响的诊断和脆弱性的回应基础之上，提升城市适应气候变化的能力。这种适应力不仅可以在外部气候变迁所带来的极端天气和灾害应对方面保持经济社会秩序的稳定，而且能够积极主动地对可能发生的气候变迁风险作出有效的响应。这种适应能力的建设需要借助于适应战略和规划的合理编制，整合资源、有效统筹协调，包括地方政府、公众、企业在内的利益相关者广泛参与，根据趋利避害、比例原则的要求，甄别适应优先事项和优先区域，制定可操作性强的城市适应气

〔1〕 娄伟、李萌：《低碳经济规划：理论·方法·模型》，社会科学文献出版社2011年版，第93页。

候变化方案，比如将增强新建建筑项目的地质结构分析，提高未来建筑的抗震能力；进行旧城区改造和新城区建设的未来决策中，考虑城市空间布局的结构性优化，以减少因为城市空间布局不合理而增加的交通运输成本，间接减少能源资源的消耗。此外，在不增加额外成本的前提下，尽量采取那些考虑了气候变化因素的措施，在风险决策中，考虑承担适应能力建设所支付的高额成本，并探索多种途径的利益补偿机制，取得长远的经济、社会和生态效益。由此，应对气候变化的规划裁量实际上是将减缓和适应通盘考虑，把适应性的决策管理理念和方法融入低碳发展的决策中，所以，不能离开适应性管理而单一地强调节能减排，需要把减少碳依赖和提升生态管理服务能力统筹结合起来。

应对气候变化的行政规划采用以低碳发展为目的程式的“目的—手段”模式，行政机关根据目的、手段的指引而设定规划规范，没有法律要件成就的问题，也不存在法律效果。“一般的行政裁量限于在法律要件成就时，在法律规定的授权范围内决定法律效果是否发生或发生何种法律效果。规划裁量以没有具体的案件事实涉及法律要件为前提，仅仅是在一定目的的指引下，根据利益衡量的结果自由地进行判断和评价，设定达成目标的途径、适当的操作期限以及目的和手段之间的关系，并形成有关的秩序规范。”[1] 低碳规划裁量要面对大量不确定的法律概念，法院对于裁量的结果一般不予审查，因为裁量的行政过程不仅涉及技术、管理、经济等方面的专业问题，而且还涉及有关国家或地方区域的政治性问题，法院不具有审查这方面知识信息的专业能力。规划裁量所涉及的利益是多元的，根据客观情况的不同而依据一定的价值体系进行具体的利益衡量，法律可能预测某些重大利益，但不能预见所有的利益，由行政机关按照过程性的决策程序机制，在专家话语和大众话语之

〔1〕 郭庆珠：“论规划裁量及其界限——基于与一般行政裁量相比较的思考”，载《法治研究》2010年第2期，第78页。

间进行风险的评价，协调有关利益冲突，达成利益共识。

（二）低碳规划裁量的限度

规划裁量的界限主要由以下几方面的因素决定：规划的正当性、规划主旨；对拟定规划具有指导及拘束作用的上位规划；应予衡量的原则。由于低碳规划裁量涉及错综复杂的利益关系，在规划制定过程中必须对众多的利益进行比较衡量，并提出可操作性的实施方案，因而利益衡量原则为规划裁量划定更明确的界限。利益衡量原则在规划形成过程中的目的性价值诉求表现为三点：一是个案正义的追求。众多利益形成利益关系束，不能单单承认某一种利益。二是调整公益与私益的冲突。在公益与公益、公益与私益之间发生冲突而进行利益衡量时，往往因采取的标准不同而产生不同的评价结果。[1] 三是调和效益的追求与人权的保障。对效益主义的追求容易导致对人权的侵害，尤其是对少数人的权利造成侵害。

第二节　区域气候变化应对的利益协调机制

一、区域气候变化适应的治理挑战

气候变化对人类社会和自然生态系统带来的诸多影响因区域条件的差异而各不相同。适应气候变化成为区域气候变化治理议题中的核心内容，虽然在《公约》以及近年来的各国气候政策中已经将适应气候变化作为重要的领域提出来，但气候变化适应所涉及的不确定性而引发的风险管理的治理挑战，已经大大超出了减缓气候变

---

〔1〕有学者提出需符合“量的最广”和“质的最高”。前者是指受益人数最多，尽可能使最大多数人均沾福利；后者是针对受益人强度而定，凡与人类生存关系越密切的要素，越具有“质的最高”性质。在具体的个案中，要结合实践情况来定。参见马纬中：“应予衡量原则之研究——以行政计划为中心”，载城仲模主编：《行政法之一般法律原则》（三），三民书局1994年版，第505～510页。

化所带来的风险。因为减缓气候变化可以通过相对统一的温室气体测量、报告与核证体系来量化控制，但适应气候变化将贯穿于减缓气候变化策略的中长期实施的全过程。因而，在实现低碳发展目标的过程中，应将适应气候变化置于区域气候变化应对规划战略中的首要位置。适应气候变化是一个带有诸多挑战的复杂领域，是指在自然或人类系统中由于实际的或预期的气候刺激或其影响而作出调整，以求趋利避害。但是在实践或操作层面，适应的制度性设计却日益困难。这是因为适应是为应对新的和变化的环境所涉及的可持续及永久的调整进程。气候变化将对社会、环境和经济的各方面产生影响。这意味着决策者必须为已发生或即将发生的气候事件调整行为模式、生活方式、基础建设、法律规范、政策与制度。这些调整可包括使制度与管理系统更具有弹性，以应对未来未知的变化，也可根据过去经验或预测未来的改变为基础。事先计划好的适应战略，需要先审慎考虑短、中、长期内，系统将如何运作。区域气候变化适应所带来的挑战主要表现在以下几个方面：

1. 适应与区域可持续发展的过程性调适

适应与区域发展息息相关，两者之间的联系对于降低人们应对气候变化的脆弱性来说尤为重要。以资源消耗和环境破坏为代价的粗放型经济发展会导致较高的区域气候变化风险及更高的生态脆弱性。发展的努力旨在摆脱贫困，但若发展的规划定位与区域自然生态功能错位，可能会与未来的气候变化不协调，从而导致适应性弱化，比如本是对灾害的应对，但由于基础设施不符合当地生态条件，最后却加剧了人们面对灾害的脆弱性。适应欠缺[1]将贯穿于

---

〔1〕 所谓适应欠缺即指不需额外政策或计划辅助即可实行的适应措施的水平，与实际为避免气候变化不利影响所需的适应措施的水平之间存在差距。适应欠缺描述应对气候变化影响所需的额外付出，以弥补人们对目前气候变异处理的失败，并特别强调两者的差距甚远。“欠缺”是联结适应气候变化与可持续发展的中枢要素。适应措施与人类发展关系密切，因为约束和促进两者的因素，通常是共通的。虽然有些人口尚能在目前恶劣的天气模式下生存，然而一旦气候变化影响加剧，很可能造成无法生存的环境与条件。

可持续发展的整个进程。虽然英国、德国、挪威、丹麦等国家已经开始尝试通过非政府组织的发展项目研究和国家援助机构的行动，推进适应气候变化的去边缘化，欧盟也发布了有关适应气候变化的战略，但如何将气候变化的适应融入国家的发展计划中仍然是缺少可执行性的。此外，各部门采取的适应办法各异，部门与部门之间选择的适应途径可能缺乏一致性。举例来说，若能源部门决定建造新水坝以提升水力发电，而农业部门却提倡下游扩大灌溉，在两者不一致的情况下，可能会导致下游农业水源供给不足的负面影响。由此，适应气候变化本身是一个循环永续的过程。当前所采取的适应措施在未来可能需要进行调整，这些变化包括环境、社会、政治或资金等方面。

2. 气候变化适应不以气候信息的支持为充分条件

由于各种用来了解气候潜在影响的方法，全都具有不确定性。试图克服这些不确定因素，必须设计能因应各种未来气候结果的足够周全的适应战略。然而，很难想象有任何一个适应选项能两全其美，通常需要以不同的战略个别解决。战略中往往涉及“双赢”或“无悔”适应措施。所谓“双赢”或“无悔”适应措施，是指所带来的利益超过成本的措施。这些措施通常不只针对适应，同时还能满足其他需求。这些措施与发展目标不相冲突，在短期或长期内也不会造成加剧气候变化脆弱性的情况。而拟定这些措施，可能不需要精确的气候信息。

3. 适应成本高昂且存在不确定性

适应需要高昂的资金投入，并且由区域的差异导致适应能力差异、计算方法的差异、适应欠缺的差异，使得资金投入的成本计算存在较大的不确定性。资金投入后一般在短期内是难以看到适应脆弱性降低的效果的，甚至在一定程度上由于气候变迁的风险及其所诱发的生态风险使得区域适应的脆弱性增加。由此，适应资金的使用成效评价存在较大的困难。

4. 要求利益相关者参与的广度和深度更大

利益相关者的参与是达到适应在各个层面主流化的关键。气候变化的一项挑战是迫切需要设计和实行不同利益相关者和各层面(国际、国家、区域、地区、社区)间彼此协调的活动。最宏观的区域治理往往由国家治理组成,而整体的国家治理归根到底是由不同的区域治理完成的,当这种区域治理伴随着社会领域的兴起以后,更体现为一种地方性和区域性的趋势。市场经济的发展颠覆了公共性来源的唯一性,多中心治理、分散治理彰显了公共性的复杂性。国家与社会、公与私的分离使公共性的实现显得扑朔迷离。资本要素的分离、社会结构的变迁都为公共性的实现提供多元可能。在现代治理中,作为政府本质的公共性确保了作为政府的正当性,当分散化的地方治理带来公共性的外溢时,区域内政府的合作可以最大限度地遏制公共性由于地方治理的空间限制而造成的外部性和弥散性。地方治理必须建立在协作的基础上,在一定的贴近公民生活的多层次复合的地理空间内,依托于政府组织、民营组织、社会组织等各种组织化的网络体系,应对地方的公共问题,共同完成和实现公共服务和社会事务管理的改革和发展过程。根据社群主义的观点,国家和社会应该有一个分离,但是治理视角模糊了这样的分离:国家成为一个由没有谁具有至高无上的引导或管理权力的政府和社会参与者所共同构成的组织网络集合。整体性与地方性、公共性与私人性的积聚成为现代政府必须解决的问题。现代社会中,公共治理的主体、过程的复杂性,导致公共治理的结果——公共物品、公共利益的复杂性。[1]

二、气候变化应对的区域协调治理机制

区域规划管理不仅涉及政府间的利益协调,也涉及政府与社会间的利益协调。由此,区域规划协调体制的创新须从两方面入手:

---

〔1〕 姚尚建:《流动的公共性——区域政府研究》,北京大学出版社 2012 年版,第 40 页。

一是通过府际关系的调整来推动区域规划管理体制的变革；二是通过政府与社会之间合理权力配置来推动区域规划管理体制的变革。前者的总体趋势是建立合理的府际关系和构建政府间合作与协调机制；后者变革的关键是国家还权于社会、培育公民社会和促进公众参与。管理体制的变革要求实施手段由单一的行政手段转向行政手段、经济手段和社会手段三者的并重互补。解决利益冲突的关键在于建立一个包括利益表达、利益分享、利益补偿在内的利益协调机制。

（一）基于府际关系调整的区域协调治理机制创新

区域规划作为实现跨域治理、解决区域公共问题的重要制度安排，需要从行政体制改革入手，来理顺规划管理体制。

1. 中央与地方政府分权

现代国家政府职能的大幅度扩张，使得公共服务压力日益增大，中央与地方的关系走向分权化。它强调以分权化为主导的地方权力和自主管理能力，但又倡导不同层级政府之间、地方政府与私营部门之间、政府与公民社会之间广泛的合作与伙伴关系。分权化改革为民间社会巨大能量和创造力的释放提供了广阔的空间，为区域气候变化应对的政治协调和公共治理提供了社会基础。

2. 多元地方政府关系一体化

地方政府层级越多，信息不对称的问题越突出，下层规划游离于上层监控的可能性就越大。对于省级政府来说，可将区域规划权限收至地级市政府。从横向来说，将区域规划管理权限归口至某一职能部门。合理的区域规划体制安排需要建立在科学、明晰的政府事权基础之上。区域规划的主要职责是提供公共物品，这又集中体现在规划内容的表达上。基于公共物品地域性特征，应从界定各级政府区域规划内容为突破口，明晰不同层次区域规划事权。在本级区域规划中设置对应上级政府管理事权。公共安全、生态敏感区、重要交通、重要基础设施等公共治理问题，应是上级区域规划事权范围。本级政府制定的区域规划既是上级区域规划的细化，也是下

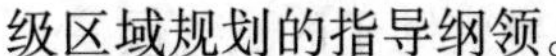

级区域规划的指导纲领。

既有的行政区划由于在一定程度上抑制甚至损害经济发展的自然冲动，需要对地方政府间的关系进行协调。区域气候变化应对实际上是为了促进区域经济社会可持续发展的目标，实现区域的协调与一体化发展。在这个一体化的共同体内，通过制定共同的区域产业政策以及与此相关的其他各项社会经济政策，以劳动地域分工为基础，统筹规划，最终建立一种垂直型分工与水平型分工相结合的区域经济联合体系，促进共同体成员的共同发展。随着区域经济的发展，大量的跨区域的公共事务（如流域治理、生态保护、公共卫生、灾害应对）随之产生，单一的地方政府受制于财政、技术等方面的制约，难以有效全面应对，需要区域内的地方政府间形成合力，提供公共物品的社会服务。

3. 建立区域规划委员会，构建地方政府互动交流平台

地方政府作为相对独立的利益主体，是地方社会事务的管理者，也是经济发展的重要推动者和协调者。以行政区为基本单元的地方利益间的冲突和不同层级政府间的利益冲突是当前区域规划的核心问题。公共决策实际上是集团间或组成集团的个体间互相博弈的结果。区域规划首先是不同层级地方政府通过讨论、协商而达成的推动区域协调发展的一种民主契约，是不同层级政府间互动的结果，应体现规划范围内各行政区的利益。区域规划委员会的设立，旨在为不同层级地方政府构建一个地方利益表达、沟通、协调、纠纷解决的平台。

（二）基于公共管理社会化的区域协调治理机制创新

气候变化的公共治理要求逐步打破由国家履行应对气候变化法律义务、保护气候变化法律权利的利益格局，通过授权、委托代理等方式，使得新闻媒体、专家智库、公众通过履行社会连带责任，行使社会权力参与气候变化治理。国家气候变化应对的公法义务和社会组织及公众所履行的基于社会公共利益的社会法义务，构筑了区域气候变化治理的法律义务体系。应对气候变化的法律权利作为

区域气候变化治理法律义务的度量标准，需要借助于区域气候变化规划制度工具来构筑利益相关者表达多元利益诉求的平台，尤其要给弱势群体表达利益的话语权，建立这种利益的博弈、制衡和规范机制。公共物品可由政府、市场和志愿事业机制来供给。不同领域之间往往存在着密切的联系，各种机制之间也彼此交替、互补。这三种机制之间存在着一种替代机制。政府是公共物品供给的主体，通过提供公共物品和服务，实现公共利益。但由于政府失灵，政府对许多公共物品无法进行供给，于是将公共物品的供给事务委托给众多的志愿事业组织，由志愿事业组织提供公共物品。而许多公共物品也通过市场交换来生产。市场失灵和政府失灵意味着区域协调治理需要建立合作网络治理机制。政府不再是社会唯一的权力中心。国家正在将其独自承担的职能转移给非政府的公共机构或私人部门，政府和第三部门之间、公共部门和私人部门之间在处理公共事务关系时的关系发生改变，它们的地位趋于平行，通过合作将共同履行应对气候变化的法律义务。

第三节　减缓气候变化与适应气候变化的区域协同机制

减缓气候变化与适应气候变化在地方、国家乃至国际层面的应对行动中发挥不同的作用，二者的差异显而易见，重减缓轻适应的倾向使得以往的应对气候变化行动陷入了误区。其深层原因在于没有处理好气候变化应对和可持续发展之间的内在关系，国际资本化的单向度发展模式加剧了减缓与适应之间的利益分化与社会危机，发展中国家面临着更加复杂的发展型适应利益协同的挑战。这就需要在协同融合减缓与适应的基础上，在区域层面创新生态系统服务为基础的项目机制，构建综合灵活的气候政策系统。

一、减缓气候变化与适应气候变化的利益抵牾

减缓和适应行为虽然在实现人类社会可持续发展方面具有目标

一致性，但在具体的行动过程中，减缓和适应二者会发生利益冲突。在实施某些减缓措施的过程中，太阳能、水电、核电、生物能源的发展，会影响生态系统的稳定和粮食安全、公共卫生。在采取适应措施的过程中，加强基础设施建设、防治灾害会增加必要的排放。特别是发展中国家和发达国家由于各自所处的发展水平不同，其对减缓和适应各有侧重。所以减缓与适应在不同国家的气候政策体系中有不同的功能定位。而当前国际碳市场的繁荣背后隐藏的问题在于：过度关注于建立一个以可交易的产权为基础，而不是以污染者负担为基础的减缓体制，往往忽视了公平负担的分担。发展中国家的不同历史背景、发展水平、不同的优先选择、能力差异被忽视。为保护森林碳汇而制定的固碳计划和碳汇交易计划，使得森林成为发达国家排放温室气体的储存器，而如果原住地的居民土地权利与参与性权益得不到保障，就会加剧当地的贫困。减缓和适应之间存在的利益冲突，需要根据不同国家所面临的发展需求，对减缓和适应进行灵活性地政策协调。对于发展中国家来说，通过适应气候变化明确适于自身实际情况的适应优先行动领域来确定气候变化应对中适应的优先性，提升经济社会发展水平是国家气候变化战略规划的重点。在减缓与适应发生冲突时，应当首要考虑适应优先，如果局部的减缓行动因特殊政策需求置于优先地位，就应当在利益相关者参与的情况下，设计符合各方利益的利益补偿机制。对于发达国家来说，其国家实力雄厚，生态保护水平高，应当将适应风险的有效控制纳入其已有的气候政策体系中，其整体国家气候变化战略是以减缓为首要政策目标，并通过资金援助和技术转让等国际合作来帮助发展中国家加强气候变化应对的能力建设。由此，对于发展中国家来说，适应是减缓的目的，现实适应战略和技术的有效实施，为减排能力的提升奠定坚实的基础。减缓应当作为长期的任务，循序渐进。碳排放权交易和碳税作为减缓气候变化的主要政策工具，需要将适应相关的生态服务纳入市场化机制，围绕着原因者负担原则来发挥协同效应。此外，温室气体减排和大气污染防治、生态恢复、资源保育之间的政策协同，也是将减少碳依赖和提升生态服务能力有机整合，实现减缓和适应之间利益冲突的协调。

二、减缓气候变化与适应气候变化的利益协同

在气候政策中强调减缓与适应的协同可以实现二者的政策双赢效果。然而，由于存在制度上的复杂性、协同机会的不足以及不确定性等因素，减缓与适应协同发展面临着巨大的挑战。需要通过项目研究开发来界定减缓和适应行动策略组合的多样性表达机制，而不是将一种减缓和适应的协同组合策略运用到所有可能的气候变化社会经济情景中。这种行动策略的多样性表达需要考虑社会价值和文化传统的多元，直面其中的不确定性，形成相应合理的协同组合模式。气候政策应当促进各领域气候变化应对措施的规划和实施，需要从国家和国际层面及促进气候应对领域的公共部门和私人部门投资的角度出发，设计有效的财政工具，实现利益共进。《公约》界定了以减少温室气体排放和增加碳汇为行动内容的减缓以及适应气候变化的影响。过去十多年的时间里，气候政策主要与减排的能源政策相协调一致，对碳汇和适应关注不够。国际社会逐渐认识到单一的能源政策并不能有效应对气候变化。气候政策逐渐将政策目标拓展至农业、海洋和地质构成领域内的碳汇，以及降低各部门领域和社区的气候变化脆弱性。尽管减缓与适应存在着诸多差异，但在气候与发展的共同议题指引下，两者的协同价值得以被发现。

根据不同发展阶段的适应需求，适应气候变化分为增量型适应和发展型适应，并通过工程性适应、技术性适应和制度性适应三种适应手段增强适应能力。增量型适应是指在系统现有基础上考虑新增风险所需的增量投入。这种适应所针对的是发展需求得到满足，仅仅需要应对新增的气候风险所需的适应活动。发展型适应是指由于发展水平滞后，使得系统应对常规风险的能力和投入不足，在适应活动中需要协同考虑发展需求及新增的气候风险。发达国家处于后工业阶段，其适应气候变化属于增量型适应；发展中国家则处于实现工业化的阶段，经济发展水平需要进一步提升，其适应气候变

化属于发展型适应。发展中国家多数处于气候变化脆弱性高的地区，适应气候变化的能力建设寓于国家经济社会可持续发展之中。在发展中国家的气候变化项目实践层面，减缓和适应的协同策略在生态系统管理项目中得到实施。以减少贫困、治理森林退化和能源服务的提供为主要内容的《可持续发展实施计划》所推进的项目实施将减缓与适应之间联系起来。有关气候变化应对的南北合作也得以推进。

森林因其所具有的固碳能力，成为气候变化减缓的重要行动领域。增加森林面积和减少森林退化成为促进碳汇的重要方式。然而，旨在减缓气候变化的生态系统需要诸如能源、产业、建筑、交通等其他领域的共同努力来应对气候变化。国际气候协议为全球性的生态服务提供了项目框架机制。《京都议定书》的清洁发展机制和减少毁林与森林退化的排放项目机制由此实现其融合减缓和适应的努力。森林提供的生态系统服务包括三类：一是常规性服务。粮食、柴火等生活资料的提供。二是控制生态平衡。涵养水源、防风固沙、汇集碳。三是文化性服务，比如文化传统的保存。这三类服务惠及人类，应作为环境服务成本支付，生态系统服务的有偿化需要在土地利用控制、社会组织和制度能力建设等条件完善的情况下方能发挥作用。其中当地利益相关者在协同政策制定中的作用至关重要。为了保证政策的有效性和公平性，多元利益在政策制定和实施过程中需要得到权衡。这意味着决策过程中的利益相关者权利、义务需要得到界分。环境服务付费原则成为促进减缓和适应融合的工具性手段，该原则强调生态系统服务的价值，以计算、监测、评估为重要内容的具体执行，政府的规制框架体系和其他政策工具的关联组合。科学家也许会成为政策制定者和利益相关者的中间协调者，提供有关信息并参与项目研究者、政治家和民众的讨论。融合减缓与适应的政策和措施面临着来自科学和政治两方面的挑战。森林连同农林和草林生态系统规划，需要考虑不同类型的土地利用和多功能土地利用方法的融合。

第四节 应对气候变化基础性政策工具的区域整合机制——以碳交易为例

融合减缓气候变化与适应气候变化，使得气候变化应对的不同政策措施能够发挥协同效应。碳排放权交易和碳税是温室气体减排领域中最主要的两种政策工具。围绕着给碳定价的政策目的，前者运用市场价格的形成机制来激励利益主体参与减排，后者是运用国家权力强制性的为征税对象设定纳税义务。二者各有利弊，是需要通过规划来确定组合的制度安排。从诱致型制度变迁的角度来看，碳排放权交易能够对碳排放量进行更为明确的控制，符合减排目标量化的客观要求；碳税由于本身所具有的强制性，需要通过与碳交易形成互补的制度设计来发挥碳税制度的激励效应。瑞士和澳大利亚的政策法律实践为其他国家设计碳交易制度提供了借鉴。作为气候变化应对的基础性政策工具，在国家内部的区域地方规划设计区域碳排放权交易制度，仍然需要以气候变化协同论的视角来审视区域碳交易的利益整合和利益共进。

一、区域碳排放权交易的利益平衡原则

（一）区域碳排放权的发展权属性

1. 国内碳排放权的内涵

国际社会中碳排放权的发展权属性需要由各国在根据所获得的体现发展空间的国际碳排放权之后，根据国内的产业结构、经济发展模式、能源结构、环境资源禀赋等实际国情，由中央政府和地方政府按照各个区域气候变化的减缓能力和适应能力，制定区域低碳发展规划，并通过一种规制区域碳排放权的基础性制度来实施。区域发展不是一个道义上的伦理概念，它在本质上是一项权利。但与一般的个人人权不同，区域发展权是隶属于作为基本人权的发展权的拓展性权利。正是这一从道义到权利的理念升华，使区域发展由

特定性的国内政策递归为普遍性的基本人权。[1] 由此，区域碳排放权成为国内碳排放权的区域具体化，反映了特定区域特定族群在低碳发展中所具有的区域发展权。区域发展权意味着在低碳背景下，区域之间的利益差异需要统筹协调，这其中包括中央与地方的利益共进、城市与农村的利益分享、东部与西部的利益补偿，从而使得区域碳排放权已经超出了单一的生存权和环境权所涉及的领域。有学者主张用环境权的人权理论来解释碳排放权的人权属性，并主张碳排放权是气候环境权的内容之一。[2] 笔者认为，这种观点值得商榷。环境权是通过实施环境保护和生态稳定的活动使人免受生态环境破坏，获得良好生存环境的权利。作为新型人权，环境权在理论界已经过系统研究，特别是其与生存权、发展权之间的密切关系也为学者们所关注。[3] 尽管碳排放权与环境权在气候与环境的公共治理模式下，为了实现决策与执行的最大绩效，通过公权力运行的综合协调机制，能够在信息公开、环境影响评价、生态补偿等制度上形成利益协同保护机制，但气候变化的不可逆性和高度不确定性使得环境权所具有的环境损害填补与生态系统稳定的利益诉求难以涵盖碳排放权在粮食安全、绿色经济发展模式转型等关涉经济社会可持续发展方面的长远利益诉求。因此，碳排放权并非属于环境权的范畴，不应将二者等同视之。

2. 区域碳排放权的法益确认和保护

中央与地方、城市与农村、东部与西部、行业之间等复杂因素的介入，在政府、企业、公众之间形成了纵横交错的利益关系束。

---

〔1〕 汪习根、王康敏："论区域发展权与法理念的更新"，载《政治与法律》2009年第11期，第3页。

〔2〕 韩良：《国际温室气体排放权交易法律问题研究》，中国法制出版社2009年版，第25页。

〔3〕 详见李艳芳："论环境权及其与生存权和发展权的关系"，载《中国人民大学学报》2000年第5期；于忠春："人权视角下的环境权研究"，吉林大学2006年博士学位论文。

区域碳排放权包含了国家利益、社会公益与个人私益，并以社会公益为本位。气候资源作为公共物品，需要对其进行产权的界定，明确碳排放权的归属。不管是基于项目的产权确认还是碳配额的初始分配，都包含了个人私益。有关区域碳排放权的制度设计需要发挥激励个体参与碳减排并创造低碳价值的低碳社会发展功能。碳排放权所承载的低碳经济社会利益需要在明确公共权力与市场边界的基础上，通过碳足迹盘查，碳排放测量、核查、报告的碳信息规制以及在区域低碳规划的基础上运用技术标准规制碳市场的市场准入、市场竞争和市场退出，引导激励市场主体参与碳市场。在考虑碳交易市场体系流动性的基础上，运用碳价格的形成机制和灵活的价格调控机制来实现碳市场的规制绩效，并根据碳交易在不同发展阶段的市场成熟度对包括消费者、弱势群体在内的社会公共利益和有关竞争性产业利益给予特殊权衡。在碳市场建立并完善的过程中，降低制度实施对经济、社会所带来的诸多影响。在区域低碳发展转型的进程中，必然出现区域之间的利益分化和冲突。通过跨区域的碳市场对接乃至全国统一的碳市场培育，体现了对国家利益的整体保护和区域利益的协调兼顾，进而维护社会公益和个人私益。区域碳排放权是区域发展权的逻辑延伸，需要在区域范围内谋求机会平等、共享成果的价值取向。区域低碳发展和国家低碳转型是紧密相连的，将区域发展和国家治理结合起来，用一种完整的公共治理视角去审视区域碳排放权的利益整合功能。区域碳排放权借助于自身作为市场生产力的要素，在保障区域各利益群体权益的基础上，增进整个区域的财富总量并通过有效规制手段保障资源的公平分配，限制既得利益主体利用优势地位获取超额利润。这种包容性发展是在低碳经济、低碳技术、低碳产业、低碳金融的融合中实现利益共进，平衡经济发展与气候保护的关系，使得政府、行业、公民社会互动互补、共生共立。低碳发展所包含的国家利益、区域利益、私益、公益都借助于人权逻辑得以重新整合，形成各方利益的均衡。以低碳社会利益为本位，将国家利益、社会公益与个人私益统一起来，在低碳社会的价值冲突协调中凝聚共识，实现区域的包容性发展，以达到保护低碳社会利益的功能目的。[1]

宪法通过人权保障的法律机制，将区域发展权从自然权利转为法定权利，将区域碳排放权所彰显的国家利益、社会公益和个人私益确认为法益。区域碳排放权的宪法保护反映了既有法律体系中的利益保护制度不足以保护此种利益，需要通过宪法的人权保护目的进行规范性宪法解释来获得法权依据。因为当一种法律确认与保护的利益仅仅停留在法益状态时，法律的保护机制既可以是法解释的方式，也可以是义务的方式。如果是通过义务的方式来保护法益，那么义务承担的主体如何确定？碳排放权所涉及的利益极其复杂，利益置换的方式不断变化，任何主体都不具备保护法益的能力。宪法因其规定的权利具有很高的抽象性，这就为立法者解释有关宪法规范提供了很大的空间，那么如何通过对宪法基本权利进行解释来从法理上论证碳排放权所代表的发展权以及所承载的社会公益可以成为市场交易的客体，就成为区域碳排放权交易制度的正当性所要回应的理论命题。

碳排放权交易虽然是一种基于私人财产权的气候政策工具，但作为归属正义的碳排放权法律确认是基于公共财产权的制度预设。这里的公共财产权并不是完全是由政府占有并使用某些资源进行管制，而是表现为私人财产权和公共财产权的混合。“从真正意义上讲，所有现存的财产权体制都是混合型的。纯粹的公共财产权和纯粹的私人财产权仅仅存在于经济学家、法学家和政治理论家的想象之中。真实的财产权体制仅仅或多或少是公共的或私人的。”[2] 由此，区域碳排放权从发展权的人权具体化为宪法保护的财产权，而

〔1〕 低碳社会利益的本位与国家利益、地方利益、个人利益等利益的利益平衡论在本质上并没有实质区别，两者是相互统一的，低碳社会利益的实现，离不开其他利益的综合平衡与协调。

〔2〕［美］丹尼尔·H. 科尔：《污染与财产权》，严厚福、王社坤译，北京大学出版社2009年版，第45页。

公共财产权、私人财产权以及混合财产权三者的并存，使得区域碳排放权通过行政管制、市场激励与社会规制的交互作用，实现区域碳排放权的制度保障。

（二）区域碳交易中利益平衡原则的目的性解释

利益平衡原则在碳排放权交易法律规制中，借助于法律概念、法条、法律规范、基本原则为构成要件的结构——功能法哲学模式，将纷繁复杂的法律予以分解，抽象为几种彼此相关的要素，以探究要素之间的内在逻辑。基本原则作为法律诸多价值的承载者，不仅以自身的模糊性使得法律规则言简意明和与时俱进，而且依据衡平性通过对法律的其他结构成分之运行的干预来实现法律的正义价值。碳排放权的运行，是在整体主义之上，将各个利益主体所形成的开放、动态网络，按照社会正义的标准、模式，依据一定的价值序列选择，实现利益分配和负担设定。这种整体主义的社会观念使得碳排放权交易制度超越了传统意义上的以个人主义为本的私人之间权利义务相互对应的私法交易规则。碳排放权的运行和实现，借助于社会网络中主体间行为的互动所形成的动态平衡结构功能来达到保护公共利益的法律目的。作为判断主体行为适法与否、利益能否协调共进的标准，也就相应地实现了从预先设定构成要件和法律效果的条件程式到以公共利益为保护对象的目的程式的法解释学转向。在这里，需要明确对公共利益的保护并不意味着对个人利益的随意处置，而是个人利益的实现是需要纳入到整体社会公益保护的视野中来考量。[1] 在国内法层面，区域内的社会公益保护就需

〔1〕 理论界普遍存在社会利益、公共利益、社会公益的概念混用现象，这是由于没有搞清楚概念提出的观念知识背景所致，实际上公共利益与私人利益相对应，社会利益与国家利益相对应，从公私的范畴来界定利益种类更具有周延性和合理性。社会公益并非绝对独立于国家利益和个人私益，彼此之间可以互相转换，利益分类由观察视角所决定。另外，社会公益由于其外延的广泛性和内涵的模糊性，需要将区域时空背景下群体性利益存在的相对独立性界定出来。在气候变化全球化的利益格局中，社会公益超越民族国家的主权限制，将不同区域群体利益和人类共同利益综合考虑，这使得跨区域、跨国家的利益对立和利益协调成为可能。

要考虑区域间、群体间的社会和自然因素差别，如经济社会发展水平的差异、地理位置和资源禀赋差异以及由此形成的生产和消费方式与气候变化的关联性差异。

利益平衡原则渗透运用于区域碳交易的制度构建中，需要按照区域碳市场体系的结构性配置来实现利益平衡的功能性目标。制度的创设一般从小规模的试点展开，在获得成功经验的基础上，将其由点至面的推行。强制减排在初期阶段会对受控企业的利益和当地经济增长造成限制，由此，经济发展水平较高的区域具有相对强的制度实施基础。设立跨州或省的先行核心减排区，以减排行业具有区位竞争优势的区域为主。虽然没有参加《京都议定书》，但是美国国内区域碳市场的实践却并不逊于欧盟排放贸易机制(EUETS)。2006 年美国加州议会通过《加州温室气体减排法案》（AB32），在美国建立了第一个基于总量控制的区域碳排放权交易市场。2009 年美国东北部的十个州通过实施 RGGI（Regional Greenhouse Gas Initiative）建立了区域温室气体强制交易市场，将所有发电量25 兆瓦以上的化石燃料发电厂纳入其中。从以上实践来看，国内的区域碳交易市场是总量控制下以配额为交易客体的强制市场，涉及的环节要素众多，包括总量控制目标的设定，配额分配，注册交易机制，碳抵消机制，灵活履约机制以及测量、报告和核查体系，惩罚机制等方面的内容。区域碳交易的展开需要通过系统要素的合理配置来发挥利益平衡的社会功能。其功能的实现需要在确定整体低碳社会利益最大化的基础上，将具体环节机制的社会利益功能发挥出来，在目的体系的价值序列中，进行一般性目的与特殊性目的的体系化梳理。

（三）区域碳交易制度的价值定位

1. 正义

在区域碳交易实践中，罗尔斯差别原则下的区域正义从分配正义、程序正义和实质正义三个层面贯穿整个制度运作的全过程。

分配正义将碳排放权以配额或信用的法律形式产权化，并设计

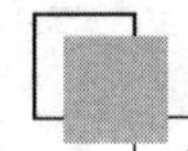

公平的初始分配方案和自由的交易分配规则，实现碳排放权优化配置，进而降低交易成本。同时为了保证分配正义的利益格局处于平衡状态，需要通过矫正正义来设计利益保护和救济机制，利益补偿和惩罚机制便随之介入。碳抵消市场的建立及其与强制配额市场的有效对接，使得私人通过抵消补偿机制间接参与碳市场而获得公平分享低碳效益的机会。惩罚机制实现的前提是由参与碳交易的企业承担减排的责任，如果不能按照年度要求上缴相应的减排额度以抵消其实际排放量，就要承担补偿减排额度或是缴纳一定比例罚款的法律责任。

程序正义通过温室气体的监测、报告、核证机制来实现，对碳交易的注册、核证、交易、结算等环节进行公法规制。一方面，2009 年哥本哈根气候大会以来的国际协议要求缔约国在减排效果的监测、报告和核证方面构筑透明公开的碳信息规制体系；另一方面，英国、欧盟等国在气候变化立法中，均通过碳交易的市场规制程序，有效划分公权力与碳市场的权力边界，降低交易成本，使得利益主体的实体利益得到保护和限制，保证碳市场价格能够及时反映市场供求关系，进一步通过绿色投融资机制构建碳金融市场，以分散价格风险，促进绿色资本和绿色技术的融合创新。

实质正义的实现要求综合权衡碳市场交易主体的利益需求，在考虑碳市场的流动性、地域资源能源禀赋、产业结构规划、行业减排的边际成本等诸多因素的基础上分阶段、分行业、分区域地进行利益分配和负担设定。另外，为了增强规制对象的履约能力，减少规制对象的履约成本以及降低排放交易体系对覆盖行业的竞争力和区域经济的潜在影响，设计出以碳配额储备、借贷、抵消为内容的柔性机制，增加履约机制的灵活性。

2. 安全

安全是区域碳交易制度中秩序价值的集中体现。总量控制的利益总体边界划定需要借助于碳盘查技术手段，量化减排利益。如果由企业支付碳足迹盘查的成本，就会增加企业的负担并且难以保证数据的准确性。碳信息的不对称会导致政府在实施总量控制制度中出现偏差，造成配额过剩，碳价格过低，使得碳交易市场整体低迷。为了降低由此而来的交易成本，第三方核查机构就需要介入到碳盘查活动中来。按照规范、透明、统一的碳盘查行业标准来进行计量测算，政府以财政税收和基金等方式提供资金保障，支付碳盘查所需的成本，编制当地的温室气体排放清单，制定与本区域经济发展水平、能源消费结构、产业结构等因素相适应的区域低碳发展规划。对于碳盘查环节的利益协调和整合，需要政府将其与碳排放权交易监管机制衔接起来，也就是说将碳盘查所涉及的标准与温室气体排放测量、核查、报告的标准统一起来并计量产品整个生命周期的碳排放量。

政府基于公共利益，会采取行政规制和激励性市场规制两种手段：一方面，政府在低碳发展规划的指引下以许可、标准为主要行政规制手段，控制新建项目排放增量的准入，使得本区域的气候环境质量维持在原来的水平不再继续恶化；另一方面，对碳价格进行有效规制，规制市场投机行为，维护碳市场的稳定。二级市场上的利益主体具有明显的不确定性，碳价格机制成为实现市场利益平衡的杠杆。维护碳市场的竞争秩序，规制操纵碳市场的投机行为，建立碳指标储备和价格上下限的区间，及时应对碳价格风险，是碳市场利益平衡的着眼点。另外，同碳抵消市场的衔接配合也反映了碳交易制度中交易安全的价值取向。碳抵消是强制减排行业以外的其他行业内企业进行自愿减排，实现减排信用与自身碳排放量的碳补偿，达到碳平衡。基于不同领域所设计的自愿碳减排项目，借助于项目合规的减排信用纳入到自愿碳交易市场中，使得碳交易将其市场的力量拓展到减缓和适应气候变化相关的诸多领域。参与的企业无需事先从政府获得碳信用，在开放的市场结构下自主开发，将项目所惠及的生态效益按照碳补偿市场规范的项目减排信用方法学基准，置换成具有市场价值的碳信用额度。但基于项目的减排信用额度在碳市场是需要进行比例控制的，因为自愿减排市场的项目标准种类繁多，过多的碳信用进入市场会影响市场的流动性。

3. 效率

根据科斯定理，初始配置的优化与否决定存在交易成本的制度效益最大化能否实现。设计好碳排放权的初始分配方式，需要考虑经济发展水平、产业结构、行业减排潜力、能源消费等诸多因素，由政府根据碳市场的不同发展阶段来确定初始配额分配是采取无偿的祖父分配法还是拍卖的形式。参与交易的主体在获取配额之后，通过登记注册系统和交易平台实施交易行为，实现碳排放权的再分配。另外，鉴于碳交易所规制的对象是排放量较大的排放企业，而碳税可以凭借其成本固定的定价优势，发挥两者的协同作用。没有纳入碳交易的排放企业可以在自愿行动和缴纳碳税之间作出选择，可以跟政府签订自愿减排协议，确认具有法律约束力的碳减排量，获得碳税的豁免。碳税征收后用于碳市场建设或对企业进行税收返还。区域碳交易体系对行业、地区、企业、产品的竞争力和发展策略会产生深远影响。有些行业对碳价格反应比较敏感，低成本减排的机会多，有些行业则与之相反。减排成本高的竞争性产业往往会与政府进行博弈，转移排放的外部性，出现所谓碳泄漏。〔1〕

（四）区域碳交易制度价值冲突的协调

1. 市场建立阶段的价值冲突协调

区域碳交易的价值冲突，是由各种价值所体现的利益诉求差异所造成的。在总量控制下的区域碳交易机制中，总量设定和配额分配是区域碳交易体系的核心，也是协调多元利益冲突，实现利益平衡的关键。在初始阶段的总量设定中，需要根据区域利益保护的效益价值设定较为宽松的排放上限，配额的初始分配一般采取无偿分配的方式，对碳交易进行阶段性的评估，及时调整碳市场的配额总

〔1〕 碳泄漏，指在排放交易体系管辖范围内的排放设施，可能由于减排义务的存在而出现与不受该体系管辖的同类企业竞争时处于成本劣势。因而，选择迁移到管辖范围之外，造成碳排放转移。

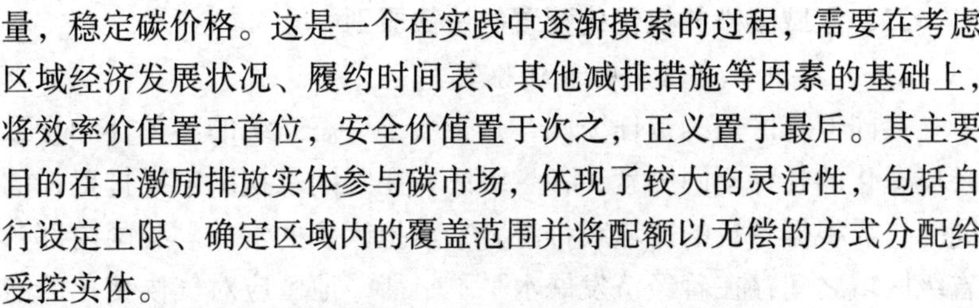

量，稳定碳价格。这是一个在实践中逐渐摸索的过程，需要在考虑区域经济发展状况、履约时间表、其他减排措施等因素的基础上，将效率价值置于首位，安全价值置于次之，正义置于最后。其主要目的在于激励排放实体参与碳市场，体现了较大的灵活性，包括自行设定上限、确定区域内的覆盖范围并将配额以无偿的方式分配给受控实体。

2. 市场完善阶段的价值冲突协调

在碳市场体系完善阶段，正义价值置于首位，安全价值次之，最后是效率价值。首先，基本自由与权利具有优先性。区域碳市场的建立和运行，需要围绕着区域发展权如何在碳排放权运行的市场机制下得以实现而进行价值选择。发展权意味着对现有排放和新增排放的需求和限制进行合理的利益平衡。一国内不同区域的低碳发展规划，需要与国家中长期发展规划和区域发展战略布局相协调。其次，在保障基本自由与权利的前提下，遵循利益交换的原则，即通过对话沟通来达成合意。激励机制更强调通过法律原则的调整，实现两个层次的机会均等：一是利益相关方之间在实现私益增值上的机会均等，二是利益相关方与政府在实现私益与公益方面的机会均等。由此，激励机制提倡政府与利益相关方之间的全面合作，鼓励相关方为了争取私益增长机会与追求私益增值而积极参与行政决策与法律实施。由此，各主体分享了规则范围之外的自由，奉行了“法无禁止即可为”的积极自由价值追求。[1] 另外，由于私益与公益之间存在利益冲突，就必然需要通过权利（权力）制约的强制性规则，划定私益和公益之间的利益边界，奉行“法无规定不可为”的消极自由价值追求，在规则内实现公益和私益的利益协调和利益共进。最后，如果沟通不能达成一致，就采用综合利益最大化的标准来调整利益，但必须对利益受损者给予合理的补偿。

〔1〕 宋功德：《行政法哲学》，法律出版社2000年版，第140页。

二、区域碳排放权优化配置的法律原则

（一）共同但有区别的责任原则

共同但有区别的责任原则，是指由于生态系统的整体性和导致环境退化的各种不同因素，各省级区域在共同承担国家减排责任的同时，需根据各自的区域减排潜力来承担区别的责任。我国内部各省级区域之间存在着经济发展水平不平衡，地区应对气候变化的能力差异大的现实国情。我国确立的到2020年在2005年基础上减排40%的目标任务，需要按照人均排放原则分解落实到各省级区域。各省级区域在探索建立碳排放交易试点的过程中，需要根据本地的碳源与碳汇的生态状况，分级确定减排功能区，在不同的功能区域内进行碳排放权交易的总量控制及适用范围设定。人均排放原则是一国在单位时间内，根据总人口平均计算碳排放量。其注重一国在当前经济发展过程中产生的碳排放的人均分担，将2020年前的减排配额分配到各省级区域后，除了在个别行业实施全国统一强制减排外，由各省级区域按照实际经济发展水平和碳强度状况，自主决定减排策略、减排配额的使用情况，达到经济发展与环境容量相协调、公平与效率并重的目的。[1]

（二）历史使用气候环境容量维持原则

历史使用气候环境容量维持原则，是指以管制对象某一时期的历史排放量或设施的历史产量为依据，来设计总量控制下的配额总量或最佳可得技术的排放标准，在一段时期内稳定现有项目的排放水平，根据不得恶化区域气候环境质量而设计的技术基准来规制排放量在一定时期的新建项目。为了实现大气资源环境管理总量控制与温室气体排放交易总量控制制度的对接，可以运用基准式的无偿分配或拍卖方法来合理控制新建的温室气体排放项目。具体增量分配方法的选择，需要考虑技术排放基础数据的能力、行业减排潜

〔1〕范英：《温室气体减排的成本、路径与政策研究》，科学出版社2011年版，第268页。

力、区域产业竞争力、区域产业发展规划等因素。对于中国来说，碳排放量还没有达到排放量的峰值，所以应当在碳市场建立初期设置柔性的总量控制。基于发展权保护的理念，将规制的排放量分为两个部分：已有的排放设施的排放量为存量，未来新投资或设施的排放量为增量。对于前者，根据历史排放量和减排目标，实行硬性的总量控制，以配额形式分配并交易；对于增量部分以技术标准设定碳排放基准线。增量部分在经过一定年限后计入存量。这样可以保障区域和行业的发展权，减轻对新投资和新产能的抑制影响，同时保持总量控制在一定时间的相对稳定性，提升碳市场的绩效，促进低碳技术的研发和相关产业的发展，实现低碳转型。

（三）碳市场平衡原则

碳市场平衡原则，是指在区域碳交易体系设计中要注意维系强制参与碳交易行业之间的平衡以及配额市场与抵消市场之间的平衡。一方面，在掌握不同行业的减排成本基础上，合理预测碳价格，使得碳交易体系覆盖的管制行业之间的减排成本各不相同，从而扩大碳交易体系的影响范围，增强碳市场的流动性，吸引更多的、不同性质的经济主体参与碳交易，降低管制行业的履约成本和风险。另外，碳税作为成本相对固定的碳定价手段，其与碳交易功能的协同在于将生产与消费统筹兼顾，覆盖碳交易所没有覆盖的行业、个人，在消费环节征税可以有效地引导低碳消费行为，同时将碳税收入部分返还给企业和低收入群体，参与碳交易的企业可以在缴纳碳税和参与碳交易之间作出选择，从而减少碳交易的阻力。另一方面，配额市场与抵消市场之间的平衡是指应当考虑配额和碳抵消信用在管制对象履约中的不同比例，以降低管制对象的履约成本，激励其他行业碳抵消项目的发展。设定合理比例保持配额与碳抵消信用之间的平衡的功能在于：一是间接通过碳交易将社会经济效益大的低碳项目设定为碳抵消项目类型，形成项目技术方法学标准，可以实现生态项目开发与碳交易的双赢；二是碳抵消机制可以将区域碳交易的影响扩展到全国范围，为抑制排放转移和跨区域的碳市场衔接奠定基础；三是碳抵消项目开发成本一般低于配额价格，允许管制对象以一定比例的碳抵消信用冲抵配额完成履约义务，可以降低管制对象的履约成本。

（四）规制绩效原则

规制绩效原则，是指以碳价格的有效调控作为碳市场规制与政府规制绩效的标准。市场在碳价格的指引下形成自发的碳减排力量，从而促进低碳技术的投资与推广应用。有效碳价格的形成离不开政府的规制手段对于碳市场流动性的调控。以碳价格作为规制绩效的标准，可以对政府的公法规制进行成本效益评估。这种评估指标体系的构建既涉及与财税政策、产业政策的外部协调，也涉及内部交易体系覆盖的范围、配额的供给与需求、交易平台、履约机制和执行机制的综合协调。根据减排边际成本，制定最低碳价格，防止碳价过低而导致碳市场低迷。有条件地限制投资机构进入碳市场，加强碳市场的竞争规制，防止操纵碳价格的投机行为破坏碳市场稳定。运用价格基金、配额储备制度应对价格风险。此外，注重区域碳交易市场体系之间的连接：一是扩大配额市场的容量和参与主体，提高市场流动性，降低管制对象的履约成本；二是减少排放转移现象的发生；三是统一履约期间、配额分配、碳抵消项目认可的标准和程序，提高碳市场的运行效率；四是加强各区域碳市场体系之间的信息交流，强化对配额市场的监管，有效预测配额市场的价格走向。

第六章

中国应对气候变化立法目的的生成与展开

中国应对气候变化立法目的为中国应对气候变化立法提供了中国有效参与全球应对气候变化的时代背景，指引了中国应对气候变化立法进程的发展方向，证成了中国应对气候变化立法的必要性和可行性，厘定了中国应对气候变化法律在立法、执法、司法的法律运行过程中的气候变化法益解释标准，确立了政府、公众、企业等社会主体应对气候变化的行为方式和行动规范。在中国经济社会可持续发展的语境下，中国应对气候变化法律制度体系建构的总体思路、模式选择、实施内容、多元利益主体的权利和义务的设定与分配等要素需要在探求中国应对气候变化立法目的形成与拓展的历史进程中不断推进。对于中国应对气候变化立法目的的分析不能局限于应对气候变化有关立法的立法目的条款进行法条规范分析，而是需要着重思考中国参与全球气候变化的国家利益、中国应对气候变化的总体战略、政策实施方案的过程性规范、重点行业、重点区域的利益衡量等制约中国应对气候变化立法目的的关键性影响因素。这些关键性影响因素将会影响中国应对气候变化立法的发展趋向，而立法通过强制性的制度变迁和诱致性的制度变迁，形成应对气候

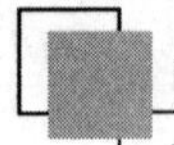

变化的约束和激励机制，逐渐实现从中央到地方的多层次气候变化公共治理。

第一节 中国应对气候变化立法目的形成的影响因素

一、国际气候变化应对的责任担当

中国应对气候变化立法目的是在全球气候变化应对的时代背景下生成并发展的，中国积极参与国际应对气候变化的历史进程，为应对气候变化作出了努力。《公约》及《京都议定书》奠定了气候变化国际法的基本法律框架。中国在参与全球气候变化谈判的进程中发挥了重要的作用。国际气候变化谈判因不同阵营国家立场、利益的差异而形成的博弈日益激烈，中国在国际谈判中不卑不亢，树立了负责任的大国形象，在公平合理、务实高效、合作共赢的基础上推动谈判取得了一定的成果。中国积极建设性地参与了应对气候变化国际谈判，坚持《公约》和《议定书》双轨谈判机制，坚持“共同但有区别的责任”原则，推动气候变化国际谈判取得进展。特别是2010年以来，中国积极参与联合国进程下的气候变化国际谈判，全面参与国际气候谈判会议下各议题的磋商，积极引导谈判走向，推动联合国气候大会取得阶段性成果。在各国共同努力下，通过了进一步推进德班平台的决定，为2015年如期达成协议奠定基础，并围绕落实《巴厘岛路线图》成果作出相关安排，在发展中国家关切的资金、损失和损害、《京都议定书》第二承诺期等问题上取得一定进展。

（一）中国履行气候变化国际公约的原则与立场

气候变化是全球新型环境问题，涉及国际、国家、区域三个层面。气候变化国际法确立了气候变化应对的法律定义，为缔约国共同应对气候变化提供了基本的国际法律框架。我国作为《公约》的缔约国，为了更好地履行国际公约，需要在国内法层面将气候变化国际法的理念和基本原则制度予以转化实施。中国政府在近年来的气候变化国际谈判过程中，坚持以下原则立场：

第一，坚持《公约》和《京都议定书》基本框架，严格遵循《巴厘岛路线图》授权。《公约》和《京都议定书》是国际合作应对气候变化的基本框架和法律基础，凝聚了国际社会的共识，是落实《巴厘岛路线图》的依据和行动指南。《巴厘岛路线图》要求为加强《公约》和《京都议定书》全面、有效和持续实施，应确定发达国家在《京都议定书》第二承诺期的进一步量化减排指标，并就减缓、适应、技术转让、资金支持等作出相应安排。

第二，坚持“共同但有区别的责任”原则。发达国家在二百多年的工业化过程中排放了大量温室气体，是造成当前全球气候变化的主要原因，理应承担率先大幅减排的历史责任。从现实能力看，发达国家拥有雄厚的经济实力，掌握着先进的低碳技术，而发展中国家缺乏应对气候变化的财力和技术手段，还面临着发展经济、消除贫困、应对气候变化等多重艰巨任务。因此，发达国家应率先大幅度减排，同时要向发展中国家提供资金、转让技术。发展中国家在发展经济、消除贫困的过程中，在发达国家的支持下根据各国国情采取积极的适应和减缓气候变化的措施。

第三，坚持可持续发展原则。当代的发展不应损害后代的发展能力。应当在可持续发展的框架下，统筹考虑经济发展、消除贫困、保护气候，积极推动绿色、低碳发展，实现经济社会发展和应对气候变化的双赢。

第四，坚持统筹减缓、适应、资金、技术等问题。减缓和适应气候变化是应对气候变化的两个有机组成部分，应当同等重视。减缓是一项相对长期、艰巨的任务，而适应对发展中国家尤为现实、紧迫。资金和技术是实现减缓和适应气候变化必不可少的手段，发达国家向发展中国家提供资金、技术转让和能力建设支持是发展中国家有效应对气候变化的根本保证。

第五，坚持联合国主导气候变化谈判的原则，坚持“协商一致”的决策机制。中国不反对通过《公约》和《京都议定书》谈判进程外的非正式磋商或小范围磋商探讨《公约》和《京都议定书》谈判中的焦点问题，推进谈判进程，但上述会议均应是对《公约》和《京都议定书》谈判进程的补充，而非替代。“协商一致”原则是《联合国宪章》的重要精神，符合联合国整体和长远利益，对增强决策的民主性、权威性和合法性有重要意义。因此，必须坚持“协商一致”的决策机制，在确保谈判进程公开、透明和广泛参与的前提下，以适当方式提高工作效率。

以上原则立场，将成为制定和实施我国应对气候变化法律法规的基本法律理念和出发点，也是我国履行气候变化国际公约的具体行动指南。需要注意的是，以上原则立场并不能够成为我国气候变化立法的基本原则，其原因在于这些原则立场具有浓厚的国家利益倾向和政治倾向，不具有法律原则的稳定明确行为预期，受到国家博弈的影响较大。气候变化国际公约的高度原则性，为各国在国际合作的规则制定提供了极大的弹性空间。气候变化国内法则在一定程度上反映了国家参与气候变化谈判和国际合作的原则立场，特别是中央层面的统一国家立法进程将会受到该国气候变化谈判所承诺的具体应对气候变化国家义务和责任的影响，而可能激发国内气候变化应对相关领域立法的修改或新法的出台。此外，由于国内政治力量对比的差异以及宪政制度下多元利益主体的诉求表达和政治参与，在局部地区会出现采取通过地方立法积极应对气候变化的行动，比如美国参与气候变化应对的立场演变。而我国参与气候变化国际谈判的立场经历了被动却积极参与、谨慎保守参与、开放活跃参与三个发展阶段。

2014 年 11 月 12 日，在北京的 APEC 峰会上，中国和美国签署了有关应对气候变化和清洁能源合作的联合声明，两国各自公布了最新的气候变化应对及长期碳减排计划。联合声明提出，美国计划于 2025 年实现在 2005 年基础上减排 26% ~28% 的全经济范围减排目标，并将努力减排 28%。而中国计划在 2030 年左右使二氧化碳排放达到峰值，并计划到2030年将非化石能源占一次能源消费比重提高到20%左右。这次中美联合声明显示出中国政府在应对全球气候变化问题时负责任的态度，反映出中国对人类公共事务的一种担当，体现了中国在全球事务、气候变化治理中积极进取的姿态。尽管对于中国来说，要实现中美联合声明达成的目标仍然困难重重，但中美作为当前世界碳排放量最大的经济体，共同作出的控制温室气体目标承诺声明，有利于巴黎气候大会达成统一的全球气候协议。2014年12月14日，经过为期两周的谈判，参加利马气候大会的一百九十多个成员国达成了一项新的所有成员国采取气候行动的2015年气候协议草案，形成了一些成果。具体来说，一是形成了关于继续推动德班平台谈判的决议，即气候行动利马倡议。倡议明确2015年协议应遵循《公约》下“共同但有区别的责任”原则；明确了各方2020年后国家自主贡献所涉及的信息，为各方于巴黎会前尽早提出各自2020年后国家自主决定贡献提供了依据；同时，气候变化适应被提到了显著的位置，照顾了发展中国家的关切。二是以利马倡议附件的形式进一步细化了2015年协议的要素，包括减缓、适应、资金、技术、能力建设、透明度等，为各方在2015年巴黎气候大会上进一步起草并提出协议草案奠定了基础。三是各国政府同意将“适应”提到与“减缓”同等重要的地位，认识到国家适应计划（NAPs）是复原力建设的重要途径。NAPs将会通过《公约》官网得到更好的展示。给绿色气候基金的讨论开绿灯，各国政府如何通过提高各自的NAPs数量支持适应行动。利马气候大会主席发布了一项包括秘鲁、美国、德国、菲律宾、多哥、英国、牙买加和日本在内的NAPs全球网络。利马适应知识倡议（内罗毕工作计划下的安第斯山试点项目）强调建立基于社区的适应需求。各国政府支持把这些行动计划复制到最不发达国家、小岛屿发展中国家和非洲国家。确定损失和损害华沙国际机制执行委员会的任期为两年，并平衡来自发达国家和发展中国家的代表。执行委员会下开展的工作计划包括一系列的行动领域，加强对气候变化

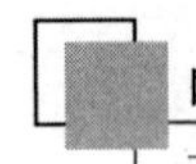

对特别脆弱发展中国家和人口（包括原住民和少数民族）造成损失和损害的理解。发达国家和发展中国家在气候大会前及期间的捐资承诺，使得绿色气候基金获得的捐资承诺已超过100亿美元。由于一些工业化国家根据新的多边评估进程评估其排放目标，透明度和自信心建设达到了一个全新的高度。

在《公约》遵约机制下，气候变化国际谈判在气候变化应对方面的行动共识达成，推动不少国家通过气候变化立法实现本国应对气候变化方面的制度创新和社会治理模式转变。以往气候变化国际谈判重在减缓方面的温室气体控制，对于体现发展中国家利益的国家适应计划在信息分享和知识传播方面力度不够，我国未来需要更多地参与国际气候变化的科学评估和气候变化的国际治理进程，而这种参与并非被动，而是通过立法作为先导来调动国内资源力量，形成区域示范性气候治理和气候风险评估的制度经验，方能够积极主动地参与国际气候谈判进程。由此，需要考察气候变化国际法与我国气候变化立法的相互影响机理。

（二）气候变化国际法与我国气候变化立法的互动

我国气候变化立法不能够违背《公约》所确立的立法宗旨、基本原则和基本制度要求。气候变化应对的许多措施具有国家、区域的特殊性，没有固定不变的模式。国内气候变化法能够根据国家宪政体制来灵活设计制度措施，有利于应对气候变化国际法规则的完善。

1. 气候变化国际法对我国应对气候变化立法的作用

《公约》确认了共同但有区别的责任原则、风险预防原则、气候发展决策一体化原则和协同合作原则。围绕着以上法律原则的规范性解释，气候变化国际法的实体规则和程序规则得以体系化。为我国气候变化立法提供了价值论和目的论的理论基础。其中，风险预防原则就成为构筑气候变化立法的最为核心的法律原则，应当为我国气候变化立法所采纳。值得注意的是，并非所有的气候变化国际法律原则都可以直接作为气候变化国内法的基本原则。比如，共同但有区别的责任原则就由于其适用标准的模糊性、可执行机制的乏力等原因，使得该原则在国际气候变化谈判中面临较多的质疑，反映了发达国家和发展中国家的政治利益博弈。在未来的各国气候变化应对风险的分配制度发展中，受到大国政治的影响，该原则具有极大的不确定性。因此，该原则不能够直接作为国内气候变化法的法律原则。

2. 国际适应气候变化政策对国家适应行动的战略指引

气候变化国际法受到国际气候谈判的影响，有关资金援助和技术转让的制度障碍需要根据国际气候谈判所达成的共识而逐步化解。适应气候变化领域的国际合作机制完善，有利于我国气候变化应对国际合作的展开。国际气候融资的制度创新，为我国气候变化应对的资金来源、资金管理、资金的使用监督提供有益的参考。气候友好型的国际技术转让面临着知识产权制度的障碍，而各国的知识产权保护制度和国际知识产权保护机制的适应性调整，将会为我国气候友好型技术创新机制的制度完善提供参考。

有关气候变化适应的公共政策回应既表现在国际层面，又表现在国家层面。《公约》自成立初期便认识到发展中国家需要资金和技术的支持，以协助这些国家评估气候变化影响的脆弱性，并在准备国家信息通报时开发影响适应方面的计划。缔约方一致同意应以短、中、长期的战略实施适应计划，并在发展中国家建立适应资金的三阶段途径。第一阶段和第二阶段包含计划、脆弱性评估、发展政策选择及对适应的能力建设；第三阶段提出有助于推动适当的适应的实际措施。

《巴厘行动计划》着重关注了增进相关行动以支持适应的问题。为实施这一进程，于《公约》之下成立了一个附属机构，称为《公约》之下的长期合作行动问题特设工作组（AWG－LCA）。2008 年 LCA 第二次会议就适应的问题召开了会间研讨会进行讨论，主题为“通过资金与技术促进适应”。适应问题被分为以下四类：关于适应的国家计划、整合及扩展资金与技术支持、加强知识分

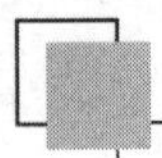

享、适应的制度框架。虽然各国皆认同发达国家应履行其于《公约》下的承诺，为发展中国家提供资金、技术与能力建设支持，但对许多发展中国家来说这些方面的进展却相当缓慢。

在国家层面，发展中国家缔约方制定了《国家信息通报》，涉及有关促进气候变化适应措施的信息，包括以下几方面：一是容易受气候变化影响的人类系统、部门或地区；二是脆弱性及适应评估的主要限制，即方法学、技术、制度和资金上的限制；三是目前气候变异及未来气候变化的脆弱性；四是关键地区或部门的适应困难或障碍；五是适应气候变化的机会及优先事项。

（1）明确适应选择、设定优先事项、制定适应计划并将其纳入国家规划与政策框架。适应需要各种应对方式及广泛的资源以预防未来的损害。同时必须保持与可持续发展、消弭贫穷和降低灾害风险之间的平衡。此外，对应对不同威胁等因素的不同适应措施应进行成本效益分析，以决定哪些政策和措施可实施或需修改。联合国开发计划署适应政策框架（APF）及其指南可提供一些达成适应的实际行动和步骤。

首先，发展脆弱性及适应的评估工具以鉴别适应政策和措施的优先顺序。通过脆弱性和适应评估的整合定性和定量化资料分析工具，搞清区域地方利益，为评价适应政策和措施优先顺序的确定奠定基础。

其次，若需迫切和即时的适应，即可采取另一种类似《国家适应行动计划》的办法。《国家适应行动计划》利用现有信息，不需进行新的研究。[1]

---

〔1〕 此类方法着重于加强适应气候变异的能力，以协助应对气候变化的不利影响。应将现有的基层应对战略纳入考量，以此为基础找出需优先执行的活动，而非透过气候情景模式找出未来脆弱性及长期国家政策。这个办法下的步骤包括：整合现有信息，对目前气候变异与极端事件的脆弱性及其他可能受气候变化影响而升高风险的领域的参与性评估，指出关键适应措施。然而，必须强调以上仅为适应战略的第一步，因为气候变化情景不断让脆弱国家面对新挑战。

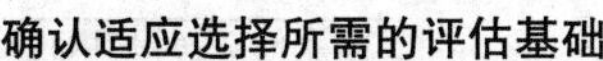

确认适应选择所需的评估基础

评估脆弱性	评估目前气候风险	评估未来气候风险	评估目前和不断变化的社会经济条件
(1) 建立脆弱性评估架构：确定并同意定义、框架及目标 (2) 根据受气候变化影响程度和评估的范围，确认易受影响的群体 (3) 评估敏感性（选定系统和脆弱群体当前的脆弱性）及适应能力 (4) 评估未来脆弱性 (5) 将脆弱性评估结果与适应政策作联结	(1) 建立概念模型 (2) 指出气候变异、极端事件和风险的特性 (3) 进行影响评估（通过定性和定量方法） (4) 定义风险评估的原则 (5) 评估当前气候风险 (6) 定义气候风险基线	(1) 选择一种方法 (2) 收集有关未来气候（IPCC的排放情景及气候变化预测）的信息 (3) 进行敏感性试验 (4) 选择计划和政策的基准线 (5) 设定气候情景 (6) 进行气候变化风险评估 (7) 管理气候风险	(1) 设定研究范围 (2) 发展并使用指标 (3) 指出目前社会经济条件的特性 (4) 探讨特定的特性（人口、经济、自然资源的使用、治理和政策、文化） (5) 指出目前适应措施的特性 (6) 利用气候情景及社会经济变化预测，指出不断变化的社会经济条件的特性

资料来源：《适应政策框架的细化》，联合国开发计划署。

(2) 适应规划战略的制定。制定适应战略保护所选择实施措施的计划、时间表及实施模式，制定适应战略的五项行动包括：综合评估和研究、设计适应战略、制定适应选择的政策与措施、排定优先顺序并选择适应政策与措施、制定适应战略。在政策形成过程中，需要确认各层面利益相关者的参与，将有关传统、地区知识及优先事项纳入执行过程中。此外，建立和实施适应战略的评估机制也十分必要。

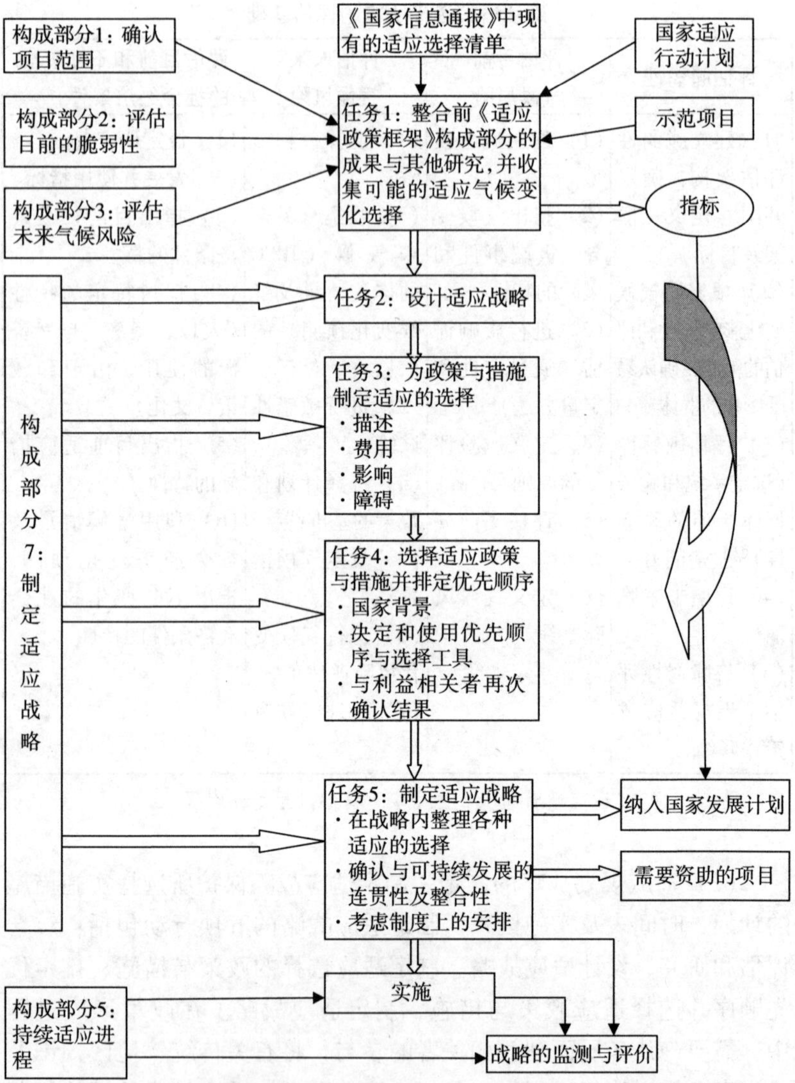

构成部分1：确认项目范围

构成部分2：评估目前的脆弱性

构成部分3：评估未来气候风险

《国家信息通报》中现有的适应选择清单

国家适应行动计划

示范项目

任务1：整合前《适应政策框架》构成部分的成果与其他研究，并收集可能的适应气候变化选择

指标

构成部分7：制定适应战略

任务2：设计适应战略

任务3：为政策与措施制定适应的选择
· 描述
· 费用
· 影响
· 障碍

任务4：选择适应政策与措施并排定优先顺序
· 国家背景
· 决定和使用优先顺序与选择工具
· 与利益相关者再次确认结果

任务5：制定适应战略
· 在战略内整理各种适应的选择
· 确认与可持续发展的连贯性及整合性
· 考虑制度上的安排

纳入国家发展计划

需要资助的项目

实施

构成部分5：持续适应进程

战略的监测与评价

资料来源：《适应政策框架》，技术报告8：制定适应战略，联合国开发计划署。

(3) 将适应纳入公共部门与私人部门投资计划。政府需要制定政策法规，激励私人投资意愿转向巩固适应。结合市场与公开政策，可经由以下途径强化风险分担：创新保险计划及改善的自然资源管理，创建环境市场与气候防护基础建设，公私合作伙伴关系。具体表现在：①在基础建设方面：预防灾害比投资于重建项目更为经济。因此鼓励政府投资基础建设已成为相当重要的战略。设计新建筑物时，必须将气候变化因素纳入考量，以避免不当的房屋情况。开发足够的基础实施是有效促进灾害风险管理的方法之一。②在预防缺水方面：灌溉系统必须技术化，一般家庭、办公室、城市、商业与农业活动必须回收及再利用水资源。储水亦相当重要。这需要提升水质标准，以及工业废水排放海、湖、河之前的处理。此外，可以实行生态补偿计划以保护上游水域，亦可发展再造林项目。③在农业方面：在以农业为主的国家，由于干旱缺水，依靠雨水灌溉，已投入部分资金用于发展集水系统以集雨水。此外，某些区域已经着手研究农作物新品种，于研究的同时也促进了管理办法的改善、新灌溉系统的诞生、肥料的减少使用。因此，对农业适应而言，投资技术转让是不可或缺的一项办法。保险制度在适应气候变化中，创新巨灾保险机制，根据适应所涉及的不同风险种类设计不同险种。这样既可以减轻灾害后的压力，也可考虑激励积极降低风险或脆弱性的保险种类或信用方案的诞生。应对气候变化的不利影响所带来的新挑战需要创新的风险分担机制，这些不利影响包括生物多样性损失及土地退化。

(4) 适应气候变化的技术。适应横跨所有社会经济部门，包括水、健康、农业和基础建设部门，每个部门都各具挑战。适应将使用不同形式的技术，包括“硬”技术（如建立新灌溉系统）及“软”技术（如采用保险计划），或者使用两者的结合。[1]

(5) 利益相关者的参与。利益相关者的参与是达到适应在各个

---

〔1〕 参见《公约》缔约方会议决议 3/CP. 13、决议 4/CP. 13。

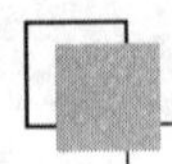

层面主流化的关键。气候变化的一项挑战是迫切需要设计和实行不同利益相关者和各层面（国际、国家、区域、地区、社区）间彼此协调的活动。最宏观的区域治理往往由国家治理组成，而整体的国家治理归根到底是由不同的区域治理完成的，当这种区域治理伴随着社会领域的兴起以后，更体现为一种地方性和区域性的趋势。市场经济的发展颠覆了公共性来源的唯一性，多中心治理、分散治理彰显了公共性的复杂性。国家与社会、公与私的分离使公共性的实现显得扑朔迷离。资本要素的分离、社会结构的变迁都为公共性的实现提供多元可能。在现代治理中，作为政府本质的公共性确保了作为政府的正当性，当分散化的地方治理带来公共性的外溢时，区域内政府的合作可以最大限度地遏制公共性由于地方治理的空间限制而造成的外部性和弥散性。地方治理必须建立在协作的基础上，在一定的贴近公民生活的多层次复合的地理空间内，依托于政府组织、民营组织、社会组织等各种组织化的网络体系，应对地方的公共问题，共同完成和实现公共服务和社会事务管理的改革和发展过程。根据社群主义的观点，国家和社会应该有一个分离，但是治理视角模糊了这样的分离：国家成为一个由没有谁具有至高无上的引导或管理权力的政府和社会参与者所共同构成的组织网络集合。整体性与地方性、公共性与私人性的积聚成为现代政府必须解决的问题。现代社会中，公共治理的主体、过程的复杂性，导致公共治理的结果——公共物品、公共利益的复杂性。[1]

气候资源作为公共物品，在供给上陷入了困境。在公共物品供给的制度分析中，影响最大的公共选择分析模型有三类：哈丁的公地悲剧、囚徒困境博弈和奥尔森的集体行动的逻辑。这些模型的逻辑结果都是悲剧性的，公共选择分析的目的就是分析这些悲剧性后果产生的原因并提出悲剧性后果的可选方案。从博弈论的角度，以

〔1〕 姚尚建：《流动的公共性——区域政府研究》，北京大学出版社2012年版，第40页。

上三种情境都属于囚徒困境博弈。个人从自己的最优策略出发，得到的是全局最劣的结果。奥斯特罗姆提出自组织理论。他认为“利维坦”式的不受制约的中央集权制度或私有化的解决方案，均不是唯一有效的解决方案。人类社会中大量的共有池塘资源问题在事实上并不是依赖国家也不是通过市场来解决的，人类社会中的自我组织和自治，实际上是更为有效的管理公共事务的制度安排。在一定条件下面临公共事务两难处境的人们可以依靠自己的智慧，确定他们自己的体制来改变所处的情境结构，从而避免悲剧的发生。人们不仅面临关于在给定的处境中如何行动的抉择，而且他们也有能力思考、阐述和挑选不同的构成抉择处境的方法。在不同的情况下和不同的级次上都可进行抉择。博弈论认为，如果博弈双方之间的协议、承诺可以强制执行，具有完全约束力，合作博弈就具有可能性。博弈双方通过联盟，所得到的收益比他们单独进行博弈时要大。任何面临集体行动的一群人都需要解决三个问题：制度供给问题、可信承诺问题和相互监督问题。制度供给问题是指由谁设计自治组织制度。可信承诺问题是信息不完全条件下的重复博弈问题，也是自治组织能否形成的关键，需要通过外部强制来解决可信承诺问题。相互监督问题是一切集体行动都会面临的，是指如何设计一套完整而有效的监督机制以保障成员之间的可信承诺。[1] 持续稳定的供给建立在成员长期合作的重复博弈基础上。如果博弈双方之间的协议、承诺可以强制执行，具有完全约束力，博弈双方通过联盟，所得到的收益比他们单独进行博弈要大时，合作博弈便成为可能。

3. 我国应对气候变化立法对气候变化国际法的作用

（1）促进实施作用。一方面，中国气候变化立法有助于促进气候变化国际法在中国的实施，将气候变化国际法的有关规定和措施

---

〔1〕［美］埃利诺·奥斯特罗姆：《公共事物的治理之道》，余逊达、陈旭东译，上海三联书店2000年版，第71页。

要求在国内立法、司法、执法等各个环节中落实。这是中国作为《公约》缔约国的法律义务。通过气候变化立法，将气候变化国际法中的原则、制度和措施转化为我国应对气候变化法的基本原则和制度。另一方面，中国气候变化立法也有助于促进气候变化国际法在全球范围内的实施。中国区域气候变化影响和脆弱性的复杂性和多样性，不同于其他发达国家和发展中国家。作为金砖四国的重要成员，中国气候变化应对的经验模式可以为其他国家所借鉴。气候变化国际法在实施方面，缺少了中国的努力、支持和配合，气候变化全球风险规制的目标就难以真正实现。所以，中国气候变化立法及其实施，直接影响到气候变化国际法的实施状况。

（2）推动发展作用。中国应对气候变化的法律政策和行动有助于促进国际气候变化法的原则确认和制度创新。协同合作原则强调在国际和国内两个层面，通过资金、技术和信息的交流合作与能力建设，对国际社会应对气候变化利益的协调和利益整合起到积极推动作用。通过促进应对气候变化领域南南合作，引导国际气候资金向国内的合理流动，使得《公约》所确立的资金援助、技术转让和信息知识的共享能够在国内得到落实。国际合作是在互信互利的基础上，既要重视资金、技术的硬件交流合作，又要重视应对气候变化知识的分享和教育培训。中国在水资源、农业、海岸带、生态系统等领域所采取的具有共通性的有效制度和措施，必然在坚持气候变化国际法共同但有区别的责任原则、风险预防原则、可持续发展原则、协同合作原则的基础上，参照气候变化国际法的基本制度，建立符合中国国情的气候变化应对法律制度。中国气候变化立法，能够在更大程度上实践可持续发展的目标，形成独具特色的低碳发展模式，推进气候变化国际法向更加合理、完善的方向发展。

二、国内气候变化应对的利益平衡之道

在美国发展起来的双层次博弈理论强调政治决策者们处于国际谈判和国内政治力量的压力之间。只有将国际层次和国内层次结合起来分析，考察国际政治与国内政治的互动关系，才能更好地理解

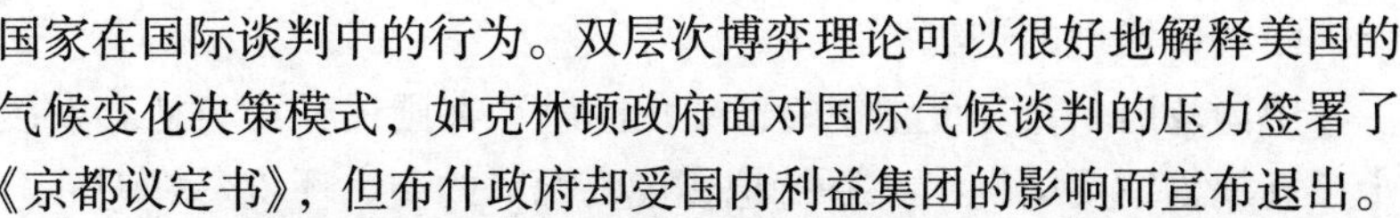

国家在国际谈判中的行为。双层次博弈理论可以很好地解释美国的气候变化决策模式，如克林顿政府面对国际气候谈判的压力签署了《京都议定书》，但布什政府却受国内利益集团的影响而宣布退出。

一般而言，国内气候变化决策需要考虑以下两类利益集团的作用和互动关系：一是参与决策的不同政府部门之间的协调，二是社会利益集团对政府的游说。中国的国内气候变化决策模式与美国有很大不同。中国气候政策的主要决策者是跨十几个部门的国家气候变化对策协调小组。中国气候变化谈判代表团由国家发展和改革委员会与外交部牵头，代表团成员主要来自国家气候变化协调小组的成员单位，同时吸收了部分学术机构的学者直接参与，但NGO、地方政府、企业等社会集团的参与还相对有限。各部门之间的利益具有一致性，同时中国是自上而下的集体决策模式，因此国内决策很少出现原则性的分歧。中国的这种决策模式使中国把气候变化作为外交问题，气候变化谈判代表拥有更大的决策权力。

在IPCC于1990年、1995年和2001年推出第一、二、三次《气候变化评估报告》时，中国社会科学家（主要是能源经济专家和经济学家）的介入十分有限，仅有极少数学者以个人名义参加，几乎谈不上发挥什么影响力。正是由于包括中国在内的发展中国家学者在减缓气候变化经济影响评估方面的研究相对滞后，不能为谈判代表给予强有力的技术支持，因而发展中国家在气候谈判中倾向于采取被动防御性的谈判战略。例如，虽然中国学者和官员经常提到全球气候变化导致极端天气事件发生的频率增加和强度增大，中国受气候灾害的损失在增大，但对于大气危险的温室气体浓度水平是多少没有一个明确的说法（欧盟认为这个危险浓度水平是全球温升2℃），原因在于这方面的研究比较有限，缺乏全面系统的评估。2001年IPCC第三次评估报告发表以后，中国政府高度重视IPCC评估报告的作用，中国学者开始全面介入和深入参与第四次评估报告的编写。通过参与IPCC第四次气候变化评估报告的撰写，使得中国的科学家能够有机会介入，提出有影响力的科学评估观点，影

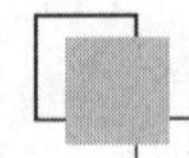

响国际气候治理的进程。

中国政府一直高度重视气候变化问题，在国民经济与社会发展十二五规划纲要中提出“坚持把建设资源节约型、环境友好型社会作为加快转变经济发展方式的重要着力点。深入贯彻节约资源和保护环境基本国策，节约能源，降低温室气体排放强度，发展循环经济，推广低碳技术，积极应对气候变化，促进经济社会发展与人口资源环境相协调，走可持续发展之路”。

巨额交易成本的存在使得应对气候变化模式的成本和利益分担机制无法在市场内部自发形成，因而应对气候变化的路径建构离不开来自政府立法管制的引导和规范。应对气候变化的社会关系本质上是一种行政法律关系，但又不属于传统的国家管理关系或公共管理关系，而必须是一种公共治理关系。不同于传统的国家管理和公共管理模式将政府视作维护公共利益、行使公共权力的管理主体，而企业等私人组织只能是公共秩序的潜在威胁者即管理对象，治理模式主张将各种公共事务视作治理对象，所有公共关系主体都是治理主体。治理主体不仅包括各类公共权力主体，还包括诸如企业等私人组织即权利主体。不同于管理模式之中管理对象只能对从居于上位的管理者处流淌而至的公共意志唯命是从，治理模式主张各种治理主体在公共领域中扮演不同角色，平等参与公共治理过程，各展其长、各得其所，形成多元治理格局。

虽然作为公共部门的立法和行政机关执掌了大部分的国家权力，但是在减缓全球气候变暖、促进能源结构优化、维护环境可持续性的约束条件下，为应对气候变化所必需的知识、技术、人力、物力和财力却又基本为私人部门和第三部门的企业、公民以及非政府组织所有。显而易见地，想要在应对气候变化过程中实现公共利益的保障，私人部门和第三部门的作用是否能够得以流畅地发挥是至关重要的因素。这就需要以开放的公共管理和广泛的公众参与为特点的公共治理模式替代和更新传统公共事务中国家和公共管理模式，因而应对气候变化立法管制必须提供一种旨在形成全社会主体

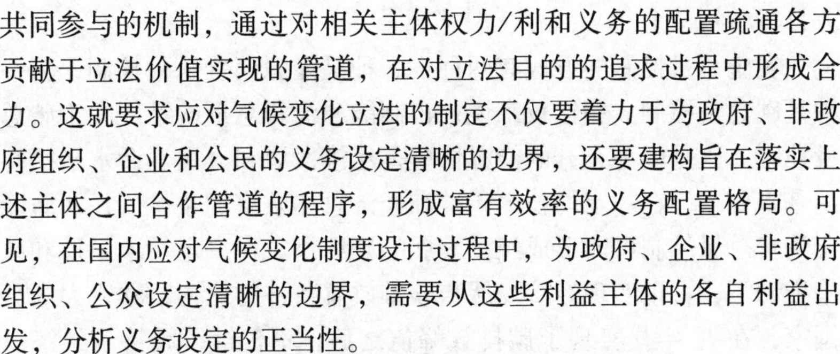

共同参与的机制，通过对相关主体权力/利和义务的配置疏通各方贡献于立法价值实现的管道，在对立法目的的追求过程中形成合力。这就要求应对气候变化立法的制定不仅要着力于为政府、非政府组织、企业和公民的义务设定清晰的边界，还要建构旨在落实上述主体之间合作管道的程序，形成富有效率的义务配置格局。可见，在国内应对气候变化制度设计过程中，为政府、企业、非政府组织、公众设定清晰的边界，需要从这些利益主体的各自利益出发，分析义务设定的正当性。

三、碳总量管理的能源政策选择

应对气候变化，控制煤炭消费的快速增长，节能减碳，优化能源结构，推行能源低碳化，无疑是我国减缓气候变化方面最为关键的气候战略措施，直接关系到能否实现经济发展与应对气候变化的双赢。能源利用直接影响到各行各业的经济发展程度，在国家达到碳排放峰值之后，进行碳排放总量控制，方能做到实质性的节能减碳。对碳排放峰值的战略管理，既要考虑到国家经济发展转型负面影响的承受能力，又要倒逼地方政府及能源企业进行制度创新，尽快形成柔性市场激励机制和硬性约束机制。我国能源政策的选择面临历史拐点，挑战和机遇并存。党的十八大报告指出：“推动能源生产和消费革命，控制能源消费总量，加强节能降耗，支持节能低碳产业和新能源、可再生能源发展，确保国家能源安全。”尽管报告明确指出了我国能源行业发展的基本方向，但在控制能源消费总量方面，社会各界尤其是地方政府和企业有很强的畏难情绪，前几年在控制煤炭能源消费方面进展缓慢，可再生能源发展受阻，能源结构改善任务艰巨。2014 年 11 月 19 日，国务院印发《能源发展战略行动计划（2014～2020 年）》，提出我国未来一段时间的能源发展路径，应坚持“节约、清洁、安全”的战略方针。其中首要的就是实施节约优先战略，到 2020 年，我国一次能源消费总量控制在 48 亿吨标准煤左右，煤炭消费总量控制在 42 亿吨左右。地方是落实煤炭消费总量控制的命门，煤炭消费减量化最终还需要落实在地方目标和行动上。

实施总量控制的方式有两种：一种是能源消费总量控制，另一种是碳总量控制。相比较来说，控制能源消费总量的难度大于碳总量控制。这是因为充分的能源供应是经济发展和人民生活水平提高的基本要求，在一定的技术条件和经济总体效率的条件下，实施能源消费总量控制可能形成经济发展的硬约束。在一定技术条件和政策推动下，可以实现经济发展与碳排放有条件的脱钩，欧盟大部分国家，在70年代实现了碳排放峰值之后，不仅继续维持了经济总量的持续增长，而且在能源消费总量不断上升的情况下，实现2012年碳排放总量比1990年下降21.2%的目标。我国当前经济发展与资源环境的矛盾日益突出，环境质量下降，尤其是蔓延于大江南北的雾霾已经成为亟须治理的突出环境问题。如何在治理雾霾的同时保持经济发展的持续稳定增长，抑制能源消费总量过快增长，就需要控制能源消费或者碳排放过程中产生的环境影响和提高经济运行的总体效率。而我国能源政策需要完成从以煤为主的高碳能源生产消费模式向低碳能源生产消费模式转变。而到2020年抑制煤炭消费过快增长的势头，是我国能源革命启动的当务之急，倒逼我国能源体系开始向低碳转型。2020年之后的10~20年时间，通过大幅度提高天然气消费，为大比例提高可再生能源比例奠定基础，推动我国碳排放峰值的尽早来临。在碳排放峰值出现后，就可以通过碳排放总量控制，全面推动我国能源低碳化进程，在21世纪末实现我国能源零碳化。

未来几年的煤炭消费总量控制所带来的管制成本上升，需要通过煤炭政策法律制度的创新，对煤炭价格形成机制进行深入改革，逐步取消煤炭补贴，运用市场机制还原煤炭本身的商品属性，煤炭消费总量控制呼唤市场机制和辅助工具，如生态补偿机制、环境税、碳税、市场交易、绿色金融等。应实行煤炭行业落后产能的“约束准入”，耗煤行业消费端的生态、环境、气候变化等绿色信贷考核指标体系，煤炭清洁利用端的“技术优选”，煤炭替代端的可

再生能源支持等。要进入低碳绿色的未来，中国需要在煤炭消费减量化方面制定和强力实施严格的空气质量标准；取消煤炭补贴，提升能源之间的公平竞争性；利用国际能源市场，改变国内能源结构；推动技术进步，提高能源利用效率和实现清洁化利用等。

由此，碳总量管理的能源政策选择将成为影响中国应对气候变化立法目的的主导性制约因素。气候变化立法尽管需要统筹减缓措施和适应措施，适应措施直接应对遭受气候变化影响的城市、农业、林业、水资源、气象灾害等方面，此类风险通过气候变化影响评估技术可以实现风险的预防与控制；而减缓措施中的重点在于改变高碳能源结构，实现经济社会发展的低碳化，发展绿色低碳经济，方能在根本上使经济发展与气候保护相协调。

第二节　中国应对气候变化立法的方向

一、中国应对气候变化的国家政策

根据《中国应对气候变化国家方案》可知，中国应对气候变化的指导思想是：全面贯彻落实科学发展观，推动构建社会主义和谐社会，坚持节约资源和保护环境的基本国策，以控制温室气体排放、增强可持续发展能力为目标，以保障经济发展为核心，以节约能源、优化能源结构、加强生态保护和建设为重点，以科学技术进步为支撑，不断提高应对气候变化的能力，为保护全球气候作出新的贡献。中国应对气候变化坚持在可持续发展框架下应对气候变化的原则，遵循《公约》规定的“共同但有区别的责任”原则，减缓与适应并重的原则，将应对气候变化的政策与其他相关政策有机结合的原则，依靠科技进步和科技创新的原则，积极参与、广泛合作的原则。中国应对气候变化的总体目标是：控制温室气体排放取得明显成效，适应气候变化的能力不断增强，气候变化相关的科技与研究水平取得新的进展，公众的气候变化意识得到较大提高，气

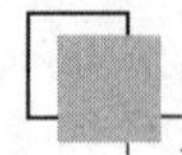

候变化领域的机构和体制建设得到进一步加强。

为了明确中国2020年前应对气候变化的指导思想和主要目标，在控制温室气体排放、适应气候变化影响等方面形成具体的政策措施和实施途径，2014年9月19日，国家发展和改革委员会发布了《国家应对气候变化规划（2014～2020年）》，这是中国应对气候变化领域第一个国家专项规划。

我国应对气候变化政策的战略性体现在四个方面：一是将碳减排技术提高到与提高能源效率改善能源结构相同的战略地位，鉴于我国以煤为主的能源结构，需要重视研发推广煤炭清洁利用的低碳技术，节约能源，发展可再生能源；二是将碳减排与其他公共政策目标联动，通过一体化的规制策略，实现最佳的政策效果；三是强化气候变化应对的能力建设，能力建设涉及基础设施，可报告、可测量、可核查的基础性制度，相关知识和信息的传播与分享，能够更好地促进气候变化法律政策的实施；四是政府主导温室气体减排工作。国务院出台的《"十二五"控制温室气体排放工作方案》及其相关配套政策，推进各级政府开展温室气体减排工作。

虽然我国已经构筑了体系化的碳减排宏观政策体系，但有关领域操作性的具体配套政策措施却严重滞后。在政策手段上，一方面需要引入碳减排的经济手段和社会手段；另一方面，还要注重对传统的命令控制式的政策手段和经济手段进行整合，使得命令控制式的手段具有更多的弹性和灵活性。允许特殊区域的重点企业交易节能和减排指标。而碳减排目标的实现，特别是远期目标的顺利实现，需要在各个领域都积极推行相关的政策。目前气候变化的政策涉及工业、农业、水利、交通、建筑等各个领域，但在消费领域方面的政策却很少。政策的执行必须有组织保障并建立相应的监督体系。我国在国家层面已经建立了节能减排及气候变化应对领导小组，并在国家发展和改革委员会设立了专门的机构，但在省市地方层面上，组织建设相对滞后。为此，根据《国务院关于印发"十二五"控制温室气体排放工作方案的通知》（国发［2011］41号）

有关工作部署，为积极探索新型城镇化道路，加强低碳社会建设，倡导低碳生活方式，推动社区低碳化发展，国家发展和改革委员会组织开展了低碳社区试点工作。2014 年 12 月 6 日，在联合国利马气候大会的“中国角”边会上，中国“第三次气候变化国家评估报告”发布。报告指出中国化石燃料燃烧的二氧化碳排放可能在 2030 年左右达到峰值，但发展方式、政策导向和科技创新等都将对峰值时间和水平带来不确定性。中国自然灾害风险等级处于全球较高水平，对气候变化敏感性高，灾害损失呈上升趋势，灾害风险等级东部高于西部，防灾减灾应成为应对气候变化的主要内容。产业结构和能源结构调整对未来控制温室气体排放至关重要。与减缓相比，适应气候变化的政策和行动都很欠缺，需要进一步提高政策目标与资源匹配的一致性、强化适应气候变化决策科学基础、提高各层面适应意识和能力。

（一）控制温室气体排放的政策

根据《国家应对气候变化规划（2014～2020 年）》，一方面，到 2020 年中国控制温室气体排放的工作目标是单位国内生产总值二氧化碳排放比 2005 年下降 40%～45%，非化石能源占一次能源消费的比重达到 15% 左右，森林面积和蓄积量分别比 2005 年增加 4000 万公顷和 13 亿立方米。产业结构和能源结构进一步优化，工业、建筑、交通、公共机构等重点领域节能减碳取得明显成效，工业生产过程等非能源活动温室气体排放得到有效控制，温室气体排放增速继续减缓。另一方面，能力建设取得重要进展。应对气候变化的法规体系基本形成，基础理论研究、技术研发和示范推广取得明显进展；区域气候变化科学研究、观测和影响评估水平显著提高；气候变化相关统计、核算和考核体系逐步健全；人才队伍不断壮大；全社会应对气候变化意识进一步增强；应对气候变化管理体制和政策体系更加完备，全国碳排放交易市场逐步形成。

由此，中国控制温室气体排放的政策可以作大致的归纳，在产业结构调整、优化能源结构、增加碳汇、重点领域的节能减碳、非

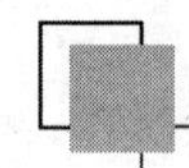

能源活动的碳排放控制等行动领域中规定了行动目标和实施方案，使得中国应对气候变化具有现实可操作性和实效性。另外，我国尤为重视应对气候变化的能力建设，包括气候变化专门立法体系构建，技术创新，可报告、可测量、可核查的 MRV 体系建设，市场激励与约束机制。政策目的在于形成绿色低碳发展的倒逼机制，努力形成全社会应对气候变化的整体合力，促进发展方式转变和经济结构调整，推动经济社会可持续发展。中国主要政策文件包括：《“十二五”控制温室气体排放工作方案》、《“十二五”控制温室气体排放工作方案重点工作部门分工》、《国家发展和改革委员会办公厅关于开展碳排放权交易试点工作的通知》、《国家重点推广的低碳技术目录》、《单位国内生产总值二氧化碳排放降低目标责任考核评估办法》、《国家发展和改革委员会关于组织开展重点企（事）业单位温室气体排放报告工作的通知》、《关于加强应对气候变化统计工作的意见》、《关于印发首批十个行业企业温室气体排放核算方法与报告指南（试行）的通知》、《关于推动碳捕集、利用和封存试验示范的通知》、《关于开展低碳社区试点工作的通知》、《开展低碳省区和低碳城市试点工作的通知》等。而低碳绿色发展的倒逼机制首先依靠政府来强力推动，并纳入现有的政绩考核体系，通过建立健全二氧化碳强度降低目标责任评价考核制度，并将二氧化碳排放强度降低指标完成情况纳入各地区（行业）经济社会发展综合评价体系和干部政绩考核体系，是强化政府责任，确保实现“十二五”碳强度降低目标的重要基础和制度保障。对各地单位国内生产总值二氧化碳排放降低目标完成情况进行考核，对落实各项目标责任进行评估。

在地方层面，主要包括各省、自治区、直辖市发布的省级应对气候变化方案、开展碳排放权交易试点省市的地方碳排放权交易政策以及各地发布的低碳发展规划［比如 2011 年《云南省低碳发展规划纲要（2011～2020 年）》、2010 年《贵阳市低碳发展行动计划（纲要）（2010～2020 年）》］。

以上气候变化政策的出台，为我国应对气候变化立法确立了基本的目标模式、原则理念和制度措施，为气候变化立法的起草奠定了坚实的政策基础。《第二次气候变化国家评估报告》指出：低碳发展就是要改变基于化石燃料的发展模式，推动能效技术、可再生能源技术和温室气体减排技术的开发，逐步构建低碳排放的技术体系和经济系统，最终切断经济发展与碳排放之间的联系。低碳发展是一个过程，与经济发展阶段密切关联。中国发展低碳经济，并不是要立即走向零碳，而是要不断提高碳生产率，减少单位产出的碳排放量，推进社会进步和生活品质的不断改善。[1] 由此，我国气候变化政策将绿色低碳发展作为总体指导思想，通过具体的政策目标、原则和制度措施来保障实现。在低碳发展的思想指导下，履行《公约》规定的国际义务，控制温室气体排放，增强适应气候变化的能力。可见，气候政策的目标与气候变化立法的直接目的契合，并确立了应对气候变化、实现可持续发展的气候变化立法的间接目的。[2] 气候变化政策的制定和实施需要在动态的气候变化风险评估和风险管理规制过程中通过应对气候变化权利义务的均衡配置来协调各方主体的利益冲突，实现利益主体的利益最大化。

（二）适应气候变化的政策

2013 年 11 月 18 日，为积极应对全球气候变化，统筹开展全国适应气候变化工作，国家发展和改革委员会、财政部、住房城乡建

---

〔1〕《第二次气候变化国家评估报告》编写委员会编著：《第二次气候变化国家评估报告》，科学出版社 2011 年版，第 458 页。

〔2〕《青海省应对气候变化办法》第 1 条所规定的立法宗旨是："为加强应对气候变化工作，提高全社会应对气候变化的意识和能力，推动跨越发展、绿色发展、和谐发展、统筹发展，建设资源节约型、环境友好型社会，落实生态立省战略，根据相关法律、法规的规定，结合本省实际，制定本办法"。《山西省应对气候变化办法》第 1 条规定了立法目的："为控制温室气体排放，提高减缓与适应气候变化的能力，增强全社会应对气候变化的意识，推动转型发展、跨越发展，建设资源节约型、环境友好型社会，促进经济发展与人口、资源、环境相协调，根据《中国应对气候变化国家方案》等相关规定，结合本省实际，制定本办法"。

设部、交通运输部、水利部、农业部、林业局、气象局、海洋局联合制定了《国家适应气候变化战略》。根据这一战略，中国适应气候变化坚持以下原则：一是突出重点。在全面评估气候变化影响和损害的基础上，在战略规划制定和政策执行中充分考虑气候变化因素，重点针对脆弱领域、脆弱区域和脆弱人群开展适应行动。二是主动适应。坚持预防为主，加强监测预警，努力减少气候变化引起的各类损失，并充分利用有利因素，科学合理地开发利用气候资源，最大限度地趋利避害。三是合理适应。基于不同区域的经济社会发展状况、技术条件以及环境容量，充分考虑适应成本，采取合理的适应措施，坚持提高适应能力与经济社会发展同步，增强适应措施的针对性。四是协同配合。全面统筹全局和局部、区域和局地以及远期和近期的适应工作；加强分类指导，加强部门之间、中央和地方之间的协调联动，优先采取具有减缓和适应协同效益的措施。五是广泛参与。提高全民适应气候变化的意识，完善适应行动的社会参与机制。积极开展多渠道、多层次的国际合作，加强南南合作。

而中国适应气候变化的主要目标包括三方面：一是适应能力显著增强。主要气候敏感脆弱领域、区域和人群的脆弱性明显降低；社会公众适应气候变化的意识明显提高，适应气候变化科学知识广泛普及，适应气候变化的培训和能力建设有效开展；气候变化基础研究、观测预测和影响评估水平明显提升，极端天气气候事件的监测预警能力和防灾减灾能力得到加强；适应行动的资金得到有效保障，适应技术体系和技术标准初步建立并得到示范和推广。二是重点任务全面落实。基础设施相关标准初步修订完成，应对极端天气气候事件能力显著增强；农业、林业适应气候变化相关的指标任务得到实现，产业适应气候变化能力显著提高；森林、草原、湿地等生态系统得到有效保护，荒漠化和沙化土地得到有效治理；水资源合理配置与高效利用体系基本建成，城乡居民饮水安全得到全面保障；海岸带和相关海域的生态得到治理和修复；适应气候变化的健康保护知识和技能基本普及。三是适应区域格局基本形成。根据适应气候变化的要求，结合全国主体功能区规划，在不同地区构建科学合理的城市化格局、农业发展格局和生态安全格局，使人民生产生活安全、农产品供给安全和生态安全得到切实保障。

二、我国应对气候变化的立法现状与总体评价

对我国气候变化立法现状的梳理，涉及节约能源、工业、建筑、交通、环境保护、气象、自然资源、农业、林业、国土空间规划等诸多方面。为了建立应对气候变化的总体政策框架和制度安排，明确各方气候变化应对的权利和义务，为相关领域的工作展开提供基础，就需要以实现经济发展与温室气体排放控制双赢为目标的低碳发展制度和以气候恢复力为目标的气候适应制度体系建设为目标定位来重新梳理我国当前的应对气候变化立法。

（一）我国应对气候变化的立法现状

我国应对气候变化法律体系由综合性应对气候变化法、碳排放权交易法、低碳标准法、减缓气候变化法和适应气候变化法等构成，目前存在基本法依据不足、综合法立法效力层级低、专门立法不健全等问题，亟须健全与完善。

1. 综合性应对气候变化法

2010 年 8 月 6 日，青海省人民政府公布《青海省应对气候变化办法》。作为我国第一部应对气候变化的地方政府规章，《青海省应对气候变化办法》分为五章。第一章为总则，规定了立法目的、应对气候变化的法律定义、基本原则、政府的工作机制、基本职责和管理体制。第二章为适应气候变化，明确了适应气候变化的主要措施。主要涉及区域发展、生态保护、气候变化监测和评估制度、气候可行性论证制度。第三章为减缓气候变化，明确了减缓气候变化的主要内容。第四章为保障措施，涉及规划编制、宣传教育、技术开发、资金支持、节能目标责任。第五章为附则。2011 年 7 月 12 日，山西省政府公布了《山西省应对气候变化办法》。《山西省应对气候变化办法》和《青海省应对气候变化办法》框架结构相似。

其中，第四章为温室气体排放管理，对监测温室气体浓度、编制温室气体清单、核定区域和企业温室气体排放量、实行区域温室气体总量控制和企业温室气体总量控制等作出了规定。

2. 碳排放权交易法

2012 年 6 月 13 日，国家发展和改革委员会出台《温室气体自愿减排交易管理暂行办法》，初步构建了我国温室气体自愿减排交易市场的法律框架，为下一步构筑总量控制下的碳排放权交易市场奠定了法律基础。根据国家发展和改革委员会有关开展碳排放权交易试点的政策，各试点地方以地方性法规规章的形式，为地方碳交易的开展提供立法依据。这些地方法规规章主要包括《深圳经济特区碳排放管理若干规定》、《深圳市碳排放权交易管理暂行办法》、《上海市碳排放管理试行办法》、《北京市碳排放权交易管理办法（试行）》、《广东省碳排放管理试行办法》、《湖北省碳排放权管理和交易暂行办法》、《杭州市能源消费过程碳排放权交易管理暂行办法》、《天津市碳排放权交易管理暂行办法》、《重庆市碳排放权交易管理暂行办法》。2014 年 12 月 10 日，国家发展和改革委员会发布《碳排放权交易管理暂行办法》，为推动建立全国碳排放权交易市场奠定了法律基础。

3. 低碳标准法

2013 年 3 月 19 日，国家发展和改革委员会发布《低碳产品认证管理暂行办法》，建立了低碳产品认证制度，实行统一的低碳产品目录，统一的标准、认证技术规范和认证规则，统一的认证证书和认证标志。

4. 减缓气候变化法

减缓气候变化立法包括清洁能源法、产业法和增汇性立法，主要包括：《可再生能源法》、《节约能源法》、《清洁生产促进法》、《循环经济促进法》、《森林法》、《农业法》。

5. 适应气候变化法

与适应气候变化有关的立法主要涉及《环境保护法》、《大气

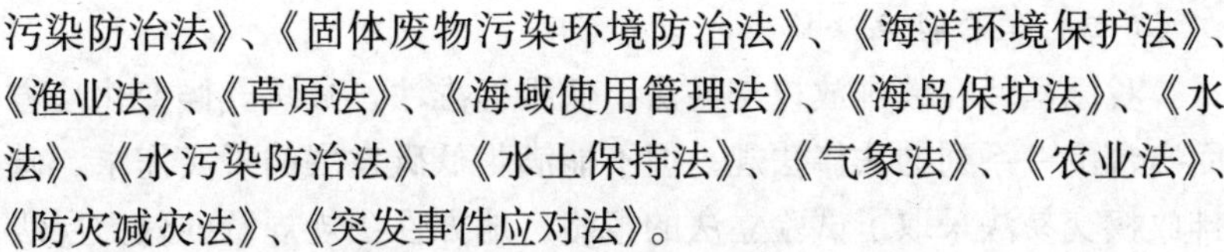

污染防治法》、《固体废物污染环境防治法》、《海洋环境保护法》、《渔业法》、《草原法》、《海域使用管理法》、《海岛保护法》、《水法》、《水污染防治法》、《水土保持法》、《气象法》、《农业法》、《防灾减灾法》、《突发事件应对法》。

（二）气候风险管理目标模式有待法治化

虽然我国的减缓气候变化法和适应气候变化法涵盖了应对气候变化的诸多领域，规定了不少利于气候变化应对的制度和措施，但是这些与气候变化相关的立法在立法宗旨上，并没有反映出国家应对气候变化的新要求，有待于进行立法体系化技术整合，使之形成控制温室气体排放与适应气候变化协同的气候变化风险管理法律保障制度；需要在基础性立法的统领下，整合应对气候变化相关领域的法律制度措施，来构建气候变化风险管理框架，提升气候变化风险管理的水平。

三、我国应对气候变化法律制度的不足

（一）基本法依据不足

一部应对气候变化基本法不仅有助于使应对气候变化法律体系内部各组成部分形成有机协调、相互配合的体系，为气候变化管理提供依据，而且能够统领包括适应气候变化法在内的各气候变化应对领域的综合性立法，可以为气候变化立法提供理念指导和制度框架。

我国目前正在着手制定《应对气候变化法》，该法在制定的过程中面临着立法定位的选择，正在软法与硬法、基本法与综合法之间进行立法论证。应对气候变化基本法的理念、价值、目标、原则和法律机制制度，是气候变化立法的题中之意。气候变化应对需要在气候科学评估与社会建构之间建立气候风险的法律管理框架，明确政府、公众、企业等利益主体的义务责任，使得气候变化风险管理融入社会经济发展的各个领域，引领生态文明建设。因此，有必要将《应对气候变化法》定位为应对气候变化基本法，统领各领域的立法。

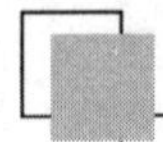

（二）综合性立法缺位

我国虽然在碳排放权交易法、低碳标准法、减缓气候变化法方面出台了一系列的法律法规，但不能满足低碳发展的现实需求，碳排放权交易法采取了试验立法的策略，地方性法规规章的效力层级低，未来区域碳交易的市场拓展会增加利益平衡的难度，需要跨区域或全国性的碳交易立法来予以保障规范。而碳税立法作为碳价格法律规制的重要工具，尚未纳入到我国现有的税制体系中。未来碳税的引入，意味着碳市场定价的法律规制会更加复杂，需要综合的低碳管理制度来予以动态评估协调。低碳标准法除了低碳产品认证标准之外，还包括碳足迹的盘查、碳标签、重点行业增量的碳排放绩效标准、低碳产业园区示范标准、低碳城市示范标准、低碳社区示范标准、低碳技术产业推广的标准等。我国当前需要考虑制定低碳经济促进法，以低碳市场激励制度为核心，温室气体排放统计、核算与报告为能力建设的重点，以目标责任评价考核制度和低碳标准制度为保障，推动全社会形成低碳发展为目标导向的倒逼机制。

在低碳能源立法和政策制定上，立法缺乏体系化，出台的政策和法律之间缺乏协调性和配合性。节约能源法、可再生能源法、煤炭法并不能为控制能源消费、改善能源结构提供真正的制度保障。煤炭法在煤炭的清洁利用上缺少有效的激励约束机制，不能有效引导低碳消费，对煤炭的消费居高不下，产业结构不合理，高耗能、高排放行业在工业中的比重偏高，节能减排能力和手段不足，使得煤炭消费总量控制成为现实难题。整体上，节能减碳的压力越来越大，有关低碳政策依靠政府的强力推行，但在实践中却达不到整体减排的效果。节约能源的制度和低碳减排的制度之间缺少有效的协同和衔接，市场激励不足，加大了制度实施的成本。

1. 低碳发展法律制度不完善

（1）促进低碳发展的专门立法缺失。从立法形式上看，与低碳发展相关的法律能梳理出来不少，这些法律都是在其有限的调整范围内发挥其低碳发展促进的作用。当前我国要实现经济发展方式转

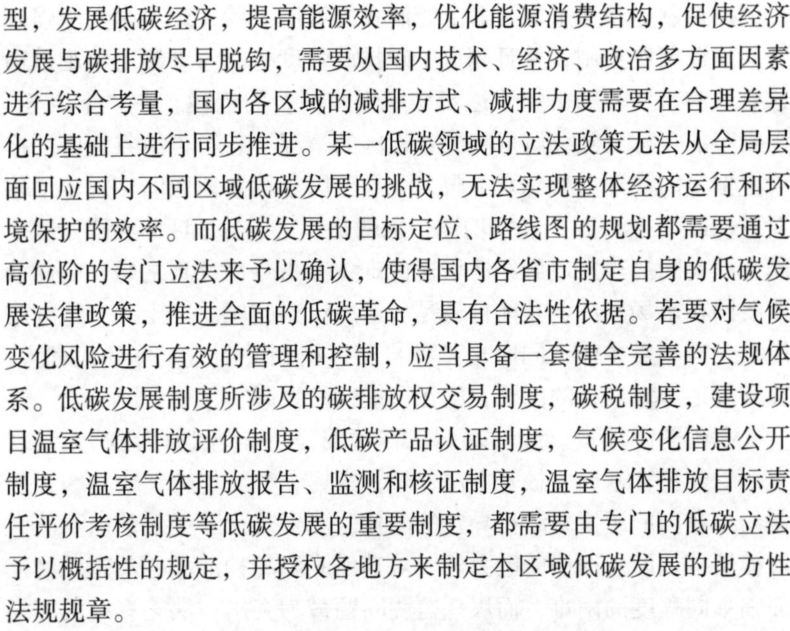

型，发展低碳经济，提高能源效率，优化能源消费结构，促使经济发展与碳排放尽早脱钩，需要从国内技术、经济、政治多方面因素进行综合考量，国内各区域的减排方式、减排力度需要在合理差异化的基础上进行同步推进。某一低碳领域的立法政策无法从全局层面回应国内不同区域低碳发展的挑战，无法实现整体经济运行和环境保护的效率。而低碳发展的目标定位、路线图的规划都需要通过高位阶的专门立法来予以确认，使得国内各省市制定自身的低碳发展法律政策，推进全面的低碳革命，具有合法性依据。若要对气候变化风险进行有效的管理和控制，应当具备一套健全完善的法规体系。低碳发展制度所涉及的碳排放权交易制度，碳税制度，建设项目温室气体排放评价制度，低碳产品认证制度，气候变化信息公开制度，温室气体排放报告、监测和核证制度，温室气体排放目标责任评价考核制度等低碳发展的重要制度，都需要由专门的低碳立法予以概括性的规定，并授权各地方来制定本区域低碳发展的地方性法规规章。

(2) 促进、推动、保障低碳发展的制度相对混乱，没有形成有机的、相互配合的制度体系。虽然依靠国家发展和改革委员会等部门规章的制度创新，我国已经开始实行低碳产品认证制度，温室气体排放统计、核算与报告制度，温室气体自愿减排交易制度，并在部分省市试点开展碳排放权交易制度，部分省市出台了地方性法规规章来实施碳排放权交易试点，这些制度主要依靠政策来推进实施，没有通过统一的法律、行政法规来加以确立。立法者往往采取“成熟一个，制定一个”的立法策略，并没有急于先行制定高位阶立法来确认。但是实践中就会出现低碳制度的具体操作实施依靠大量的国家及地方政策，地方政府在推行低碳改革的过程中，常常会陷入法律依据不足的困境中，难以用法治的方式来协调诸多复杂的利益关系。这一方面影响了制度的有效性与合法性，另一方面使得制度的统一和配合协调受到影响。

(3) 缺少能源消费总量控制的配套制度措施。我国当前能源生产消费控制更多地采取了命令控制式的管制手段，政府多实施强制性的能源消费控制，并且侧重于碳排放强度控制，管制对象难以通过有效的市场激励机制来逐步摆脱煤炭消费的依赖。在“十二五”国家节能目标已经分解落实到各地区的情况下，若再给各地区严格设定偏紧的能源消费总量上限，无异于国家给各地区间接规定了相对较低的“十二五”经济增速，也就是规定了各地区的经济发展空间。如此间接规定地区经济增速值难免有指令性计划之嫌，由此涉及我国在市场经济上是前行还是后退的深刻问题。三十一个地方政府是强势利益主体，同时也是各自辖区内相关利益主体的代言人，在涉及地方发展权的问题上绝无可能轻易妥协。

我国能源计量、统计基础工作薄弱是一个客观存在的无奈现实，受到核算基础、核算方法、核算意愿、核算能力等诸多因素的制约。我国能源消费结构导致的能耗监测困难。除了目前尚不能大规模储存、即发即用的电力外，对其他能源品种消耗的动态监测都面临不同程度的困难，而煤耗监测问题最为突出，缺乏有效的能耗调控机制与手段。目前被寄予厚望的固定资产投资项目节能评估制度，未必就是能耗调控的有效工具。节能评估在能耗调控功用上的缺陷主要有两点：一是节能评估用于调控能耗存在时滞，即使能够有效实施，其所调控的是远期，而非当期和近期能源消耗。二是节能评估旨在控制新建项目的能效指标，对项目能耗限于相对控制，而非绝对控制；项目建成投运后的产量、能耗高出设计值的情况并不罕见。

（4）低碳技术产业化的法律促进制度不健全。低碳技术可分为三个类型：一是减碳技术，是指高能耗、高排放领域的节能减排技术，煤的清洁高效利用、油气资源和煤层气的勘探开发技术以及节能 LED 技术等；二是无碳技术，核能、太阳能、风能、生物质能等可再生能源技术；三是去碳技术，比较典型的就是二氧化碳捕获与封存（CCS）。

为了推进低碳技术产业化和低碳产业园区建设，应加强相关资源、能源和环境领域的立法，进行园区土地规划，设置碳排放交易、碳税、低碳产品标识等弹性化法律机制，强化低碳技术的知识产权保护，设立低碳技术标准、设置合理的碳排放监控程序和责任机制；低碳技术存在成本和能耗高、长期安全性和可靠性有待验证等问题，开展试验示范既有助于通过实践来解决该技术发展中存在的各种问题，也是该技术走向规模化和商业化应用、发挥其大规模温室气体减排潜力的必经环节；推动捕集所获的二氧化碳实现多方式、多渠道的资源化利用，提高试验示范项目经济效益；不断拓宽资金渠道，鼓励企业自筹资金和多方面融资，逐步探索对企业投资碳捕集、利用和封存试验示范项目在信贷、价格、土地使用等方面的配套支持；加快形成政府鼓励引导、企业投入、多方面参与的碳捕集、利用和封存试验示范资金保障体系，着力带动相关产业的发展；研究制订涉及该技术工业规模应用以及产业化、商业化推广的工程规范和标准；加强对碳捕集、利用和封存的效果、安全和环境影响评价，强化长期安全、环境风险的评估和管控，构建并完善相关安全标准和环境监管规范体系；积极参与和引导碳捕集、利用和封存国际标准和规范的制定。

2. 气候适应管理制度供给不足

一方面，气候变化带来的风险对人类社会和生态系统的发展产生影响；另一方面，人类社会发展中的社会经济路径、适应和减缓行动以及相关的治理行动又影响气候变化带来的风险，人类社会可以采取适应行动缓解风险，同时人类社会的发展路径特别是减缓选择又会改变人类对气候系统的影响程度，进而减少气候变化带来的风险。这几个方面的耦合互动形成了闭环系统，描述了人类社会的发展与气候变化及其带来的风险之间的基本关系，为应对气候变化提供了新的理念框架并对适应问题作了清晰的定位。IPCC 第五次评估第二工作组报告《气候变化 2014：影响、适应和脆弱性》以气候变化的风险为核心理念，对适应气候变化相关需求、选择、机会、约束和局限性进行了系统全面的论述。这些理念论述为气候变

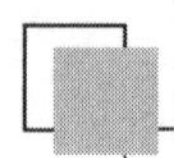

化适应问题的应对构建了理论框架。通过气候变化风险管理，能够实现对适应成本、资金、投资的定量定性评估。适应措施大致归为三类：针对暴露度和脆弱性的措施，如预警系统、改善民生、基础设施；增量调整型措施，如新型农作物品种、建筑标准的控制；转型类的措施，涉及整个政治、经济和社会系统转型，以提高整体适应气候变化的能力。

（1）适应气候变化的体制机制有待法治化。《国家适应气候变化战略》的出台，明确了适应的目标、原则、优先领域，需要由专门的气候变化科学咨询委员会负责对国家、区域的气候变化风险进行评估，有关行使气候变化行政权力的政府部门来具体地确定风险管理的不同方案。按照适应性管理的原则，在决策过程中引入利益相关者的广泛参与，实现气候变化科学与民众参与的有效协商和互动。在我国没有通过立法确认气候变化科学咨询委员会的法律地位，国家和地方以及各部门之间缺少明确的综合协调机制来保障适应气候变化工作的开展。

（2）缺少协同融合的一体化战略定位。气候恢复路径和转型是包括适应和减缓在内的、降低气候变化风险的可持续发展之路。一方面要通过减缓将气候变化控制在适应可控的极限范围内，另一方面，也需要充分考虑适应与减缓之间存在显著的协同效益。适应气候变化应当是减缓气候变化的目的，适应气候变化需要在区域气候风险应对的过程中，提高人类社会和生态系统的恢复力，降低脆弱性。适应与减缓之间、适应与极端事件及自然灾害风险的管理之间、适应与生态环境保护之间是融合的。气候变化的政策相关性反映了气候变化应对措施与其他政策之间的协同性，需要以风险管理的动态利益平衡来实现风险规制。我国气候变化政策法律的实践中，存在着重节能减排轻适应气候变化的认识误区。在低碳发展的规划制定中，强调低碳产业和能源结构的调整，对于通过生态系统服务来推动可持续发展目标的实现缺少系统认知。普遍存在能源法就可以实现气候变化立法目的的误解，认为只要实现了能源的可持续利用和供给，就可以有效应对气候变化。这种认识混淆了能源法的立法目的和气候变化法的立法目的，维护能源安全是能源法的立法目的。能源安全需要通过提高能源效率和增加能源供应保障能源供应安全。尽管环境安全被纳入能源法的立法价值中，形成了能源法的生态化，但保障能源供应安全仍然是能源法的首要目的。能源法中的制度措施只能作为气候变化应对措施中的一部分，并不能在立法目的上实现气候变化与可持续发展的目标融合。

（3）适应气候变化规划没有融入相关领域的法律实施中。现有的有关适应气候变化的立法，在实施过程中，政府作为义务责任的履行者通过制定相关生态保护、农业、城市发展、海岸带、自然灾害防治与应急等管理规划，根据不同区域不同情境设定阶段性的管理目标和功能定位。这些规划在制定的过程中，普遍存在对气候变化的因素考虑不够，缺少气候变化风险认知能力。适应的具体措施涉及范围和影响因素广泛，从个体到政府，各级各区域参与者在适应的规划和实施中发挥互补作用。国家政府通过各级地方政府协调适应行动，建立法律框架，保护脆弱群体，提供信息、政策框架和财政支持；同时地方政府和私营部门也在促进社区和家庭适应、记载管理风险信息和融资方面发挥作用。但也存在妨碍适应规划及其实施的诸多因素，包括预估影响的不确定性、有限的财力和人力资源、不同治理层面的整合或协调不足、对风险的不同认知、政治制度的响应程度、监测适应有效性的工具有限等。作为一项复杂的社会系统工程，适应气候变化需要在不确定的风险情景下对气候变化的风险进行有效持续的管理。不同的有关适应气候变化的立法所涉及的自然保护、资源管理、灾害预警与应急管理，均亟须引入适应气候变化的适应性管理来统一全面应对气候变化。

（4）适应气候变化融资法律机制不能满足适应需求。气候变化所造成的损失和损害通过传统的诉讼渠道主张，遇到了难以克服的诉讼局限；设立气候变化基金、气候变化保险等气候变化的融资制度成为适应气候变化融资的未来方向。适应气候变化的相关活动具有社会效益大、经济效益小、投资需求大、投资回报小等特点，不利于吸引私营部门投资。公共部门的资金成为适应气候变化资金的主要来源，主要通过设立专项基金、向地方转移支付等方式支持各地方和各部门开展形式多样的能力建设和适应行动。丰富我国适应气候变化投融资渠道，将成为我国适应气候变化融资法律机制发展的趋向。

第三节　中国应对气候变化法律体系的完善

完善我国应对气候变化法律体系，应当从基本法统领、气候变化应对措施的规范效力确认与法治化路径选择、面向政府激励的地方气候变化法律治理体系完善三个方面展开，借鉴国外立法经验，考虑中国现实国情和应对气候变化实践的现实需求。

一、基本法统领

在现有的法律体系下，通过制定或修改相应效力层级的立法，形成一个包括法律、行政法规、部门规章、地方性法规规章所构成的完整的应对气候变化法律体系。

在法律层面，应尽快制定应对气候变化基本法。通过应对气候变化基本法的制定，将应对气候变化的重要基本理念、基本原则、基本制度确立下来，统领我国应对气候变化法律体系。

（一）基本法模式选择的必要性

目前，英国、日本、韩国、墨西哥、菲律宾等国已经制定并发布了各自的应对气候变化的国内立法。英国于2008年颁布实施了《气候变化法案》，日本于1998年颁布实施了《全球气候变暖对策基本法》，韩国于2009年颁布实施了《气候变化对策基本法》，墨西哥于2012年颁布了《气候变化基本法》，菲律宾于2009年颁布了《气候变化法》。此外，德国、法国等国也正在酝酿自己的应对气候变化国内立法。可以看出，无论是发达国家还是发展中国家，都将制定应对气候变化的国内立法作为本国应对气候变化的重要举措之一。虽然发达国家与发展中国家在各自的应对气候变化国内立法中，关注的重点内容并不完全一致，如发达国家较为关注规定各自的温室气体减排目标、减排时间表、碳排放贸易和碳预算等内容，而发展中国家则没有规定强制性的减排目标和减排时间表，而侧重于规定温室气体减排的国家战略与计划、管理体制和温室气体排放量报告制度等，但这并不影响世界各国根据本国国情制定各自的应对气候变化国内立法，同时也说明发展中国家制定并实施气候变化国内立法与是否承担强制性国际减排义务没有必然联系。可见我国作为最大的发展中国家，同时作为一个碳排放大国，确实有必要尽快制定自己的《应对气候变化法》，为全面开展应对气候变化工作提供系统的法律依据。

我国气候变化立法应当选择综合性的基本法模式。首先，我国区域气候变化及其影响复杂、脆弱性高，易受气候变化不利影响的区域众多，水资源匮乏、干旱、水土流失更是加剧了我国气候变化的风险。回应气候变化的挑战，需要将气候变化的科学认知与大众认知有效结合，全社会共同应对气候变化的巨大挑战。其次，气候变化所涉及的领域在空间范围上具有大尺度的特征，传统的部门法只能在本部门法调整范围内发挥应对气候变化的作用，需要综合性的气候变化立法构建统一的风险评估和管理机制体制，发挥整体协同作用。再次，气候变化的应对以区域的气候变化规划中利益衡量为基础，在适应气候变化过程中，需要融合减缓、灾害风险管理、环境保护、公共卫生健康等领域，需要气候变化法所规定的基本原则、管理体制和基本制度来保障实施。最后，现有分散规定在其他立法中的应对气候变化法律，在缺少统一应对气候变化立法目的的统领下，不可避免地会出现立法不协调、交叉重复，甚至冲突的情况，需要综合性的气候变化基本法予以协调和统领。

在起草应对气候变化基本法的过程中，不可能也没有必要将气候变化领域的所有问题都寄希望于应对气候变化基本法来解决，这

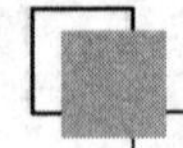

部应对气候变化基本法所应当解决的仅仅是气候变化法律实践中具有关键性、全局性、其他有关气候变化立法所不能解决的问题。

（二）软法还是硬法

应对气候变化立法和气候变化政策密切相关，气候变化立法为气候变化政策的制定和评估提供了决策体制和机制，利益相关者的决策参与和利益表达，使得气候变化治理成为立法保障的重要目的。软法的公共治理功能意味着应对气候变化立法的基本原则设计和制度构建应当以实现气候变化多元利益主体的利益协调和利益整合为着眼点，在过程性的风险管理中实现动态利益均衡。但减排温室气体、适应气候变化、资金支持以及技术开发和转让应当确立可测量、可报告、可核查的监督执行机制来保障气候变化应对措施的实际效果。此外，气候变化损害赔偿责任制度要求气候变化立法重视设计损害救济制度。因此，应对气候变化立法应当具有硬法的特征。

（三）基本法的立法目的条款

根据上文对应对气候变化立法目的范围的分析可知，气候变化法律权利保障、履约、气候变化应对国家权力配置与权限划分、协同合作、低碳发展构成应对气候变化立法目的体系。气候变化法律权利作为设定国家应对气候变化行政权力和职责、全社会合作应对气候变化的义务以及气候变化损害赔偿责任的价值衡量标准，保护人类社会和生态系统不受气候变化风险损害，反映了气候安全权、气候发展权、气候公平权的法价值观，隐藏于立法规则中，贯穿于立法、执法、司法、守法的全过程。履行《公约》的国际法律义务是气候变化立法的初级目的，《公约》的基本原则和基本制度需要通过国内立法予以转化，方能有效实施。同时中国作为负责任的大国，未来承担减排温室气体的国际法律义务需要《公约》所确立的新的公平的国际气候变化协议达成作为前提。其中发达国家国际气候变化资金援助和技术转让的义务履行是关键。有效规制减缓和适应气候变化行为，达到降低社会发展的碳依赖和减少生态稀缺性的目标是制定应对气候变化立法的直接目的。这一点体现了应对气候变化的独特功能定位。为了实现这一直接目的，需要建立起一整套应对气候变化的国家权力体制，政府在气候变化规划行政过程中，作为多元利益的协调者和引导者，通过风险评估与风险管理，规制应对气候变化法律关系中利益相关者的各种行为，在多元主体协同合作中实现利益共进。这一气候变化的公共治理成为气候变化立法的核心内容。低碳发展的目标任务既包括发展低碳经济，也包括构建低碳社会，成为气候变化政策总体目标的立法宣示。《应对气候变化法》的立法目的可以作如下规定：为了预防和控制气候变化对人类和生态环境造成的不利影响，保护人体健康、财产安全和生态安全，促进经济社会的低碳发展，特制定本法。本法目标如下：一是履行《公约》义务，控制温室气体排放，适应气候变化；二是建立应对气候变化行政管理体制，设立气候变化委员会；三是加强全社会和生态系统适应气候变化的能力；四是明确政府、企业、公众的义务，共同为应对气候变化作出贡献。

（四）基本法的立法框架结构

根据我国气候变化风险应对的需要，借鉴气候变化国际法的规定和国外应对气候变化立法的经验，《应对气候变化法》的框架结构如下：

第一章，总则。总则部分应当包括立法目的、适用范围、主体义务、基本原则和基本制度。明确政府、企业、非政府组织、公众在应对气候变化中的法律义务和责任，将风险预防原则、适应性管理原则、排放者和环境受益者付费原则、协同合作原则作为基本原则。基本制度包括气候变化风险评估制度，气候变化规划制度，碳排放权交易制度，温室气体排放测量、报告与核查制度以及低碳产品认证制度。

第二章，应对气候变化工作体制。明确国家应对气候变化的体制、机构及其职责。以国家发展与改革部门作为应对气候变化的主管部门，能源、环境保护、林业、农业、水利、国土资源、气象等

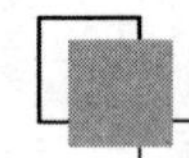

相关部门在各自职责范围内负责应对气候变化的相关管理工作。建立跨部门的应对气候变化综合协调机制。设立国家气候变化委员会作为气候变化的科学咨询机构，明确其气候变化风险评估的职责范围。

第三章，政府应对气候变化义务与责任。明确政府及相关部门在应对气候变化方面的基本义务和责任，并建立具体的制度。主要包括气候变化风险评估制度，气候变化规划制度，气候环境影响评价制度，能源消费总量控制制度，碳排放报告、监测、核查管理制度，气候变化科技与教育扶持，气候友好型技术开发与转让。建立对地方政府及相关部门的应对气候变化监督机制，包括气候变化工作年度报告、地方政府节能减碳目标责任制、节能减碳考核。建立对地方政府及相关部门气候变化工作履职情况的社会监督机制，主要针对一般公众、环保 NGO、媒体和专家四类群体，具体制度包括气候变化立法与决策中的公众参与、气候环境影响评价中的公众参与。

第四章，能力建设与保障。建立气候变化投入保障机制，对财政、技术、人员、组织、政策等方面的投入和保障作出制度化的规定，保证基本的低碳行政能力，具体包括碳税、碳排放权交易、气候变化公共预算、气候变化损害责任保险、气候变化补偿基金、气候变化机构的标准化建设。

第五章，法律责任与奖励。明确规定对违反法律规定或没有完成法定任务的国家机关及其直接责任人的法律责任，涉及责任种类、责任方式、责任条件和问责程序等。同时这一部分应对违反该法义务性规定的行为分别规定处罚条款，对完成任务及成效突出的机关予以表彰，并给予政绩考核、财税、项目审批、经济发展等方面的优惠与支持。

附则。包括生效时间、法律对气候变化的定义解释，包括减缓、适应、气候变化风险评估等术语的解释，该法与其他法的适用关系。

(五)应对气候变化基本法的主要内容

1. 关于管理体制和机构设置

在管理体制上，国家设立气候变化跨部门协调委员会，成员包括国家发展和改革委员会、环境保护部、水利部、农业部、交通运输部、教育部、财政部、国家能源局等有关部门。其职权范围包括协调中央国家机关各部门的政策和行动，制定和实施适应气候变化和减缓气候变化的国家政策，提出全国性的碳排放权交易实施方案。气候变化跨部门协调委员会依法授权由国家发展和改革委员会履行职责。

设立气候变化委员会作为常设咨询机构，为气候变化跨部门协调委员会提供决策咨询。其成员来自政府、私人部门、科研院校、非政府组织，使得咨询机构能够反映各方意见，确保气候变化政策和行动获得广泛支持。设立气候变化研究院作为专门的气候变化科研机构，负责气候变化政策的制定和评估工作。其主要职责包括：促进、协调与国家气候变化政策有关的科学技术研究；起草、实施和评估气候变化国家政策；参与相关金融、财政等资金保障机制的设计；组织起草中国作为《公约》缔约方的国家信息通报；编制温室气体排放清单；促进气候变化的教育和培训。

2. 关于气候变化风险评估的规定

气候变化风险评估是防止气候变化对人类和生态系统造成不利影响的最核心的措施，是风险预防原则和风险预防制度的实施方式之一。气候变化风险评估制度是对气候变化及其影响进行评价和预测，从而为采取科学应对气候变化政策和措施提供指导的一系列法律规范组成的有机整体。气候变化风险评估应当规定两方面的内容：一是风险识别确定安全等级，根据不同等级采取不同的评价要求；二是既评估气候变化的危害性，还要评估生态系统和人类社会的脆弱性。综合评估危害性和脆弱性，对气候变化风险进行综合评估。主要包括对单一部门与多部门的影响，识别可能受损和受益的部门；综合评估气候变化导致的经济、社会、环境影响，并权衡各领域的利弊；对气候变化影响进行区域关联分析等。

3. 关于碳排放权交易的规定

碳排放权交易包括强制减排基础上的总量控制下配额交易模式和自愿减排基础上的基线与信用模式。鉴于我国近年来已经展开这两方面的试点，并以碳交易作为发展低碳经济的重要制度，应当在《气候变化法》中对碳交易的主体、交易平台、监管主体、核证主体、温室气体排放报告主体的权责作出相应规定，对跨区域的碳市场连接和自愿减排市场和强制减排市场的对接作出规定。

4. 关于应对气候变化规划的规定

应对气候变化规划包括国家气候变化战略、气候变化专项规划、有关省市的气候变化规划。以国家气候变化战略为中心，制定减缓气候变化政策和适应气候变化政策。在此基础上进行气候变化专项规划并由省级或地市级地方政府根据区域地方的气候变化影响和脆弱性的情境来进行地方气候变化规划。气候变化风险评估为应对气候变化战略和规划的编制提供了科学依据。应对气候变化战略的内容涉及诊断与评价国内政策措施，评估和诊断区域、生态系统、基础设施、生产部门和社会团体的脆弱性和气候变化适应能力，土地和资源利用变化趋势与建议，包括土地用途改变和水资源利用；诊断国内排放和优先行动领域的最大减排潜力等。应对气候变化规划是实施应对气候变化战略的阶段性行动方案。应对气候变化规划应当在规划期内确定应对气候变化的基本原则、基本任务、政策措施等事项，并与环境保护、水资源、能源利用等规划相协调，根据区域气候变化风险评估来进行适时的调整。

5. 关于气候变化基金的规定

规定气候变化基金的来源、使用和管理。气候变化基金的设立旨在应对气候变化，吸收公共、私人、国内和国际的资金，使得有关适应的行动优先获得支持。基金主要用于适应气候变化的行动，特别是国内最脆弱的群体；根据区域应对气候变化战略和规划所确认的优先的行动领域；气候变化战略、规划、方案所支持的相关研

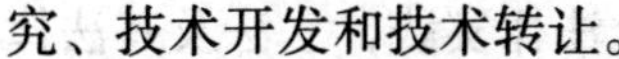

究、技术开发和技术转让。

6. 关于气候变化信息公开的规定

政府、企业、公众等应对气候变化的主体在获得相关信息的基础上才能作出正确决策。应当确定主体在收集、发布和获得相关信息方面的义务。政府有义务建立气候变化信息数据系统，向社会公布有关信息和应对气候变化的战略、规划和评估报告。企业有义务公布有关温室气体排放量、产品能耗。气候变化信息公开需要明确具体的范围、方式和程序。

7. 关于气候变化损害赔偿的规定

《公约》及《京都议定书》等气候变化国际法并未对气候变化造成的损害赔偿问题作出明确规定。气候变化损害赔偿责任的构成不同于其他环境侵权赔偿责任，应当在《应当气候变化法》中规定损害赔偿制度，为气候损害索赔提供法律依据。同时可以促使温室气体排放者将气候变化风险纳入到自身风险管理中，通过气候变化损害责任保险、气候变化补偿基金来实现责任的分担。

二、气候变化应对措施的规范效力确认与法治化路径选择

通过前文的现状梳理可知，我国当前已经通过法规政策着手推行碳排放管理制度创新，建立起区域性碳排放权交易市场。碳排放权交易作为应对气候变化、控制温室气体排放的市场激励型工具，在碳市场建立过程中需要在试点地方由地方政策法规来确立合法性，而随着碳市场的培育和拓展，改革需要有国家层面的立法作为依据。应对气候变化的诸多措施涉及技术、资金、工程等方面，节能减碳措施和生态保护、自然灾害应对措施分散于地方层面的政策法律体系中。相关的应对措施在环境保护法、煤炭法、电力法、自然资源法、防灾减灾法等国家立法中可以找寻到有关具体法律条款，但是这些措施无法形成系统的应对气候变化工作协调机制。国家层面尚未出台相关的具体法律法规，缺乏确保地方政府执行的强制、激励措施。不管是控制温室气体领域的低碳能源促进措施，还是适应气候变化领域的资源适应性管理措施，都需要对其进行合法

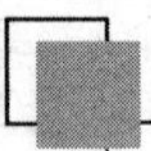

化并确保执行的效力。展望我国气候变化法律实践，立法及其法律效力的实施保障是相辅相成的，从气候变化立法的体系完善到气候变化法律治理的实效展现，是将相关规定从字面上的规定，落实到应对气候变化的现实行动中来。通过阶段性的目标设定与绩效检验来构建应对气候变化法治化的路线图。阶段性目标的设定涉及温室气体排放的具体数量控制、落后产能的限期淘汰、绿色低碳经济发展的指标控制、资源适应性管理和气候灾害管理的情境预测与应急管理。政府激励对于中国应对气候变化措施的规范效力影响更大，其原因在于：①中国向来是行政权占主导的保障型国家，政府的意愿直接影响气候变化公共事务的成败，气候变化应对措施的制度化执行也不例外。②气候变化问题源于经济活动，中国经济最大的动力源在政府。中国经济近三十年来的高速发展，表面上看是经济主体市场竞争的结果，实际上是以地方政府为主体的地方竞争产物。③中国公民社会发育不健全，社会力量薄弱，资源高度集中于政府之手，政府是主要的气候变化应对的推动者，自然资源的公有制使得政府掌握几乎全部的环境社会资源。应对气候变化措施的规范效力实现更加依赖于政府的支持、引导和行动，特别是在一段时期内，需要由政府来调动全社会的资源，推进区域产业结构调整升级，增强全社会应对气候变化的能力，关键点和突破口在于强化政府责任，规范和约束政府行为，通过规划行政决策的合法化，在能源消费总量控制、碳排放强度控制、环境治理、节能等方面使得气候变化应对的措施得以有效实施。当前有关应对气候变化措施的实施方式大致包括三种模式，即政府责任模式、法律强制模式、绩效管理模式。这三种模式是应对气候变化措施得以通过政府的法治行政予以实施的表现形式。其主要区别包括以下三点：一是在规范依据上，是根据法律明确规定，还是借助于战略、政策、命令、规划等规范性文件加以明确；二是在法律效力上，是仅仅针对政府具有约束力，还是针对包括政府、企业、公众在内的所有社会主体具有约束力；三是在实施方式上，是根据法律规定予以强制实施，还是

需要根据总体目标进行分解并进行问责或考核。

《节约能源法》第15条规定："国家实行固定资产投资项目节能评估和审查制度。不符合强制性节能标准的项目，依法负责项目审批或者核准的机关不得批准或者核准建设；建设单位不得开工建设；已经建成的，不得投入生产、使用。"在节能领域，凭借法律规定明确了建设项目评估的前置性法定强制条件，为固定资产投资项目建设划定了法律底线，对政府和社会主体设定了具有法律效力的义务，成为法律强制模式的典型例证。《环境影响评价法》明确规定了建设项目环境影响评价制度，能否根据文义解释，将二氧化碳纳入到环境影响评价制度中就成为法律解释的关键。由于二氧化碳的报告、监测、核查需要监管能力作为配套支撑，因此建设项目二氧化碳排放评价并没有纳入到法律规制中。这就需要通过立法层面的实体制度创新，构建温室气体排放管理体制机制来设定法律义务。

《中华人民共和国国民经济和社会发展第十二个五年规划纲要》和《国务院关于印发"十二五"控制温室气体排放工作方案的通知》确立了国内各省市温室气体排放控制的约束性指标，只对省级政府产生法律效力，对社会主体不产生效力，对政府及其工作人员提出不具有法律强制效力但产生实际问责效果的要求，考核结果作为对各省市人民政府领导班子和相关领导干部综合考核评价的重要内容，形成以软约束力为特征的政府责任模式。具体表现为减排目标的层次分解、考核、问责，实行目标责任制。根据2014年国务院制定并发布的《2014～2015年节能减排低碳发展行动方案》，我国设置能源消费总量控制或煤炭消费总量控制制度，加强预警调控和监督检查。强化地方政府责任。各省（区、市）要严格控制本地区能源消费增长。严格实施单位GDP能耗和二氧化碳排放强度降低目标责任考核，减排重点考核污染物控制目标、责任书项目落实、监测监控体系建设运行等情况。地方各级人民政府对本行政区域内节能减排降碳工作负总责，主要领导是第一责任人。对未完成

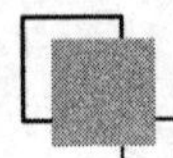

年度目标任务的地区，必要时请国务院领导同志约谈省级政府主要负责人，有关部门按规定进行问责，相关负责人在考核结果公布后的一年内不得评选优秀和提拔重用，考核结果向社会公布。对超额完成"十二五"目标任务的地区，按照国家有关规定，根据贡献大小给予适当奖励。

无论是法律强制模式还是政府责任模式，都反映了我国近年来应对气候变化现有措施通过法律促进或是政府责任推动予以实施，但是过分强调行政手段的运用，容易忽视市场化机制，难以形成推动低碳发展的长效激励机制，社会公众参与的渠道不畅，容易出现政府失灵的情况。需要在城市与区域气候变化规划决策中引入气候风险管理模块，建立气候变化风险评估与监测体系，加强对气候变化风险及应对能力的研究与评估；通过政府采购气候变化监测服务，建立气候变化监测指标体系，监控气候变化对基础设施可能产生的影响。我国处于低碳城镇化的发展进程中，城市与区域规划的编制与实施应在气候变化法治的轨道上，建立应对气候变化风险管理的跨部门的综合措施，通过多个政府部门、社会公众、科研机构与企业之间的广泛合作，达到更好的应对气候变化风险管理的效果，形成绩效管理模式。而绩效管理模式的形成在时空维度上依靠城市与区域规划的过程性治理。因此，在通过法律解释论层面的部分应对气候变化措施进行制度确认的基础上，还应当根据立法论的视角，对我国相关法律体系的缺陷进行分析与矫正，需要从实体和程序两个方面，有针对性地在相应领域进行法律修改和制度完善，提升气候变化应对措施体系的法治化程度。

（一）实体法规则的完善

1. 制定促进低碳发展的综合性立法，改革低碳管理体制机制

低碳发展立法是建立低碳发展制度体系的重要内容，应从生态文明建设的高度审视我国低碳发展相关的法律法规，进行战略性立法和整合，发挥法律在低碳发展中的引领、规范、促进、保障作用。通过低碳发展综合性立法，构建低碳发展的制度体系。

（1）通过分阶段对各地区及重点行业制定温室气体排放总量控制目标，公平合理的分配区域碳排放权，有效应对碳泄露，实现温室气体排放总量的有效管理。

（2）建立温室气体排放许可制度，控制和约束温室气体排放单位的行为，实现对排放存量的有效管理。

（3）建立建设项目温室气体排放评价制度，控制温室气体排放增量。

（4）建立系统的温室气体排放统计、核算、报告、核证制度，将温室气体排放基础统计指标纳入政府统计指标体系，建立包括能源活动、工业生产过程、农业、土地利用变化与林业、废弃物处理等领域的温室气体排放清单编制和碳排放核算的基础统计体系，实施重点排放单位温室气体报告制度，建立重点企业温室气体排放监测信息平台，建立温室气体排放监测、核证机构准入制度，推进政府购买社会第三方提供的温室气体排放监测服务，设定控排单位自行监测温室气体排放义务，盘查碳足迹，鼓励控排单位与第三方通过委托代理或服务合同，由第三方监测核证控排单位的温室气体排放量，规范控排单位与监测、核证第三方的委托代理或服务合同关系，厘清其法律责任。

（5）建立温室气体排放目标责任和考核制度。强化政府责任，努力完成控制温室气体排放的各项主要任务。

（6）建立低碳产品标准、标识与认证制度。制定重点行业温室气体排放国家标准，鼓励行业协会制定严于国家或地方的行业温室气体排放标准。

从立法协调方面，应对气候变化基本法统领低碳发展促进法、环境法、低碳能源法、碳排放权交易法、低碳标准法。低碳发展促进法旨在谋求应对气候变化与经济社会发展的双赢，通过低碳法律制度的体系化整合创新，实现能源利用的低碳化，使得经济社会发展逐步摆脱碳依赖，完成去煤化的能源经济发展转型。能源利用的低碳化，使得能源法与环境法在调整对象上出现重叠交叉，能源法

的立法目的就将能源的生态化利用纳入其中，与“保护和改善环境，防治污染和其他公害，保障公众健康，推进生态文明建设，促进经济社会可持续发展”的环境保护法立法目的达成契合点。为实现控制温室气体排放与大气污染的协同控制，推进生态文明建设的具体制度创新提供了法律依据。低碳发展促进法应当与现有相关能源立法和环境立法衔接，包括煤炭法、节约能源法、可再生能源法、电力法、循环经济促进法、清洁生产促进法。通过碳排放权交易法和低碳标准法，发挥市场在低碳资源配置中的决定性作用。

2. 建立能源消费总量控制制度，完善能源统计、核算制度，加强能力建设和保障，分区域分阶段推行能源消费革命

鉴于能耗总量控制实施面临的诸多难点难以在短期内得到妥善解决的局面，笔者建议在该新政实施的前期，国家设定的能耗总量控制区间性目标只是作为导向性目标、不作为约束性目标直接分解到地区；各地区可根据国家设定的导向性目标，设定各自的能耗总量控制区间性、导向性目标。待将来相关条件和时机成熟后，国家可考虑将导向性目标转为约束性目标，并分解落实到各地区。

政府部门应做好能源计量和统计、能耗核算方法的统一与完善、机构和人员能力建设等基础性工作，为能源消费总量控制新政的施行奠定坚实的基础。统计部门应进一步强化实施重点用能企业能源利用状况报告制度，在占全国能耗60%以上的万家重点用能企业强制推广采用具有通用性的企业能源统计分析软件，并组织开展对企业能源统计人员的大规模培训，使之能熟练运用企业能源统计分析工具。国家节能主管部门应与人力资源主管部门协商，尽快建立和推行企业能源管理师制度。政府有关部门应组织开展对重点用能企业能源计量器具配置情况的专项检查，对达不到要求的企业限期整改；对整改仍不合格的企业，应取消其享受国家节能财政、税收等方面的优惠政策的资格，并对企业主管领导问责。

3. 根据国家适应气候变化战略，在重点领域制定适应性管理

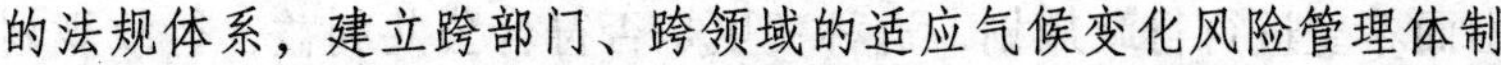
的法规体系，建立跨部门、跨领域的适应气候变化风险管理体制

根据我国2014年出台的《国家适应气候变化战略》，全面构建包括适应目标、机制安排和治理模式等要素在内的适应气候变化长效机制。在气候灾害预警与应急管理方面，气候可行性论证制度、气候灾害防御制度应制定专门立法；在城乡产业规划方面，农业、林业、工业适应气候变化的措施应纳入地方有关气候变化立法和政策行动中；在生态安全方面，生态红线制度虽然在《环境保护法》得以立法确认，但生态补偿、生态修复、生态责任与考核等领域没有配套立法，应制定《生态补偿条例》、《自然保护区法》；鉴于水资源管理与气候变化的密切关系，应制定《水资源管理条例》，作为《水法》的下位法，明确规定用水总量控制、用水效率控制、水功能区限制纳污、水资源管理责任，理顺流域管理和区域管理相结合的水资源管理体制。

（二）程序法规则的完善

在应对气候变化的立法实践中，立法与法律的执行往往难以分清，不少立法的过程是伴随着应对气候变化决策的提出与执行的，如前所述，气候变化风险应当纳入到各级政府的行政规划制定与实施过程中。而与实体法规则的“硬法”相比，政府的规划属于“软法”的范畴，也应当纳入到法治的轨道中。行政规划法治所涉及的领域广泛，包括环保、土地、工业、交通、建筑、农业等方方面面，在程序法层面，我国规划行政制度安排尚存在缺陷，需要强化规划制定与执行的程序规制；需要转变原有的中央政府主导型的城市管理模式，将权力下放至地方政府，使其具有更多的自我管理职责，采取跨部门的综合措施，将执行气候变化应对政策的职责由单一专门机构，扩大至政府所有分支、社会公众、学术界和私人部门；通过完善气候变化信息公开制度，调动社会各界的积极性，使得公众能够参与到气候变化的决策、执行和监督过程中。

健全气候行政规划听证程序，保证公众参与，是气候行政规划过程控制的核心。在听证过程中，行政机关应说明基于何种事实和理由而希望进行行政规划，这种变更是否符合公共利益，行政规划对利益相关者的损害是否小于所试图保护的公共利益，在制定我国的《行政程序法》过程中，明确规定行政规划的裁决必须依据听证会的案卷来进行，遵循严格的“案卷排他主义原则”。

结 论

通过对应对气候变化立法目的的基本概念和方法论的总结和概括，可以发现立法目的具有实证规则体系构造的法技术特征和价值抽象性。尽管立法目的在表面上具有高度的抽象性，但不能将其与立法理念、立法价值相混淆，需要根据原则和制度的工具化实现来把握立法目的的规范性。立法目的确立的重要标准便是以法律关系主体的权利和义务为内容，并通过一定的立法价值选择来评估权利和义务分配的合目的性。气候变化法的立法目的在于融合减缓气候变化和适应气候变化，实现减缓与适应的协同增效，降低社会发展的碳依赖和减少生态稀缺性，这是气候变化立法作为综合实体规则和程序规则法律制度体系的直接目的或初级目的。作为实现区域气候变化善治的利益平衡机制，气候变化的立法目的在于实现以多中心、社会利益本位的区域气候变化公共治理，这是体现气候变化立法本质特征的中级目的。作为通过对利益相关者义务的应然设定和风险责任社会化配置的机制构建，以保障应对气候变化的法益和社会权利，气候变化立法的根本目的在于保障应对气候变化的基本权益，维系生态系统和社会秩序的稳定。应对气候变化立法目的的多元性说明了气候变化立法目的具有层次性并且相互联系，构成一个统一的目的体系。应对气候变化立法目的研究需要以气候法益作为核心概念分析工具，既包括应对气候变化利益调整的价值选择，又涵摄义务本位的气候变化法秩序构建，从而将气候变化立法作为风

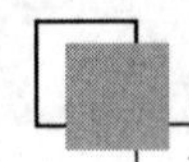

险社会背景下的自组织系统，以求未知中决策过程中利益调整的动态平衡，达致规范上封闭、认知上开放的反身法应对。气候法益证成了气候变化法的正当性和制度构建逻辑，从法理上凸显气候变化立法的必要性。气候变化法在调整气候变化利益的过程中，形成了气候变化法律关系。在气候变化法律关系中，主体和客体之间是内在统一的，与以往法律关系对主体权利义务的设计不同，气候变化法律关系围绕着气候资源系统而展开客体主体化的制度法理构建，形成了气候变化法律权利保护制度和气候变化行政管理制度。在应对气候变化立法目的与环境立法目的的比较分析中可以得出的结论是：环境法的基本范式是生态系统的环境恢复和保持，气候变化法的基本范式是对人类社会和生态系统的适应性风险管理。

作为气候变化立法目的在立法规则设计中的方法性和手段性规则表达，气候变化立法的基本原则体系需要在立法技术的指引下，按照应对气候变化立法基本原则的判别标准予以确立。风险预防原则、排放者付费原则、协同合作原则和适应性管理原则构成了气候变化立法的基本原则体系，共同阐释了气候变化法应当如何通过法律机制的构建来促进气候变化立法目的的实现。其中，风险预防原则和适应性管理原则是有关气候变化基本方法的原则；协同合作原则是通过资金支持、技术支持、能力建设和国际合作等机制应对气候变化的保障性原则；排放者付费原则是有关气候变化利益分配和责任分担的原则，其目的是通过法律的实施促使气候变化多元利益在主体之间的公平分配。

应对气候变化利益调整的基本法律制度作为实现应对气候变化立法目的和基本原则所创设的根本性、基础性的行为规则，需要从主体之间的动态利益协调机制和静态的权利义务配置制度结构的耦合关系来全面审视。各个部门在应对气候变化的技术控制措施方面所采取的方法、流程、模式各不相同，但在诸多部门领域措施中可以从体制制度构建和机制运作方面总结提炼出气候变化风险预防、控制及其损害救济的基础性框架和基本制度模式。气候变化风险的评估与风险因应的综合决策体制和机制，构成了气候变化风险预防制度的基本逻辑理路。自然资源的综合性系统管理和生态服务的功能实现及利益分享，是人类社会及其所赖以存续的生态系统适应气候变化、降低脆弱性、增强具有风险应对弹性恢复力的气候变化安全规制制度要义。应对气候变化信息交流制度、应对气候变化技术开发与转让制度、应对气候变化支持保障制度、资源可持续管理制度，这些制度均需要借助于政府引导、市场激励、公众参与、国际合作的综合性机制耦合来予以实现。气候变化所造成的损害和潜在威胁，侵害了受到气候变化法保护的气候变化法律权利制度，需要在个体损害救济与群体损害的社会性填补方面，对原有的环境法律责任制度进行修正，以因应气候变化新型环境问题所带来的利益救济的法理困境。气候变化损害赔偿责任制度、气候变化损害责任保险制度、气候变化损害补偿基金制度构成了气候变化损害填补责任制度的核心内容。

气候变化影响的区域性特征，放大了气候变化应对中的区域差异、城乡差异，凸显了以提升区域竞争力和追求区域可持续发展为目的的区域气候变化规划制度的核心价值。区域作为应对气候变化的组织单元和空间单元，使得国家气候变化治理的公共性从纵向向横向流动。气候变化法所具有的灵活性和自我评估能力集中通过区域气候变化规划管治来得以体现。在应对区域气候变化对国内区域经济社会发展所形成的风险过程中，规划制定者需要不断协调利益冲突，进行过程性的规划裁量，以实现应对气候变化规划行政的公共利益。通过适用适应性管理战略，在气候风险的未知中作出决策，综合运用多种政策工具实现规划目标，并定期评估规划行为结果，灵活调整以应对不断变化的风险情景，是一种循环永续的过程性制度。减缓气候变化和适应气候变化在区域利益协调中相互融合，使得气候变化应对的不同政策措施能够发挥整体协同效应。作为气候变化应对的基础性政策工具，在国家内部的区域地方规划设计区域碳排放权交易制度，仍然需要以气候变化利益平衡的原则来

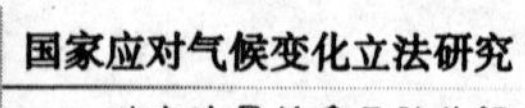

审视区域碳交易的利益整合和利益共进。

应对气候变化立法目的的研究为中国应对气候变化立法提供了中国有效参与全球应对气候变化的时代背景，指引了中国应对气候变化立法进程的发展方向，证成了中国应对气候变化立法的必要性和可行性，厘定了中国应对气候变化法律在立法、执法、司法的法律运行过程中的气候变化法益解释标准，确立了政府、公众、企业等社会主体应对气候变化的行为方式和行动规范。在中国经济社会可持续发展的语境下，中国应对气候变化法律制度体系建构的总体思路、模式选择、实施内容、多元利益主体的权利和义务的设定与分配等要素需要在探求中国应对气候变化立法目的形成与拓展的历史进程中不断推进。对于中国应对气候变化立法目的的分析不能局限于应对气候变化有关立法的立法目的条款进行法条规范分析，而是需要着重思考中国参与全球气候变化的国家利益、中国应对气候变化的总体战略、政策实施方案的过程性规范、重点行业、重点区域的利益衡量等制约中国应对气候变化立法目的的关键性影响因素。这些关键性影响因素将会影响中国应对气候变化立法的发展趋向。中国应当采取综合性的基本法模式，履行《公约》的国际法律义务是气候变化立法的初级目的。有效规制减缓和适应气候变化行为，达到降低社会发展的碳依赖和减少生态稀缺性的目标是制定应对气候变化立法的直接目的。低碳发展的目标任务既包括发展低碳经济，也包括构建低碳社会，成为气候变化政策总体目标的立法宣示，是气候变化立法的间接目的。该法内容应包括总则、应对气候变化工作体制、政府应对气候变化义务与责任、能力建设与保障、法律责任与奖励、附则等方面。在通过法律解释论层面的部分应对气候变化措施进行制度确认的基础上，还应当根据立法论的视角，对我国相关法律体系的缺陷进行分析与矫正，需要从实体和程序两个方面，有针对性地在相应领域进行法律修改和制度完善，提升气候变化应对措施体系的法治化程度。

参考文献

一、中文类

（一）著作类

1. 王灿发、于文轩：《生物安全国际法导论》，中国政法大学出版社 2006 年版。
2. 王灿发：《环境法学教程》，中国政法大学出版社 1997 年版。
3. 曹明德：《生态法新探》，人民出版社 2007 年版。
4. 吕忠梅：《超越与保守——可持续发展视野下的环境法创新》，法律出版社 2003 年版。
5. 吕忠梅：《环境法新视野》（修订版），中国政法大学出版社 2010 年版。
6. 汪劲：《环境法律的理念与价值追求——环境立法目的论》，法律出版社 2000 年版。
7. 汪劲：《环境法学》，北京大学出版社 2006 年版。
8. 张恒山：《法理要论》（第 3 版），北京大学出版社 2009 年版。
9. 唐明良：《环评行政程序的法理与技术——风险社会中决策理性的形成过程》，社会科学文献出版社 2012 年版。
10. 江利红：《行政过程论研究——行政法学理论的变革与重构》，中国政法大学出版社 2012 年版。
11. 刘刚编译：《风险规制：德国的理论与实践》，法律出版社 2012 年版。

12. 金自宁编译:《风险规制与行政法》,法律出版社2012年版。
13. 李广斌:《利益博弈视角下的区域规划转型》,南京大学出版社2010年版。
14. 郭庆珠:《行政规划及其法律控制研究》,中国社会科学出版社2009年版。
15. 丁一汇:《中国气候变化:科学、影响、适应及对策研究》,中国环境科学出版社2009年版。
16. 林伯强:《城市碳管理工具包》,科学出版社2011年版。
17. 杨兴:《〈气候变化框架公约〉研究:国际法与比较法的视角》,中国法制出版社2007年版。
18. 陈慈阳:《环境法总论》,中国政法大学出版社2003年版。
19. 张建伟、蒋小翼、何娟:《气候变化应对法律问题研究》,中国环境科学出版社2010年版。
20. 唐双娥:《环境法风险防范原则研究——法律与科学的对话》,高等教育出版社2004年版。
21. 薛澜等:《应对气候变化的风险治理》,科学出版社2014年版。
22. 周珂:《应对气候变化的环境法律思考》,知识产权出版社2014年版。
23. 廖建凯:《我国气候变化立法研究——以减缓、适应及其综合为路径》,中国检察出版社2012年版。
24. 张辉:《生物安全法律规制研究——经济法视域的解读》,厦门大学出版社2009年版。
25. 刘明明:《温室气体排放控制法律制度研究》,法律出版社2012年版。
26. 吴卫星:《环境权研究:公法学的视角》,法律出版社2007年版。
27. 冯嘉:《环境法原则论》,中国政法大学出版社2012年版。
28. 蒋姮:《自然保护地参与式生态补偿机制研究》,法律出版社2012年版。
29. 王晓辉:《环境污染健康损害填补法律制度研究》,法律出版社2012年版。

30. 李爱年:《生态效益补偿法律制度研究》，中国法制出版社 2008 年版。
31. 赵红梅:《私法与社会法：第三法域之社会法基本理论范式》，中国政法大学出版社 2009 年版。
32. 胡静:《环境法的正当性与制度选择》，知识产权出版社 2009 年版。
33. 王蓉:《环境法总论——社会法与公法共治》，法律出版社 2010 年版。
34. 廖华:《从环境法整体思维看环境利益的刑法保护》，中国社会科学出版社 2010 年版。
35. 韩利琳:《中国西部生态环境安全风险防范法律制度研究》，科学出版社 2009 年版。
36. 赵俊:《环境公共权力论》，法律出版社 2009 年版。
37. 张梓太:《环境法律责任研究》，商务印书馆 2004 年版。
38. 刘长兴:《公平的环境法——以环境资源配置为中心》，法律出版社 2009 年版。
39. 钭晓东:《论环境法功能之进化》，科学出版社 2008 年版。
40. 科学技术部社会发展科技司:《适应气候变化国家战略研究》，科学出版社 2011 年版。
41. 《第二次气候变化国家评估报告》编写委员会:《第二次气候变化国家评估报告》，科学出版社 2011 年版。
42. 《气候变化国家评估报告》编写委员会:《气候变化国家评估报告》，科学出版社 2007 年版。
43. 世界银行:《气候变化适应型城市入门指南》，中国金融出版社 2009 年版。
44. [英] 迈克尔 · S. 诺斯科特:《气候伦理》，唐艳枚、龙运杰译，社会科学文献出版社 2010 年版。
45. [英] 安东尼 · 吉登斯:《气候变化的政治》，曹荣湘译，社会科学文献出版社 2009 年版。
46. [英] 尼古拉斯 · 斯特恩:《地球安全愿景——治理气候变化，创造繁荣进步新时代》，武锡申译，社会科学文献出版社 2011 年版。

47. [英] 莫汉 · 芒纳星河:《使发展更可持续——可持续经济学框架与应用》，邹文博等译，中国社会科学出版社 2008 年版。
48. [英] 伊丽莎白 · 费雪:《风险规制与行政宪政主义》，沈岿译，法律出版社 2012 年版。
49. [英] 麦考密克、[奥] 魏因贝格尔:《制度法论》，周叶谦译，中国政法大学出版社 2004 年版。
50. [美] 安德鲁 · 德斯勒、爱德华 · A. 帕尔森:《气候变化：科学还是政治》，李淑琴等译，中国环境科学出版社 2012 年版。
51. [美] 凯斯 · R. 桑斯坦:《最差的情形》，刘坤轮译，中国人民大学出版社 2010 年版。
52. [美] 丹尼尔 · H. 科尔:《污染与财产权》，严厚福、王社坤译，北京大学出版社 2009 年版。
53. [美] 威廉 · 诺德豪斯:《均衡问题：全球变暖的政策选择》，王少国译，社会科学文献出版社 2011 年版。
54. [美] 博登海默:《法理学：法律哲学和法律方法》，邓正来译，中国政法大学出版社 2004 年版。
55. [美] 史蒂芬 · 布雷耶:《打破恶性循环：政府如何有效规制风险》，宋华琳译，法律出版社 2009 年版。
56. [美] 爱德华 · B. 巴比尔:《低碳革命——全球绿色新政》，彭文兵、杨俊保译，社会科学文献出版社 2011 年版。
57. [美] 史蒂文 · 瓦戈:《社会变迁》（第 5 版），王晓黎译，北京大学出版社 2007 年版。
58. [美] 诺内特、塞尔兹尼克:《转变中的法律与社会：迈向回应型法》，张志铭译，中国政法大学出版社 2004 年版。
59. [美] 罗尔斯:《正义论》，何怀宏、何包钢、廖申白译，中国社会科学出版社 2009 年版。
60. [美] 托马斯 · 斯纳德:《环境与自然资源管理的政策工具》，张蔚文等译，上海三联书店、上海人民出版社 2005 年版。
61. [日] 黑川哲志:《环境行政的法理与方法》，肖军译，中国法制出版社 2008 年版。

62. [德] 乌尔里希·贝克:《风险社会》，何博闻译，译林出版社 2004 年版。
63. [德] 哈贝马斯:《在事实与规范之间——关于法律和民主法治国的商谈理论》，童世骏译，三联书店 2003 年版。

(二) 论文类

1. 方一平、秦大河、丁永建:“气候变化适应性研究综述——现状与趋向”，载《干旱区研究》2009 年第 3 期。
2. 戴建平:“气候哲学研究中的几个核心问题”，载《清华大学学报(哲学社会科学版)》2012 年第 1 期。
3. 姜冬梅、王灿、张孟衡:“中国适应气候变化国家战略定位的初步探讨”，载《环境保护》2007 年第 11 期。
4. 曹明德:“哥本哈根谈判与我国气候变化立法”，载《政治与法律》2010 年第 3 期。
5. 曹明德:“排污权交易制度探析”，载《法律科学》2004 年第 4 期。
6. 徐祥民、李宇斐:“‘能者多劳’——应对气候变化责任分担的首要原则”，载《中国政法大学学报》2012 年第 3 期。
7. 周珂:“论气候变化应对的水循环机制”，载《昆明理工大学学报(社会科学版)》2008 年第 7 期。
8. 周珂、宋德新:“气候变化问题之批判”，载《河南省政法管理干部学院学报》2008 年第 4 期。
9. 周珂、徐岭:“我国绿色经济面临的挑战与发展契机”，载《人民论坛》2011 年第 8 期。
10. 周珂等:“中国应对气候变化法治建设刍议”，载《学习与探索》2010 年第 2 期。
11. 王小钢:“以环境公共利益为保护目标的环境权利理论——从‘环境损害’到‘对环境本身的损害’”，载《法制与社会发展》2011 年第 2 期。
12. 王慧:“气候变化诉讼中的行政解释与司法审查——美国联邦最高法院气候变化诉讼第一案评析”，载《华东政法大学学报》2012 年第 2 期。

13. 陈冬：“气候变化语境下的美国环境诉讼——以马萨诸塞州诉美国联邦环保局案为例”，载《环球法律评论》2008 年第 5 期。
14. 翟勇：“应对气候变化的理性思考”，载《河海大学学报（哲学社会科学版）》2008 年第 3 期。
15. 王文军、赵黛青：“减排与适应协同发展研究：以广东为例”，载《中国人口、资源与环境》2011 年第 6 期。
16. 高小升：“伞形集团国家在后京都气候谈判中的立场评析”，载《国际论坛》2007 年第 4 期。
17. 谷德近：“巴厘岛路线图共同但有区别责任的演进”，载《法学》2008 年第 2 期。
18. 谭江华、侯钧生：“环境问题的社会建构与法学表达——价值、利益博弈图景中的环境退化应对及环境法”，载《社会科学研究》2004 年第 1 期。
19. 胡卫星：“论法律效率”，载《中国法学》1992 年第 3 期。
20. 任小波、曲建升、张志强：“气候变化影响及其适应的经济学评估——英国‘斯特恩报告’关键内容解读”，载《地球科学进展》2007 年第 7 期。
21. 刘国涛：“科学发展观指导下的环境法体系之创新”，载《法学评论》2004 年第 4 期。
22. 李拥军、郑智航：“中国环境法治的理念更新与实践转向——以从工业社会向风险社会转型为视角”，载《学习与探索》2010 年第 2 期。
23. 王小钢：“贝克的风险社会理论及其启示——评《风险社会》和《世界风险社会》”，载《河北法学》2007 年第 1 期。
24. 甘均先、毛艳：“美国加州的气候治理：过程、挑战与启示”，载《上海交通大学学报（哲学社会科学版）》2010 年第 3 期。
25. 罗丽：“日本《全球气候变暖对策基本法》（法案）立法与启示”，载《上海大学学报（社会科学版）》2011 年第 6 期。
26. 罗丽：“日本应对气候变化立法研究”，载《法学论坛》2010 年第 5 期。

27. 李艳芳、武奕成:“我国低碳经济法律与政策框架:现状、不足及完善”,载《中国地质大学学报(社会科学版)》2011年第6期。
28. 李艳芳:“各国应对气候变化立法比较及其对中国的启示”,载《中国人民大学学报》2010年第4期。
29. 张梓太:“论气候变化立法之演进——适应性立法之视角”,载《中国地质大学学报(社会科学版)》2010年第1期。
30. 张梓太:“论中国对气候变化之适应性立法”,载《环球法律评论》2008年第5期。
31. 华启和:“国内应对气候变化研究综述”,载《东华理工大学学报(社会科学版)》2011年第3期。
32. 华启和:“气候伦理:理论向度与基本原则”,载《吉首大学学报(社会科学版)》2011年第4期。
33. 黄卫华、曹荣湘:“气候变化:发展与减排的困局——国外气候变化研究述评”,载《经济社会体制比较》2010年第1期。
34. 柯坚、何香柏:“环境法原则在气候变化适应领域的适用——以欧盟的政策与法律实践为分析视角”,载《政治与法律》2011年第11期。
35. [德]乌尔里希·贝克:“气候变化:如何创造一种绿色现代性”,温敏译,载《马克思主义与现实》2009年第5期。
36. [英]尼古拉斯·斯特恩:“气候变化经济学(上)”,季大方译,载《经济社会体制比较》2009年第6期。
37. [英]尼古拉斯·斯特恩:“气候变化经济学(下)”,季大方译,载《经济社会体制比较》2010年第1期。

(三)学位论文

1. 张乾红:《论应对气候变化的适应制度选择——受害者视角》,武汉大学2010年博士学位论文。
2. 王小钢:《追寻中国环境法律发展之新理论——以反身法、审议民主和风险社会为理论视角》,吉林大学2008年博士学位论文。
3. 陶伦康:《循环经济立法理念研究》,西南政法大学2007年博士学位论文。

4. 巩固:《环境伦理学的法学批判》, 中国海洋大学 2008 年博士学位论文。

二、外文类

1. Cinnamon P. Carlarne, *Climate Change Law and Policy: EU and US Approaches*, Oxford: Oxford University Press, 2010.
2. Tim Bonyhady, Peter Christoff, *Climate Law in Australia*, Federation Press, 2007.
3. Miriam Haritz, *An Inconvenient Deliberation: the Precautionary Principle's Contribution to the Uncertainties Surrounding Climate Change Liability*, Kluwer Law International, 2011.
4. Friedrich Soltau, *Fairness in International Climate Change Law and Policy*, Cambridge University Press, 2009.
5. Stefan Weishaar, *Towards Auctioning: The Transformation of the European Green House Gas Emissions Trading System: Present and Future Challenges to Competition Law*, Kluwer Law International, 2011.
6. Edward A. Page, *Climate Change Justice and Future Generations*, Edward Elgar Publishing Limited, 2006.
7. J. Robinson, *Climate Change Law: Emissions Trading in the EU and the UK*, Cameron May Ltd., 2007.
8. Benjamin J. Richardson, *Climate Law and Developing Countries*, Edward Elgar Publishing Limited, 2009.
9. Robin Kundis Craig, " 'Stationarity is Dead' – Long Live Transformation: Five Principles for Climate Change Adaptation Law", *Harvard Environmental Law Review*, 34 (2010).
10. J. B. Ruhl & James Salzman, "Climate Change Meets the Law of the Horse", *Duke Law Journal*, 62 (2012).
11. J. B. Ruhl, "General Design Principles for Resilience and Adaptive Capacity in Legal Systems – With Applications to Climate Change Adaptation", *North Carolina Law Review*, 89 (2011).

12. J. B. Ruhl, “Climate Change Adaptation and the Structural Transformation of Environmental Law”, *Environmental Law*, 40 (2010).

13. John C. Dernbach, Seema Kakade, “Climate Change Law: An Introduction”, *Energy Law Journal*, 29 (2008).

14. McInerney – Lankford, Siobhan, “Climate Change and Human Rights: An Introduction to Legal Issues”, *Harvard Enviromental Law Review*, 33 (2009).

15. Limon, Marc, “Human Rights and Climate Change: Constructing a Case for Political Action”, *Harvard Enviromental Law Review*, 33 (2009).

16. J. R. DeShazo and Jody Freeman, “Timing and Form of Federal Regulation: The Case of Climate Change”, *University of Pennsylvania Law Review*, 155 (2007).

17. Glen Wright, “Designing Climate Change Law: A Comparative Analysis of the US and the EU” (March 2010), *Cork Online Law Review.*

18. Rachel Brewster, “Stepping Stone or Stumbling Block: Incrementalism and National Climate Change Legislation”, *Yale Law & Policy Review*, 28 (2010).

19. Hari M. Osofsky, “Climate Change Legislation in Context”, *Northwestern University Law Review*, 102 (2008).

20. Jim Rossi, “The Political Economy of Energy and Its Implications for Climate Change Legislation”, *Tulane Law Review*, Vol. 84, 2009.

后　记

本书是在我的博士学位论文基础之上修改而成的。该书已经成为我蓟门求学的阶段性总结，也是我从事环境法学学术研究的新起点。四年前，我有幸成为中国政法大学的博士生，师从王灿发教授，开始研习环境法学。治学严谨、为人正直、专业精深是王老师给所有弟子提出的教诲。能够在法学名师云集、厚德明法、格物致公的法大求学问道、砥砺学术，实乃幸事。气候变化问题近年来已经成为公共议题，国家为什么制定气候变化法？气候变化法究竟是什么？社会科学家与自然科学家们从不同的专业视角出发，见解莫衷一是。在王老师的指点鼓励下，我选择了“应对气候变化立法目的论——国内法的视角”作为博士学位论文选题。现在看来觉得自己当初真有“初生牛犊不怕虎”的学术勇气，在这一极富挑战性的选题背后蕴含着对华夏民族对气候正义的追寻和生存发展的现实求索。论文的写作经历了无数的倦怠、孤寂和彷徨，犹如攀爬险峰，没有导师的悉心指导和不断鞭策，我的博士学位论文难以付梓。

感谢孙佑海教授、曹明德教授、李艳芳教授、罗丽教授在我的博士学位论文写作中提出的宝贵建议；感谢中国政法大学民商经济法学院环境资源法研究所的诸位老师，特别是于文轩教授、胡静副教授、侯佳儒副教授，论文的一些观点受到了他们的启发。感谢我的同窗好友吴鹏、李玉梅、孟佳、罗桑群培、王婉琳、王亮，在法大三年的求学中一路相伴，结下深厚的同学友谊，每次相聚都感受到法大环境资源法大家庭的温暖。感谢我工作单位的领导与同事，尤其是法学系同仁们在我求学期间分担了系里繁重的教学工作。也借此机会对中国政法大学出版社的资深编辑彭江先生所给予的大力支持和直接帮助，一并致以真诚的感谢！最后，我要把最诚挚的感谢和祝福送给我的亲人，感谢父母多年来对我的包容、关爱和默默支持，感谢我的妻子王蕾女士对我无微不至的关心和照顾，让我的人生充满阳光和快乐，激励我向新的目标不断前行。

董 岩

2015 年 3 月 5 日

于青岛西海岸新区寓所